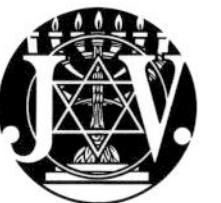

Else Lasker-Schüler
Die Bilder

Herausgegeben von Ricarda Dick
im Auftrag des Jüdischen Museums
Frankfurt am Main
Mit Essays von Ricarda Dick und
Astrid Schmetterling

Jüdischer Verlag
im Suhrkamp Verlag

Der Katalog erscheint zur Ausstellung *Else Lasker-Schüler. Die Bilder*, 8. September 2010 bis 9. Januar 2011 im Jüdischen Museum Frankfurt, Untermainkai 14-15, 60311 Frankfurt am Main und 21. Januar bis 1. Mai 2011 in der Nationalgalerie im Hamburger Bahnhof – Museum für Gegenwart, Berlin, Invalidenstr. 50-51, 10557 Berlin.
Redaktionelle Mitarbeit / Bildredaktion: Eva Atlan, Jüdisches Museum Frankfurt

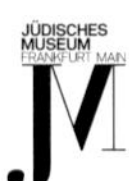

S M
B Nationalgalerie
Staatliche Museen
zu Berlin

Druck: Memminger MedienCentrum AG
Printed in Germany
ISBN 978-3-633-54246-8

2 3 4 5 6 – 15 14 13 12 11

Inhalt

Vorwort von Raphael Gross 7
Vorbemerkung 11

Bilder 13

Ricarda Dick, Else Lasker-Schüler als Künstlerin 117
Astrid Schmetterling, »Das ist direkt ein Diebstahl an den Kunsthistorikern«. Else Lasker-Schülers bildnerisches Werk im kunsthistorischen Kontext 159

Werkverzeichnis 195
Zeichnungen und Collagen (1900-1944) 197
Illustrationen (1911-1943) 259
Bildbeigaben anderer Künstler in Büchern Else Lasker-Schülers 281
Verzeichnis der von Else Lasker-Schüler eigenhändig illustrierten Ausgaben und handkolorierten Exemplare 284
Anhang: Überlieferte Ausstellungsverzeichnisse 288
Editorische Notiz 292
Siglen und abgekürzt zitierte Literatur 294

Zeittafel 297
Foto- und Abbildungsnachweise 301
Dank 302
Ausstellungsimpressum 303

Vorwort

Else Lasker-Schüler hat neben Paul Celan und Nelly Sachs das bekannteste und spannungsreichste deutsch-jüdische lyrische Werk geschaffen. Zwar wird auf das malerische Werk in Zusammenhang mit ihren Prosatexten, aber auch ihrer Lyrik häufig hingewiesen, es hat selbst aber bislang nicht im Zentrum der Aufmerksamkeit gestanden. Dabei macht auch diese doppelte künstlerische Leistung das Einzigartige an Else Lasker-Schüler aus. Als Rezipienten stehen wir vor einem Werk, das uns durch die kraftvolle Inszenierung der Künstlerin und durch seine Performativität trifft. Die Überschneidung der Gattungen und Stile prägt es wie kaum ein anderes. Else Lasker-Schüler hat neben Lyrik auch Prosa und Dramen geschaffen, in eigenwilliger Weise durch ihre Bilder begleitet und mit ihrer Stimme zum Vortrag gebracht. Die Tiefenschichten ihres Werkes werden zusätzlich durch die kultur-, kunst- und zeitgeschichtlichen Kontexte ihres Lebens und ihrer Arbeit bestimmt; vielleicht war Else Lasker-Schüler die Zentralfigur der künstlerischen Szene Berlins zu Zeiten der Weimarer Republik. In jedem Falle war gerade für sie der Kontakt und Austausch mit anderen Künstlern wichtig.

Nach 1933 ereilte sie das Schicksal derjenigen deutschen Künstler, die von den Nationalsozialisten verfolgt wurden, und das noch traurigere Schicksal einer deutschen Jüdin, deren Existenz ständig bedroht war. Im Exil war Lasker-Schüler weiteren Leiden ausgesetzt. Der Unwille der schweizerischen Behörden, die Künstlerin als Flüchtling zu akzeptieren, und das Arbeitsverbot in der Schweiz haben sie schließlich in ein weiteres Exil nach Palästina vertrieben, wo sie, zunehmend krank, die letzten Jahre ihres Lebens verbrachte. Else Lasker-Schüler hat nicht nur durch ihre Emigration ein zutiefst jüdisches Schicksal durchlebt. Die Nationalsozialisten bürgerten sie aus und ächteten ihre Kunst als »entartet«, verboten ihre Bücher und beschlagnahmten ihre Bilder. Das bildnerische Werk wurde dadurch verstreut und geriet nach dem Zweiten Weltkrieg weitgehend in Vergessenheit. Ein beträchtlicher Teil ist verschollen.

Die Bilder und Illustrationen der Künstlerin im Jüdischen Museum Frankfurt am Main zu zeigen ist aus diesem Grund naheliegend. Gleichzeitig ist es wichtig, die umfassende Bedeutung Else Lasker-Schülers für die klassische Moderne sichtbar zu machen. Als Schriftstellerin war sie eine der herausragenden Vertreterinnen der Avantgarde. Das bildnerische Werk jedoch ist von gleichem Rang wie das dichterische Schaffen, die Ausstellung und der vorliegende Katalog zeigen dies eindrucksvoll.

Lange schon hatte ich den Wunsch, dem bildnerischen Werk von Else Lasker-Schüler eine Ausstellung zu widmen. Als ich die Kuratorin und Else-Lasker-Schüler-Spezialistin Ricarda Dick vor einigen Jahren darauf ansprach, ob sie eine Ausstellung für das Jüdische Museum konzipieren wolle, entstand zusammen mit Nadine Meyer vom Jüdischen Verlag der Gedanke, diese mit der erstmaligen Verfassung eines Werkverzeichnisses des bildnerischen Schaffens von Else Lasker-Schüler zu verbinden. Es ist ein Glück, daß wir das nun hier vorliegende Werkverzeichnis auch gleichzeitig als Katalog einer bedeutenden Ausstellung im Kontext des von dem Kulturfonds FrankfurtRheinMain initiierten Verbundprojekts *Phänomen Expressionismus* zeigen können.
Dies ist nicht die erste Ausstellung zu Else-Lasker Schüler im Jüdischen Museum in Frankfurt. Bereits 1997 wurde eine dokumentarische Ausstellung zu ihrer Auseinandersetzung mit Jerusalem in der Dependance Judengasse gezeigt. Weitere Ausstellungen an anderen Orten haben sich auch mit dem bildkünstlerischen Werk beschäftigt. Die jetzige Ausstellung im Jüdischen Museum Frankfurt am Main basiert vor allem auf der Forschungsarbeit von Ricarda Dick, so daß wir erstmals auf einen gesicherten und erschlossenen Gesamtbestand des überaus zerstreuten und schwer zugänglichen Œuvre zurückgreifen konnten. Einige der hier gezeigten Bilder sind noch nie in einer Ausstellung der Öffentlichkeit zugänglich gemacht worden. Unser Katalog enthält ein Werkverzeichnis, welches nunmehr die umfassende Analyse der bildkünstlerischen Entwicklung von Else Lasker-Schüler ermöglicht. Erstmalig konnten nun insbesondere zeitliche Zuordnungen vorgenommen und die in den meisten Fällen undatierten Bilder geordnet werden; es gibt Erkenntnisse zu Entwicklungen und Einflüssen, die hier vorgestellt werden. So geht die Herausgeberin der künstlerischen Entwicklung in Hinblick auf konkrete Anregungen sowohl aus der altägyptischen Kunst als auch durch den Zeitgenossen Franz Marc nach. Die Kunsthistorikerin Astrid Schmetterling zeigt, auf welche Weise damalige Vorstellungen und Ideen, etwa des Orients oder der Geschlechterverhältnisse, Eingang in Lasker-Schülers Arbeiten gefunden haben.

Es stellt geradezu einen Glücksfall dar, daß diese Ausstellung auch in Berlin gezeigt werden kann, dem langjährigen Lebens- und Wirkungsort von Else Lasker-Schüler. Daß diese Schau dort in der Nationalgalerie im Hamburger Bahnhof – Museum für Gegenwart präsentiert wird, wirkt zunächst überraschend, erscheint aber doch konsequent, da die faszinierende Künstlerin auf diese Weise nicht nur musealen Kennern in Erinnerung gerufen, sondern auch einer jüngeren Generation von Besuchern vorgestellt wird und damit Gegenwärtigkeit erfährt. Dem komplexen bildnerischen und literarischen Werk Else Lasker-Schülers wird dadurch auch eine Zukunft bereitet.
Für die Berliner Station hat sich mein früherer Frankfurter Kollege Udo Kittelmann in seiner neuen Funktion als Direktor der Nationalgalerie spontan und nachdrücklich eingesetzt. Ihm sei dafür ebenso gedankt wie Christina Weiss als Vorsitzender des Vereins der Freunde der Nationalgalerie für die Ermöglichung der Ausstellung in Berlin sowie Dieter Scholz für ihre kuratorische Betreuung.
Ich möchte den Museen und Institutionen im In- und Ausland sowie den zahlreichen privaten Leihgebern danken, ohne die diese Ausstellung nicht möglich gewesen wäre. Mein Dank gilt darüber hinaus insbesondere Ricarda Dick, die die Ausstellung konzipiert und den Katalog herausgegeben hat, sowie der Autorin Astrid Schmetterling. Für die Ausstellungsrealisation möchte ich Eva Atlan danken, die in Zusammenarbeit mit Frau Dick die Ausstellung für das Jüdische Museum kuratierte.

Die Ausstellung *Else Lasker-Schüler. Die Bilder* im Jüdischen Museum wird im Rahmen von *Phänomen Expressionismus*, einem Kooperationsprojekt des Kulturfonds FrankfurtRheinMain, präsentiert und von diesem als Hauptförderer ermöglicht, und dafür möchte ich meinen Dank aussprechen. Ebenso danken möchte ich für die maßgebliche Unterstützung durch die Ernst von Siemens Kunststiftung, die Georg und Franziska Speyer'sche Hochschulstiftung sowie der Deutschen Bank, ohne die wir den Katalog nicht hätten finanzieren können.

Raphael Gross
Jüdisches Museum Frankfurt am Main

Vorbemerkung

Vor nahezu einem Jahrhundert, zum Jahreswechsel 1915/1916, wurde in Berlin erstmals eine Ausstellung mit Zeichnungen von Else Lasker-Schüler eingerichtet. Bis zu ihrem Tod folgten eine ganze Reihe weiterer, darunter im Hagener Folkwang-Museum, im Berliner Salon Cassirer, in der Münchener Galerie Thannhauser, der Commeter'schen Kunsthandlung Hamburg, der Berliner Nationalgalerie und der Matthiesen Gallery in London. Mit dem Nationalsozialismus jedoch riß die öffentliche Würdigung in Deutschland ab, die Bilder verstreuten sich in der Welt. Die über hundert Zeichnungen der Künstlerin, die 1920 durch Schenkung in den Besitz der Berliner Nationalgalerie gelangt waren, wurden 1937 beschlagnahmt und müssen heute größtenteils als verloren gelten. Lasker-Schüler selbst mußte 1933 aus Deutschland fliehen, ebenso waren viele ihrer Freunde und Förderer der Verfolgung ausgesetzt.

Nach dem Zweiten Weltkrieg wurde wieder auf die Bilder von Else Lasker-Schüler aufmerksam gemacht. Dreißig Jahre nach ihrem Tod richtete das Israel Museum in Jerusalem 1975 die erste postume Ausstellung von Zeichnungen aus Beständen vor allem des Nachlaßarchivs in Jerusalem ein; Sigrid Bauschinger publizierte 1980 in ihrer großen Monographie eine Aufstellung von Zeichnungen und Illustrationen; Friedrich Pfäfflin und Erika Klüsener veranstalteten 1995 die bisher größte Ausstellung von Zeichnungen und Büchern im Schiller-Nationalmuseum Marbach mit etlichen bis dahin unbekannten Blättern aus Deutschland, Österreich, der Schweiz und Kanada. Doch keine dieser und anderer Ausstellungen, die in Deutschland, in Israel oder in der Schweiz nach dem Tod Lasker-Schülers eingerichtet wurden, keine der wenigen Untersuchungen, die es über ihre Zeichnungen gibt, konnte auf einen gesicherten und erschlossenen Gesamtbestand zurückgreifen, es konnte bisher keine Wahrnehmung und Würdigung des bildnerischen Werks in seinen Bedingungen und Entwicklungen geben; und obwohl heute über die enge Verflechtung von Text- und Bildebene bei Else Lasker-Schüler Einigkeit besteht, konnte das Gesamtwerk als solches nur unzureichend wahrgenommen werden.

Das bislang in der Welt verstreute, schwer zugängliche und teilweise unbekann-

te bildnerische Werk wird hier erstmals auf einer gesicherten Basis vorgestellt. Der vorliegende Band und die Retrospektive im Jüdischen Museum Frankfurt sind das Ergebnis mehrjähriger Recherchen, während deren Zeichnungen und Collagen von Else Lasker-Schüler möglichst vollständig gesammelt, analysiert, geordnet und, auch durch den wichtigen Beitrag von Astrid Schmetterling, in kunst- und kulturgeschichtlichen Zusammenhängen betrachtet wurden.
Das hier präsentierte Werkverzeichnis umfaßt 235 Zeichnungen und 112 Illustrationen in Büchern und Zeitschriften. Die Zeichnungen stammen aus Deutschland (96), aus Israel (79), der Schweiz (17), den USA (9), Kanada (6), Österreich (5) sowie aus Frankreich (1) und England (1). Als verschollen gelten müssen heute 21 zu früheren Zeitpunkten nachgewiesene Zeichnungen. Die Verstreutheit des bildnerischen Werks wird deutlich, wenn man sich vor Augen führt, daß es sich auf insgesamt 59 Standorte verteilt, von denen allein 33 nur je ein Blatt aufweisen. Die Provenienzen einer Reihe der insgesamt 36 privaten Besitzer zeigen einen persönlichen Bezug zu Else Lasker-Schüler, sie bewahren eine oder zwei Zeichnungen neben den eigenen Erinnerungen oder denen ihrer Eltern oder Großeltern an die Künstlerin und Dichterin. Die National Library of Israel (früher: Jewish National and University Library) in Jerusalem ist der qualitativ bedeutendste Standort, hier versammeln sich 49 selbständige Zeichnungen im Nachlaßarchiv Else Lasker-Schülers sowie in drei weiteren Archiven. Es folgt das Kunstmuseum Solingen, das 16 Blätter als Dauerleihgabe der Else-Lasker-Schüler-Gesellschaft Wuppertal beherbergt.
Sicher sind noch Zeichnungen in Briefen und auf Karten zu finden, die nach den für das Werkverzeichnis formulierten Kriterien (S. 292) aufzunehmen gewesen wären, und ganz gewiß gibt es trotz umfassender Recherchen noch unbekannte Blätter vor allem in Privatbesitz. Es wäre schön, wenn nicht zuletzt durch vorliegende Publikation und die mit ihr in Verbindung stehende Ausstellung auch diese Zeichnungen ausfindig gemacht sowie verschollene wiedergefunden werden könnten. Doch auch wenn die Erfassung womöglich nie wirklich als abgeschlossen betrachtet werden kann, ist ein Schritt getan. *Else Lasker-Schüler. Die Bilder* möchte dazu beitragen, der internationalen Bedeutung der deutsch-jüdischen Künstlerin gerecht zu werden, die Wahrnehmung von Else Lasker-Schüler auch als bildender Künstlerin entscheidend zu fördern, erstmals den unverstellten Blick auf ihr Gesamtwerk zu ermöglichen und vielleicht sogar eine Neubeschäftigung mit ihm einzuleiten.

Ricarda Dick

Bilder

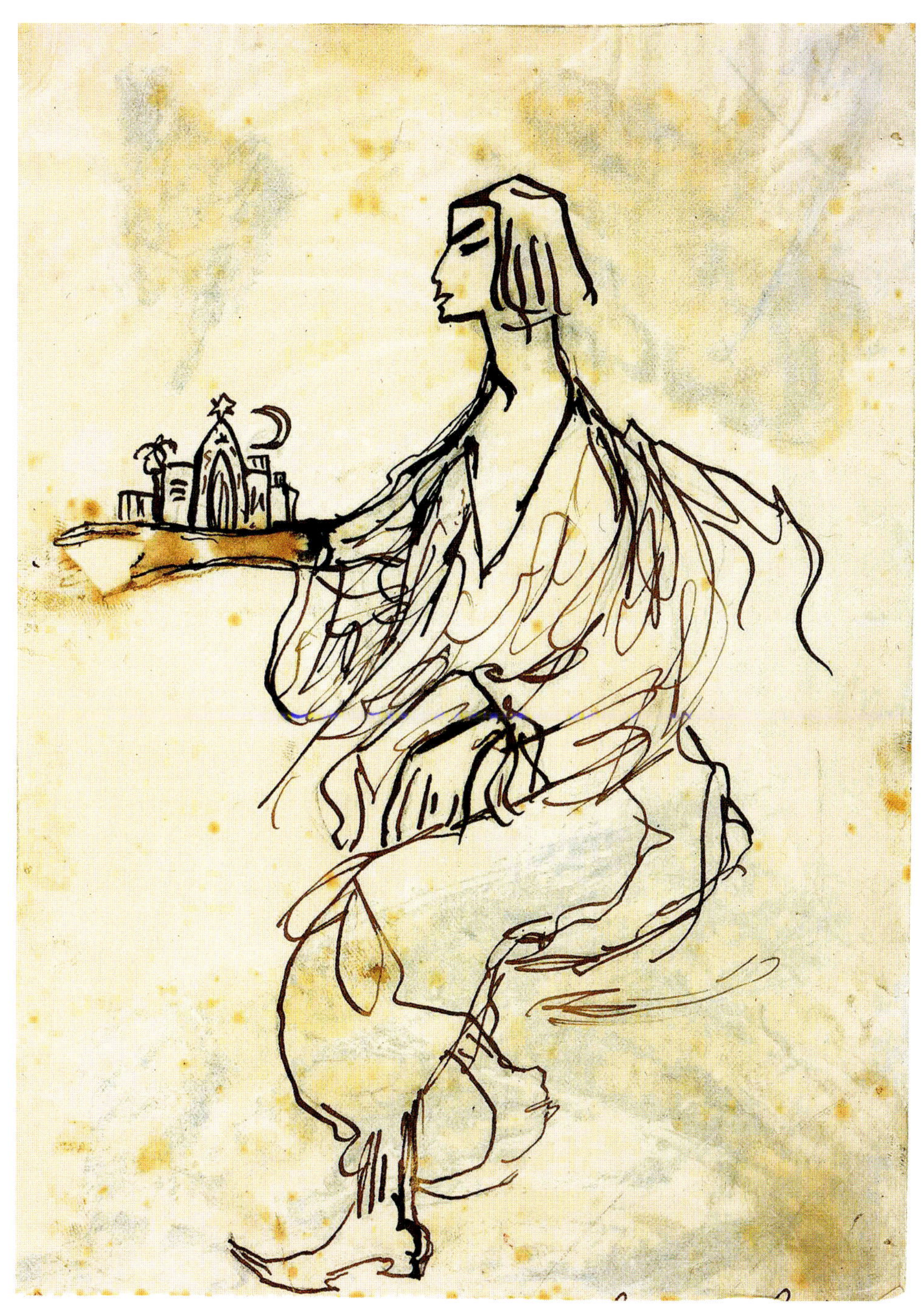

→4

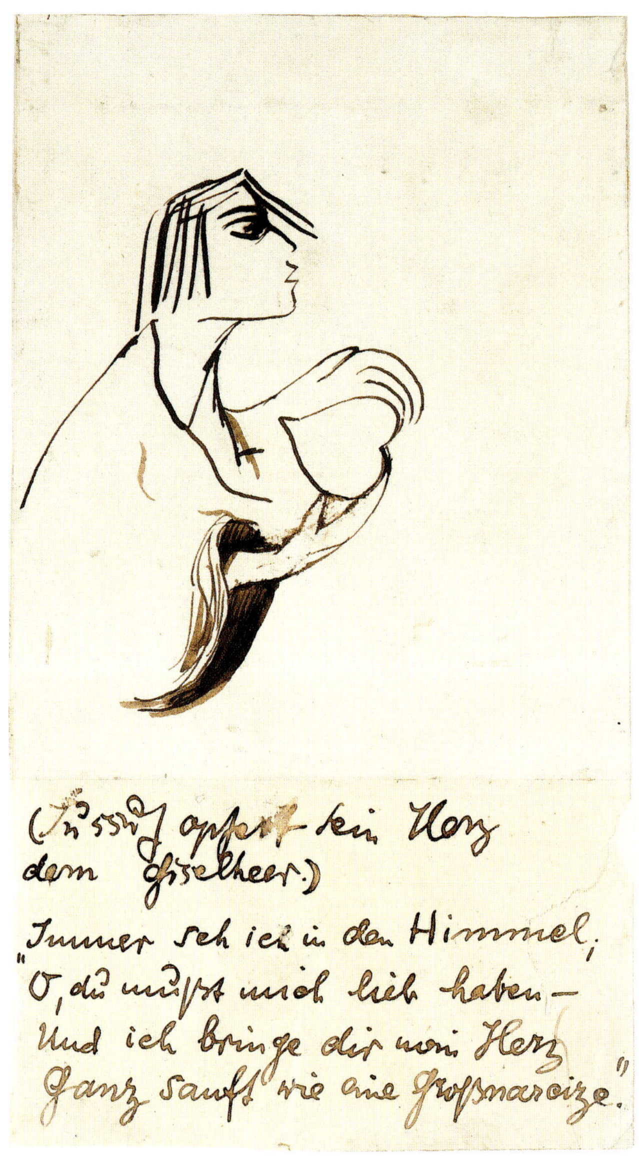
(Jussuf opfert sein Herz
dem Giselheer.)
Immer seh ich in den Himmel,
"O, du mußt mich lieb haben –
Und ich bringe dir mein Herz
Ganz sanft wie eine Großmarcize."

→15

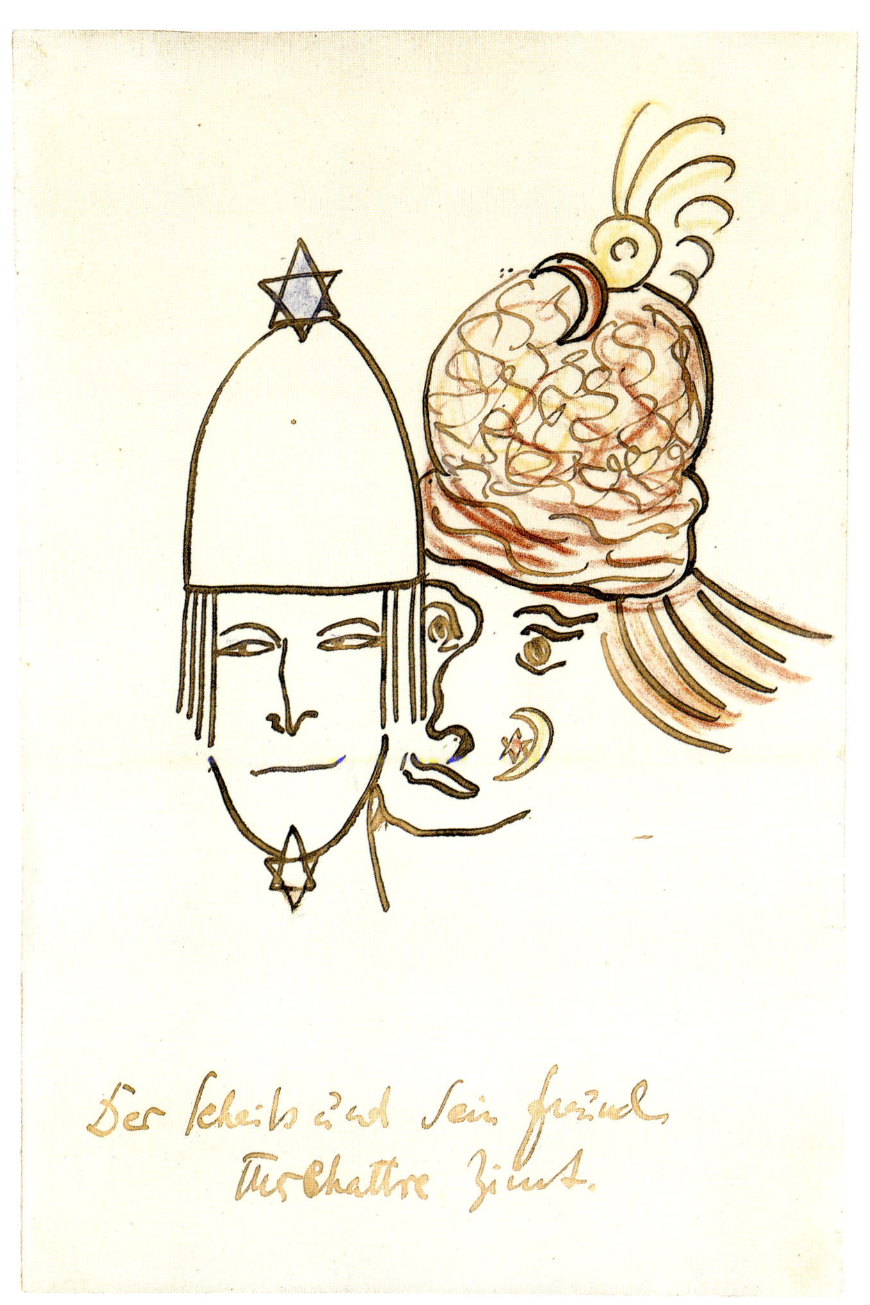

→6

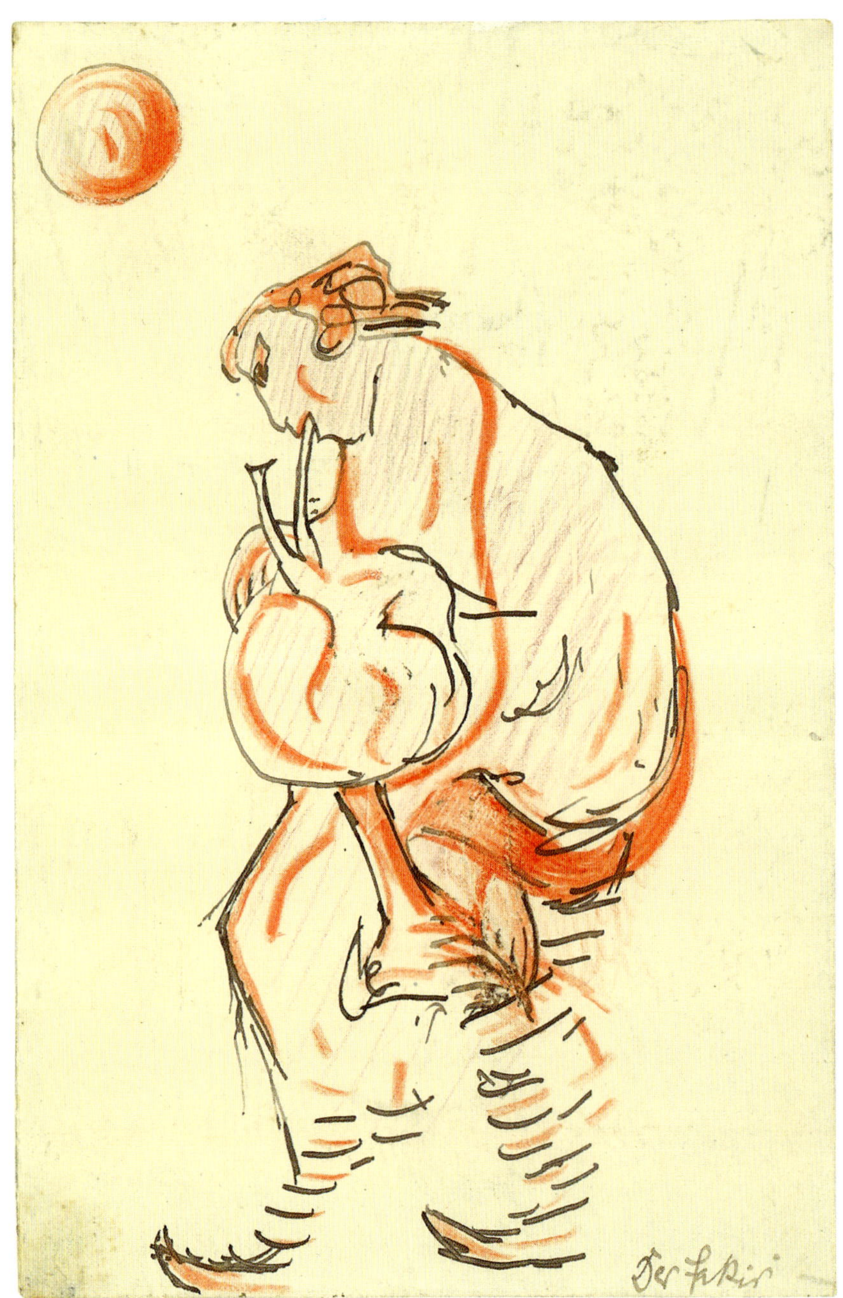

→8

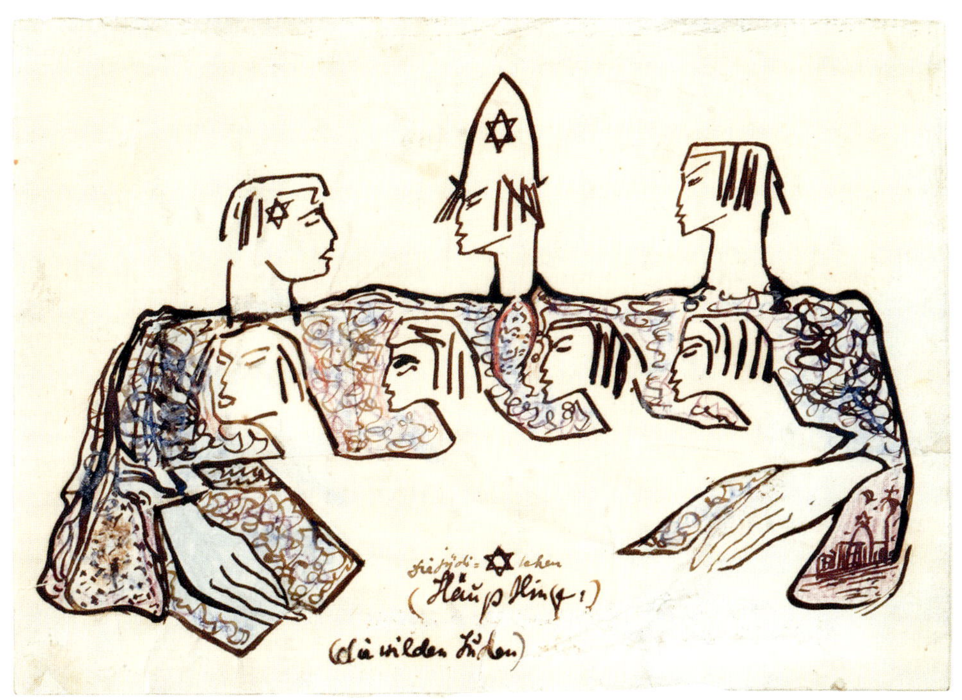

→12

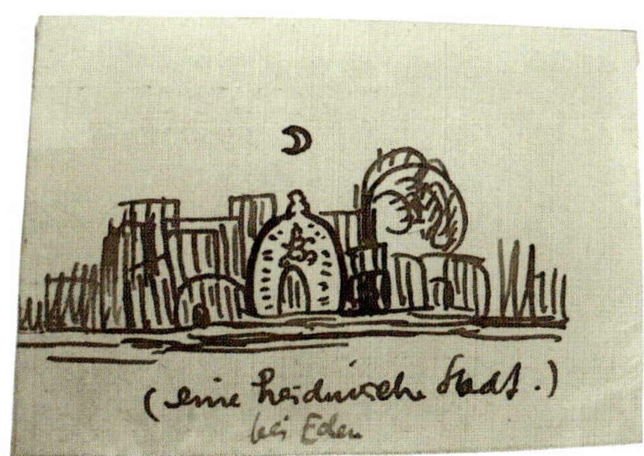

→5

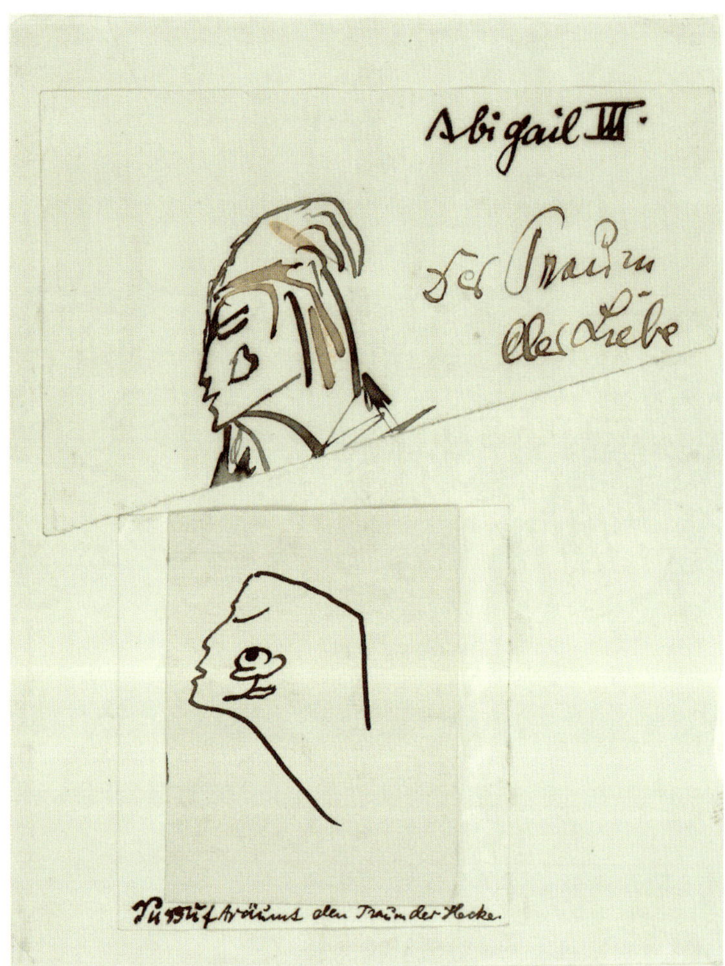

→14

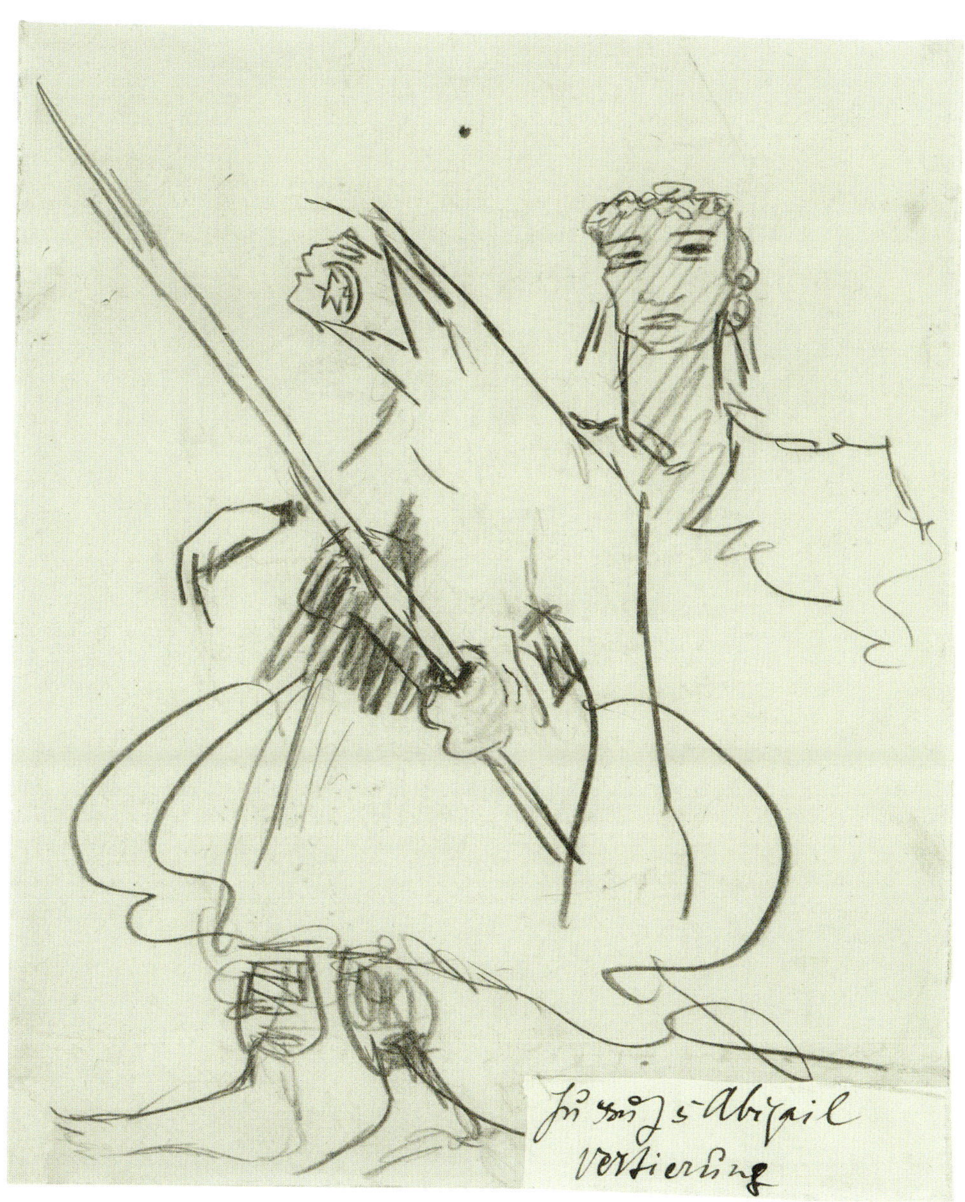

→38

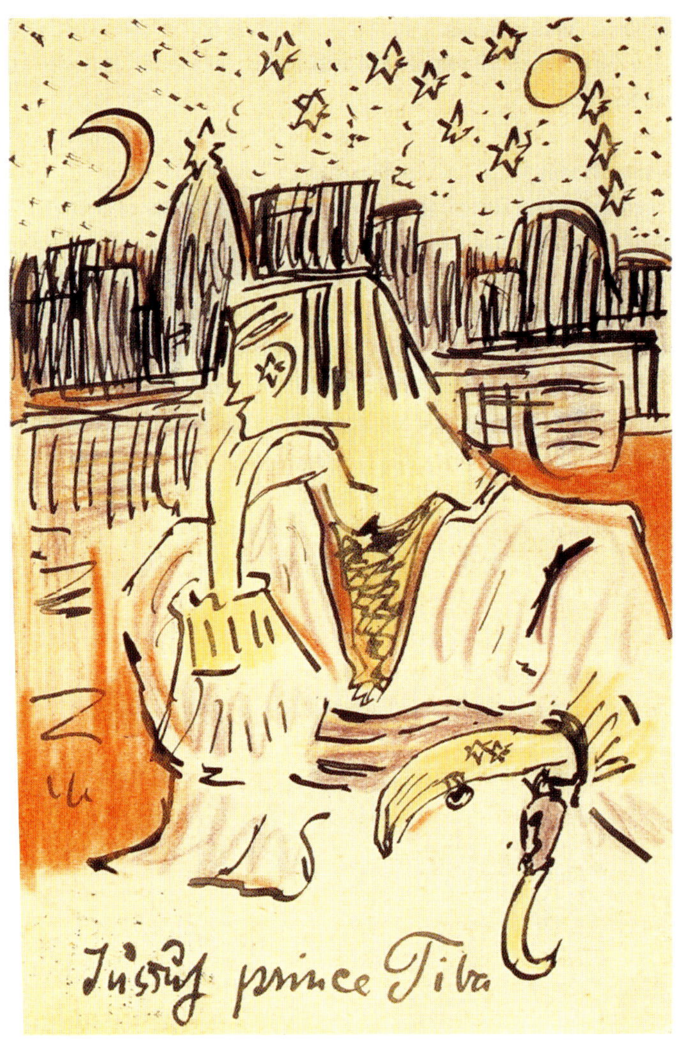

→27

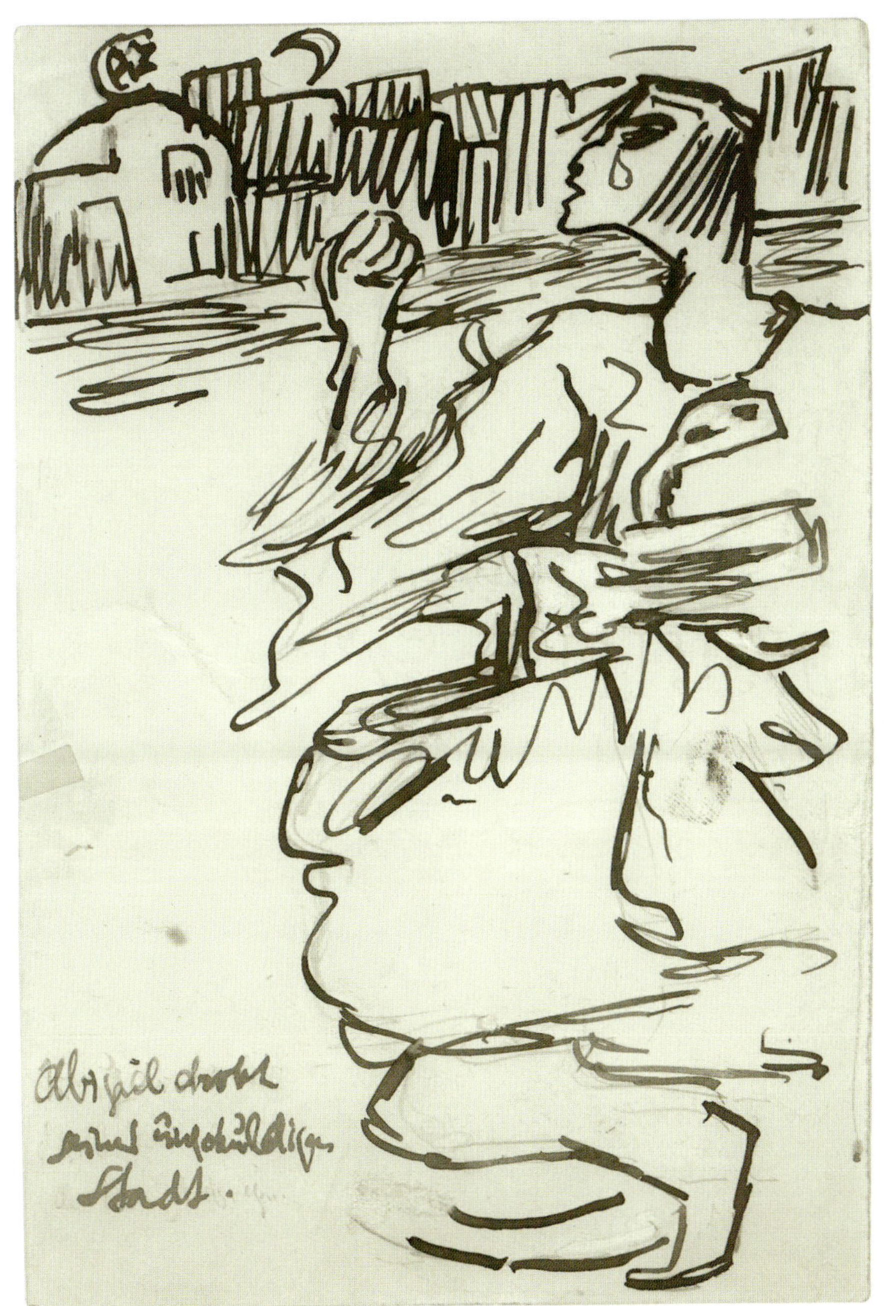

→35

Postka
DEUTSCHES REICH
DEUTSCHES REICH
Herrn Georg Trakl
Innsbruck
Mühlau 102
(Tyrol)

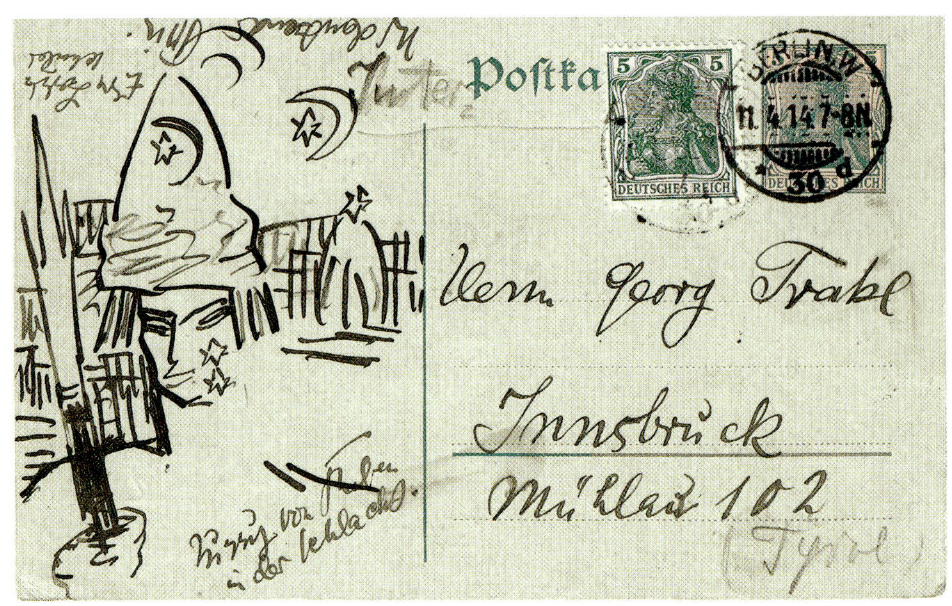

→39

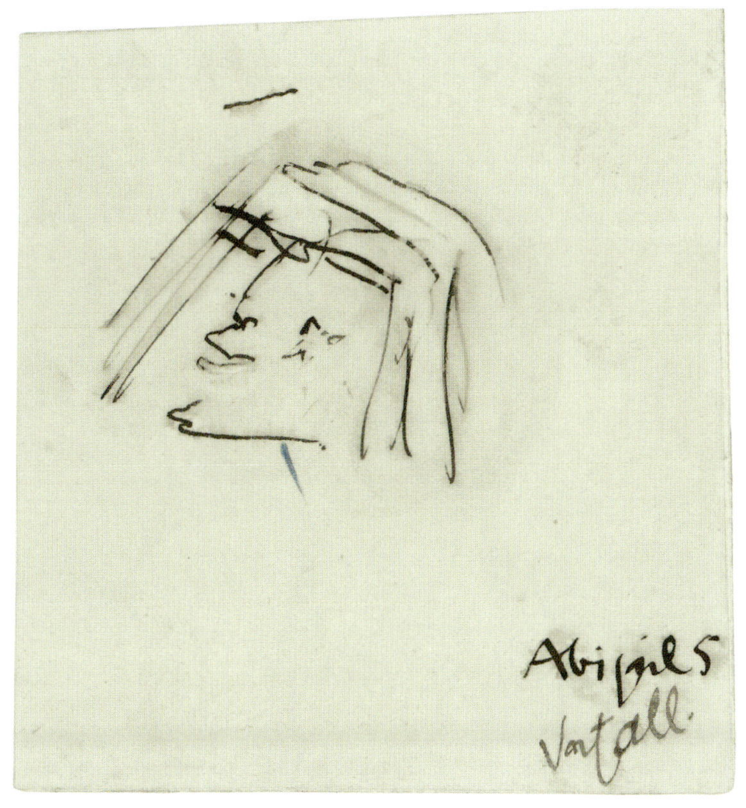

→25

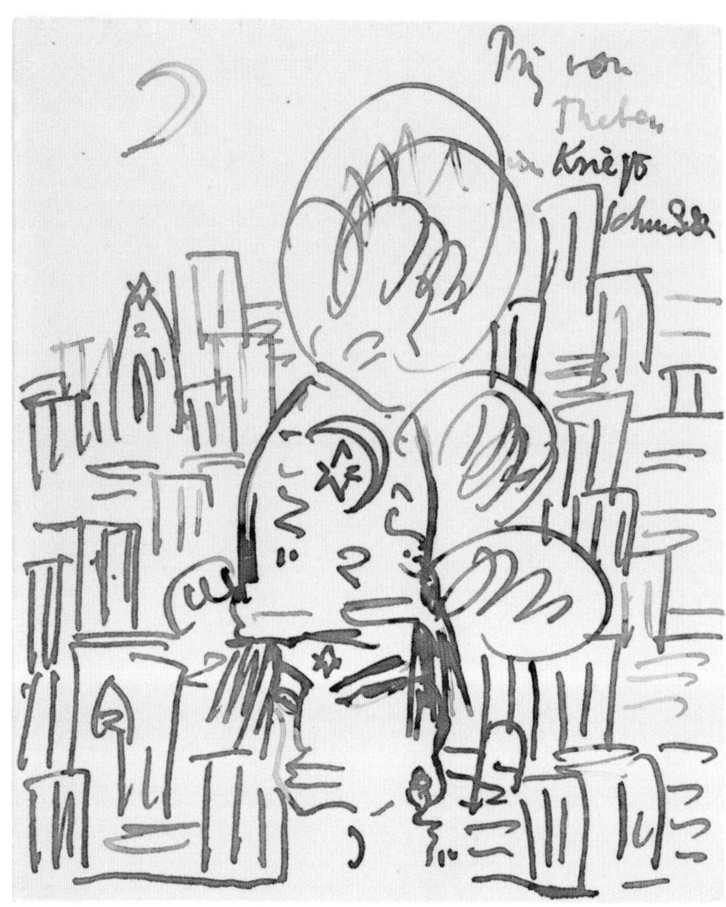

→28

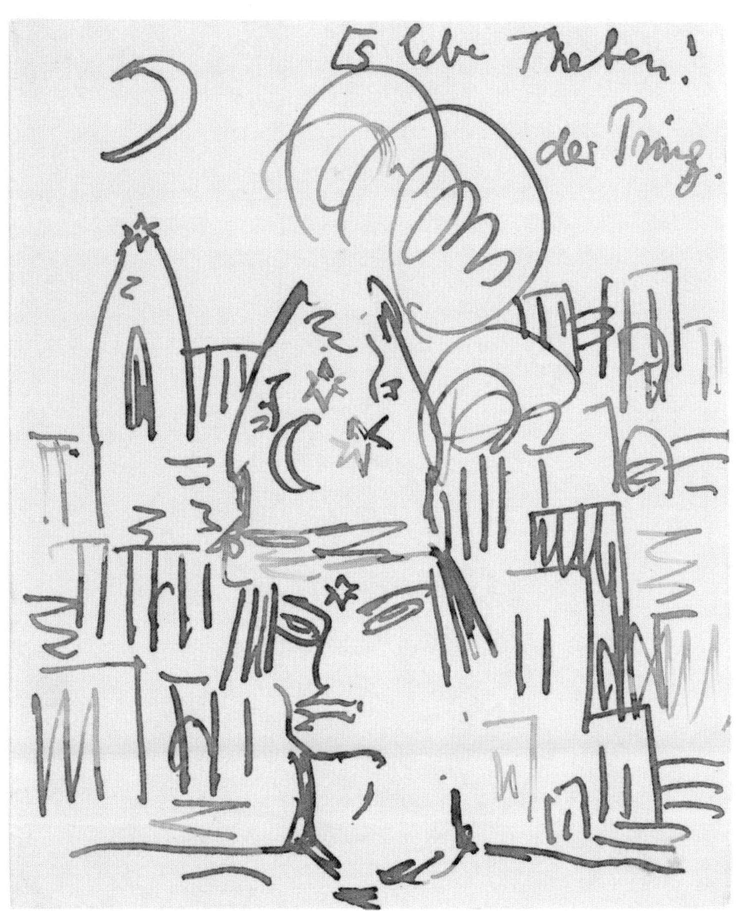

→29

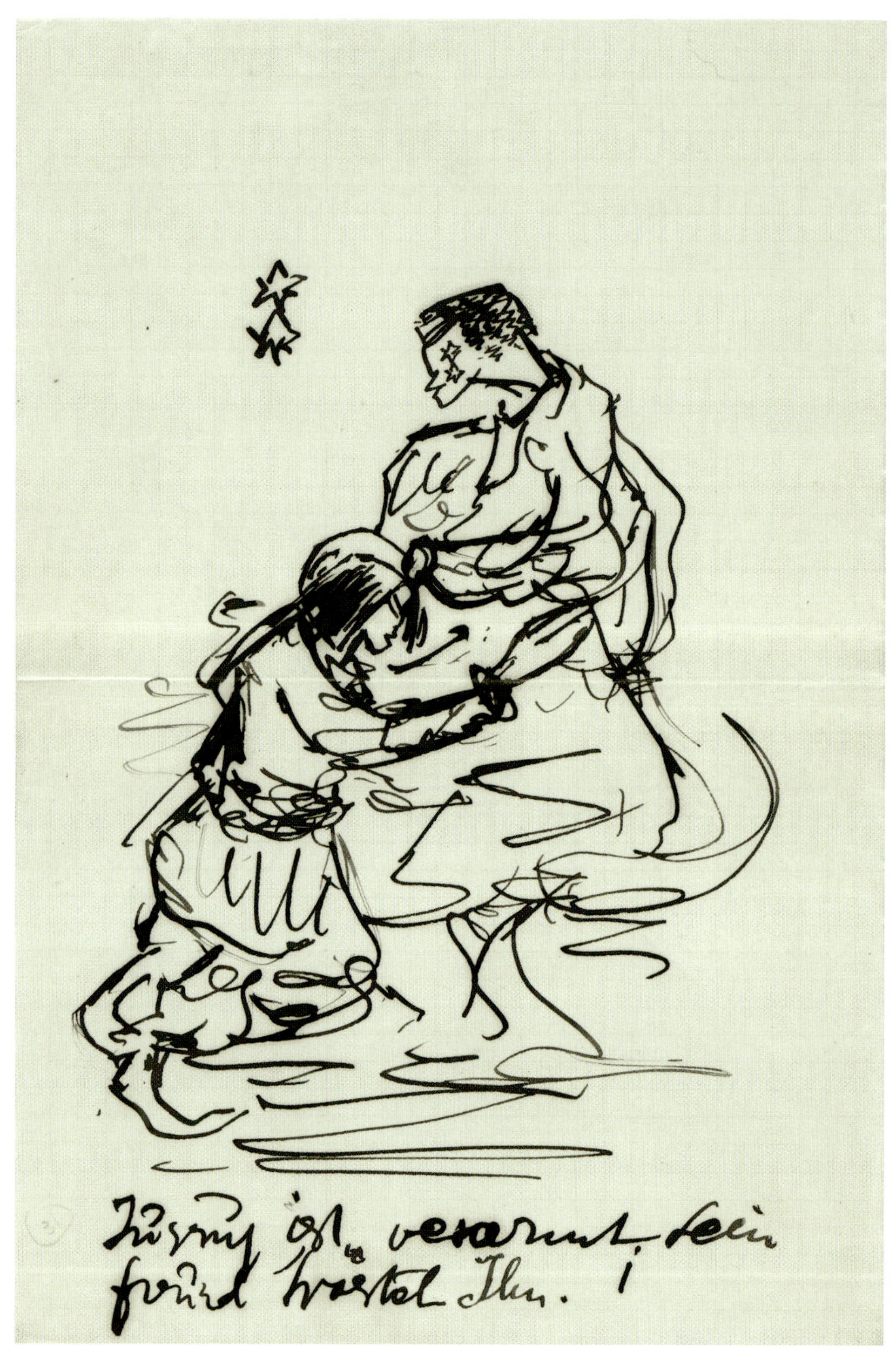

→42

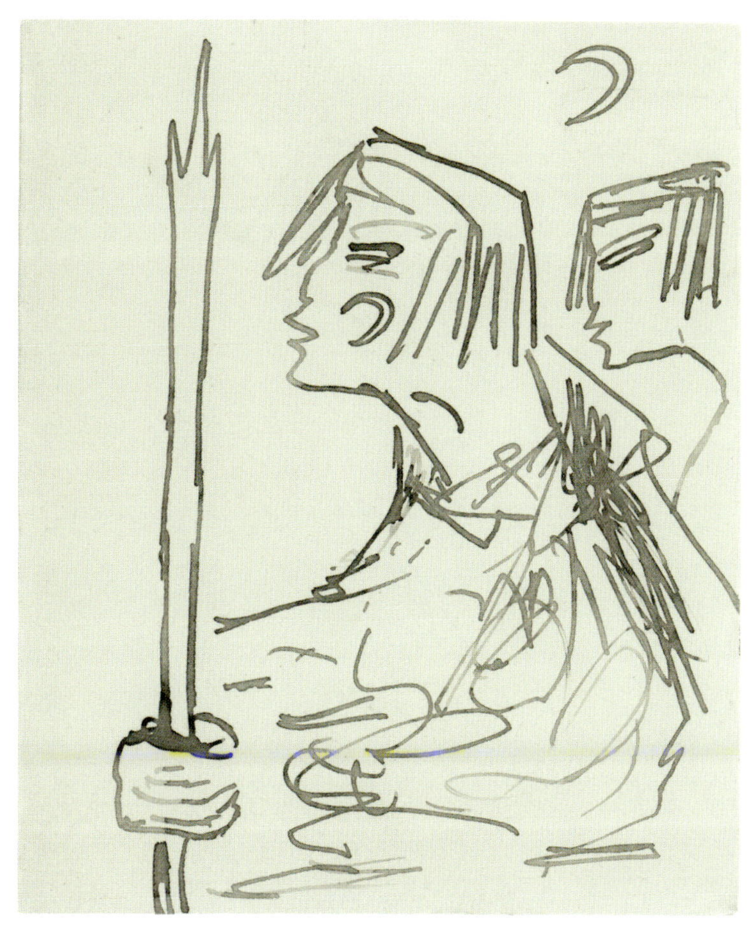

→31

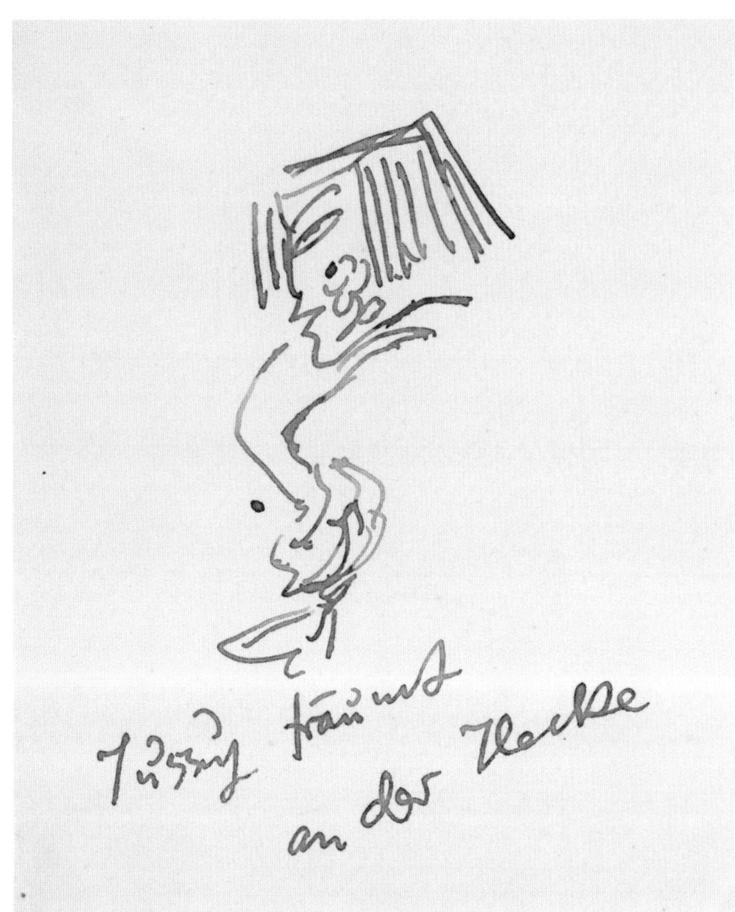

→32

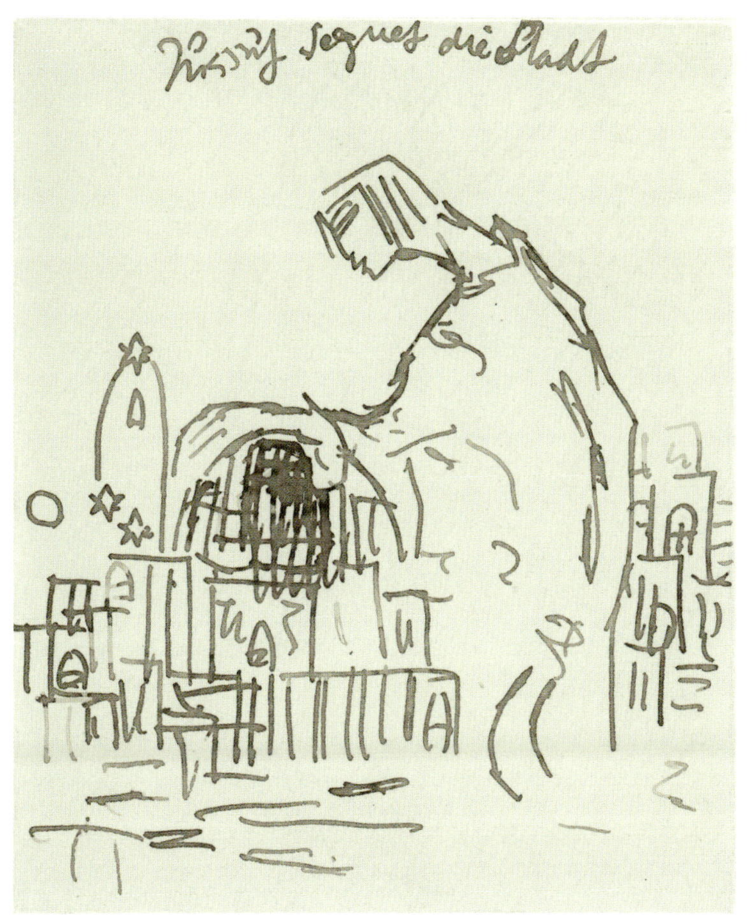

→30

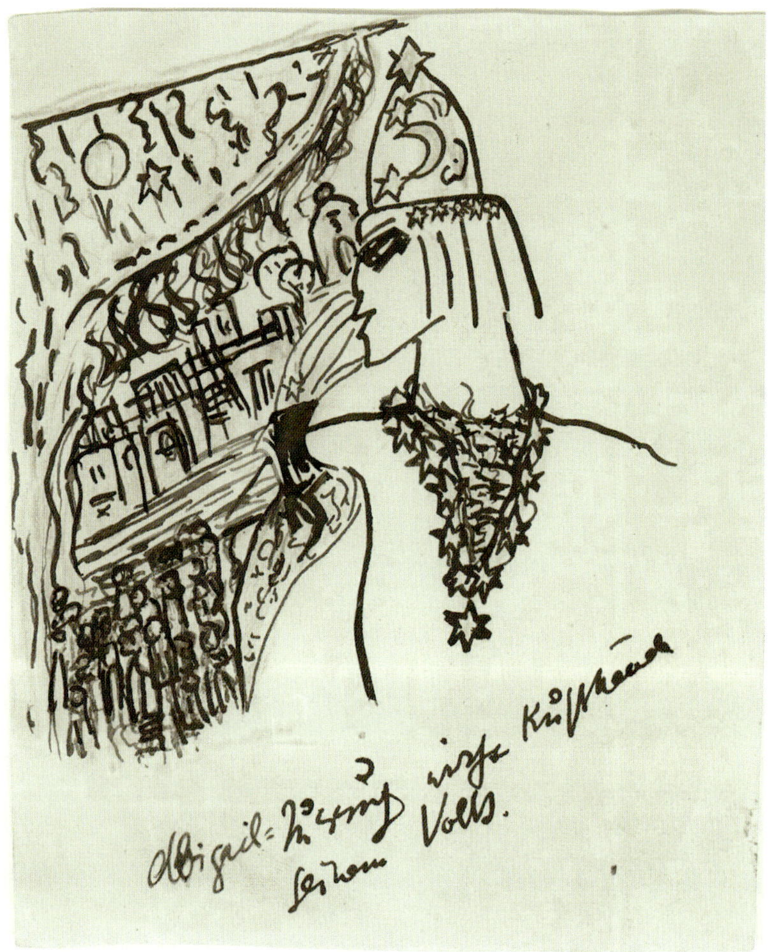

→36

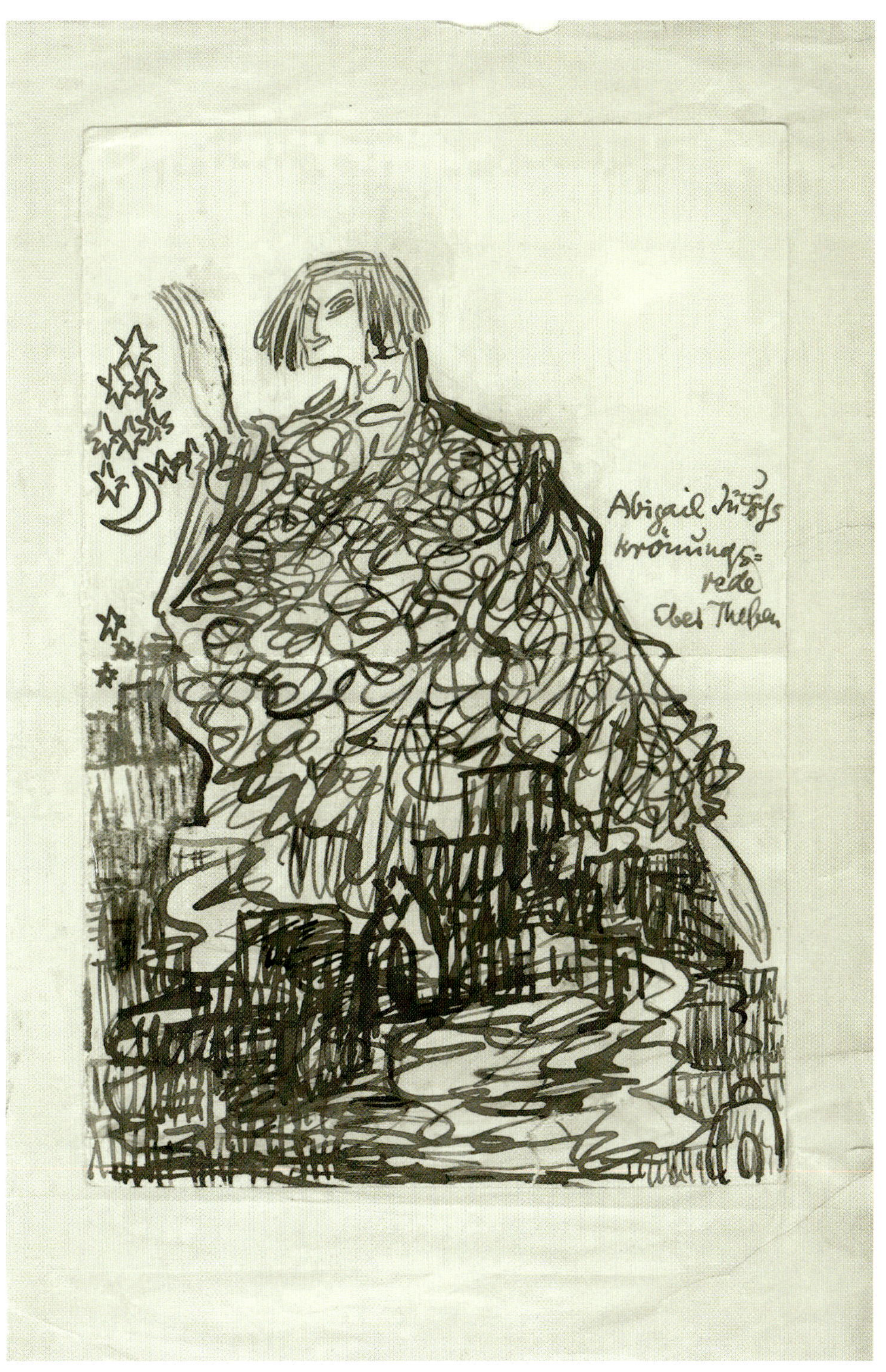

→34

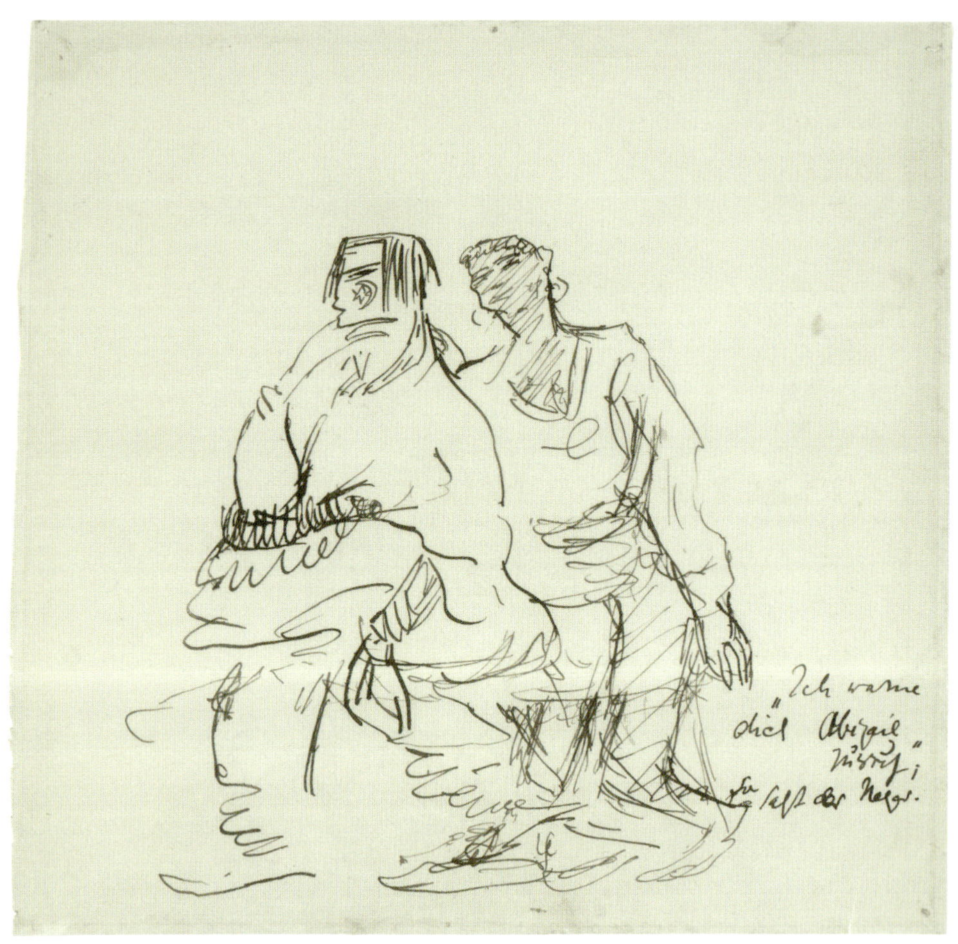

→37

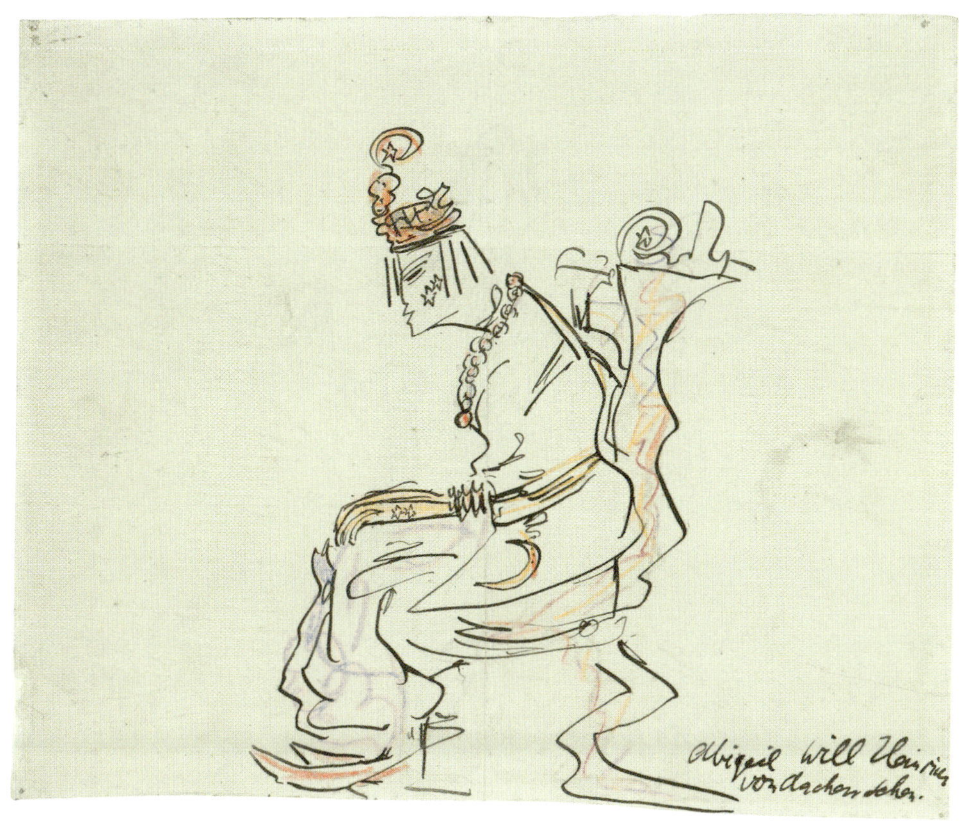

→47

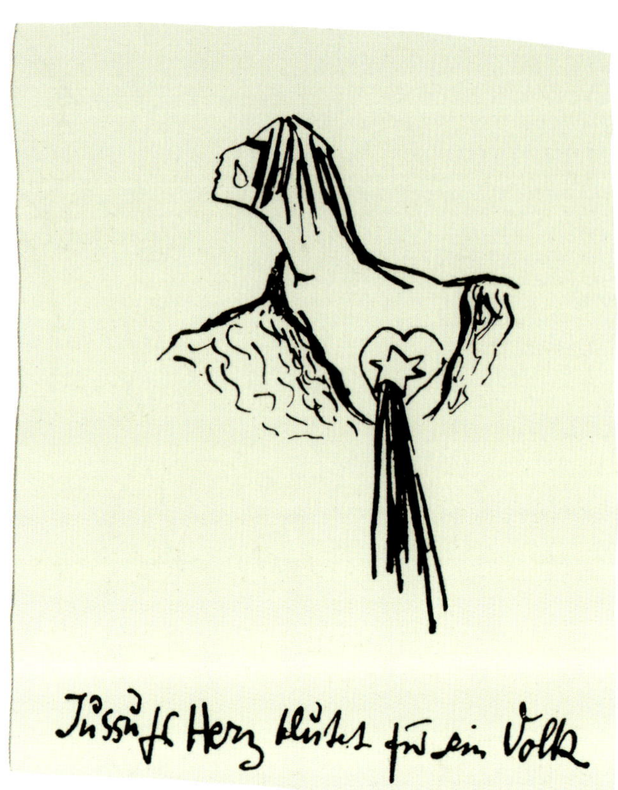

→13

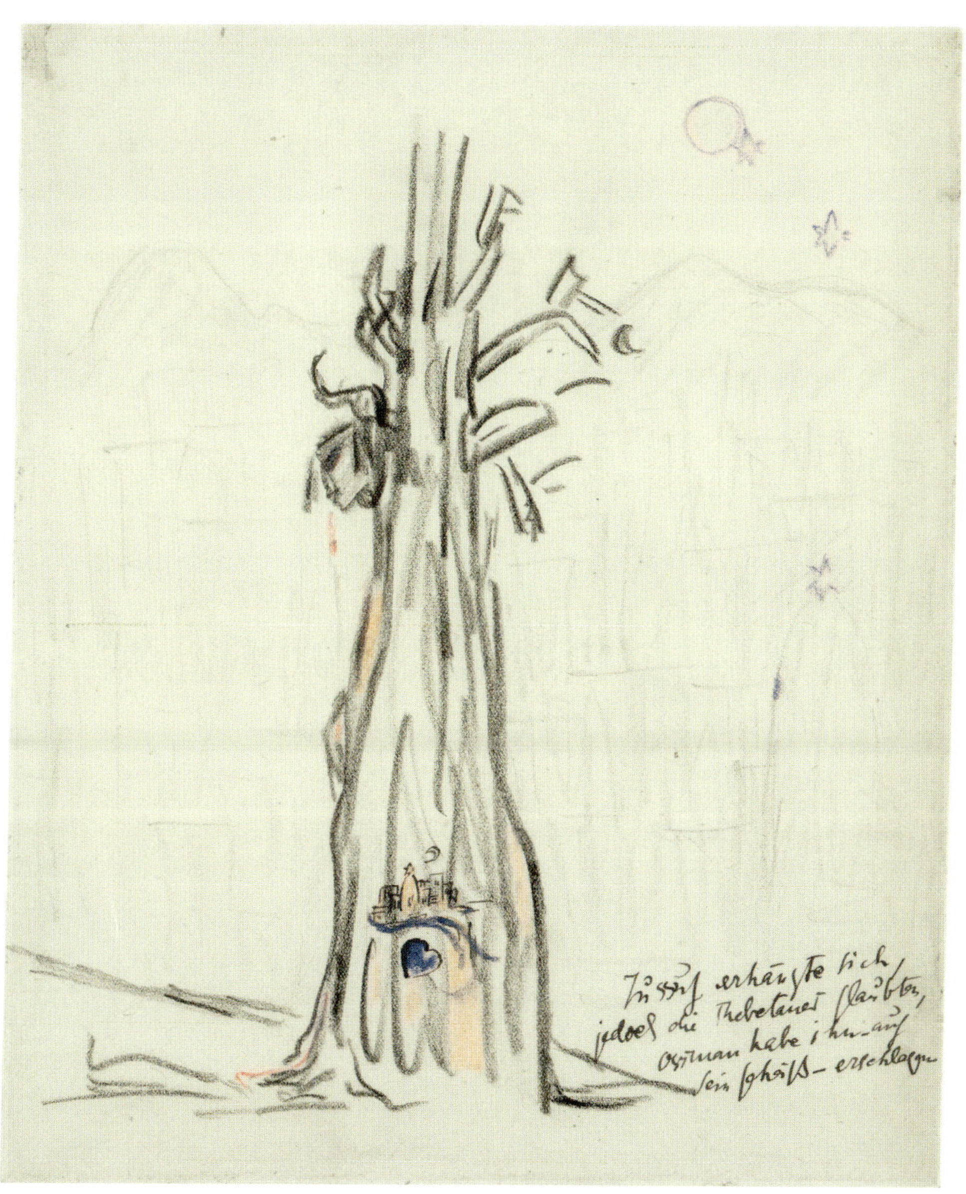
Jüssuf erhängte sich,
jedoch die Thebetaner glaubten,
Osman habe ihn auf
sein Geheiß – erschlagen

→49

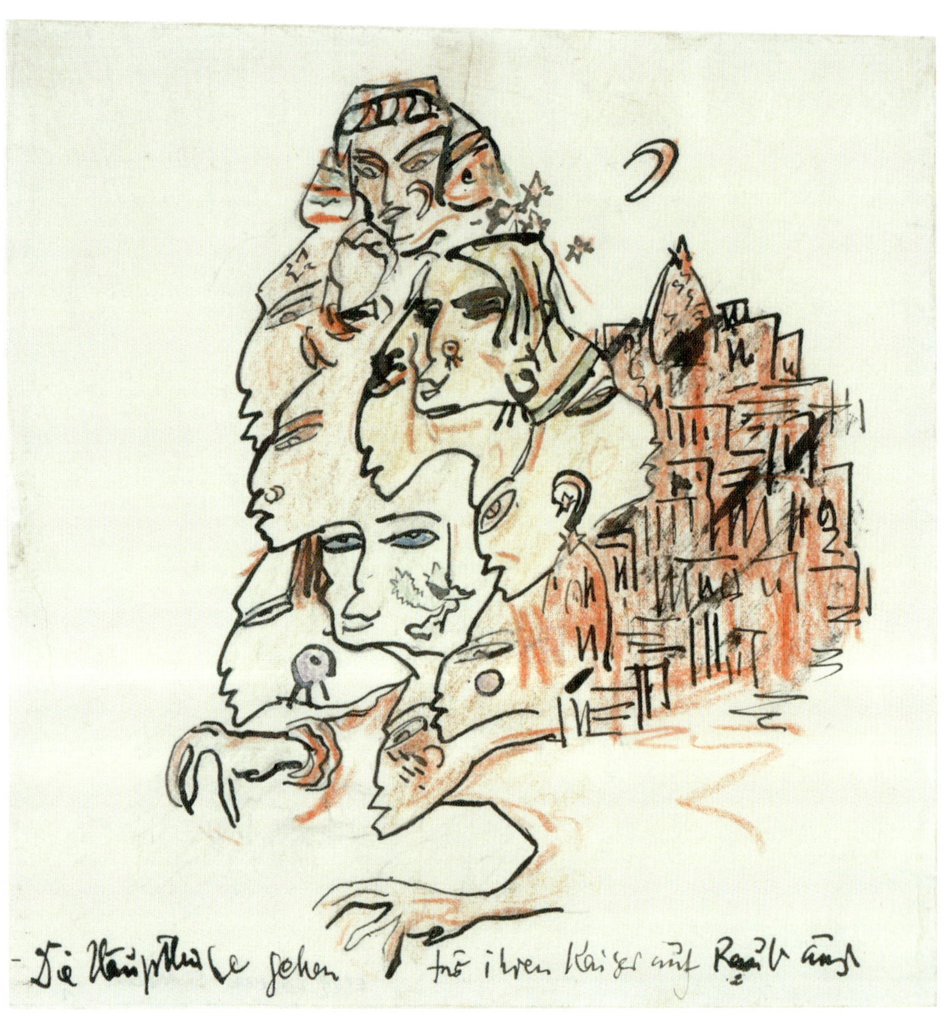

→51

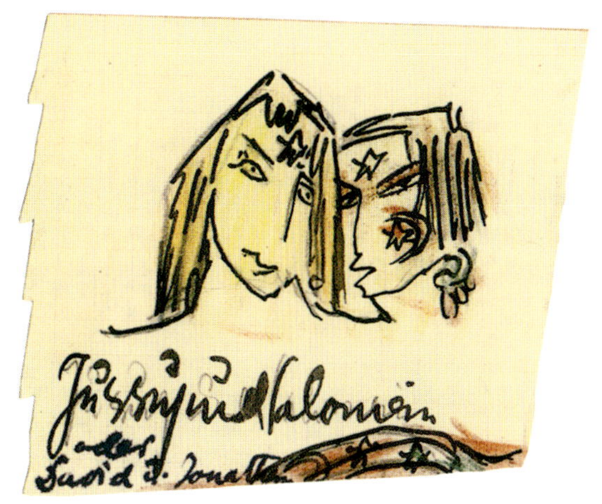

→52

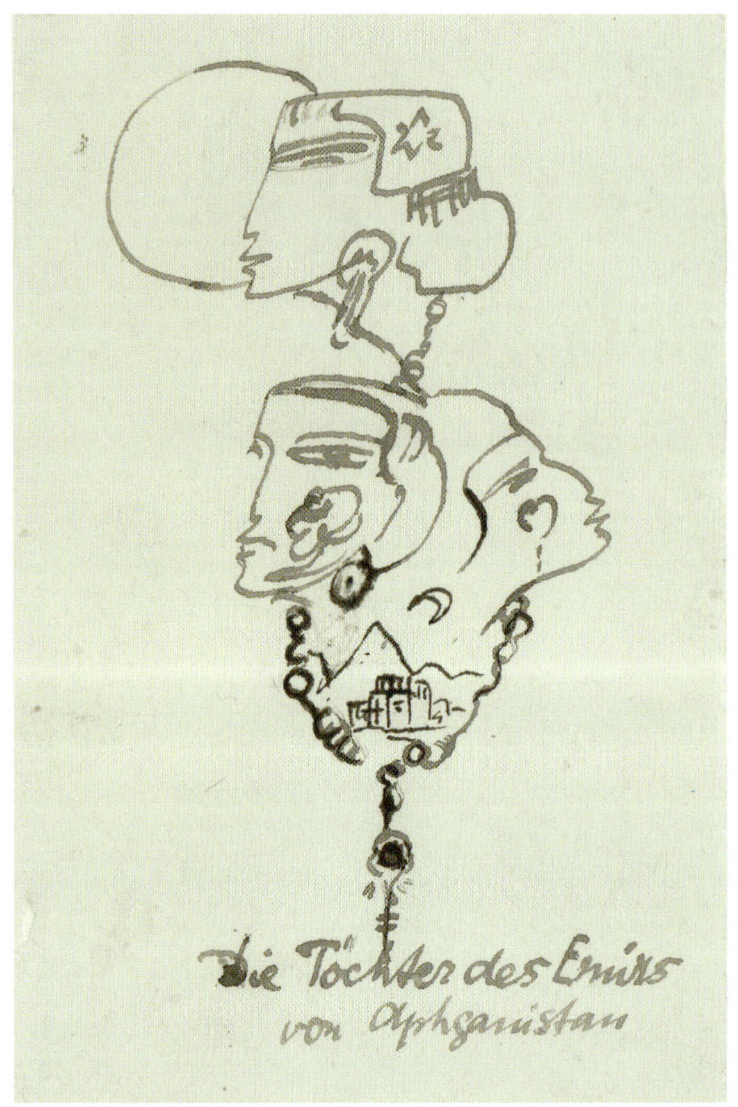

→76

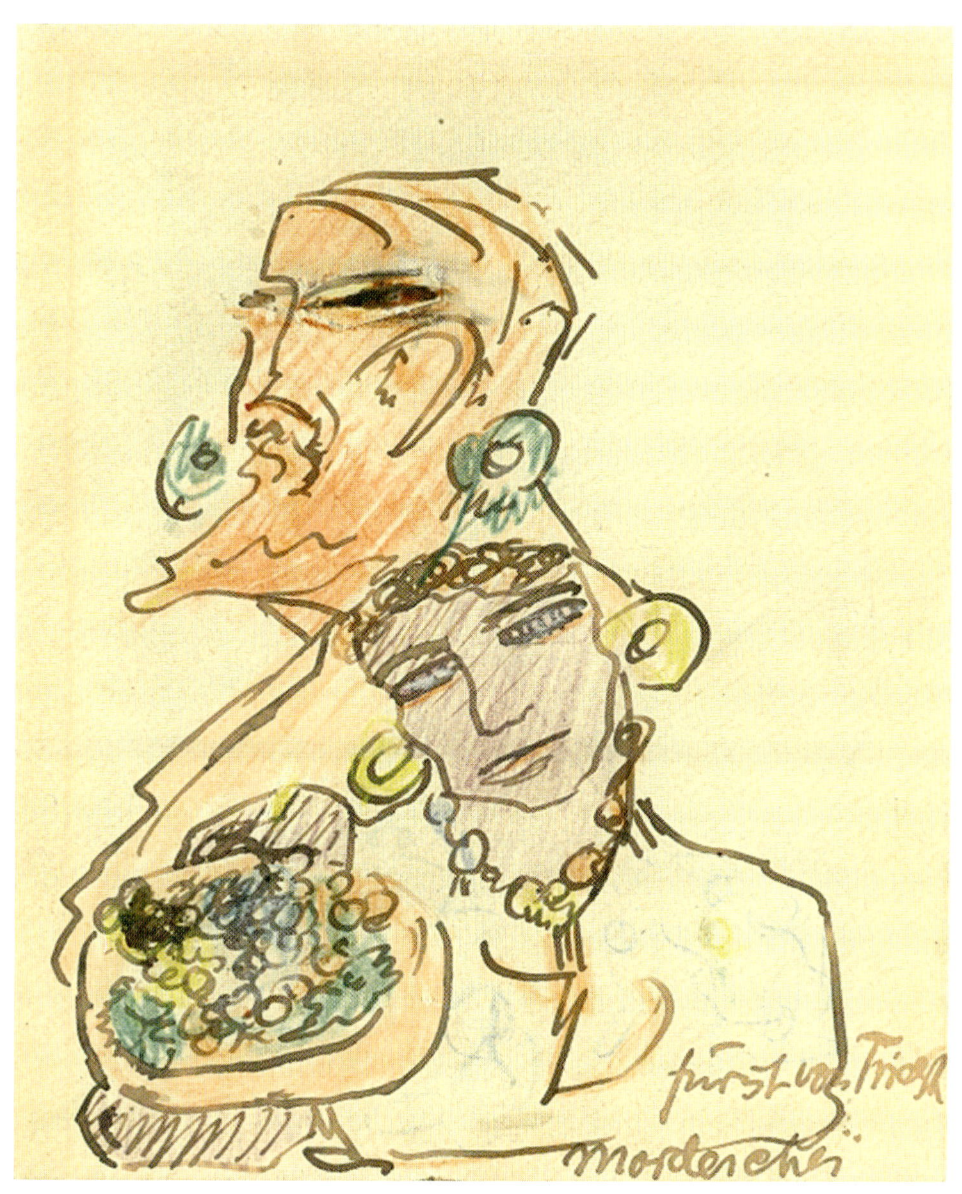

→66

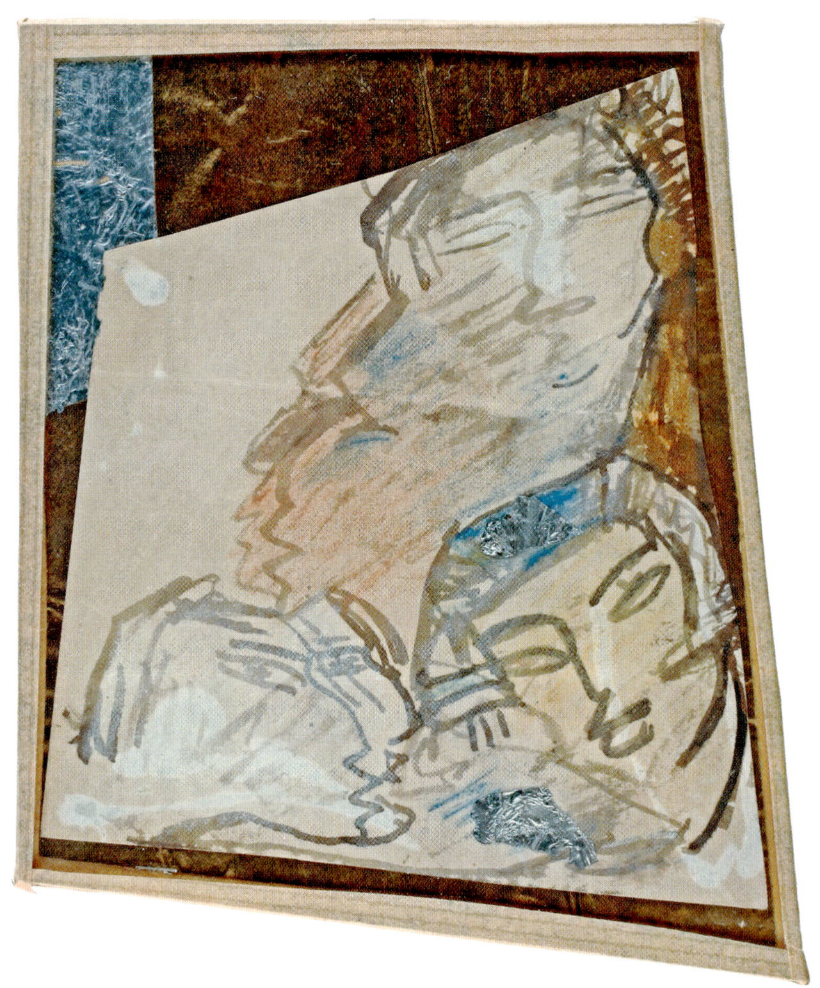

→62

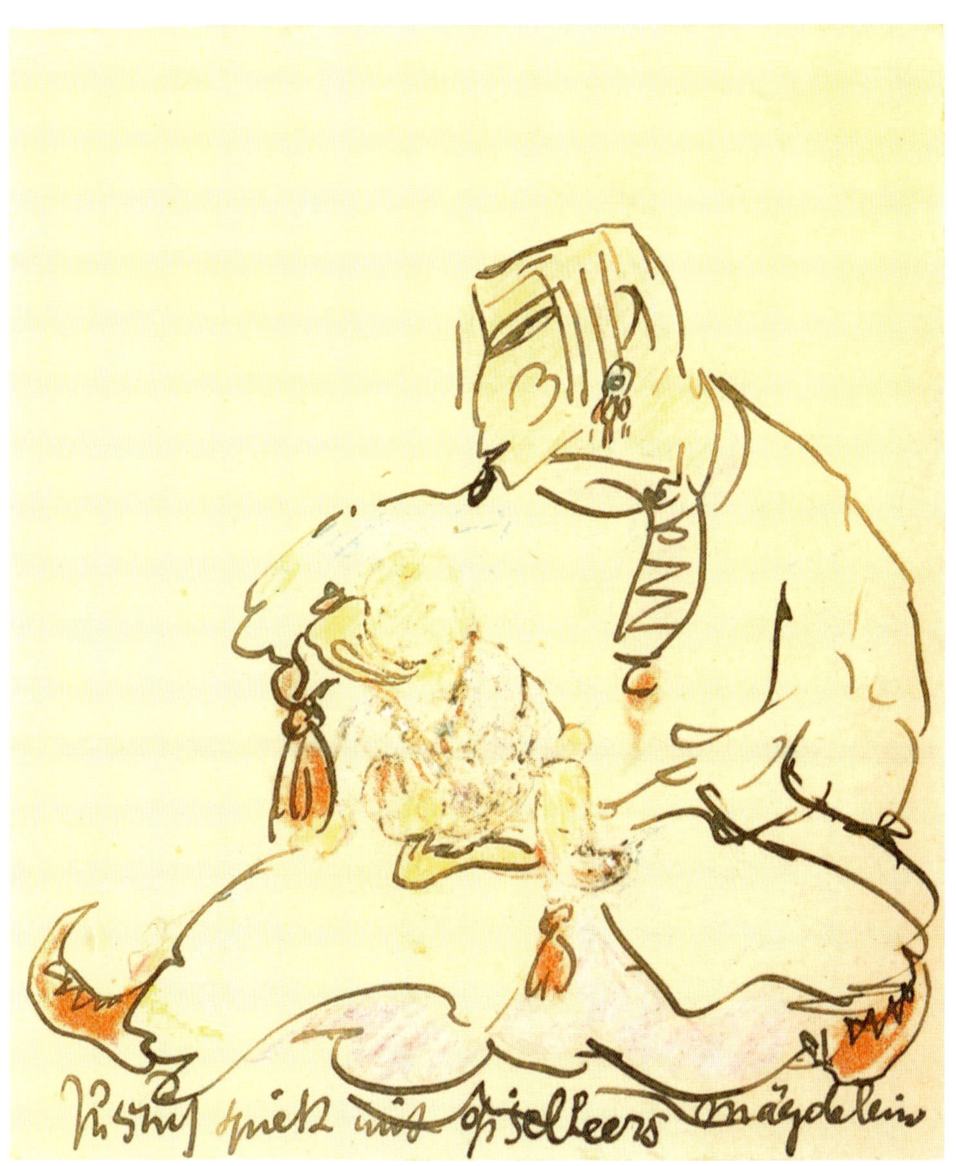

→73

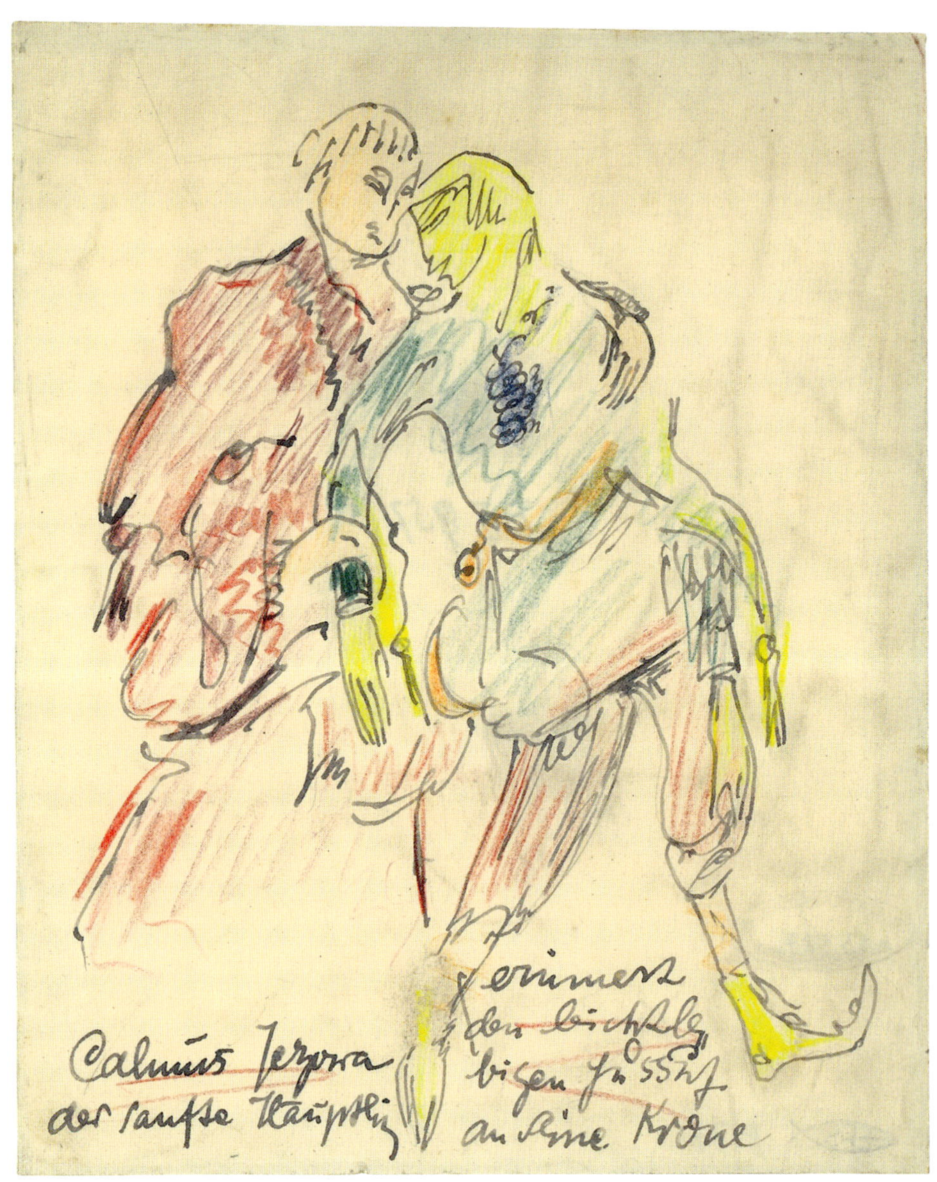
Calmus Jezora
der sanfte Häuptling
erinnert
an seine Krone

→70

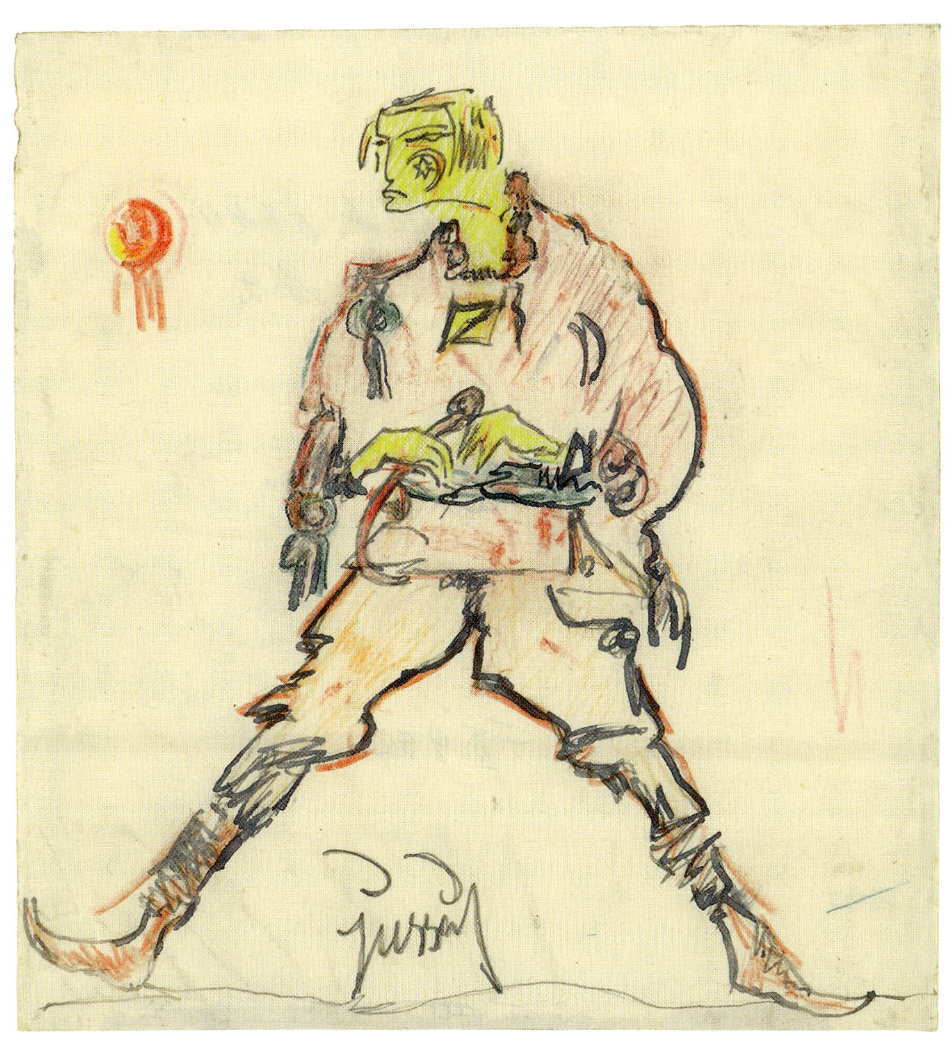

→72

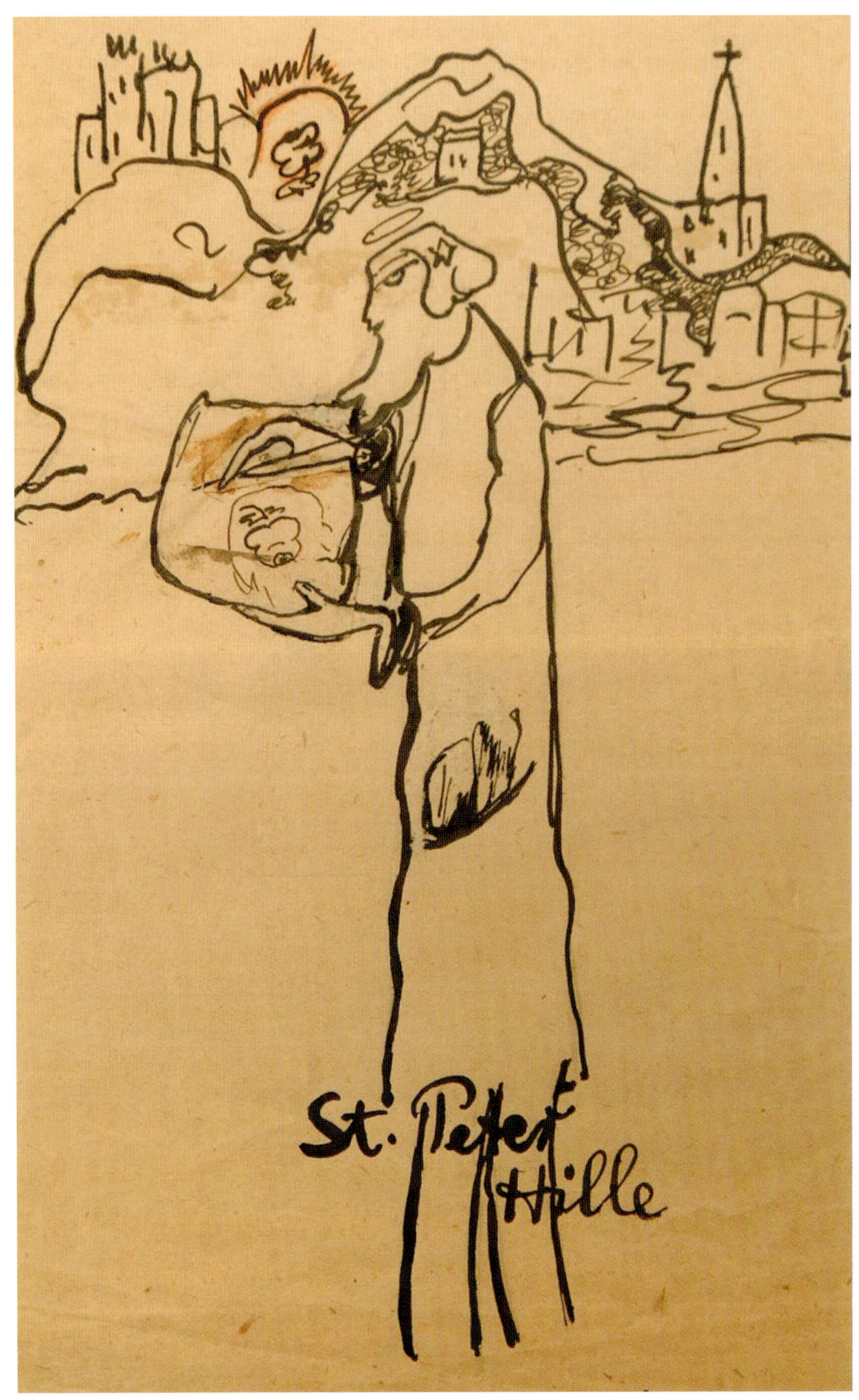

→79

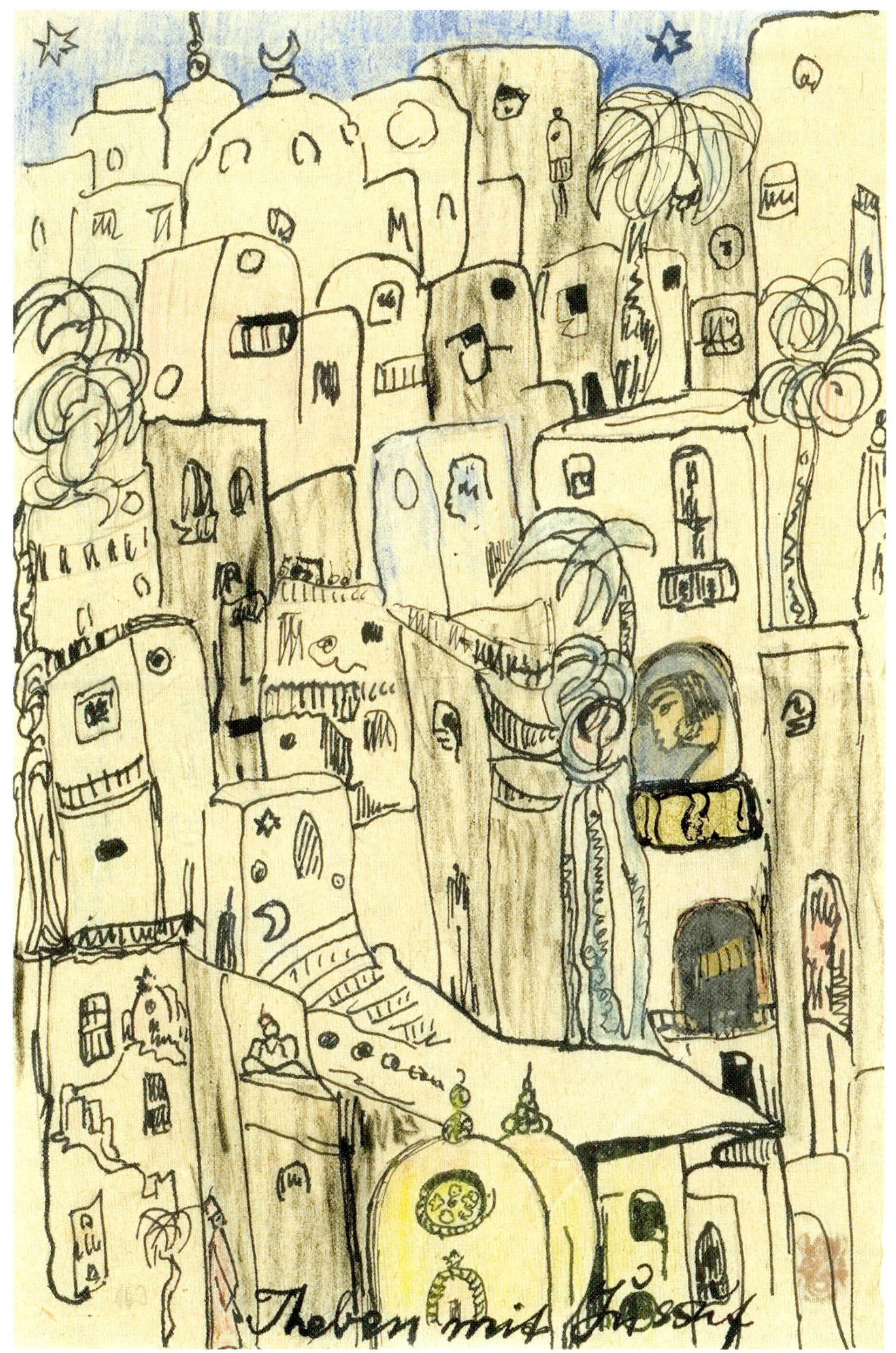

→86

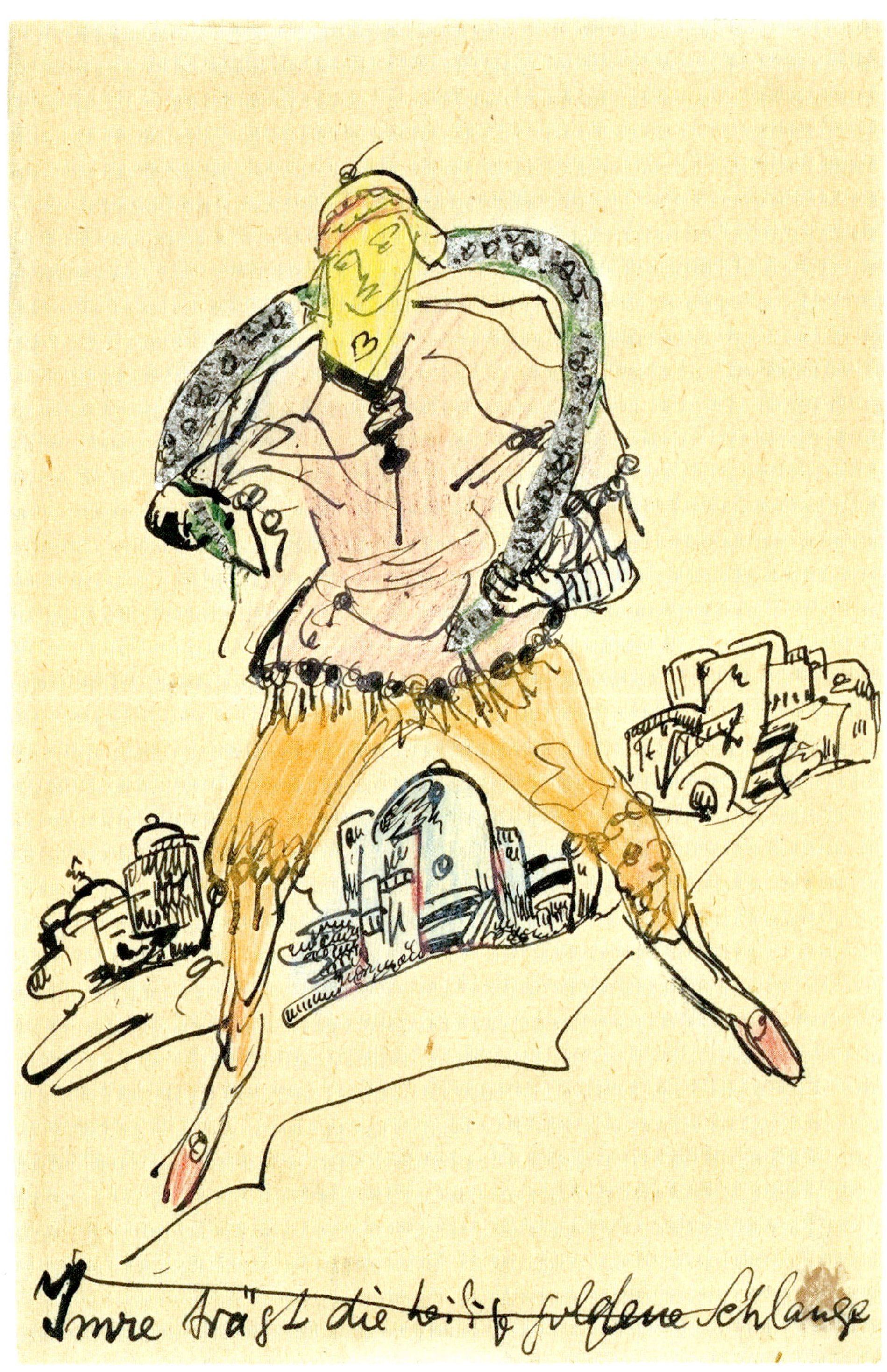

→85

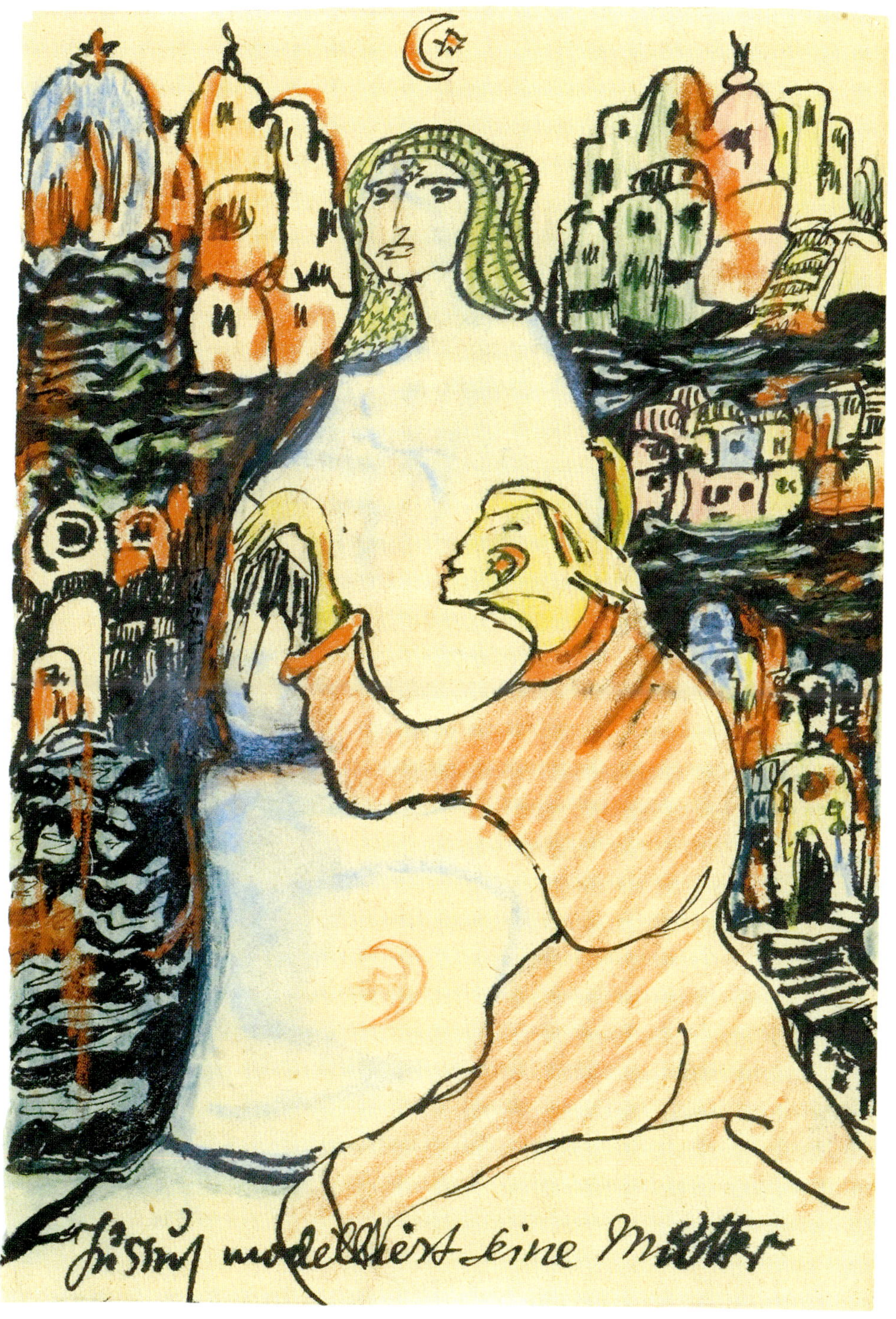

→87

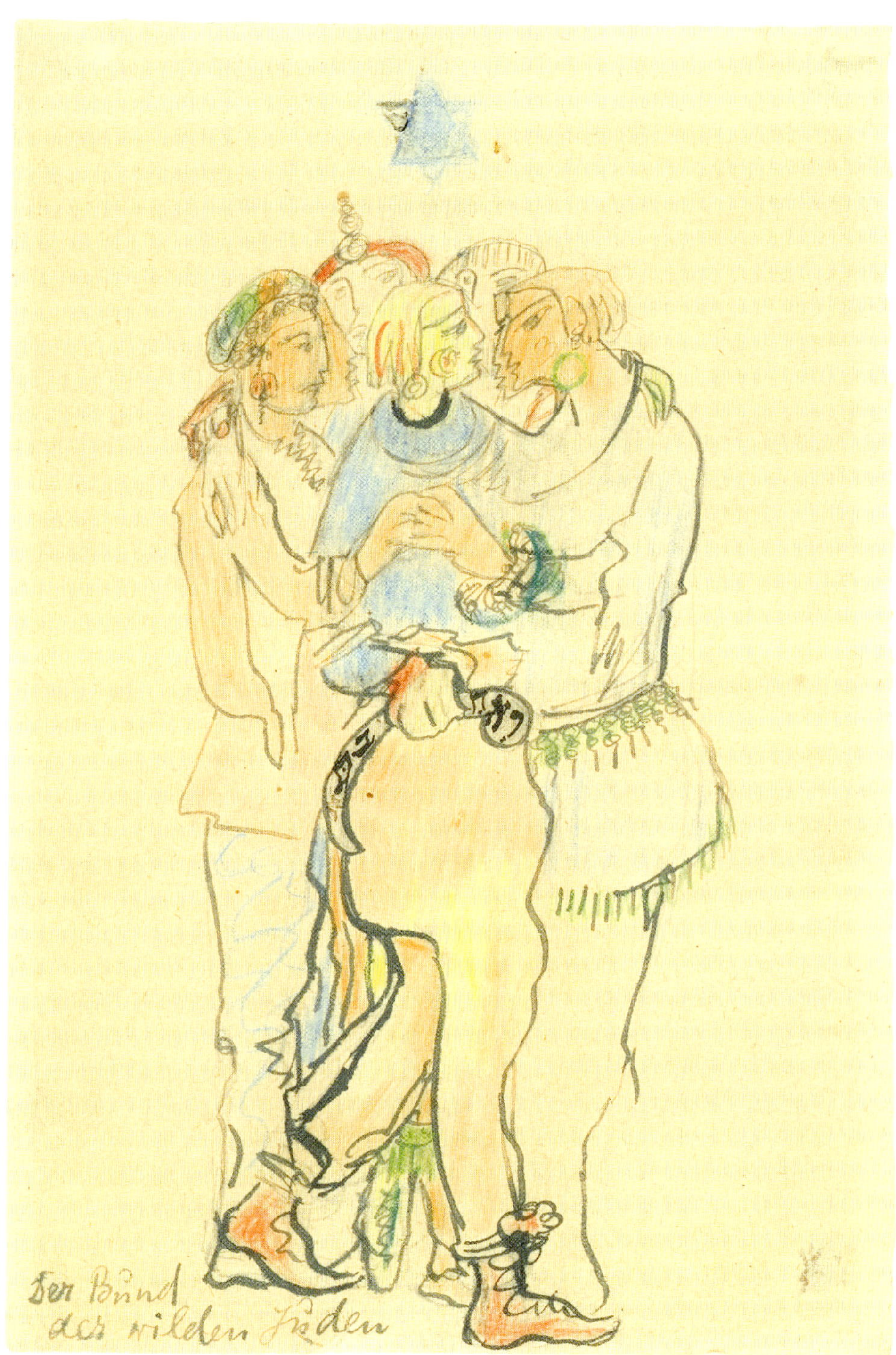

→84

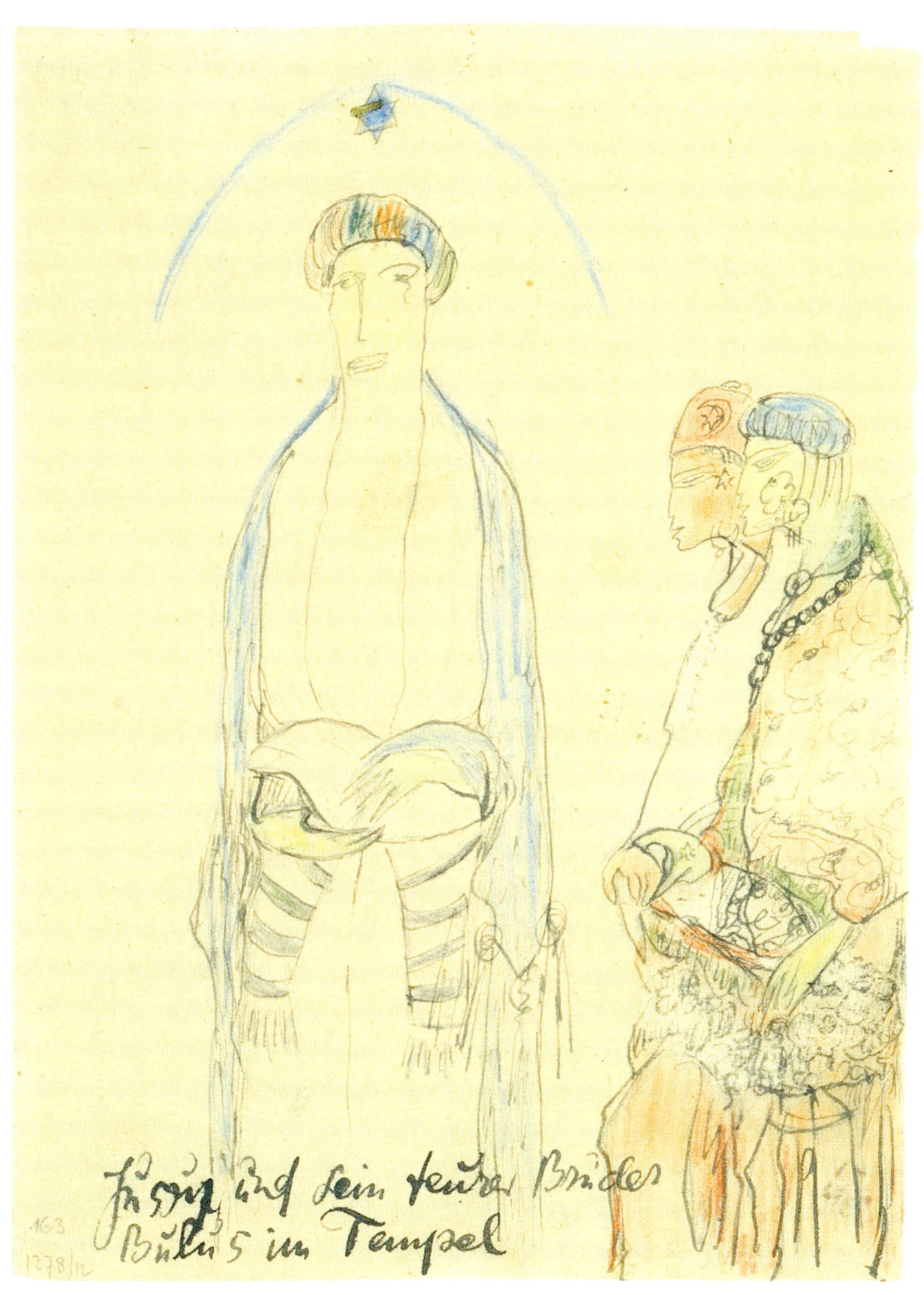

→90

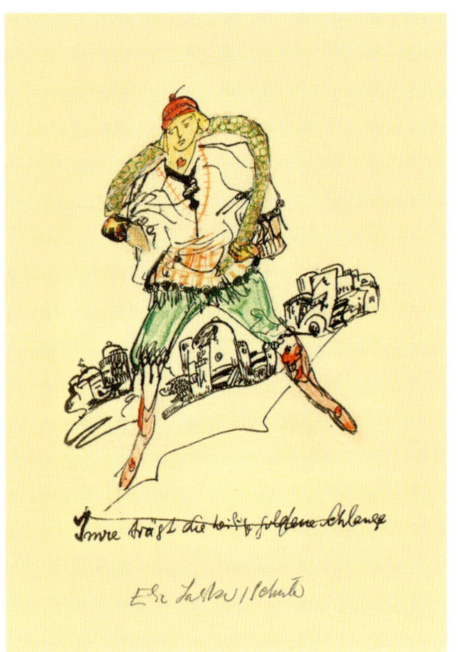

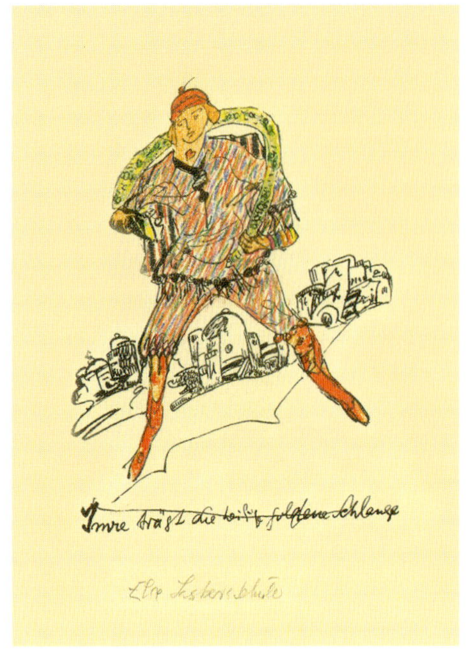

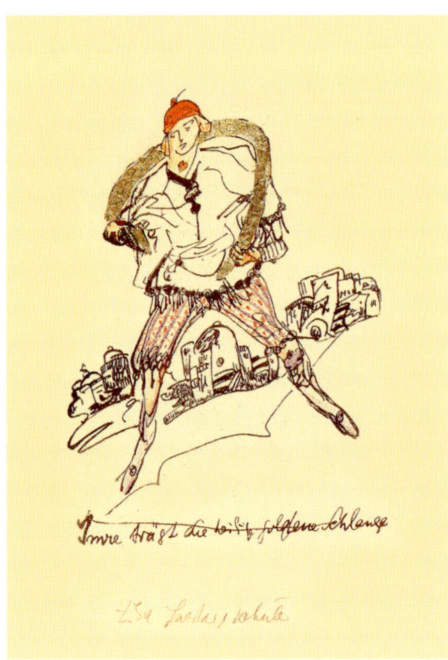

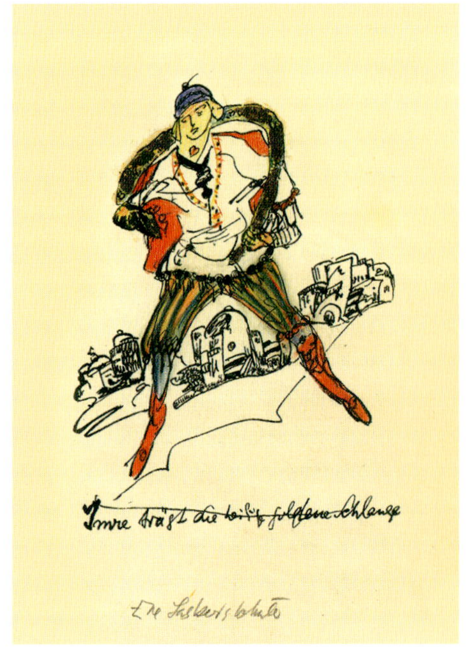

Blatt aus *Theben*. Expl. Nr. 87, 42, 33, 3, 88, 98, 6, 194 (von links oben nach rechts unten). Siehe S. 285 f.

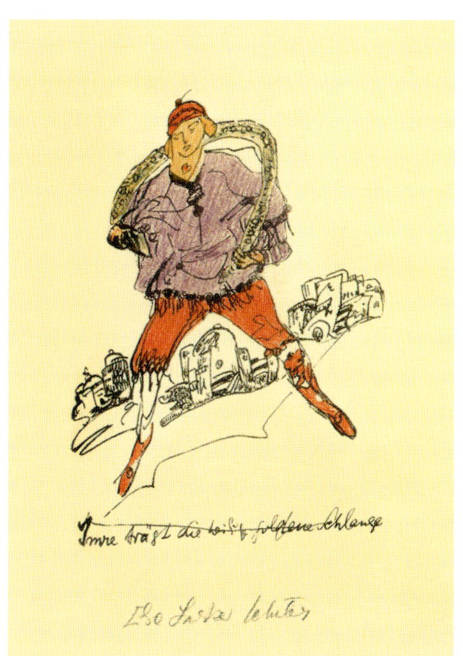

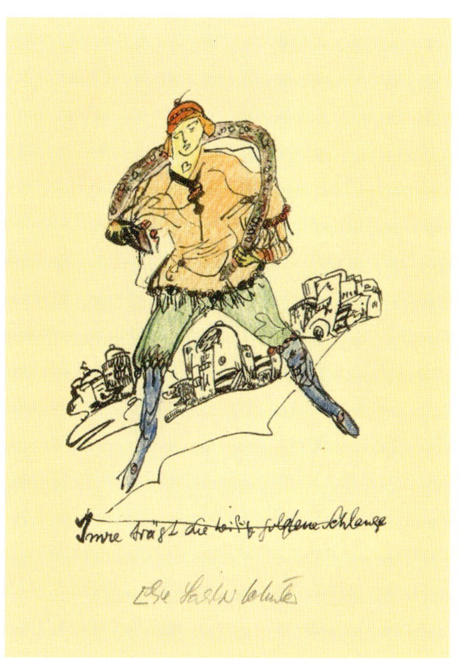

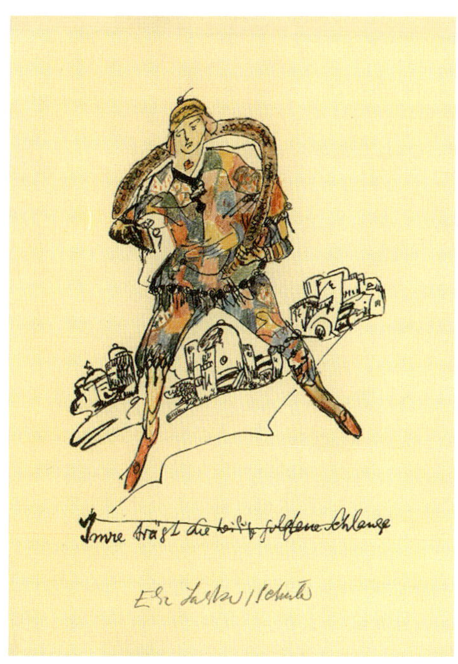

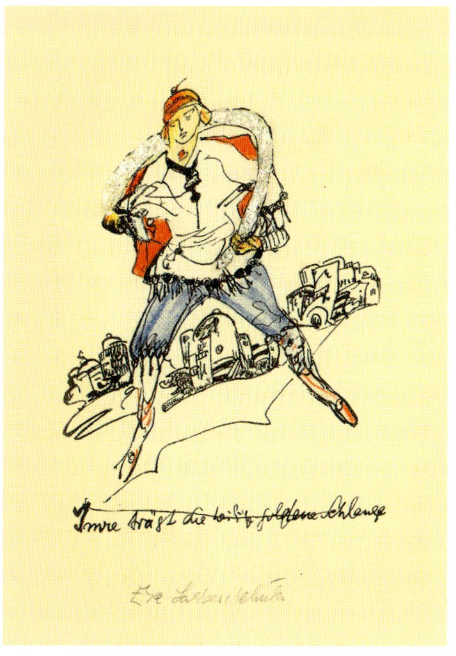

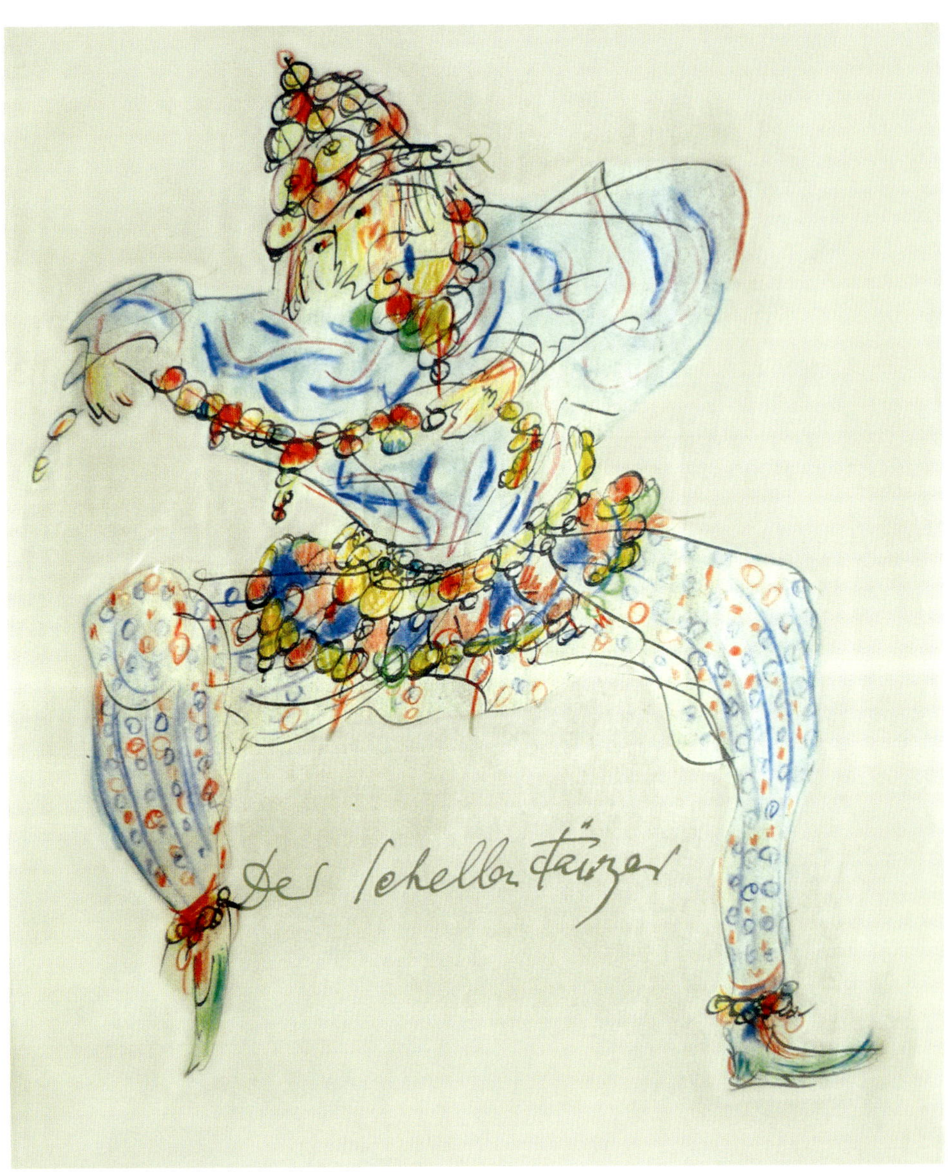

→101

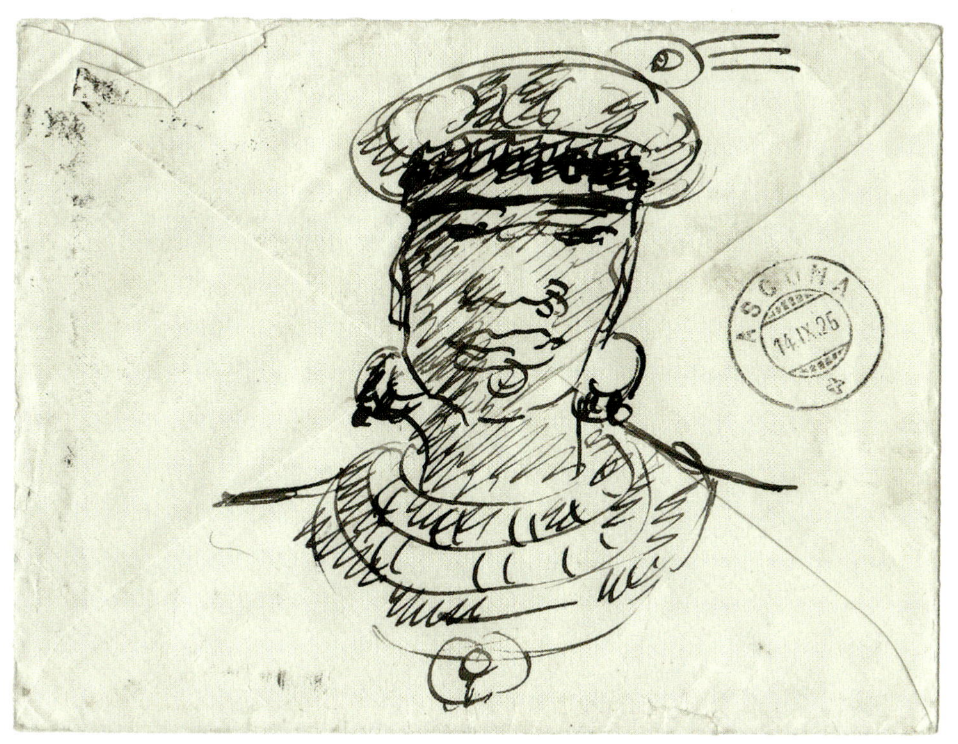

→98

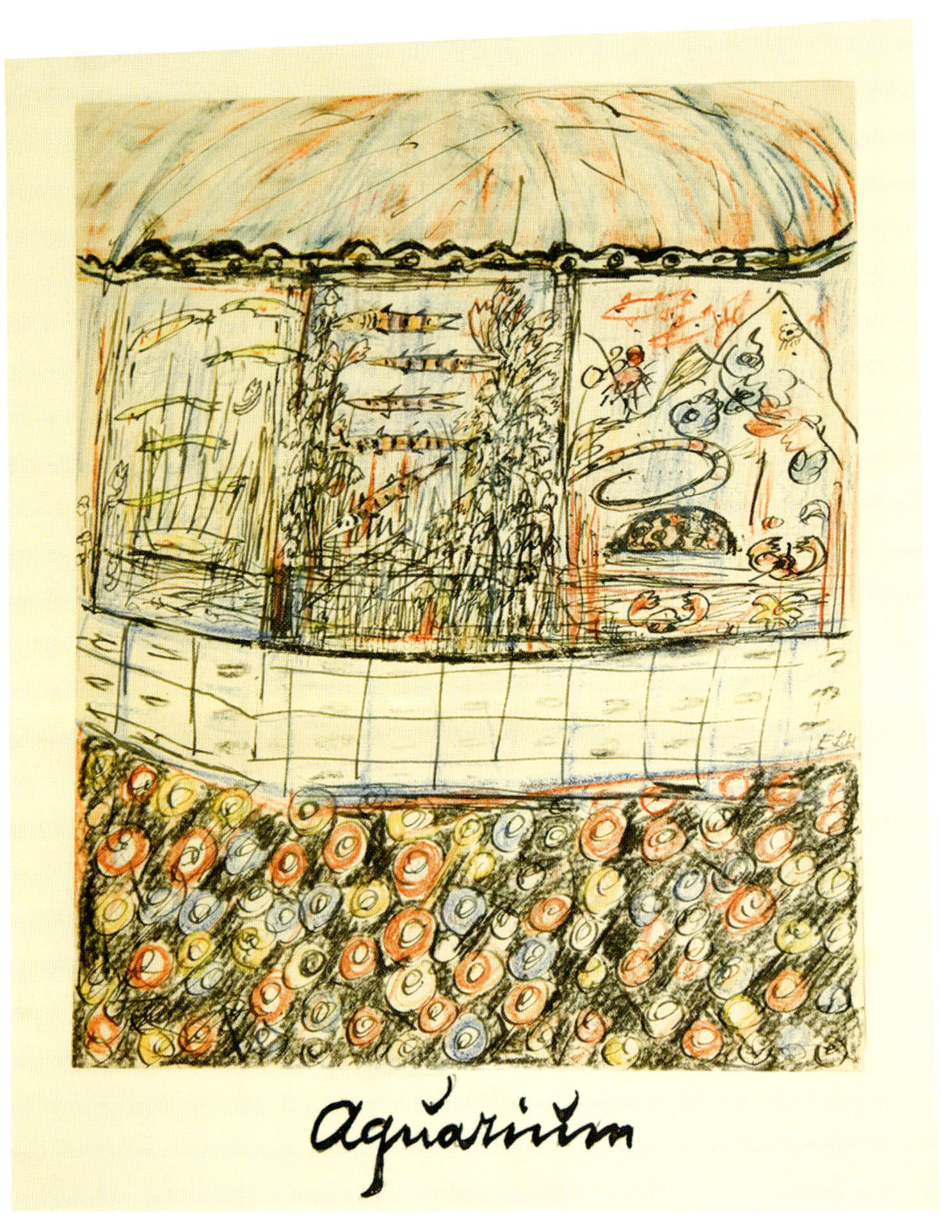

→103

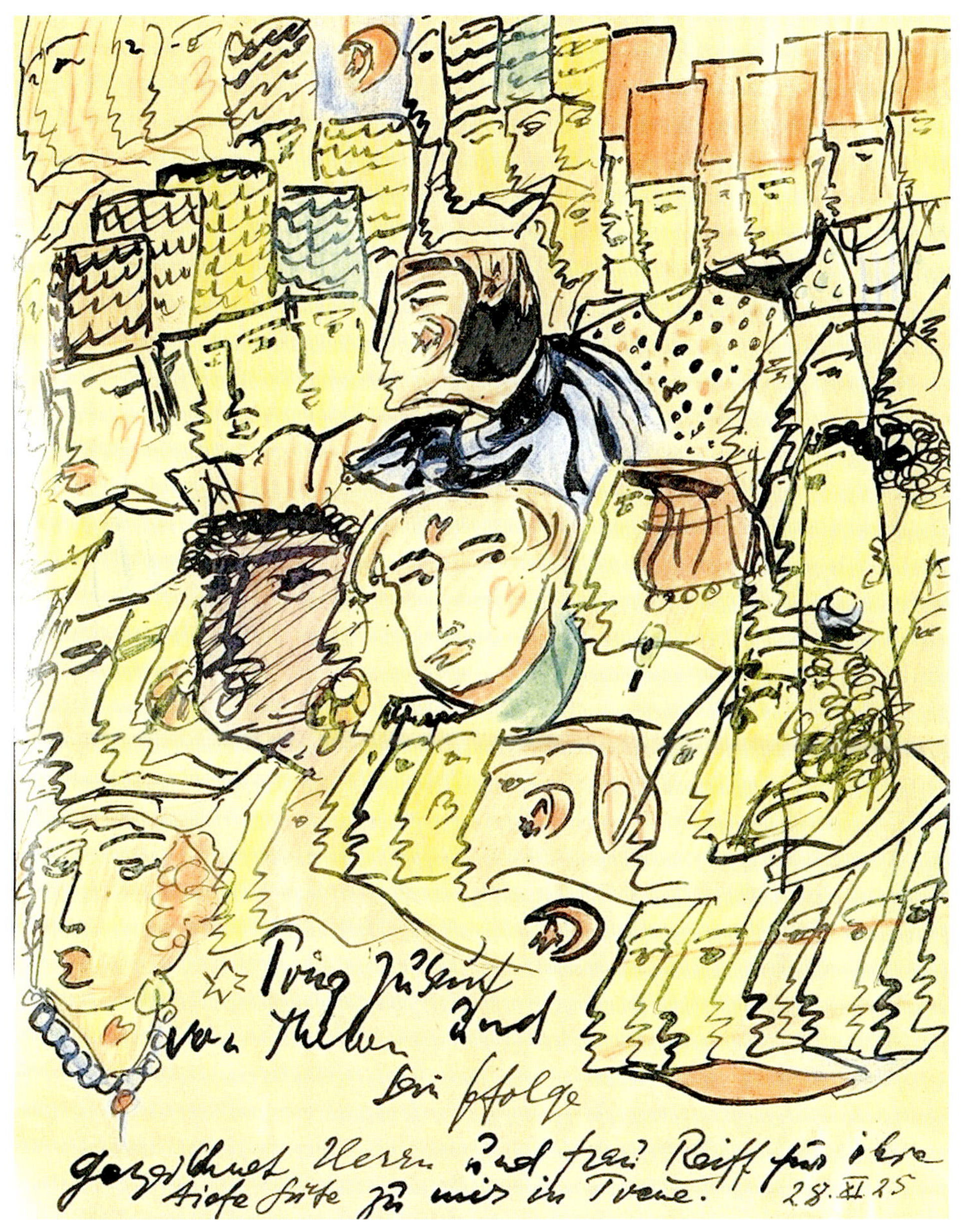
Prinz Jussuf
von Theben und
sein Gefolge
gezeichnet Herrn und Frau Reiff für ihre
liebe Güte zu mir in Treue. 28.XI.25

→99

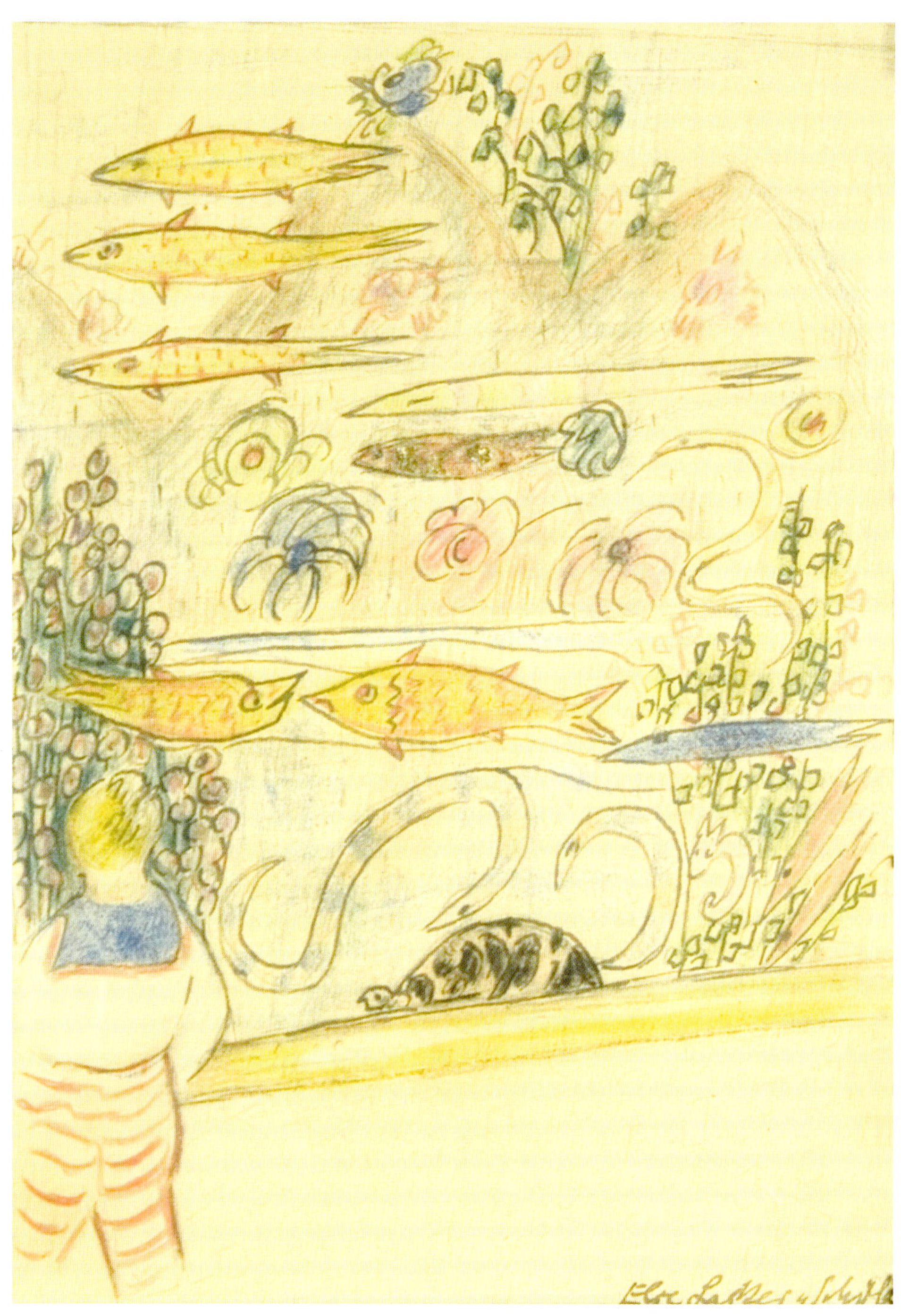

→102

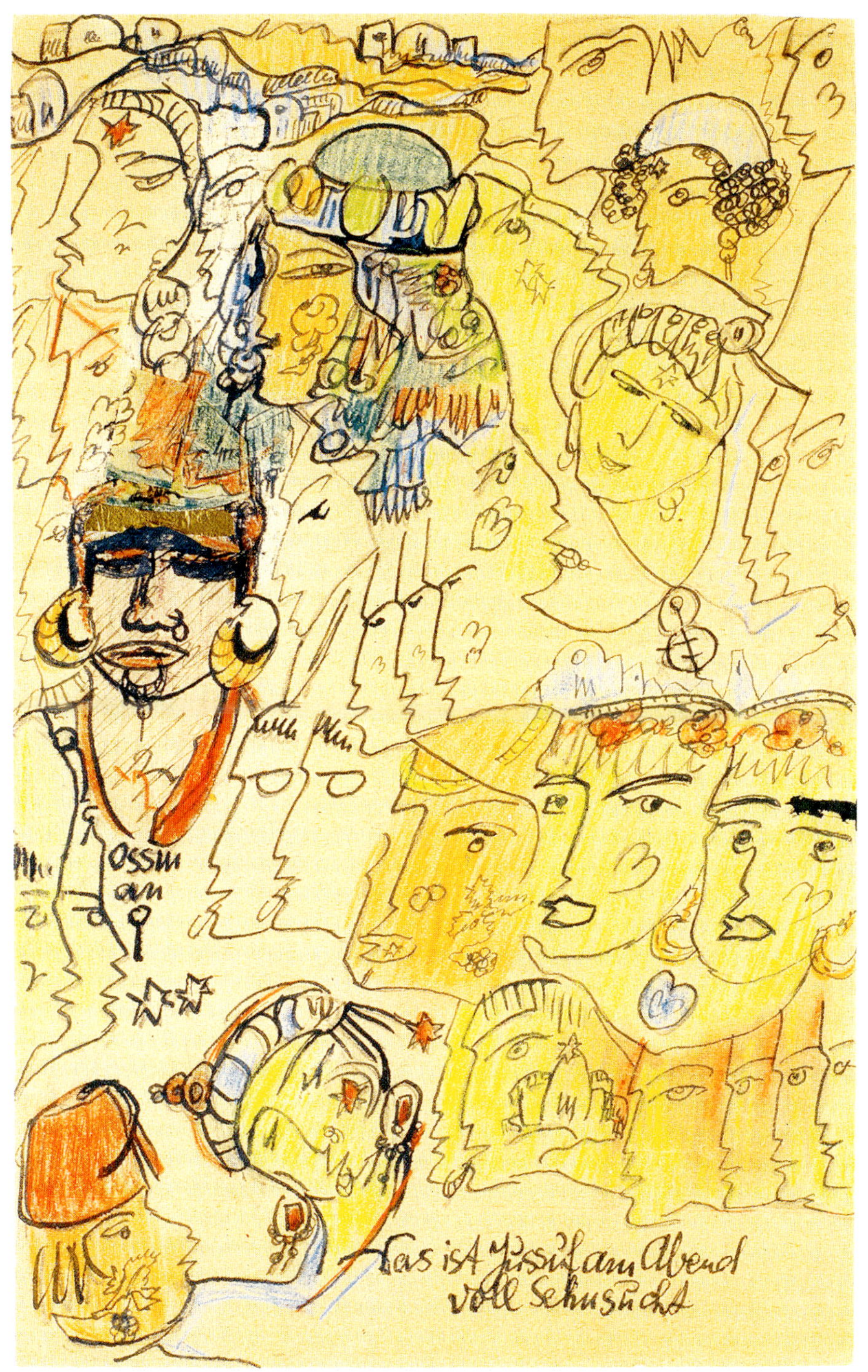

→94

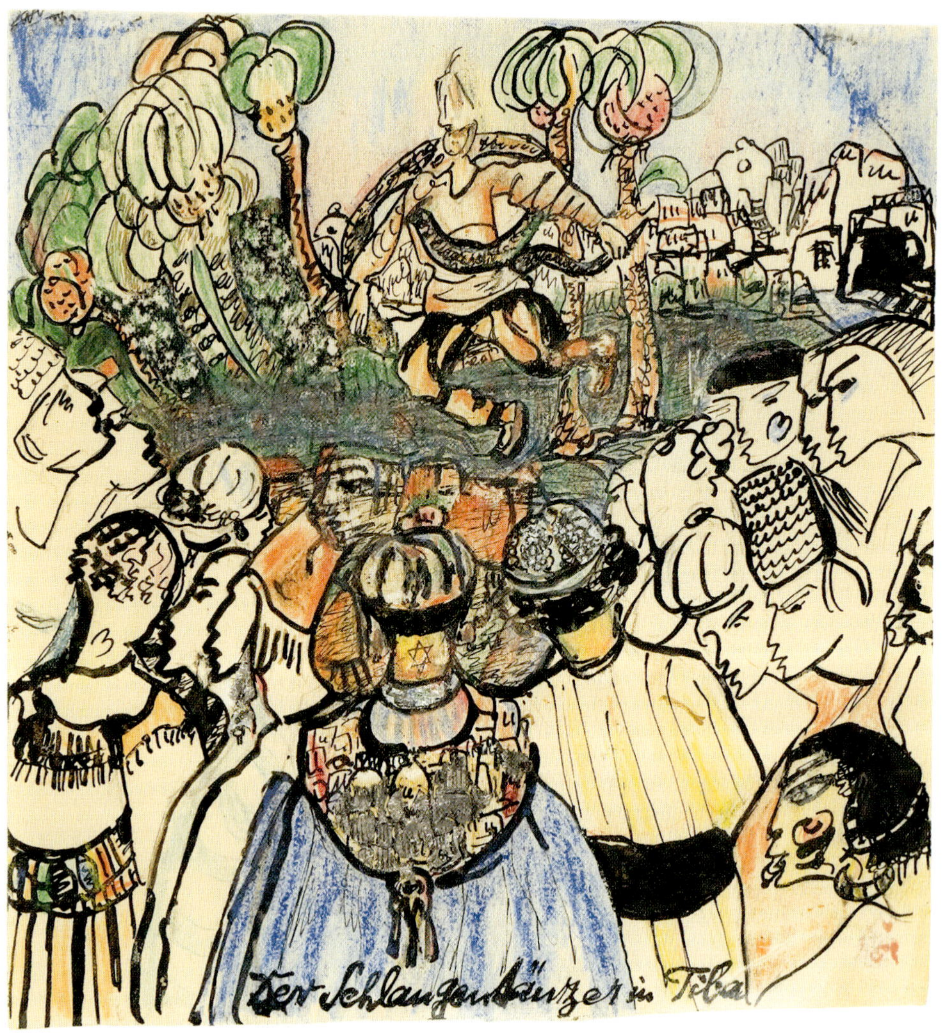

→116

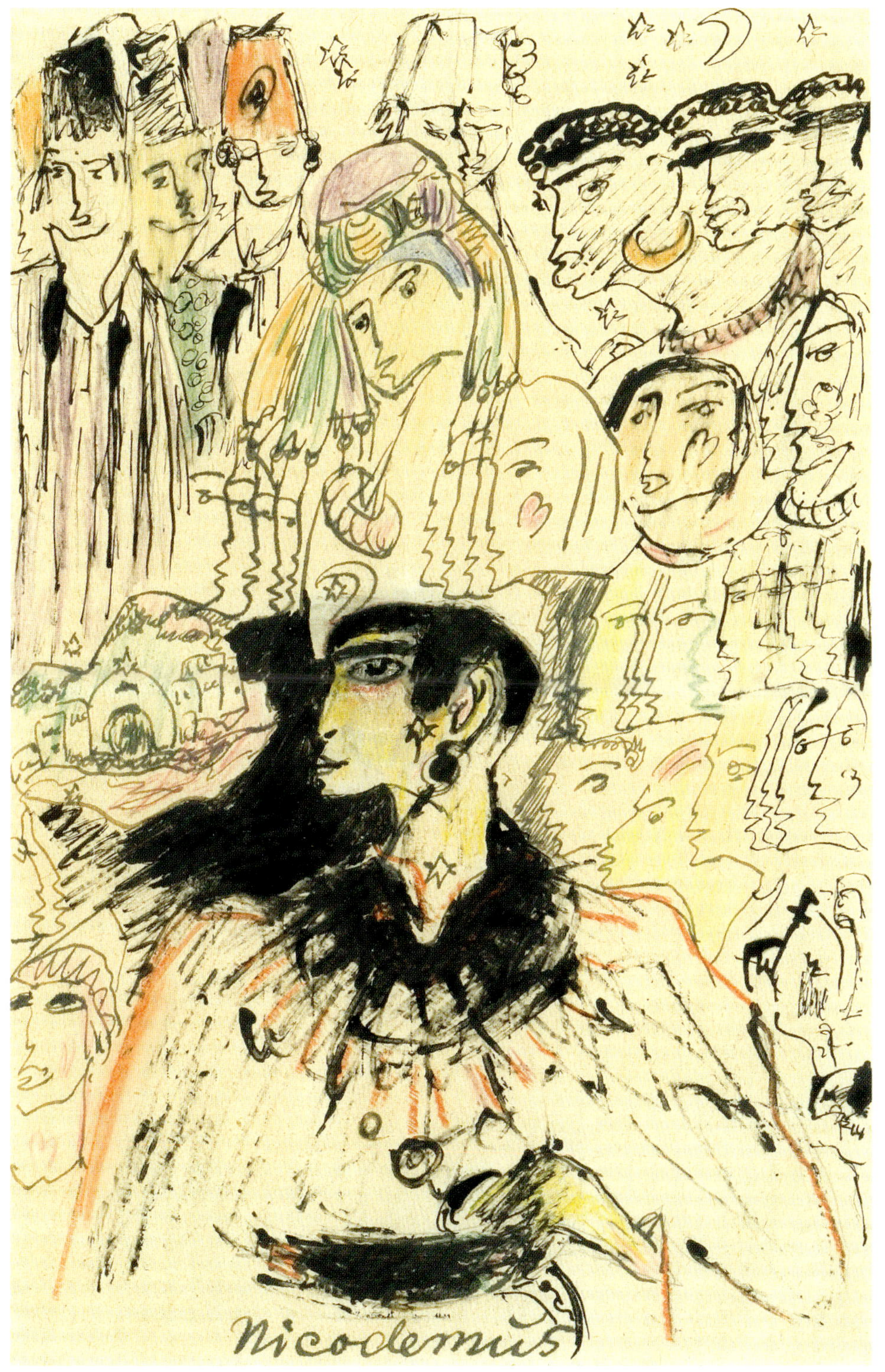

→96

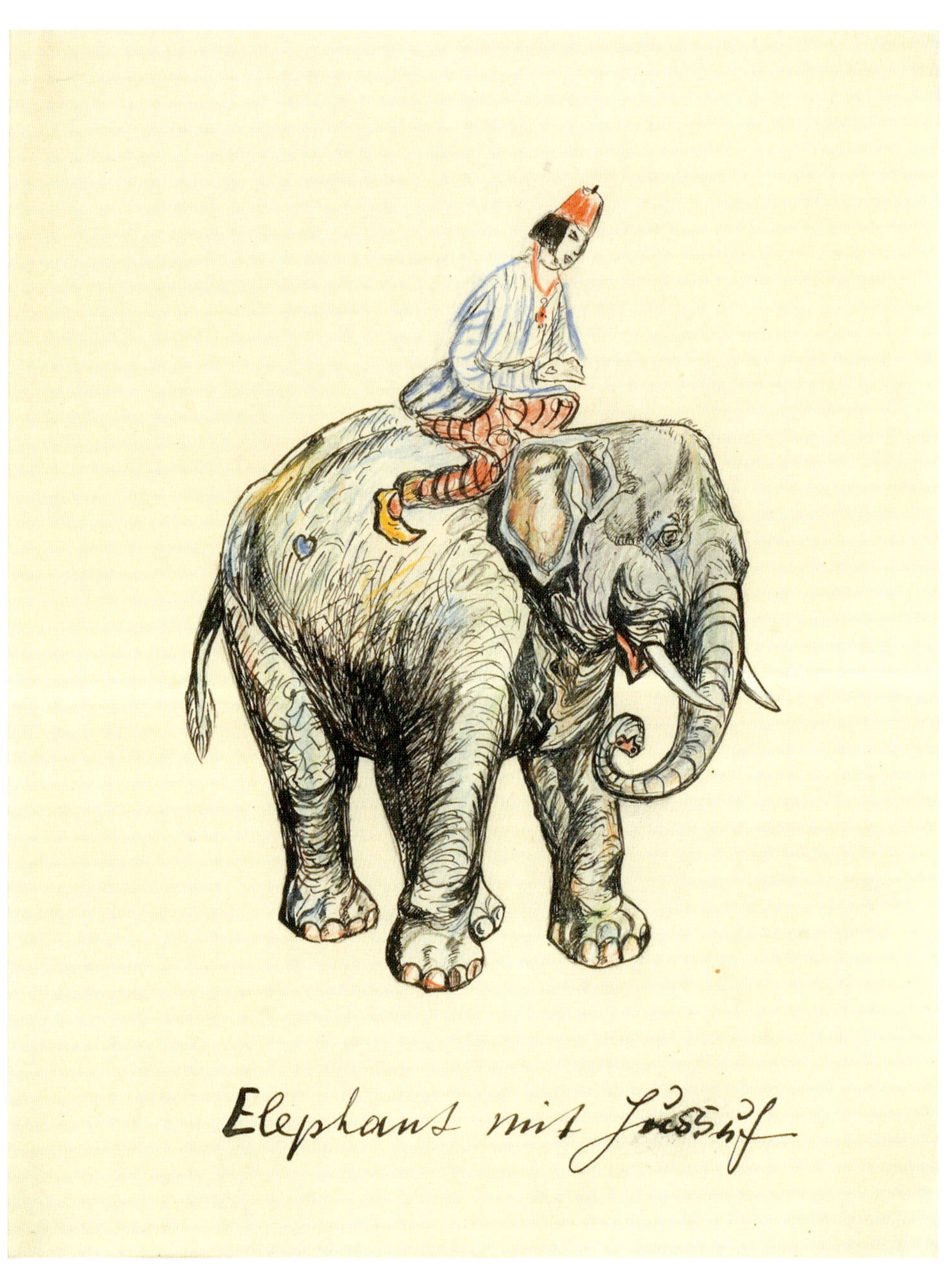

→110

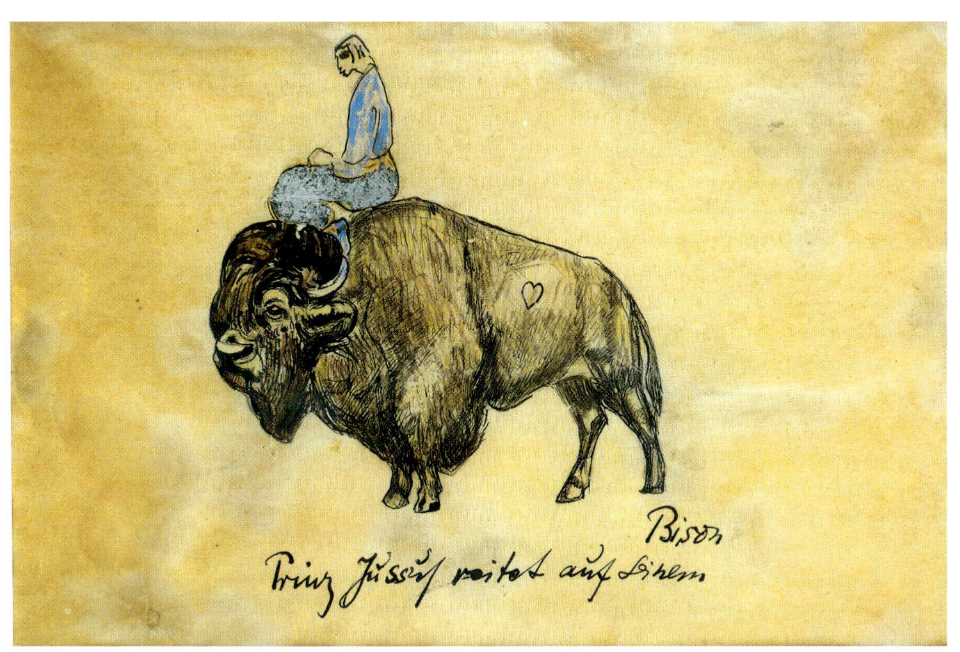

→106

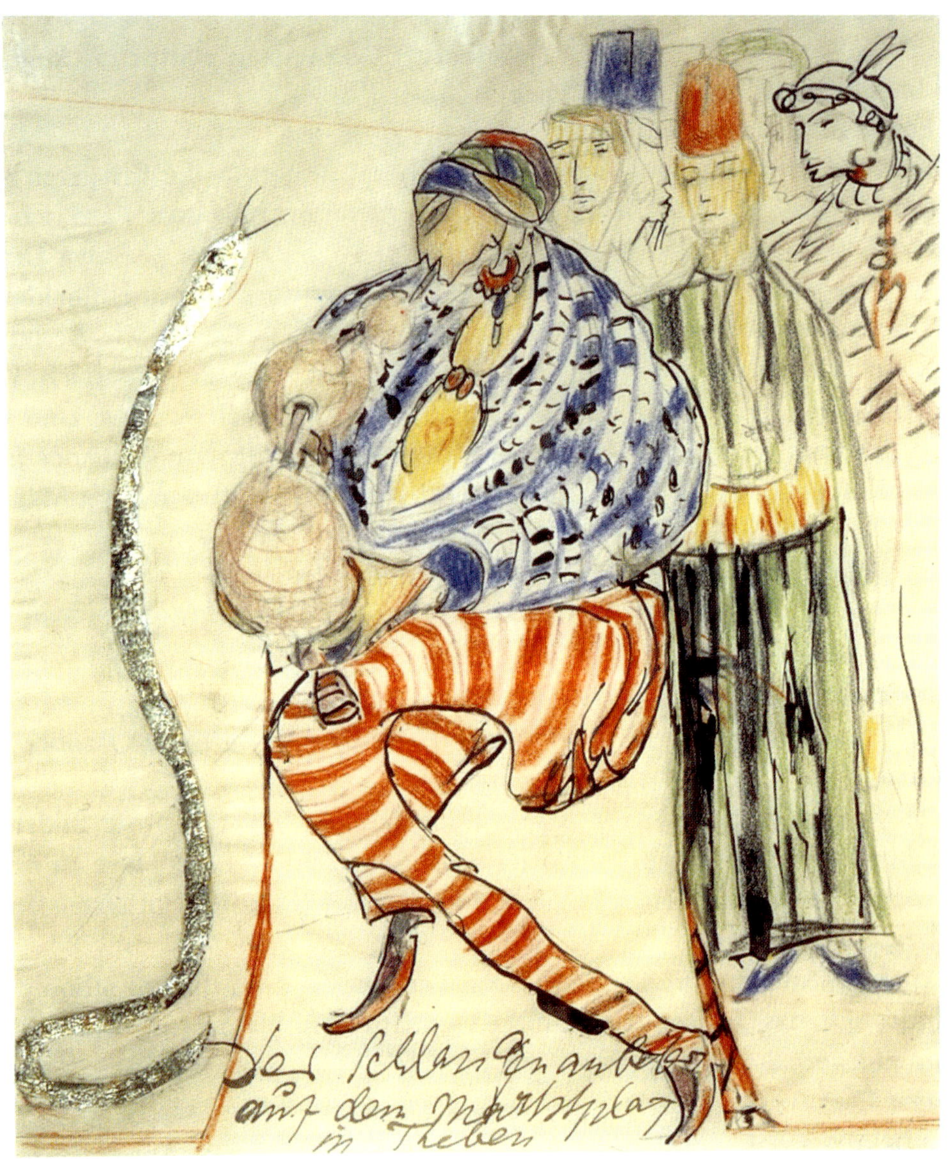

→93

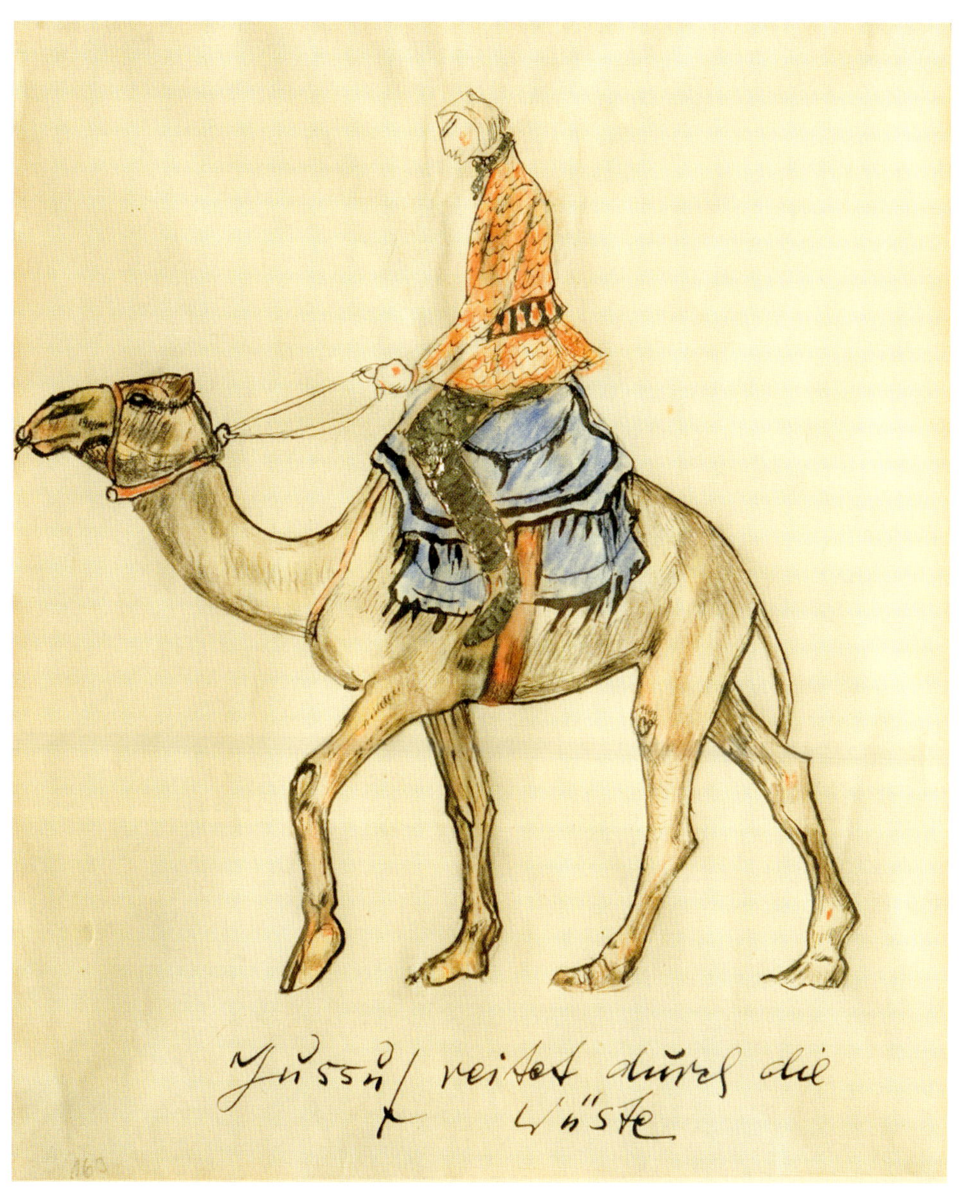

→108

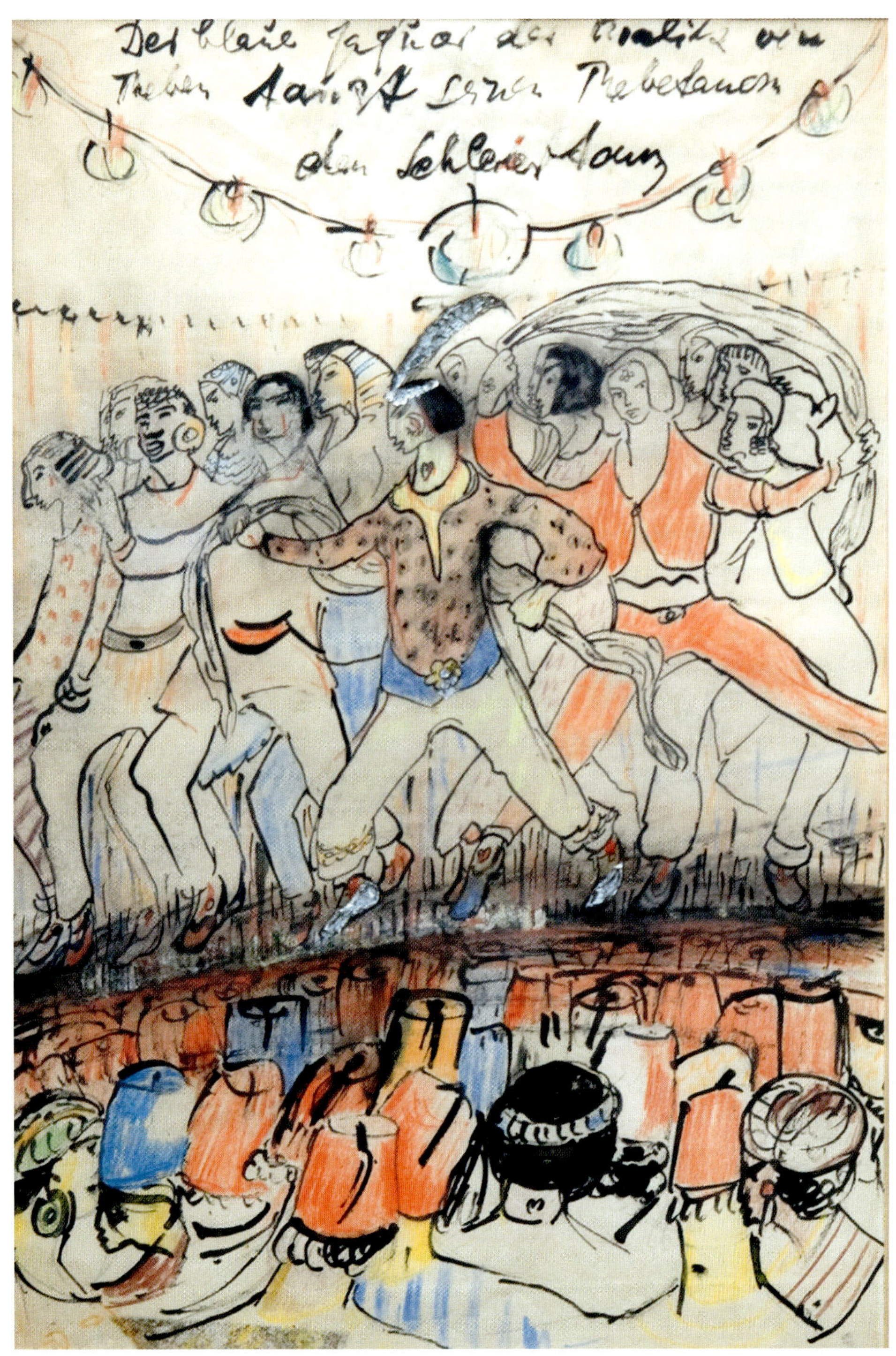

→118

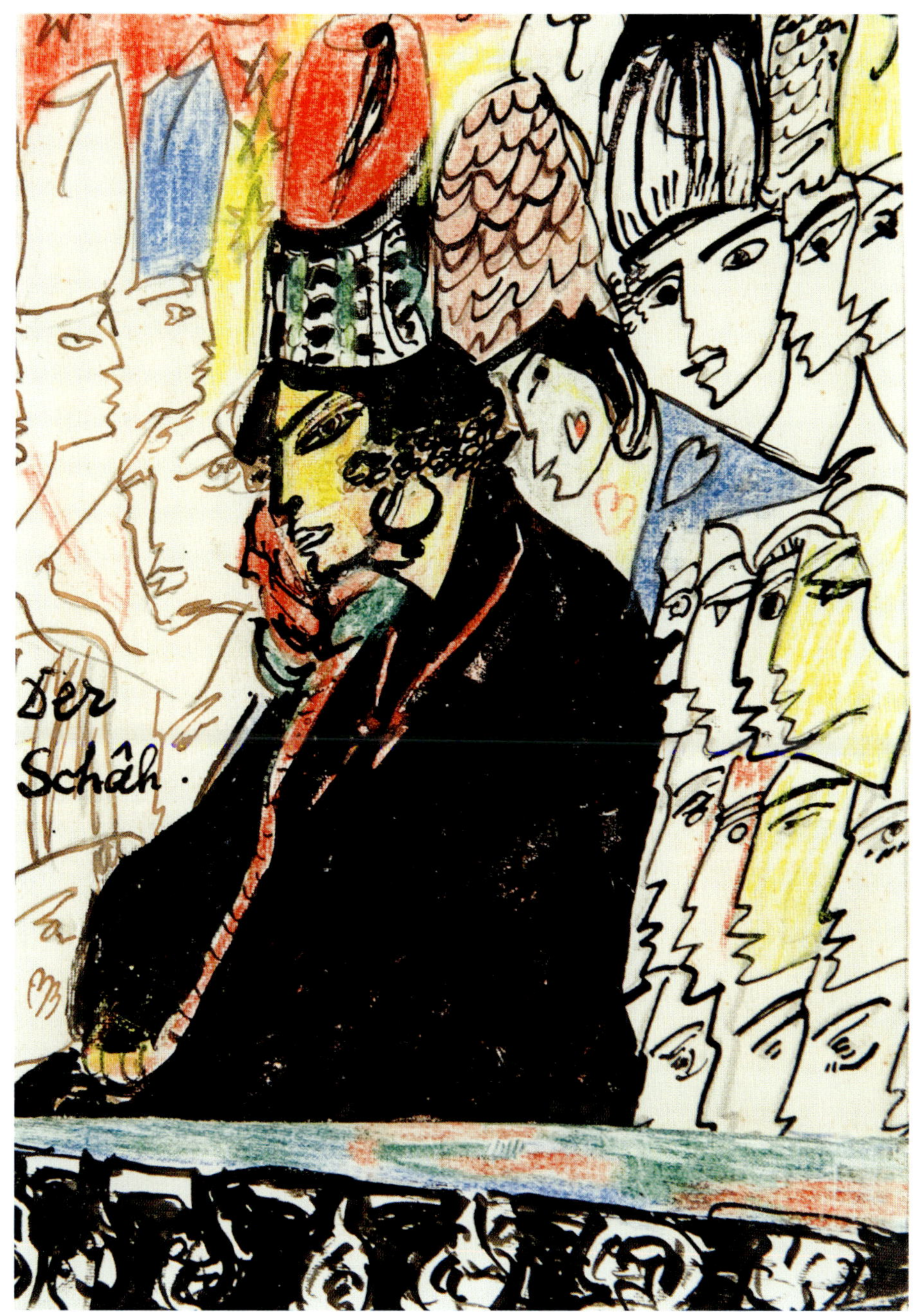

→117

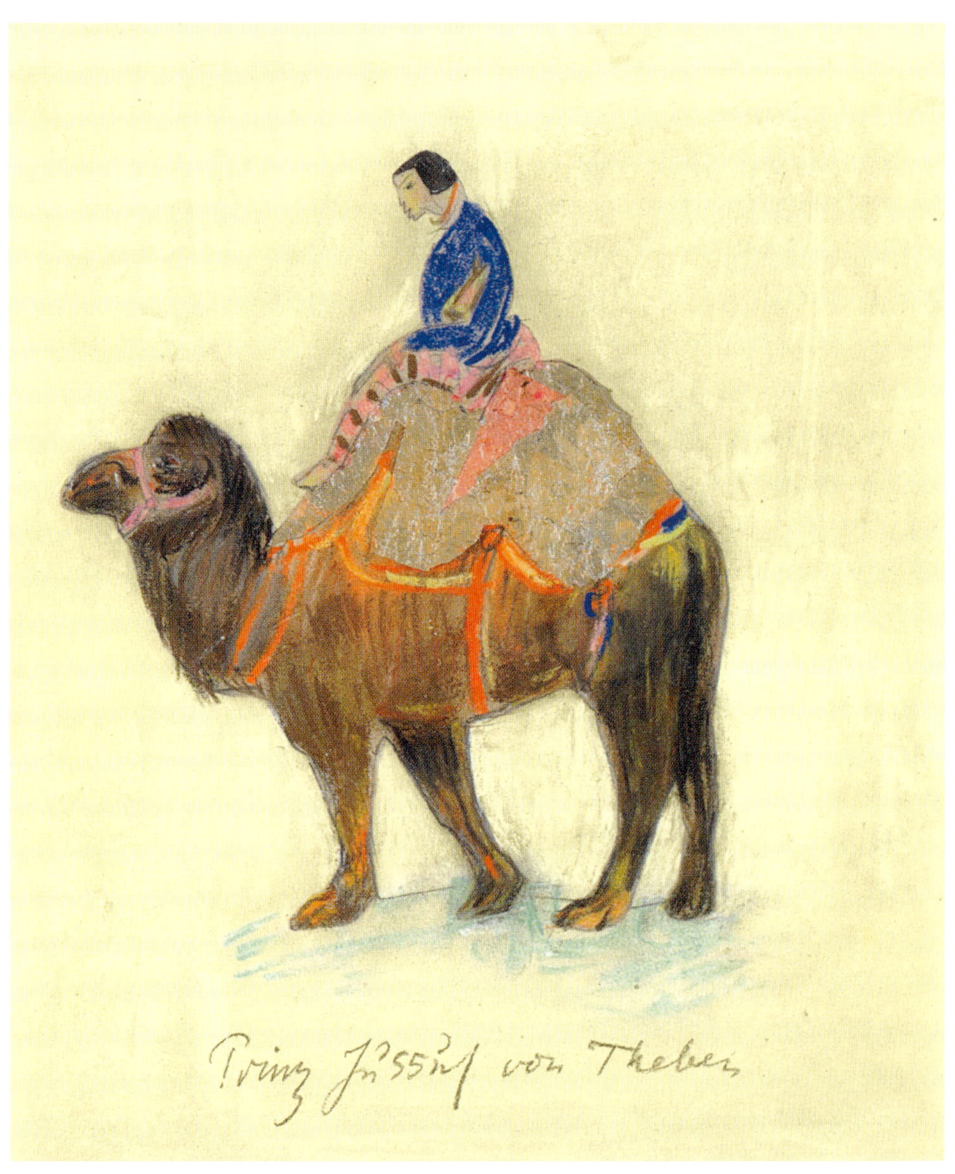

→120

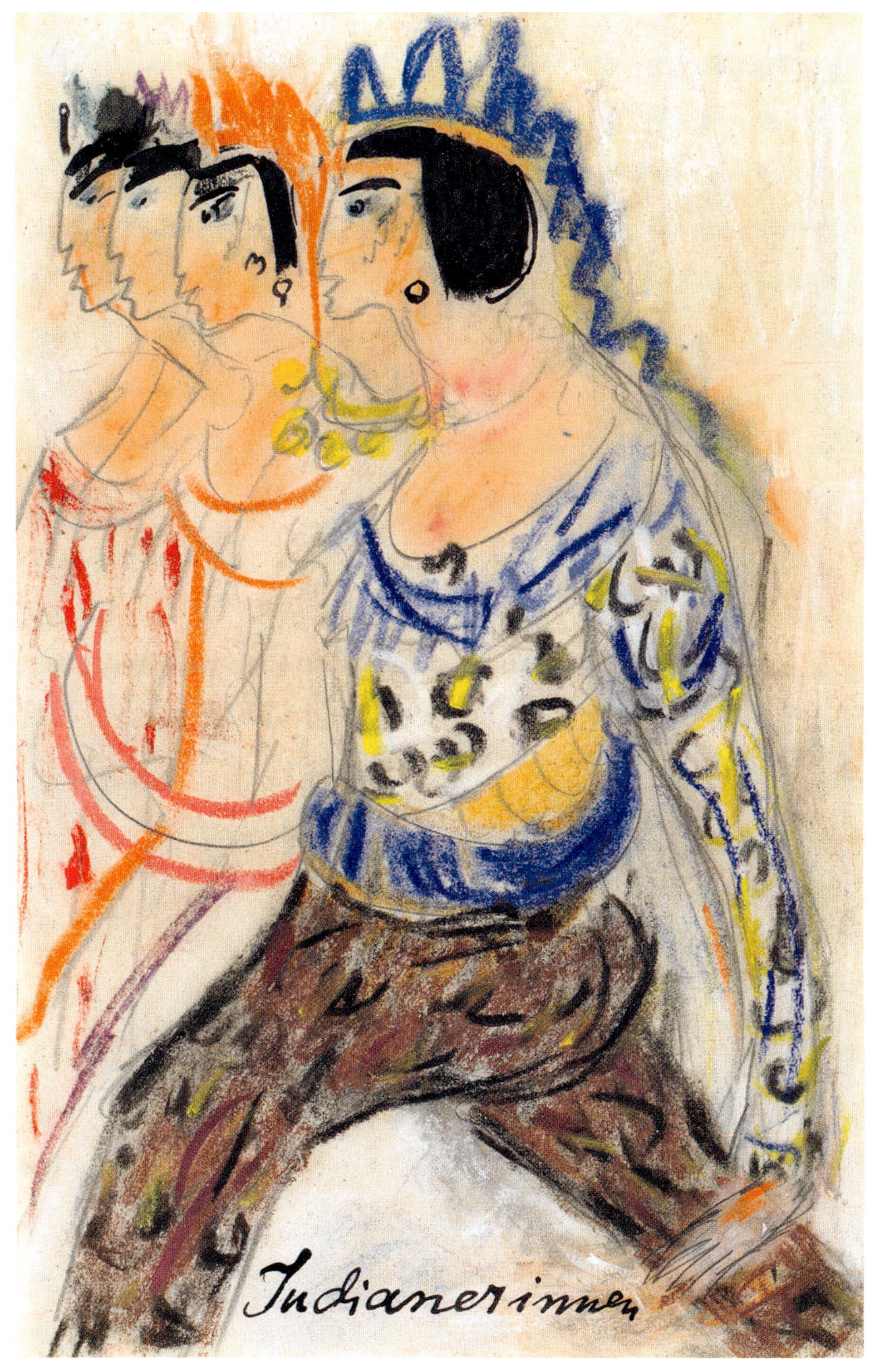

→123

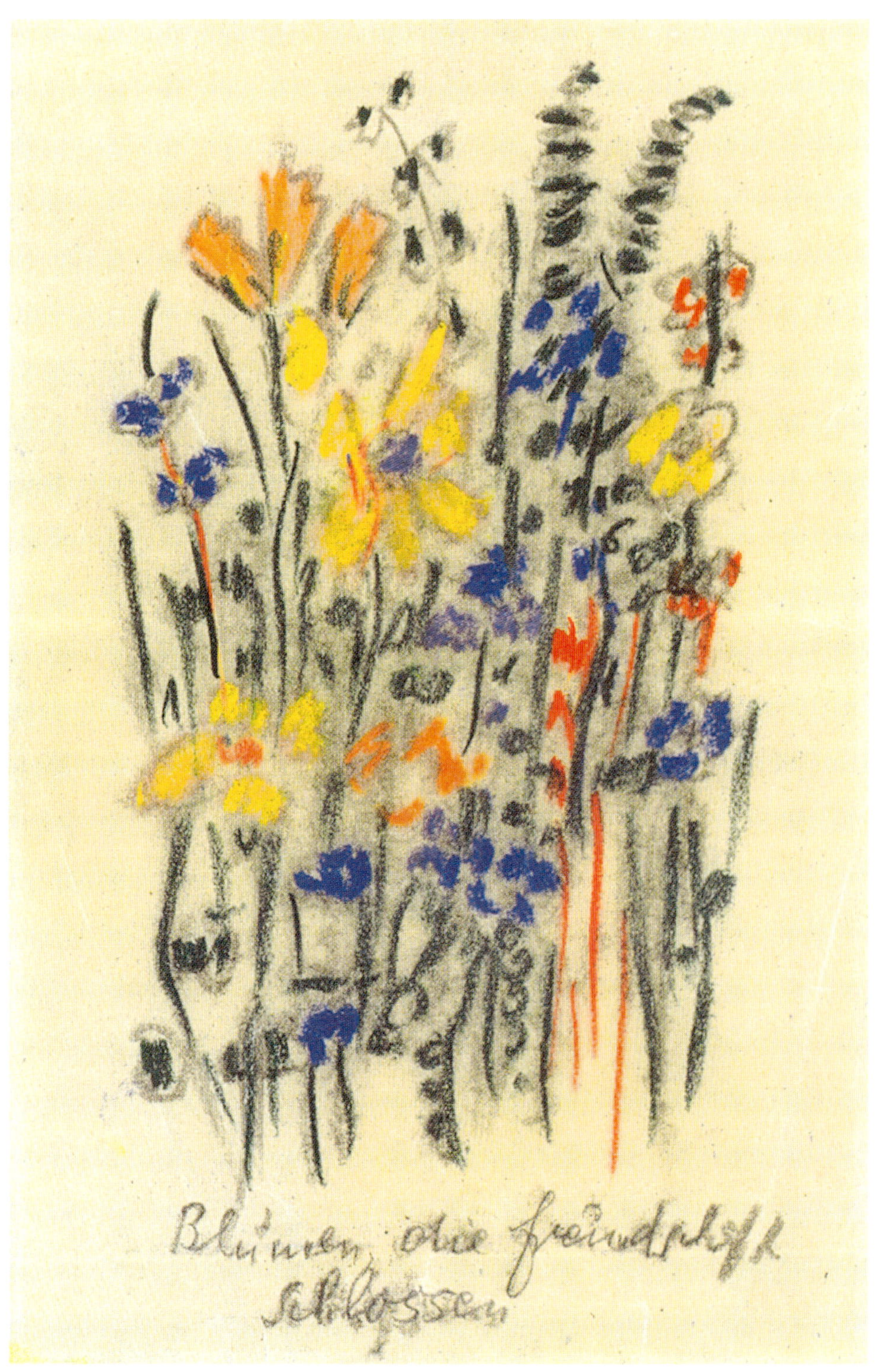

→121

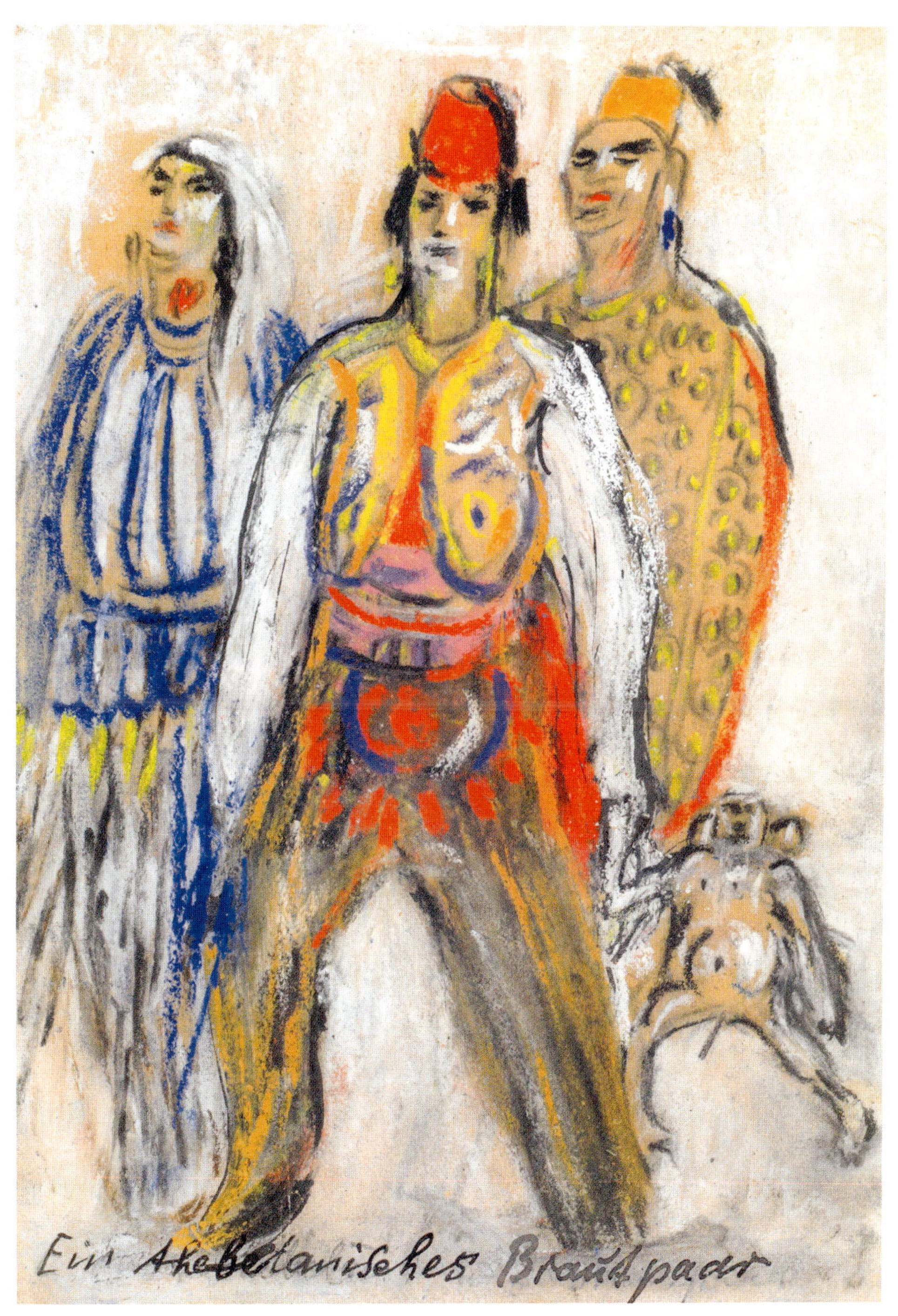

→122

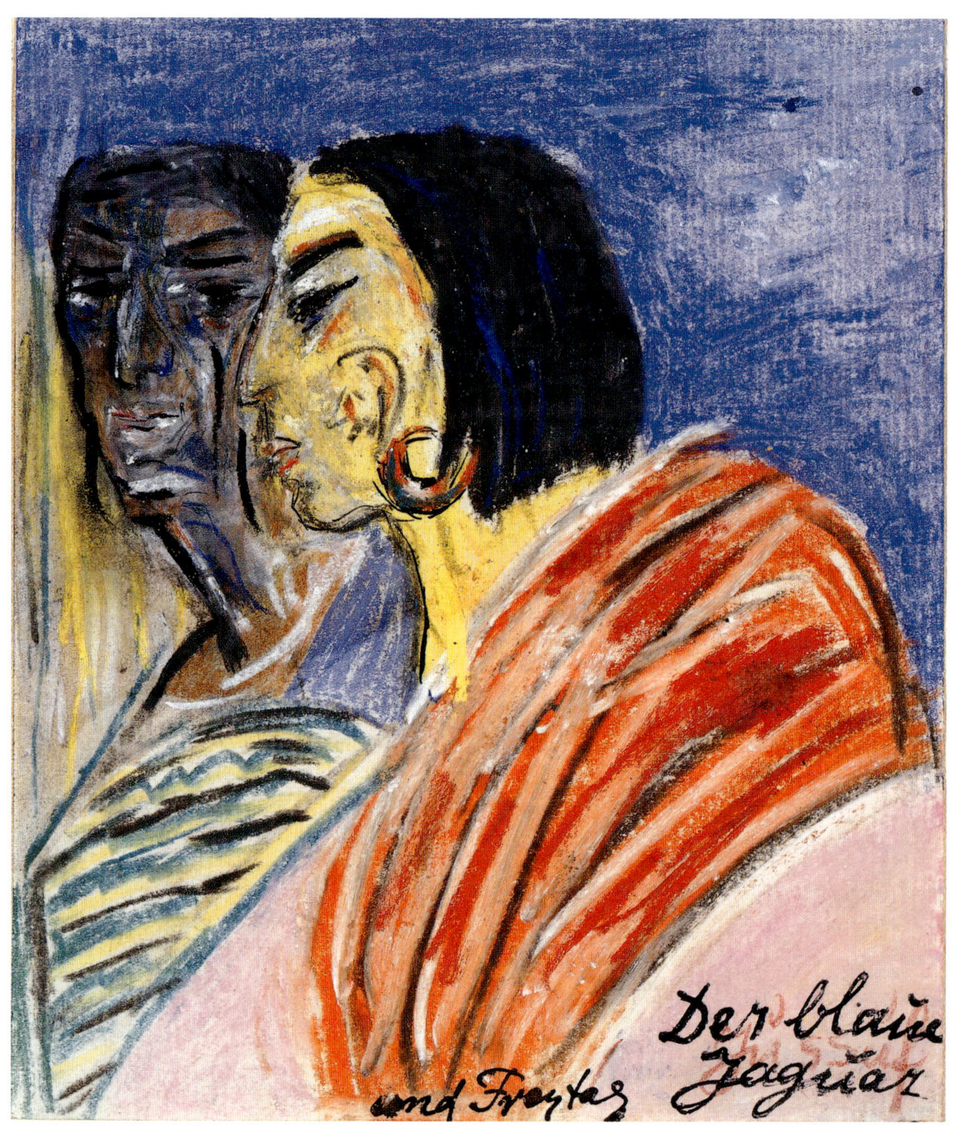

→125

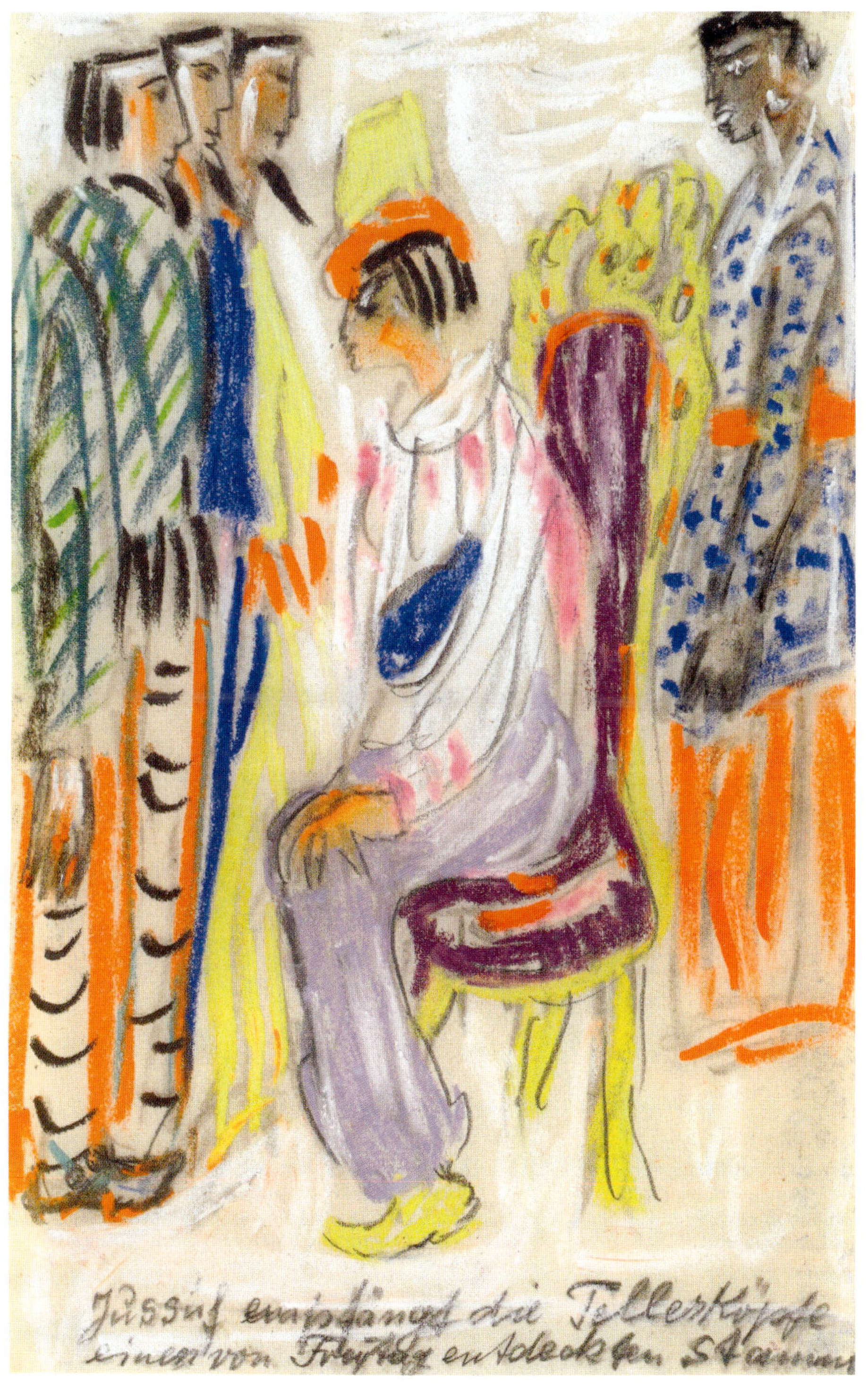
Jussuf empfängt die Tellerköpfe
einer von Freytag entdeckten Stamm

→126

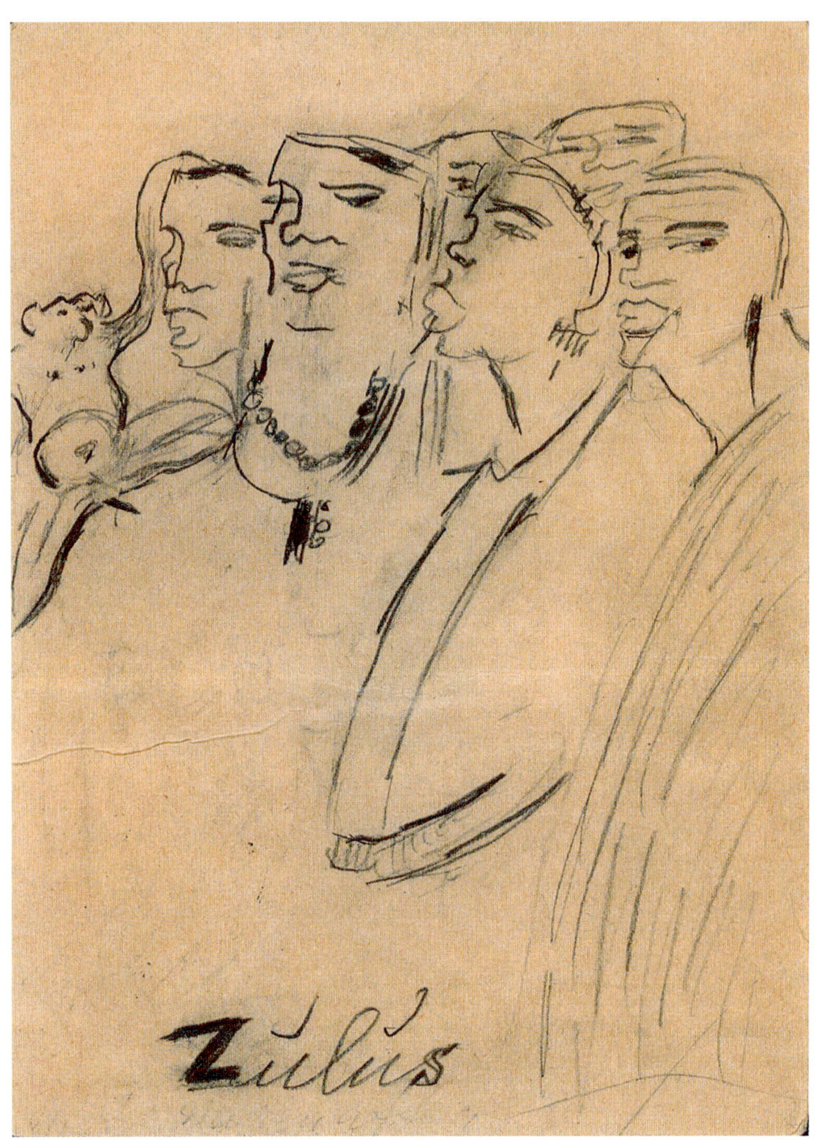

→136

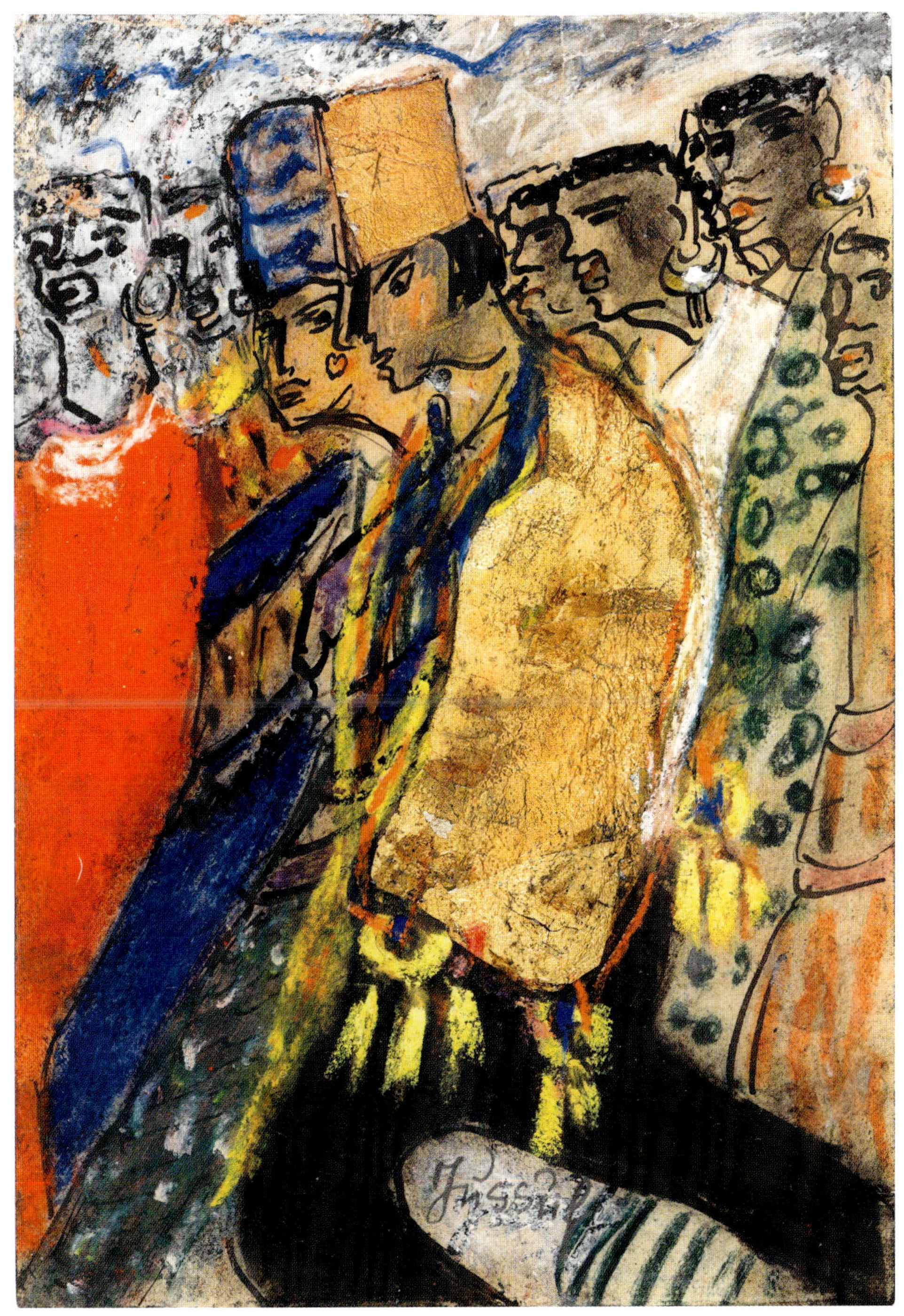

→119

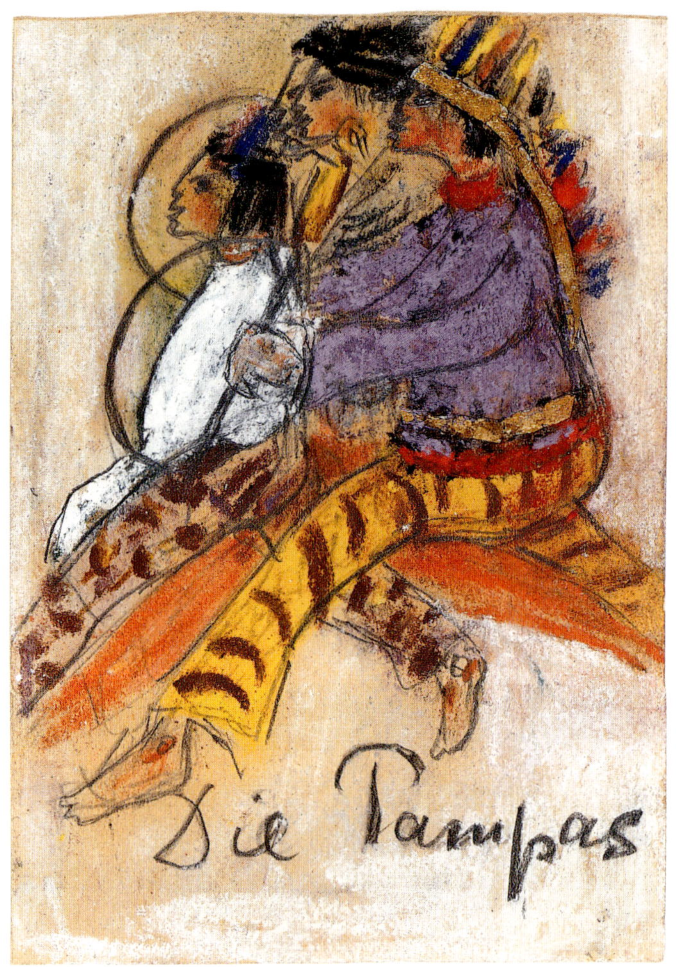

→124

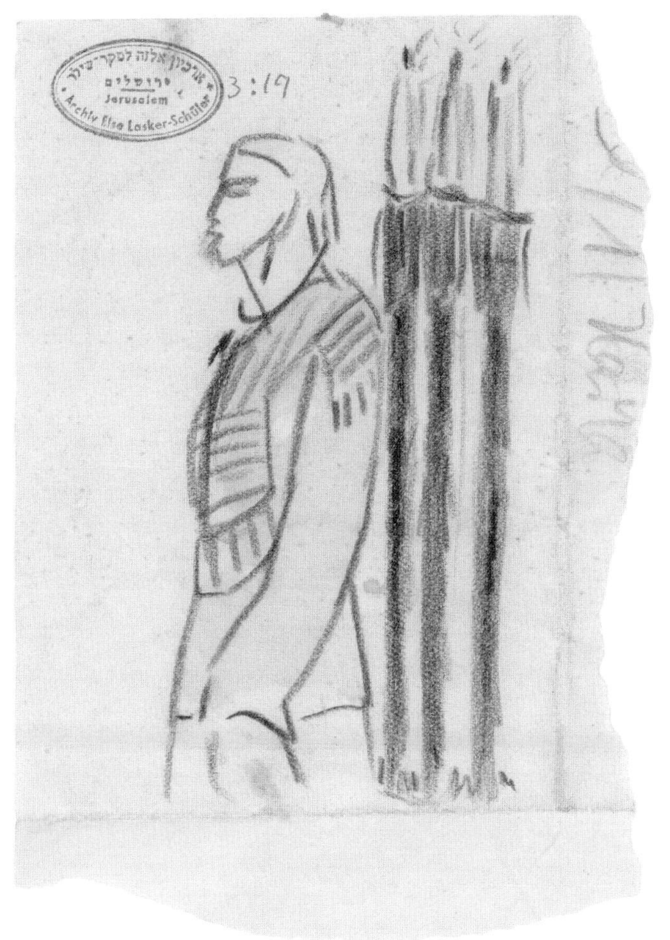

→129

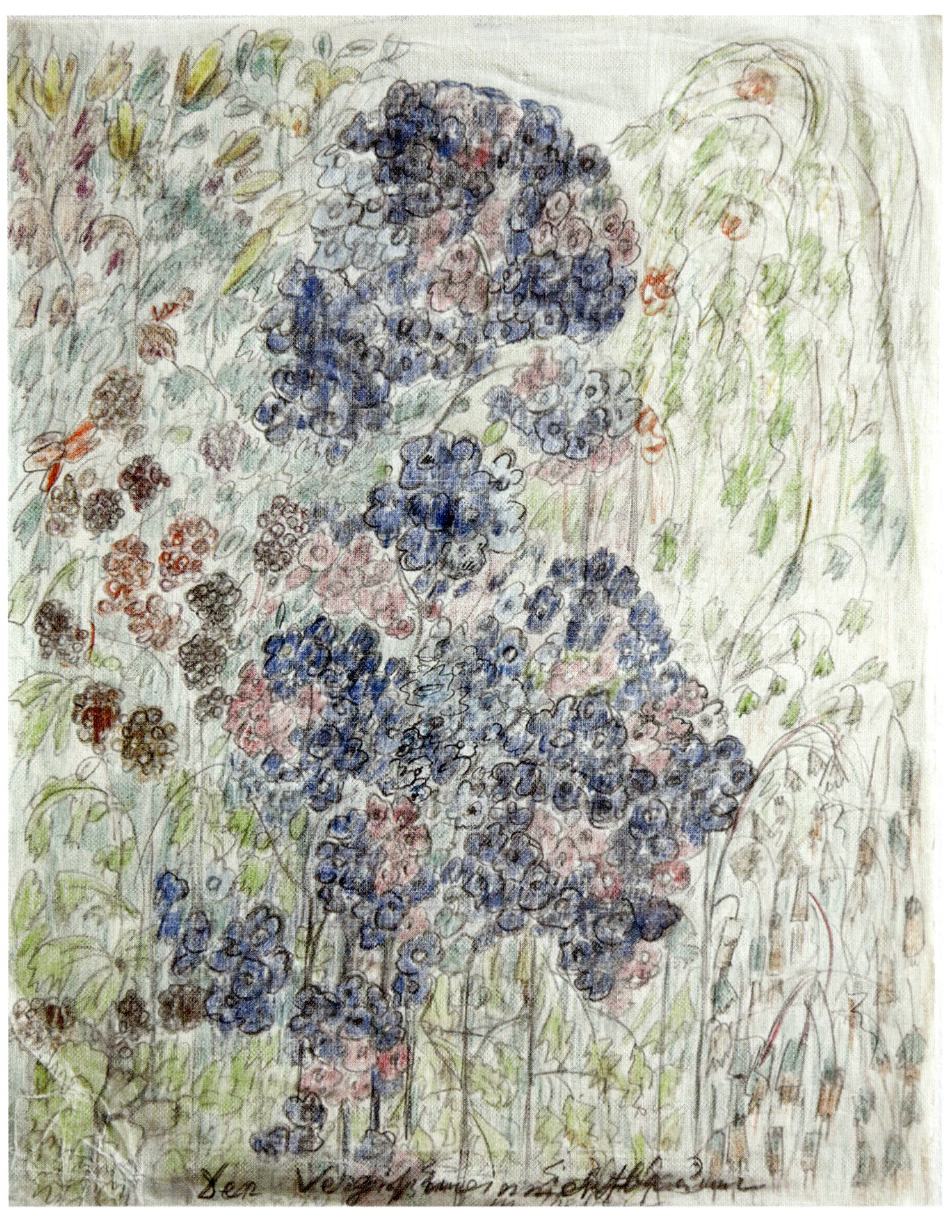

→104

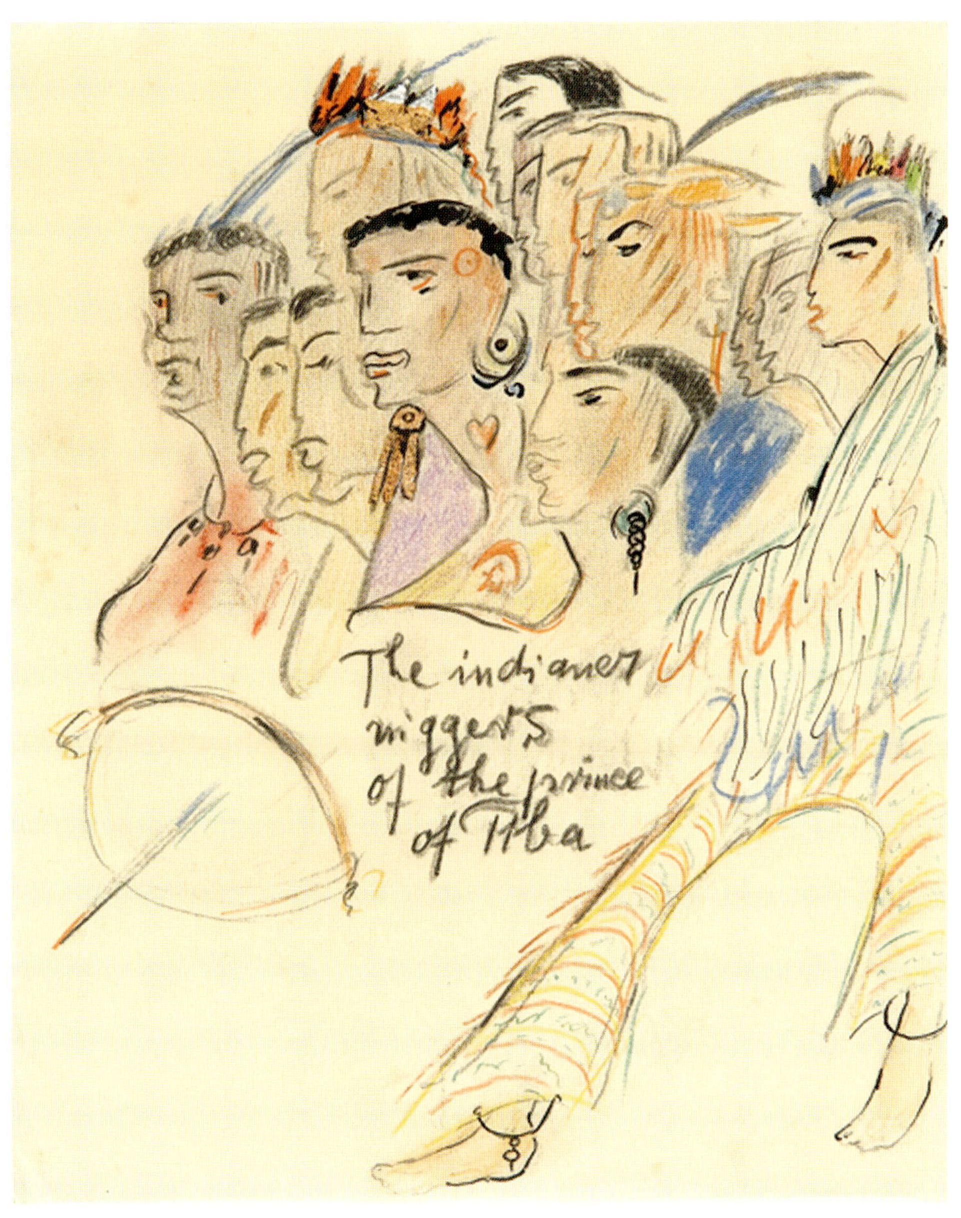

→128

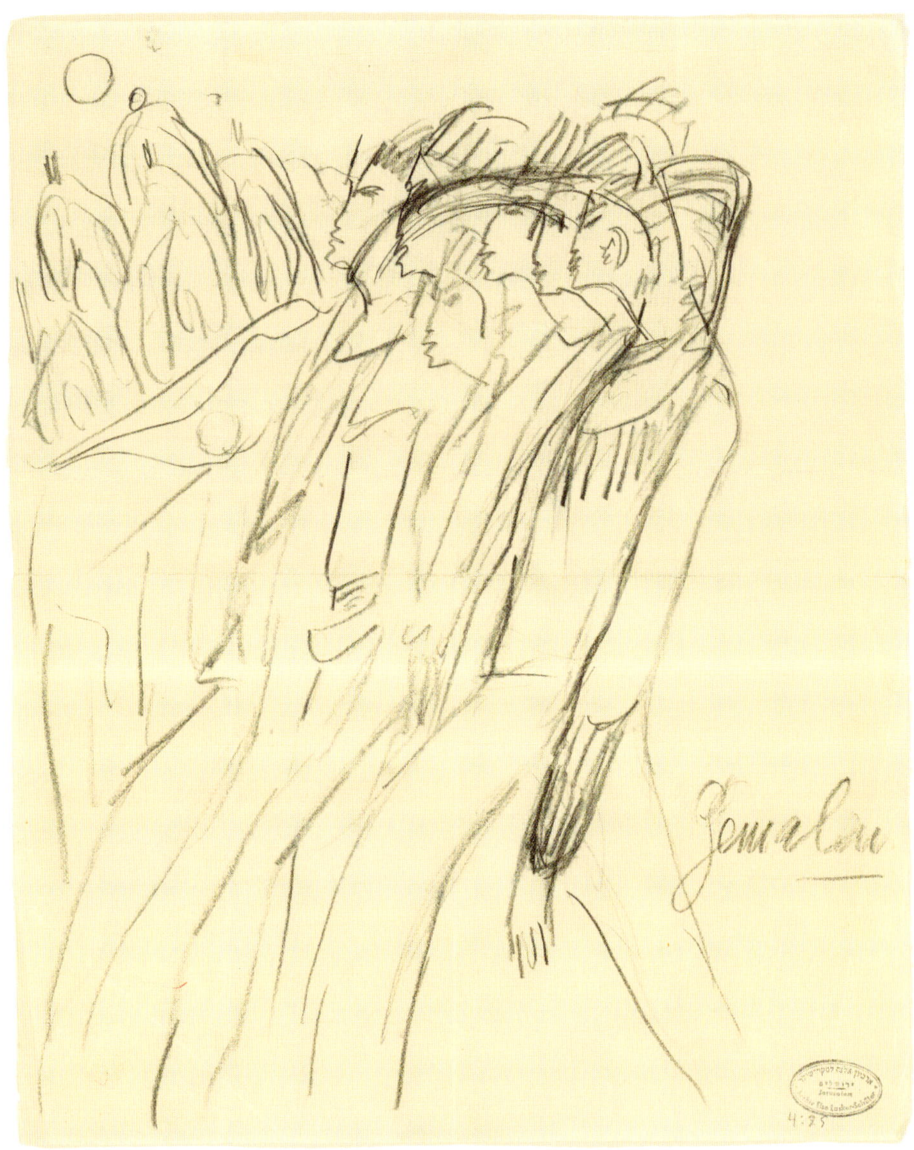

→134

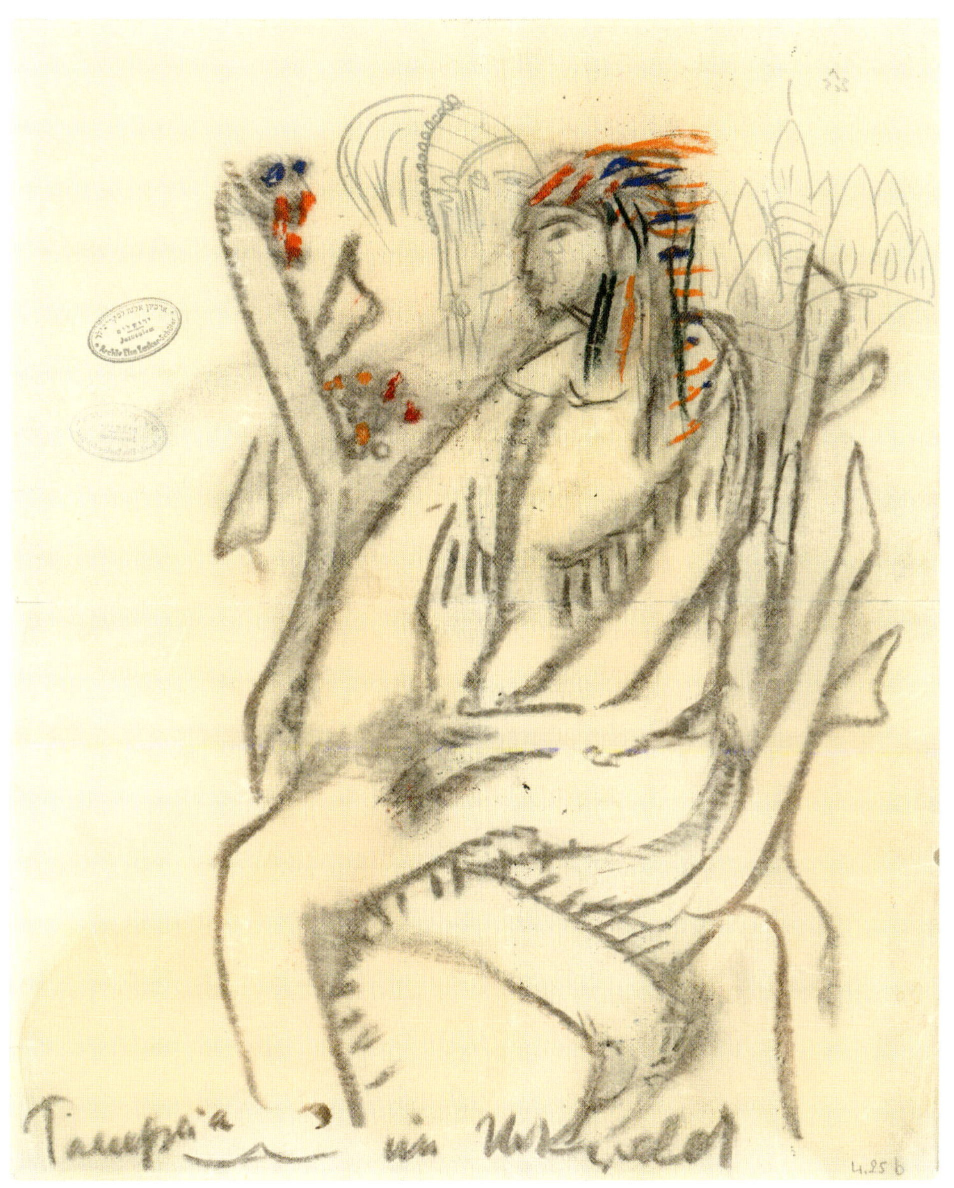

→131

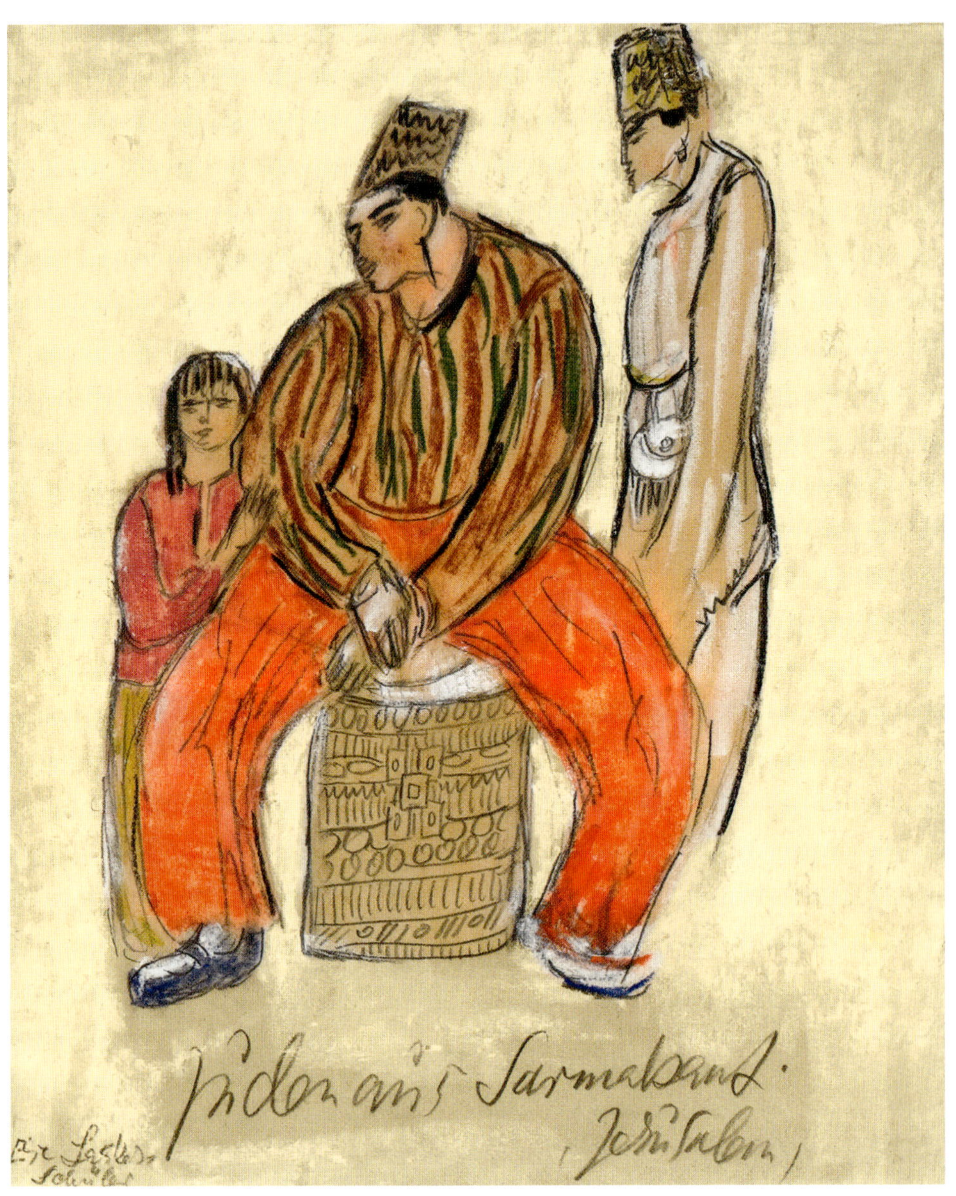

→162

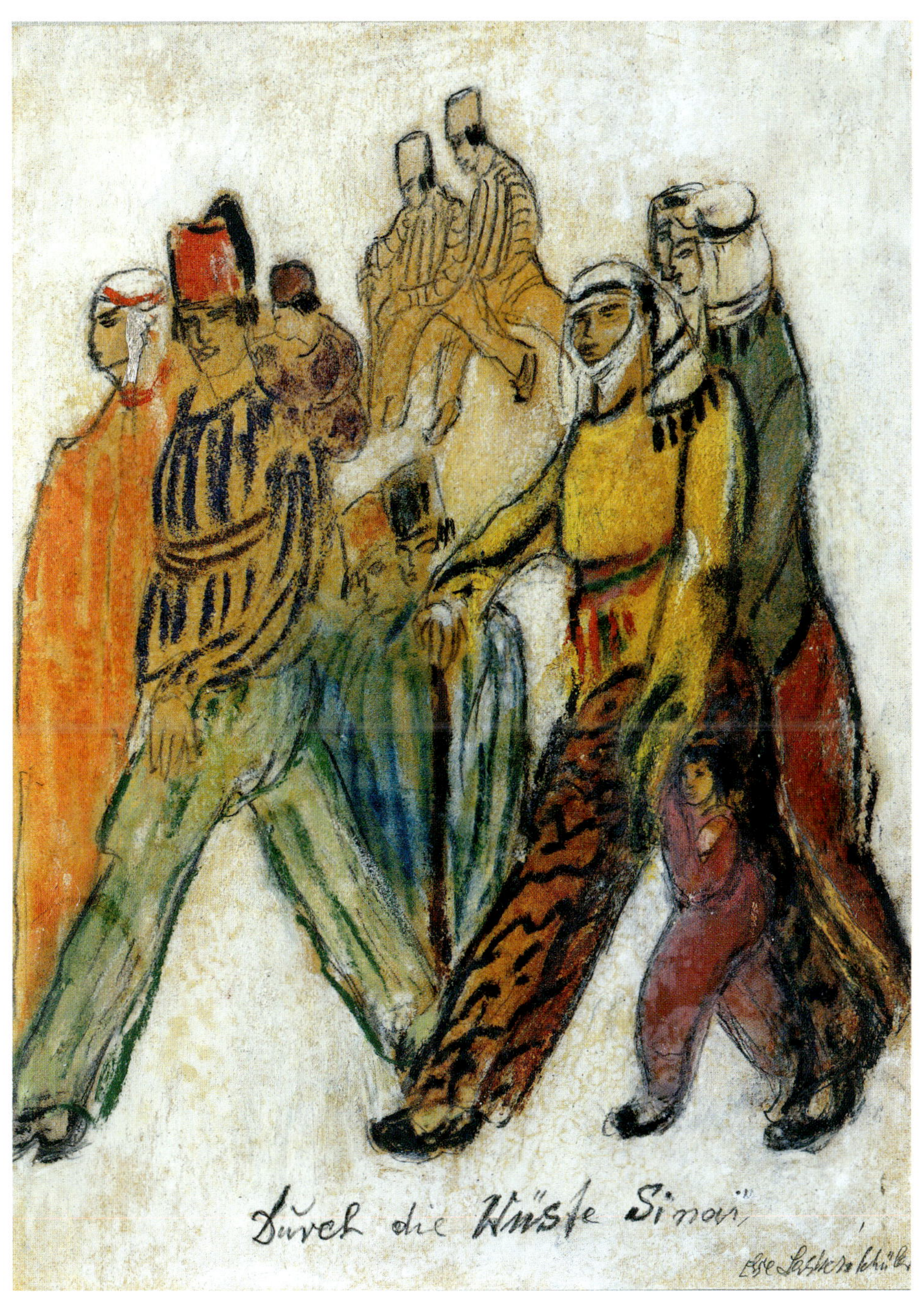

→160

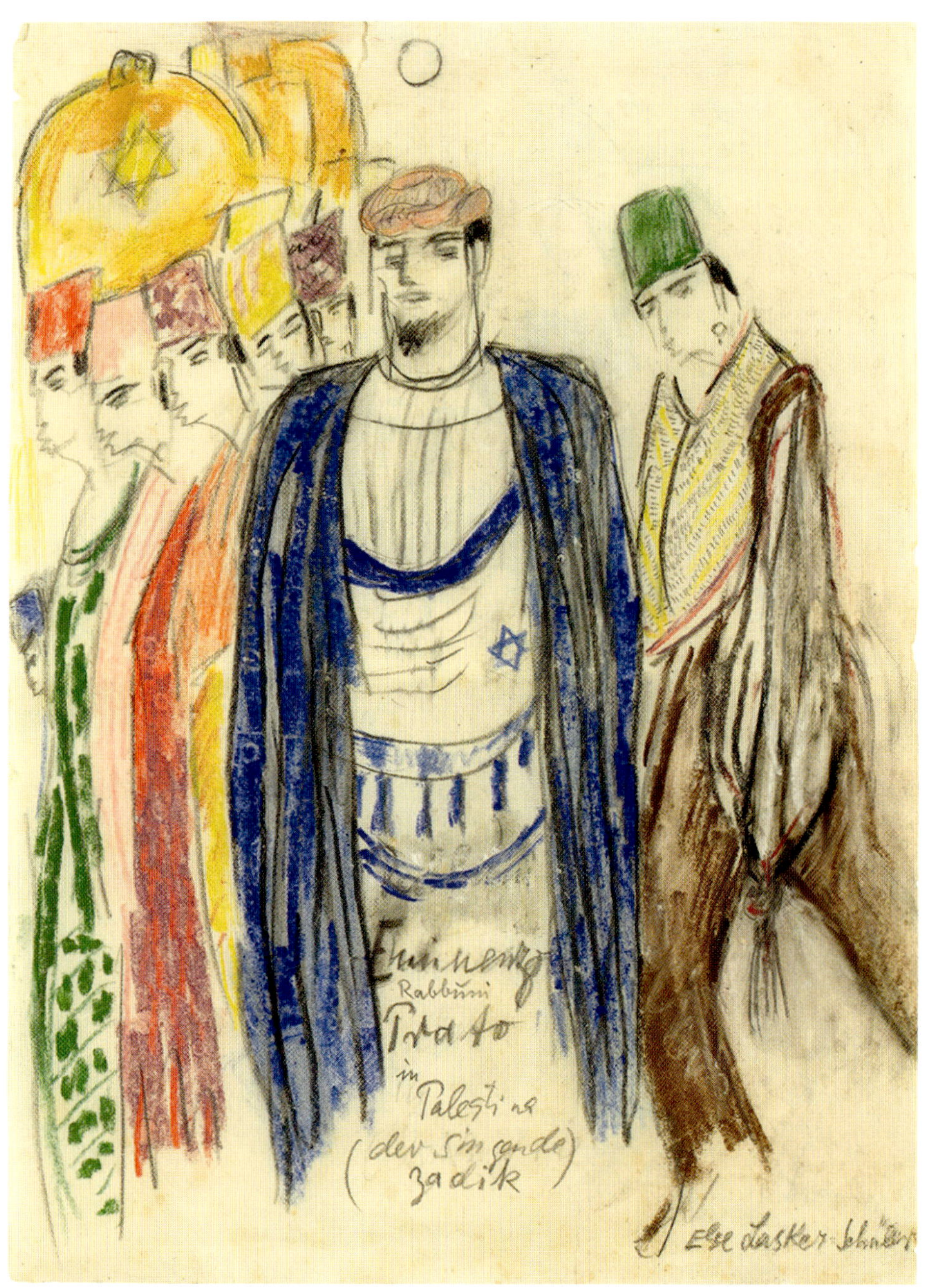

→149

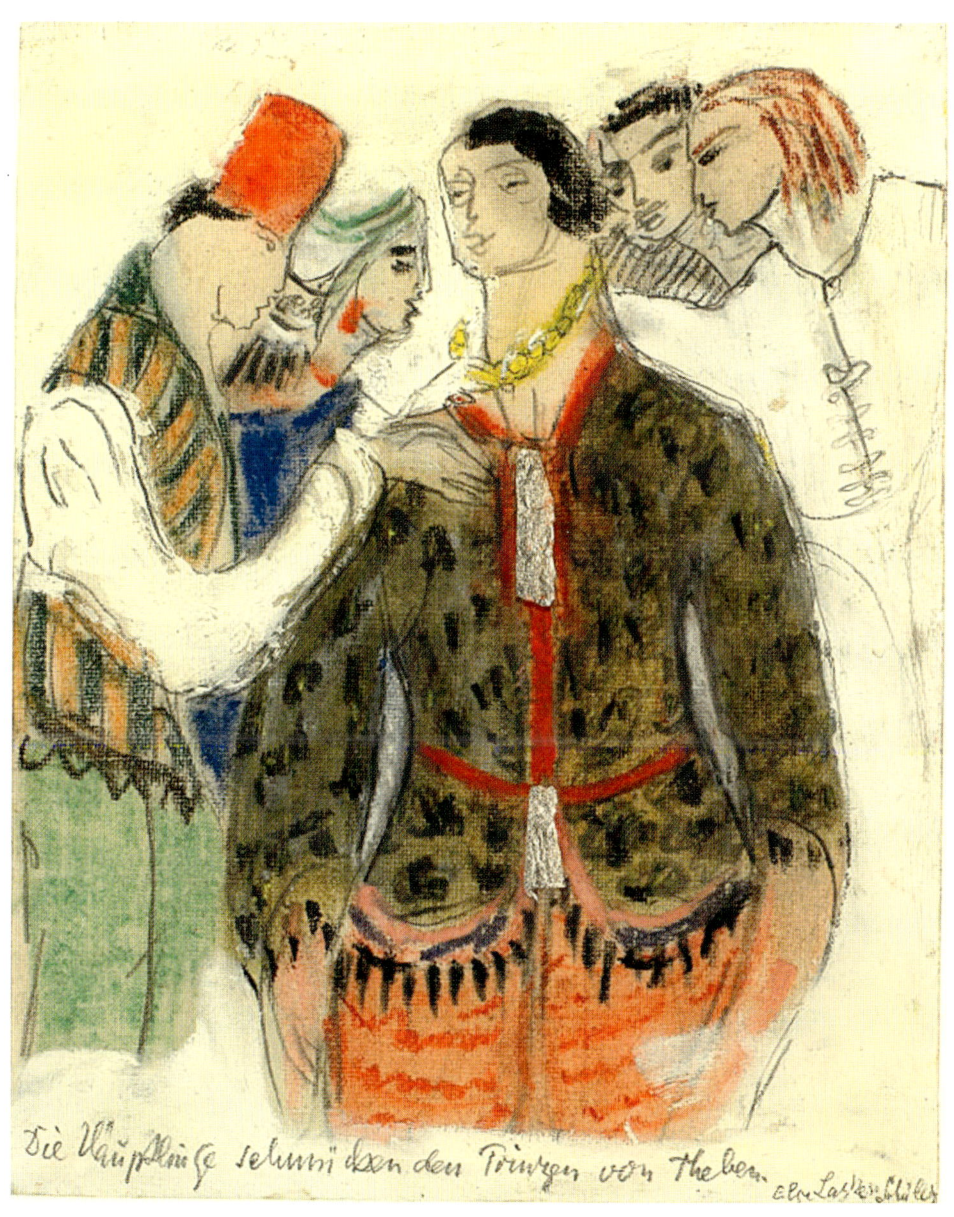
Die Häuptlinge schmücken den Prinzen von Theben
Else Lasker-Schüler

→147

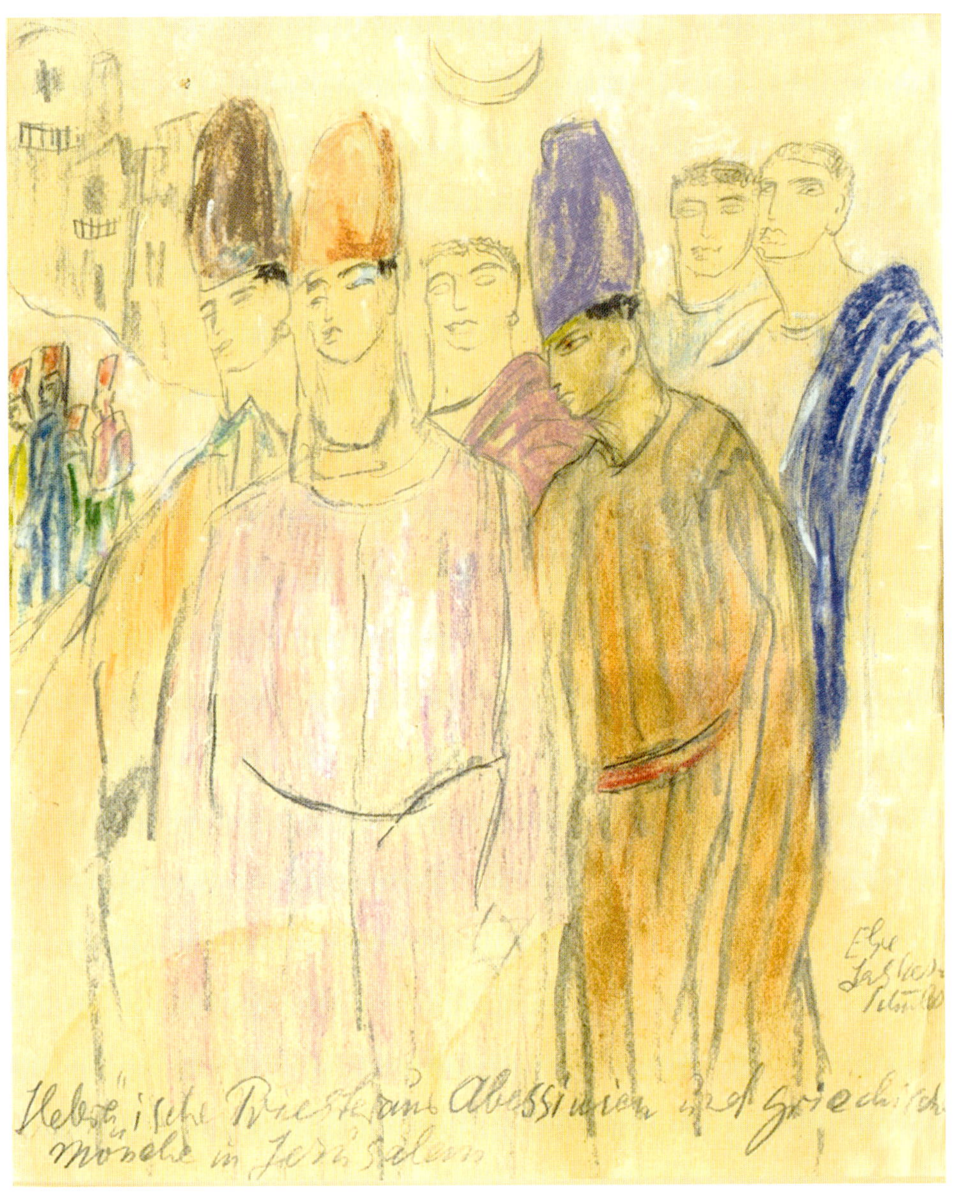

→155

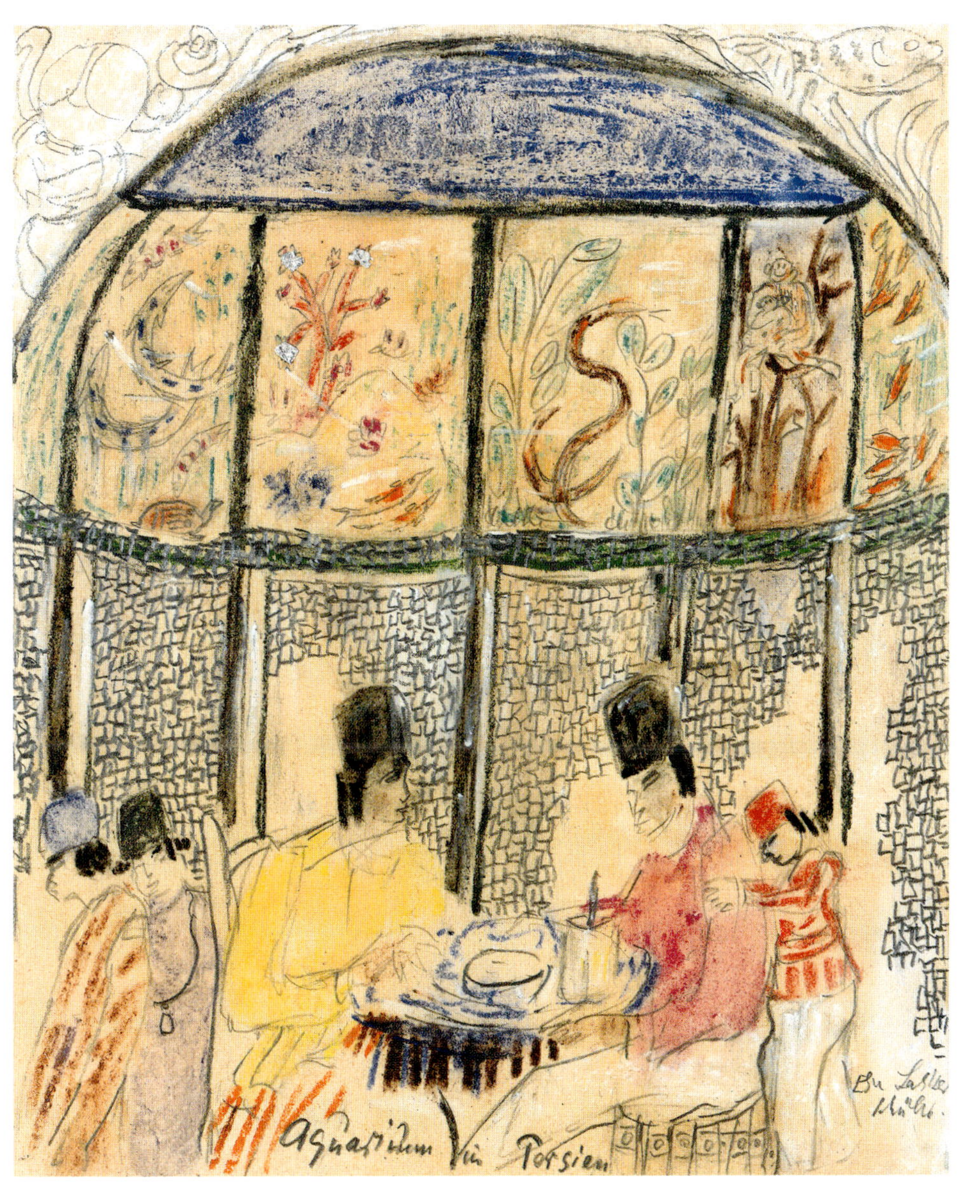

→179

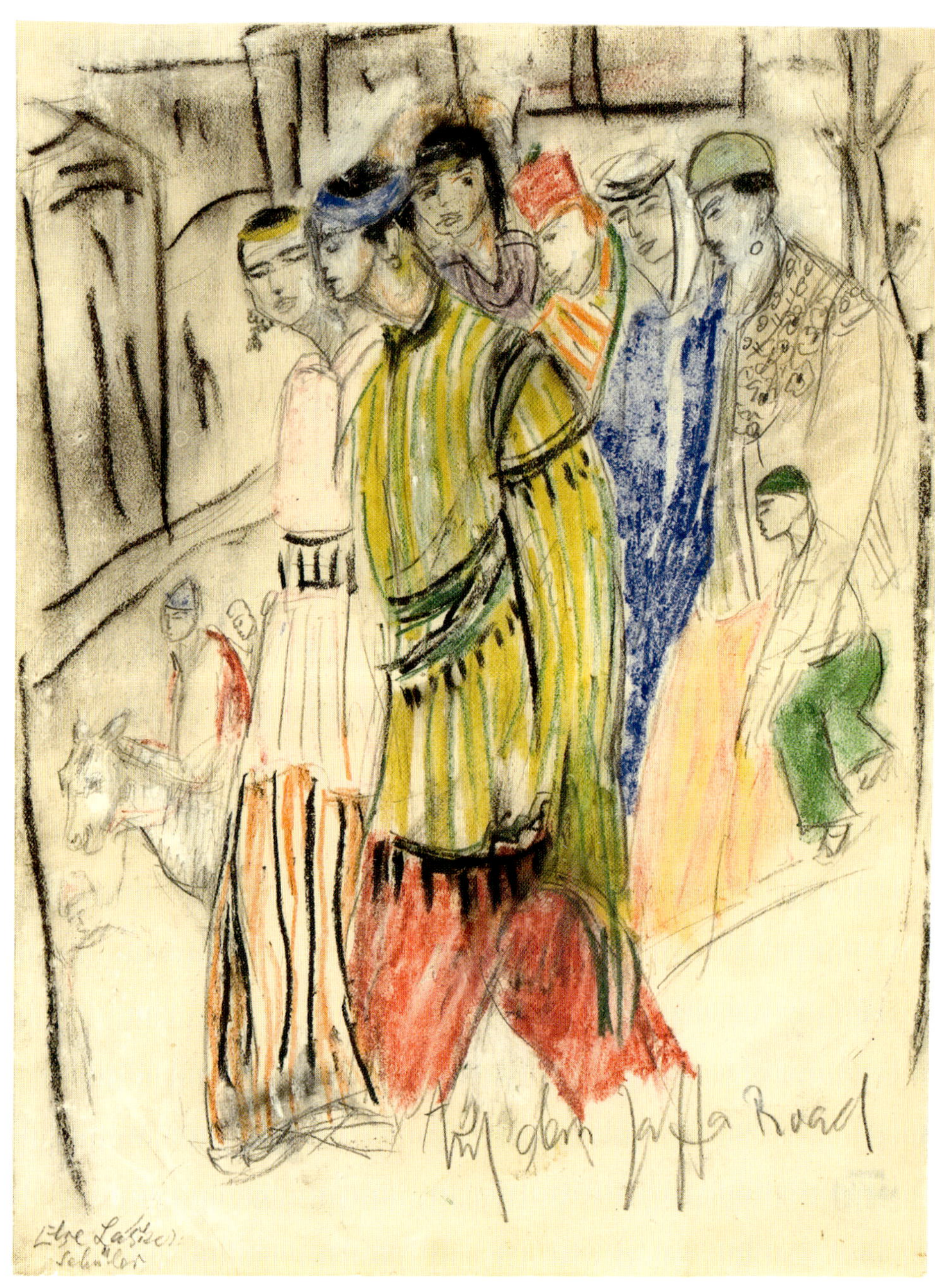

→159

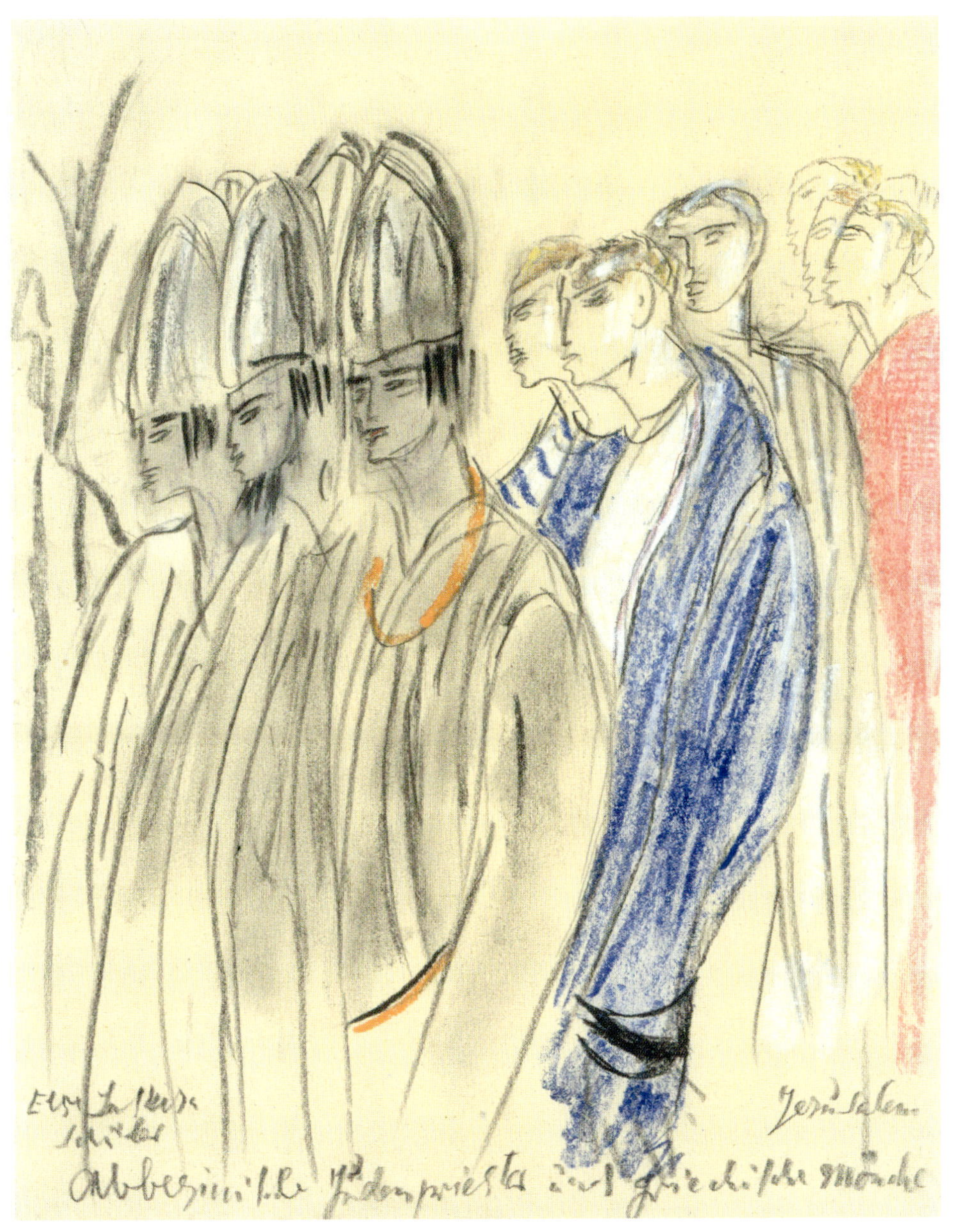

→156

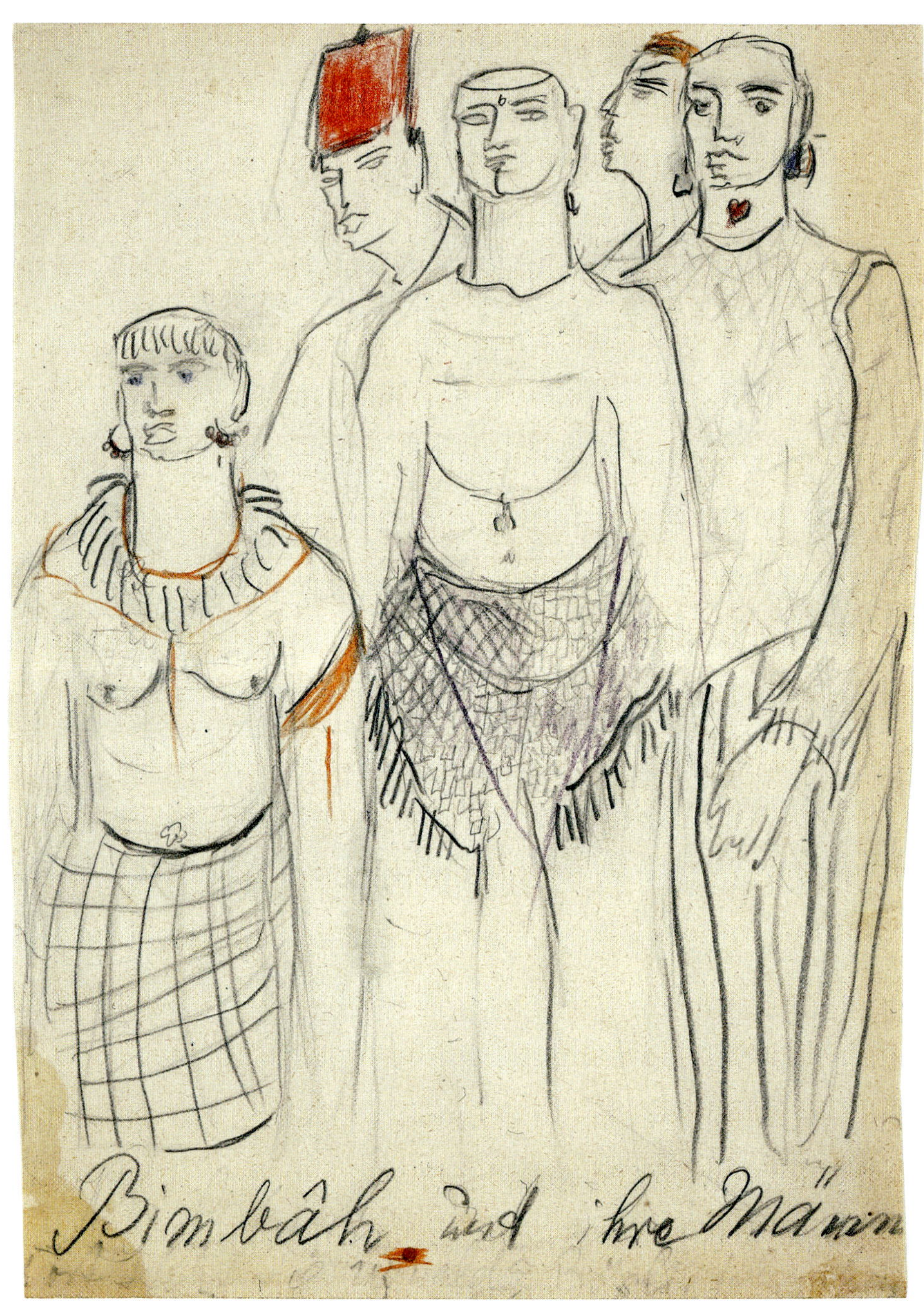

→165

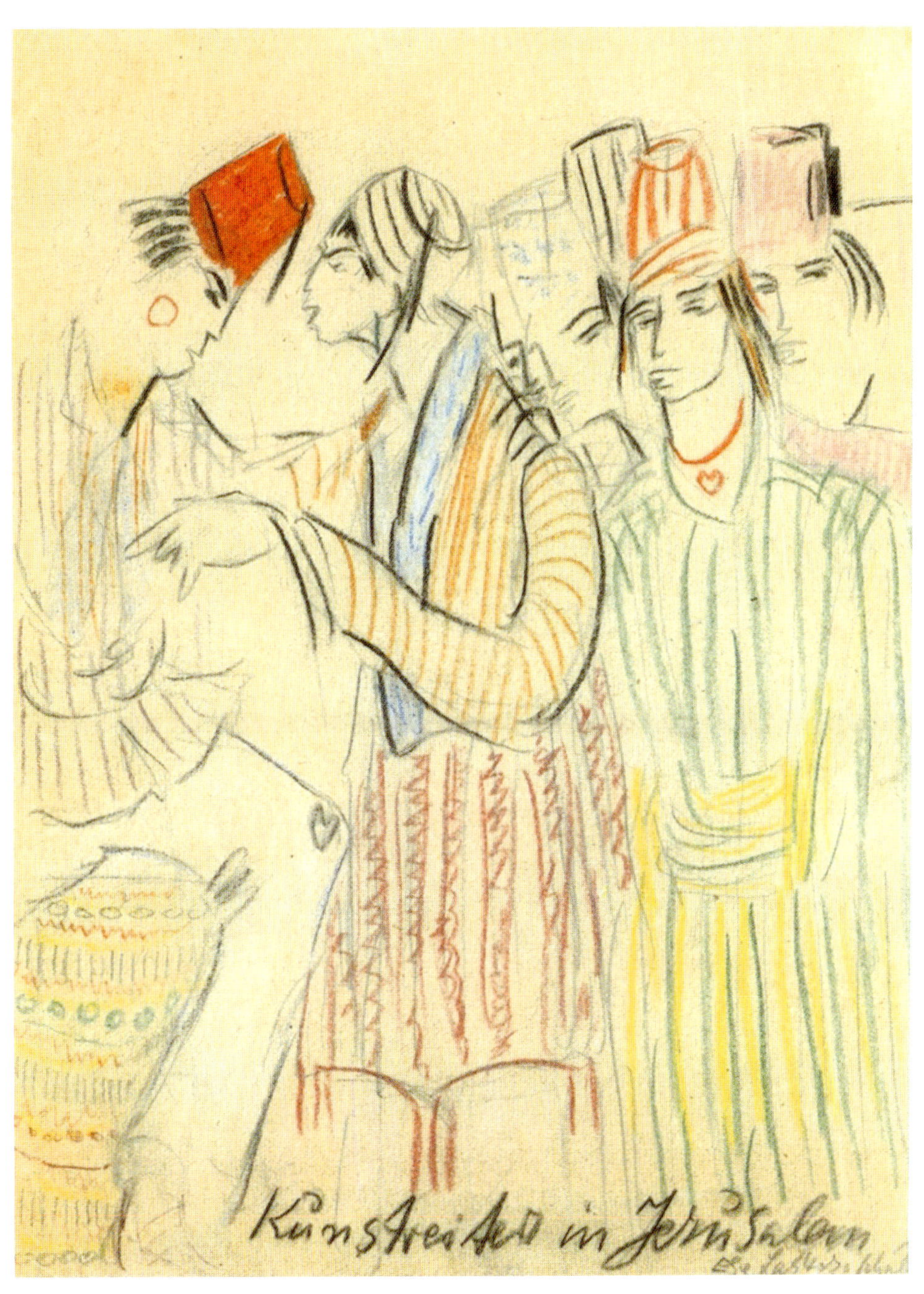

→152

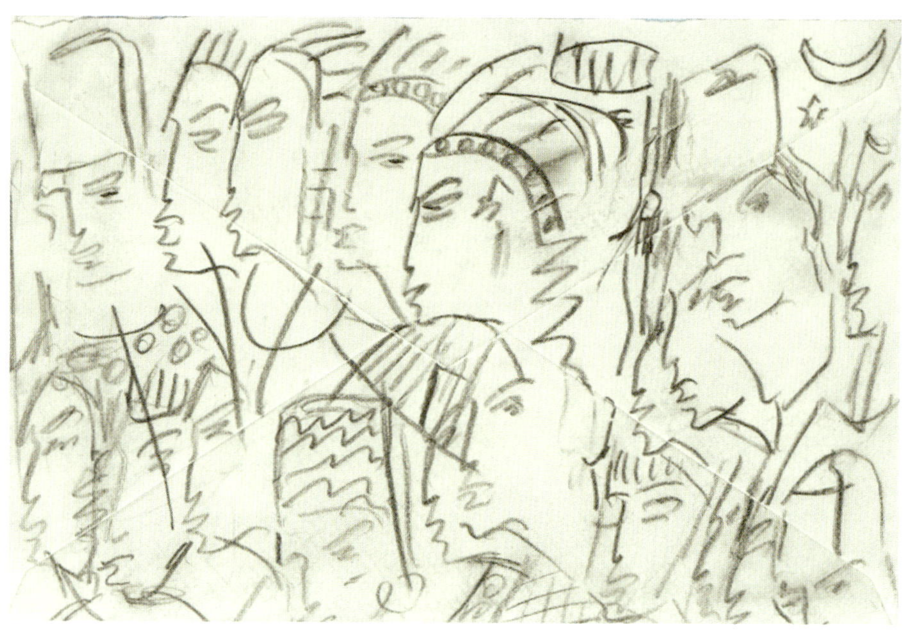

→172

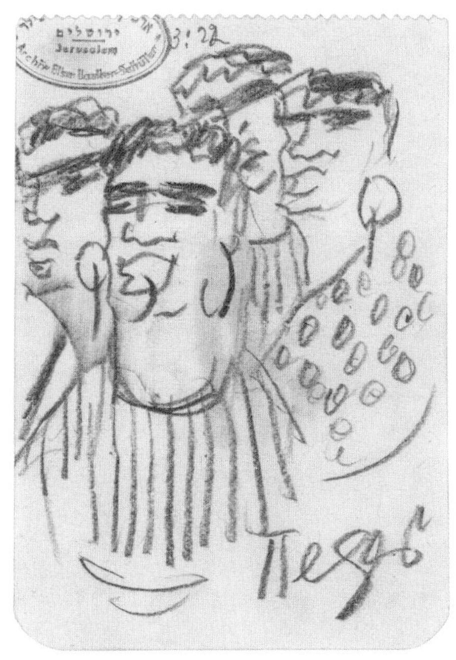

→203

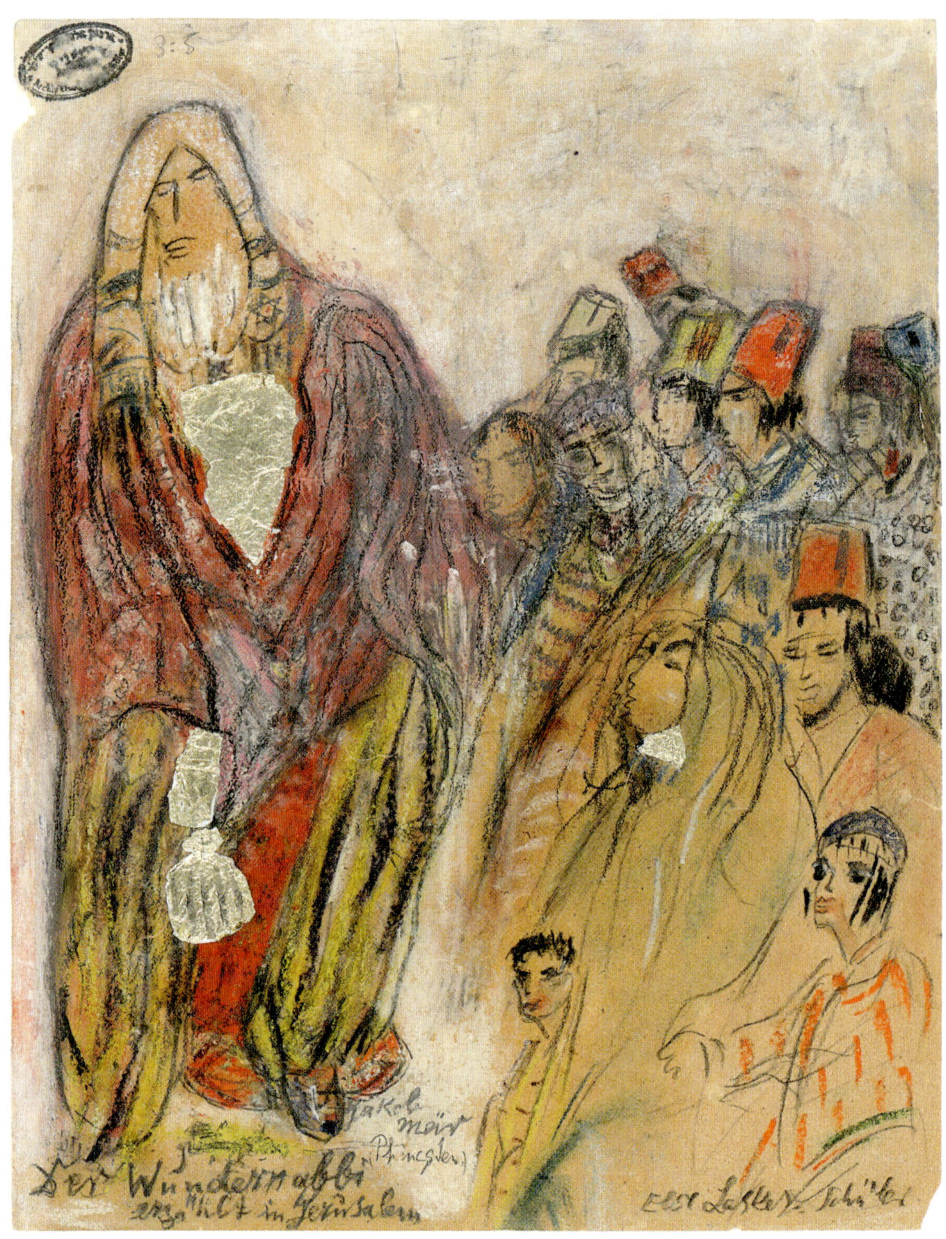

→154

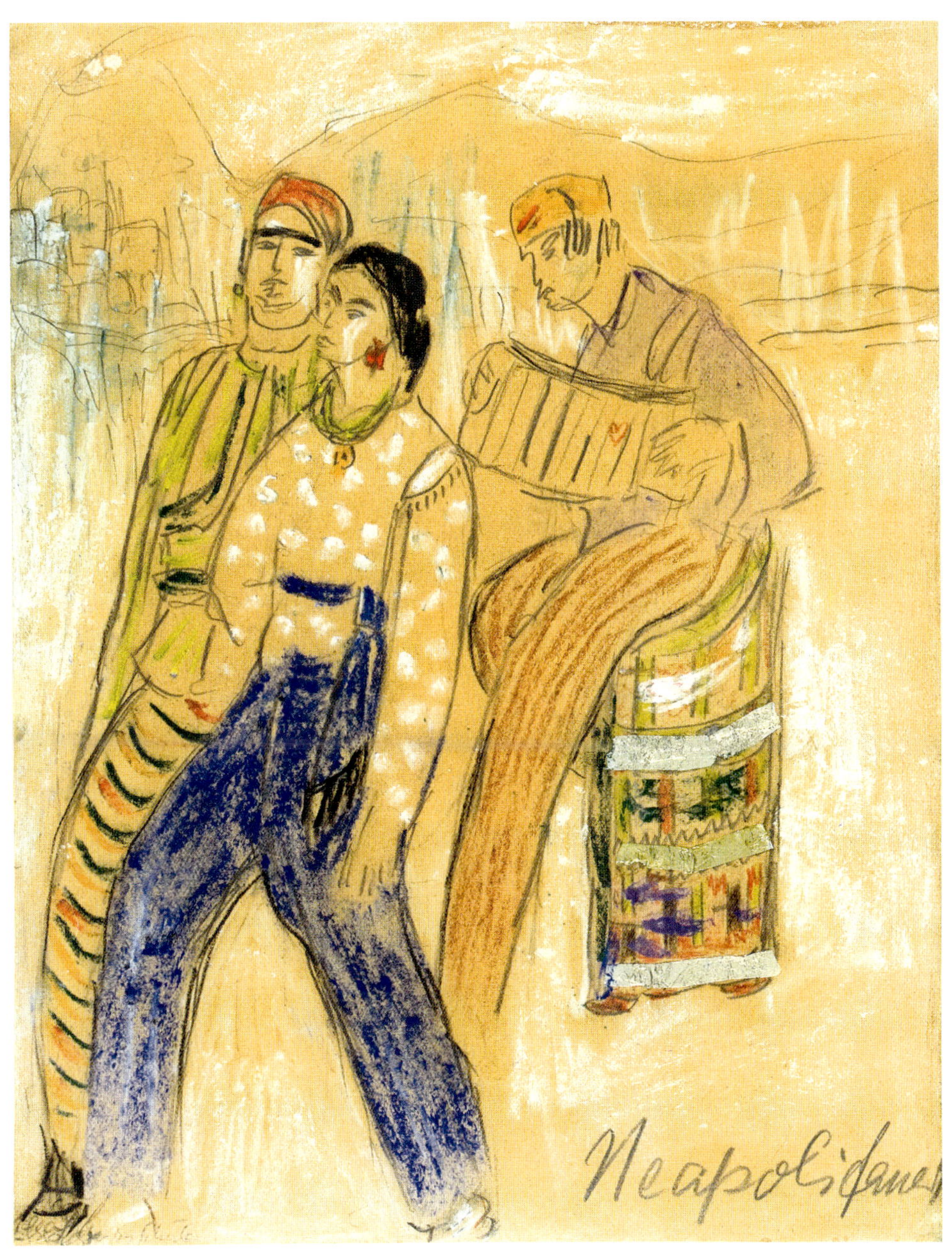

→173

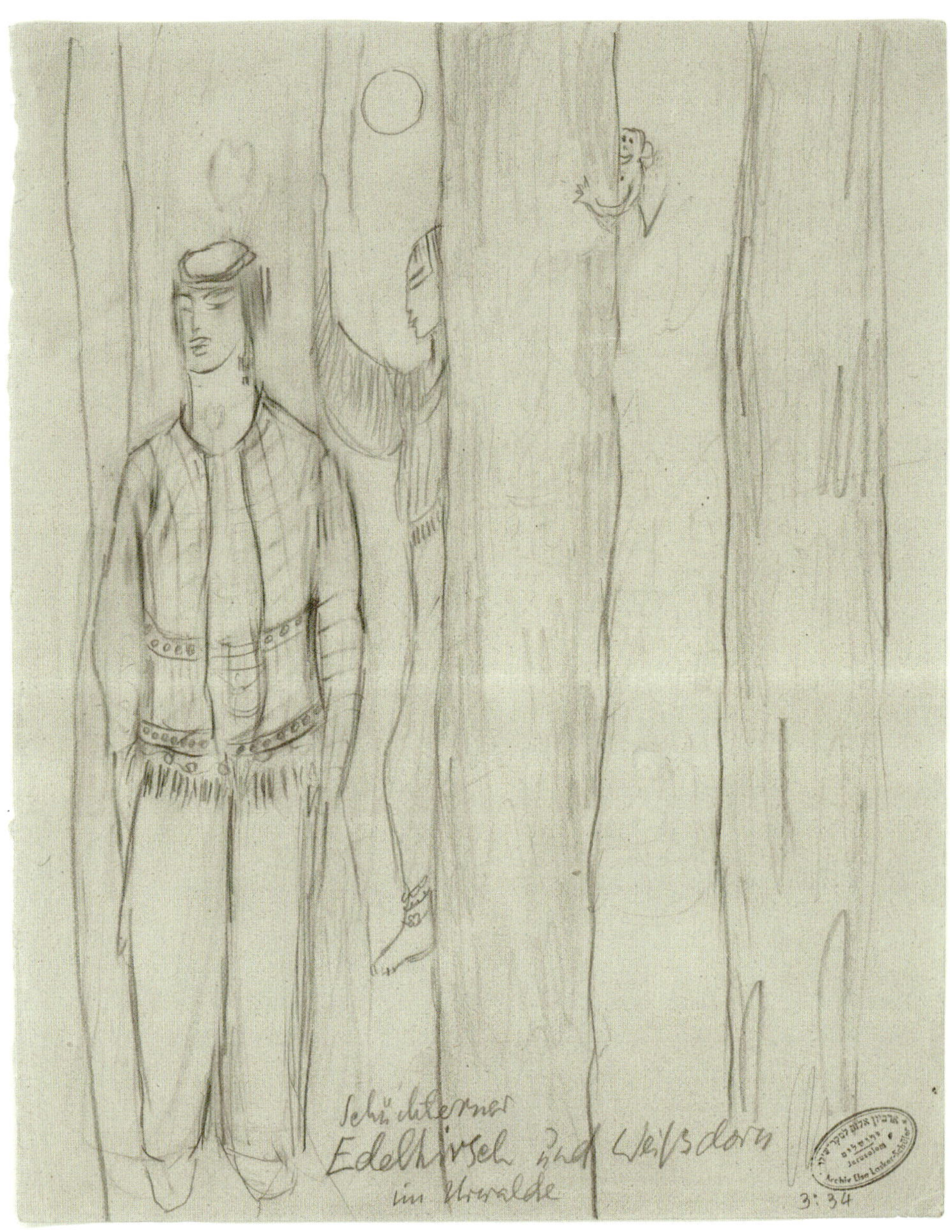

→182

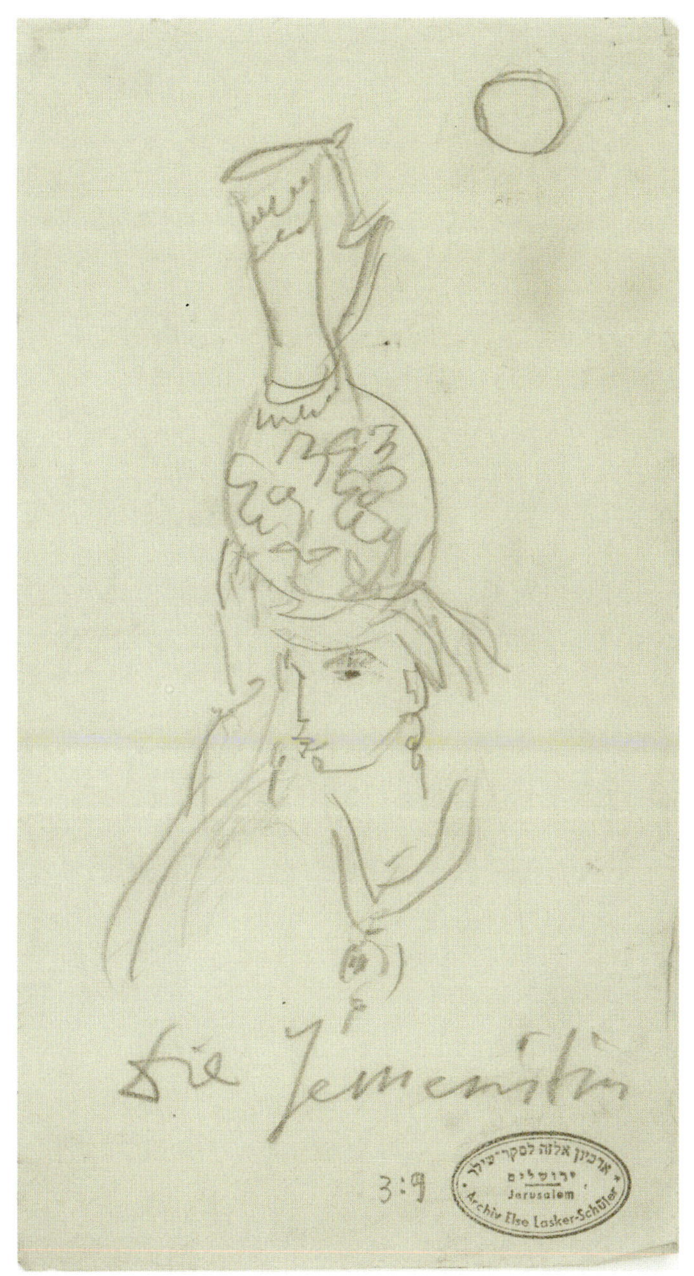

Die Jemenitin
3:9
ארכיון אלזה לסקר-שילר
ירושלים
Jerusalem
Archiv Else Lasker-Schüler

→185

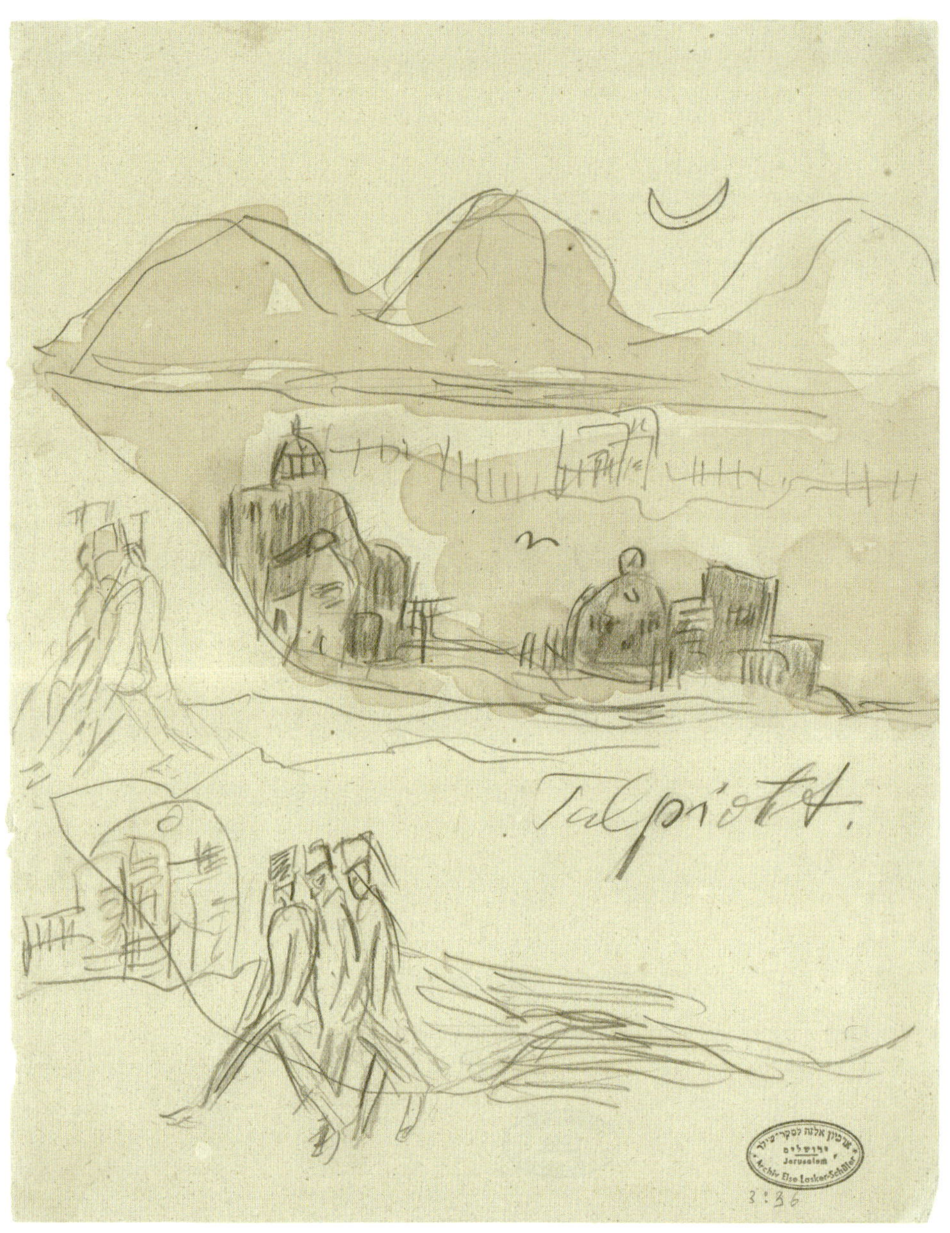

→196

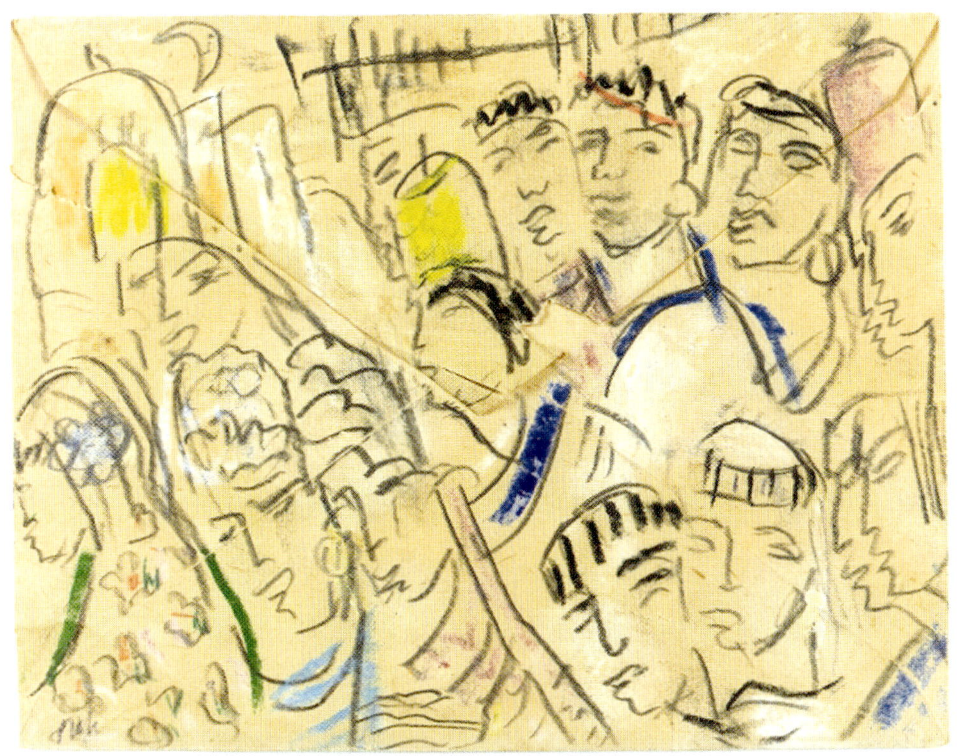

→207

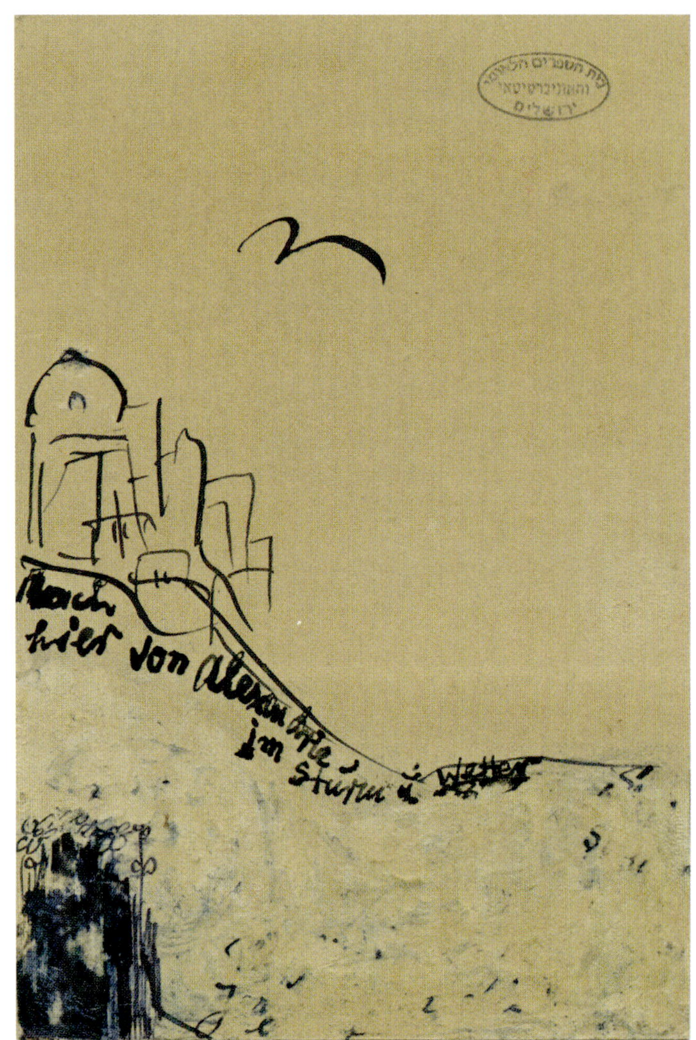

→142

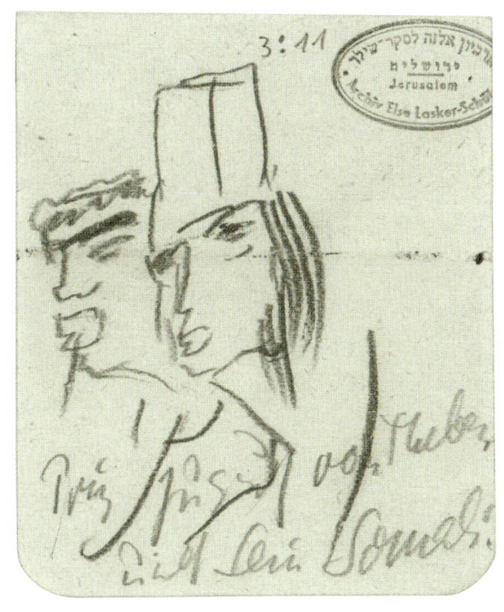

→206

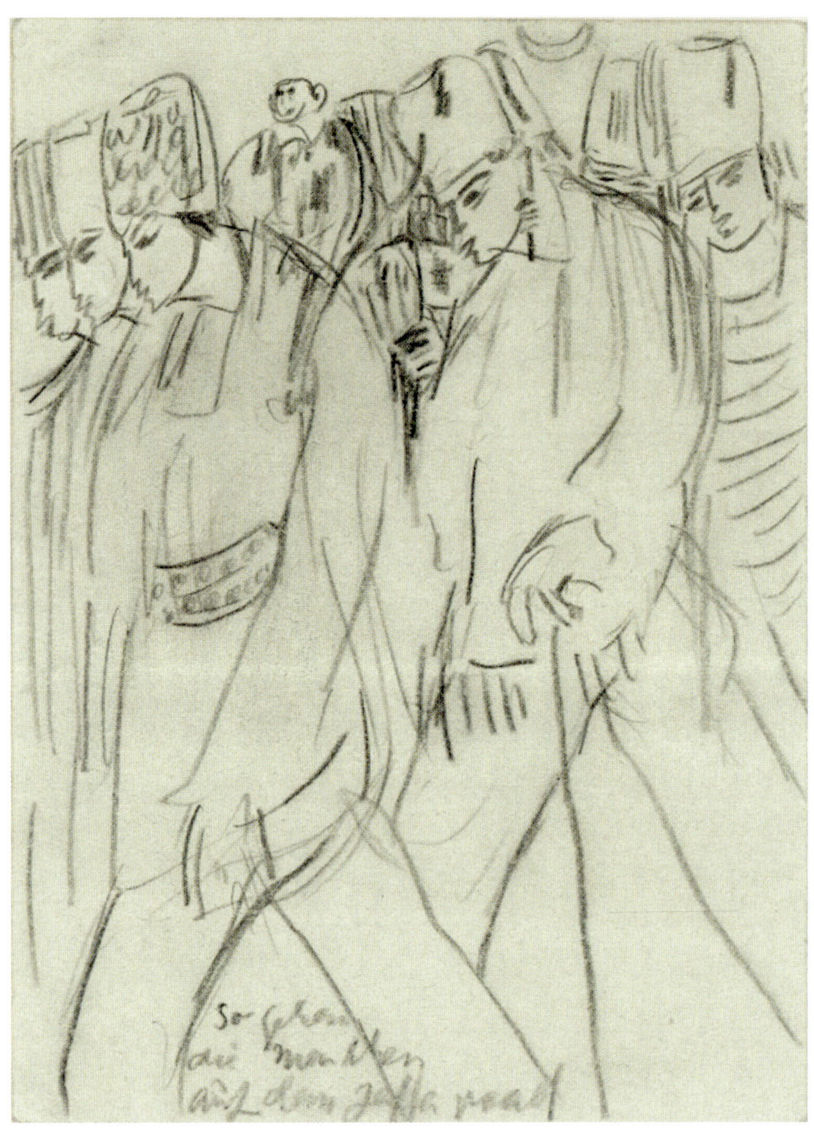

→191

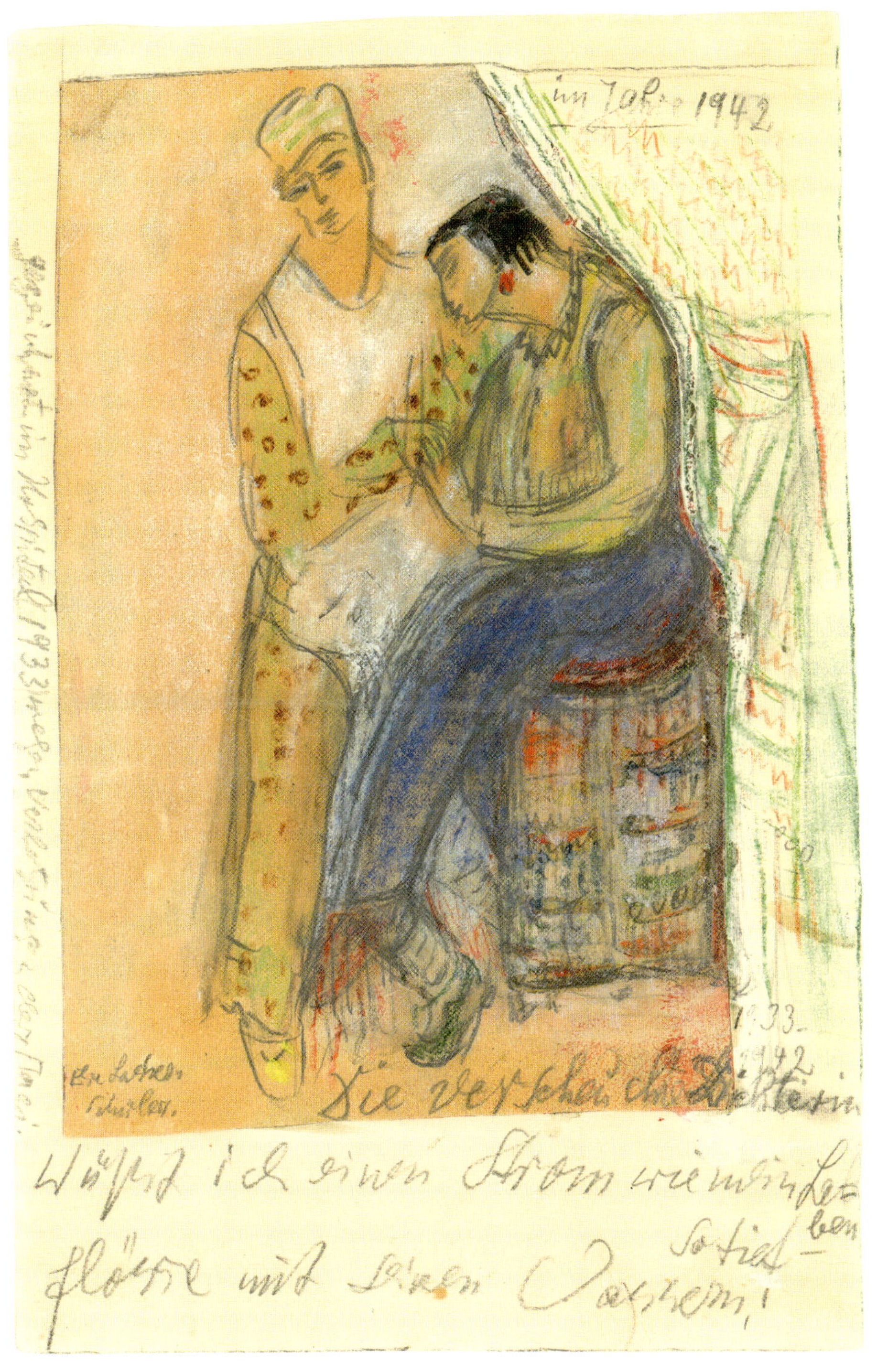

→219

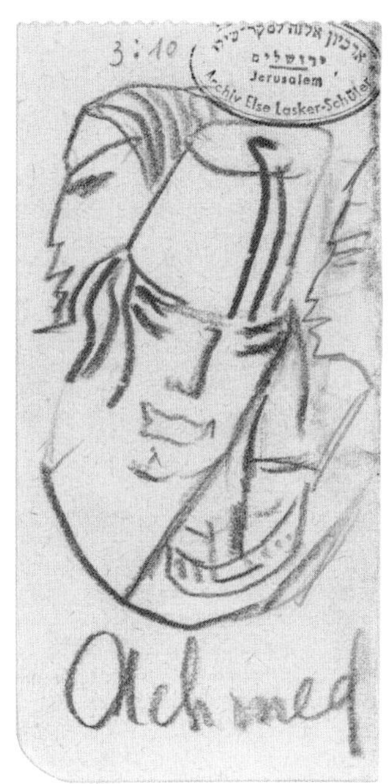

→204

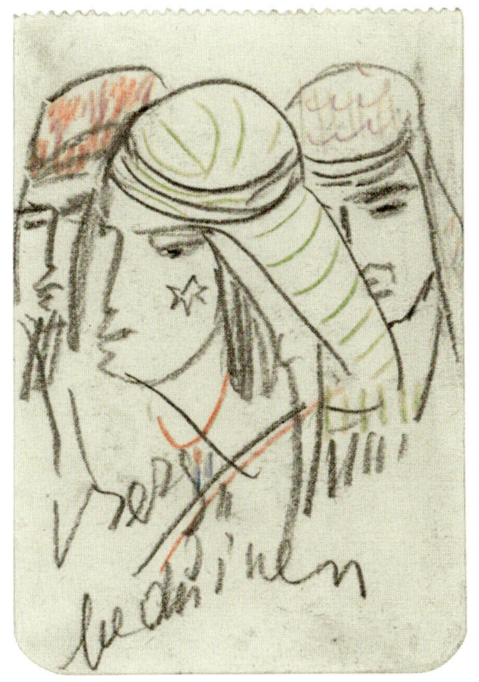

→201

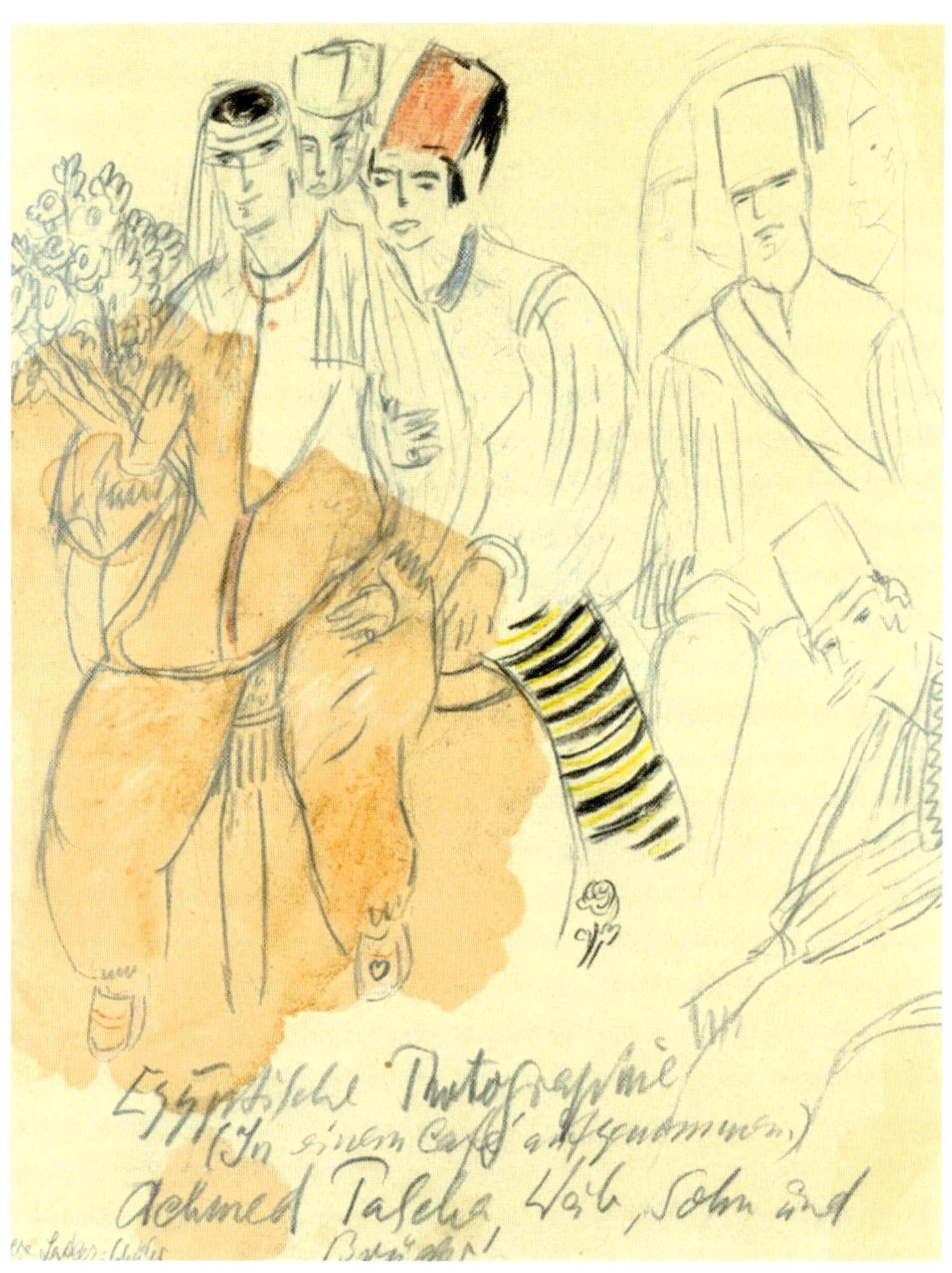

→164

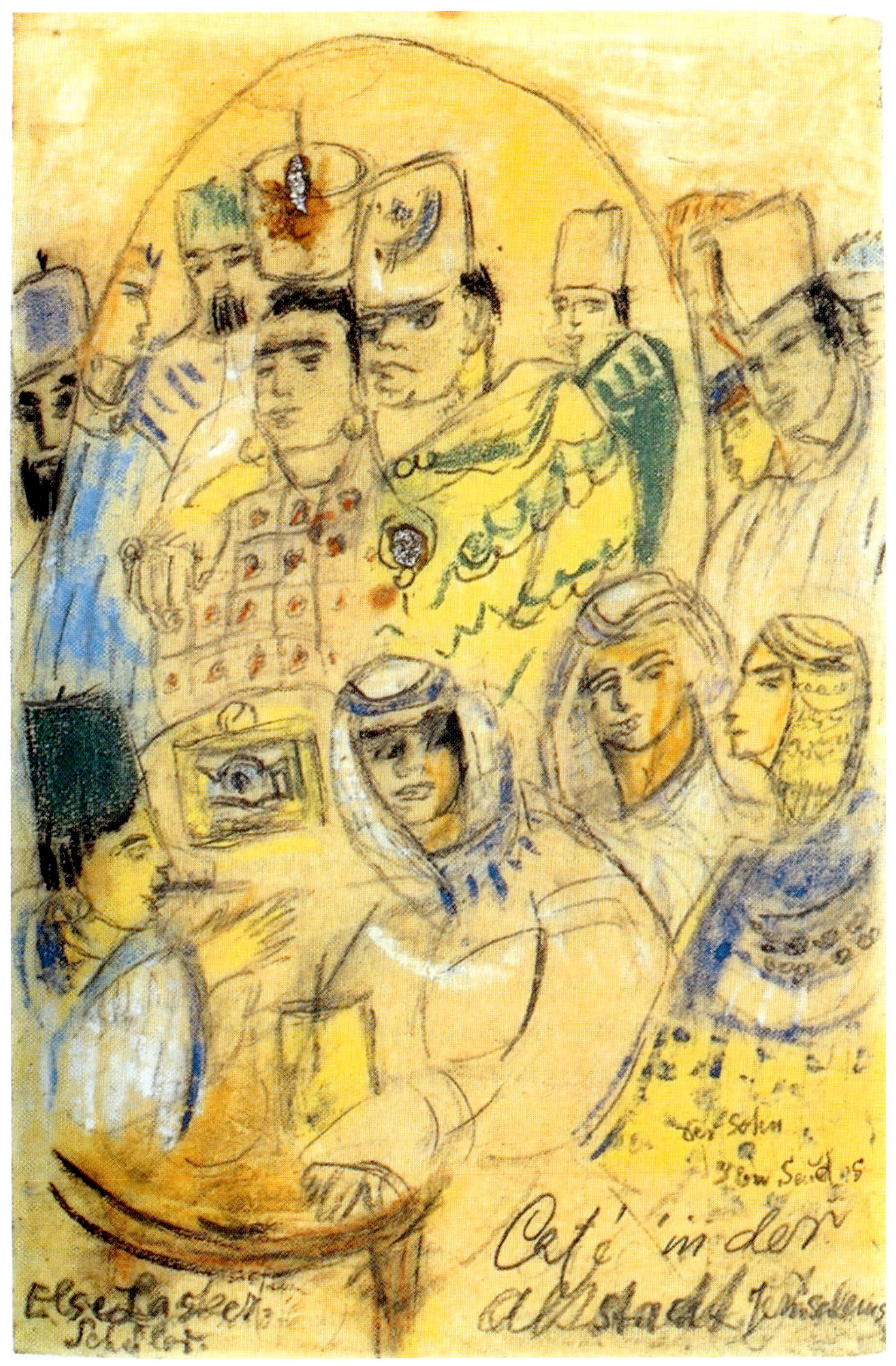

→183

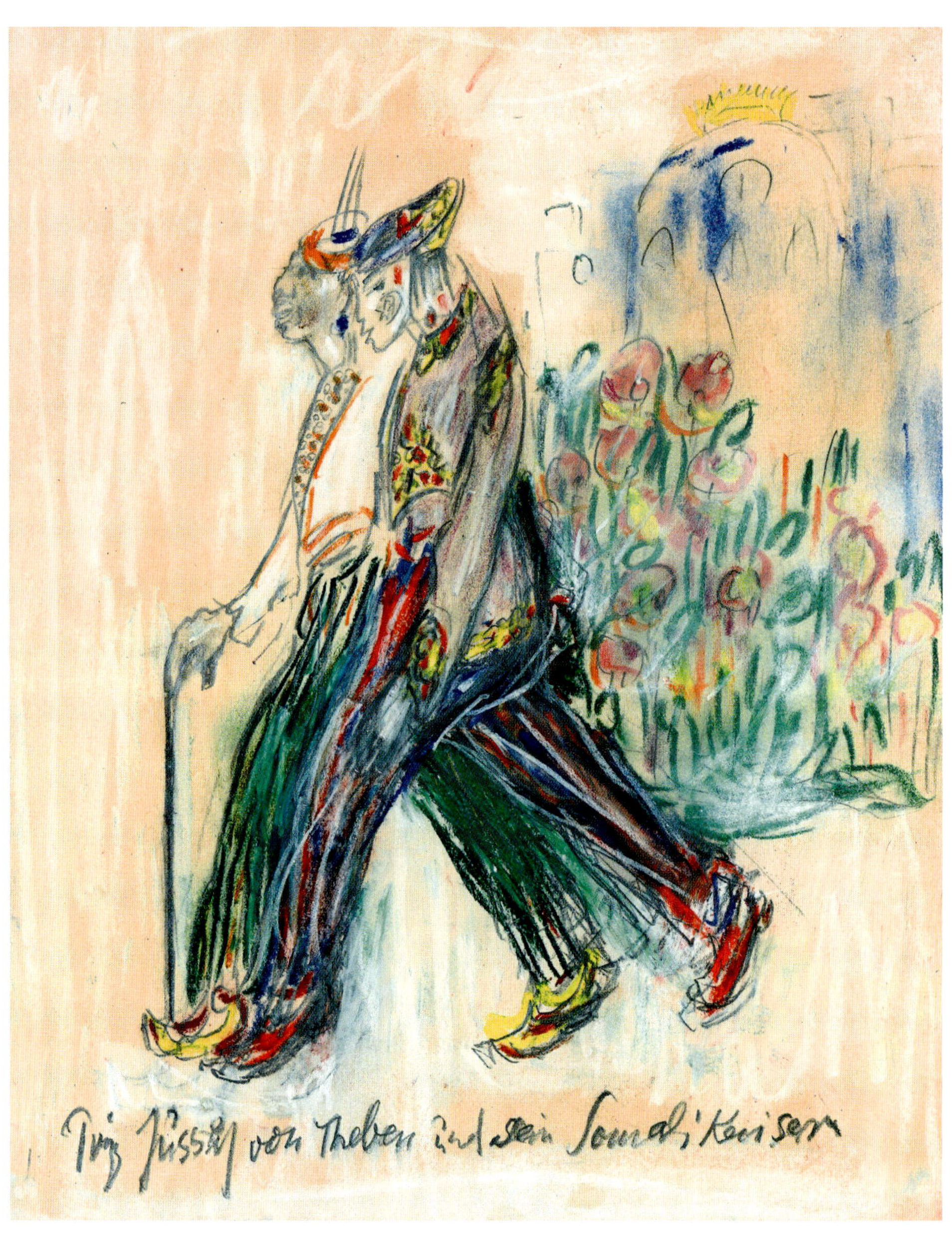

→209

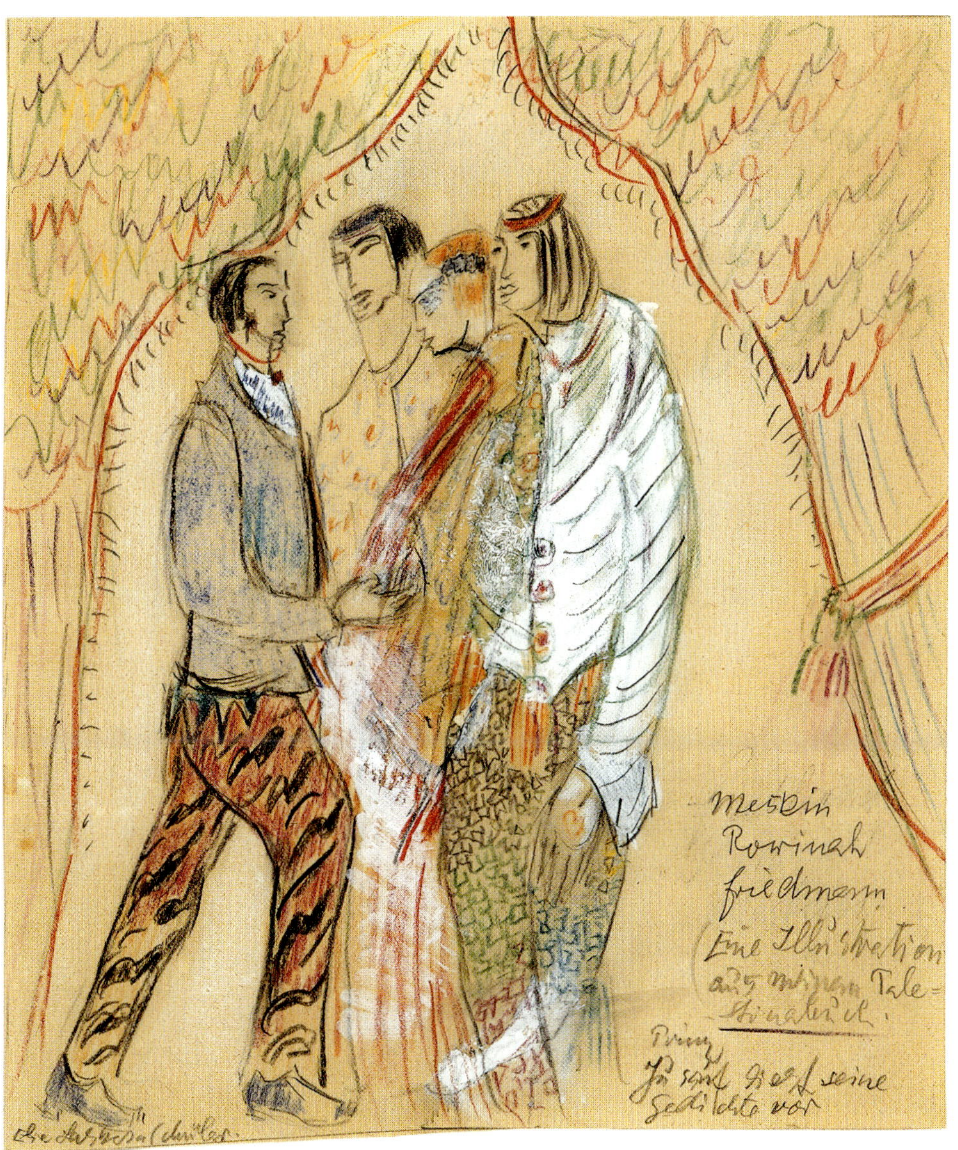

→151

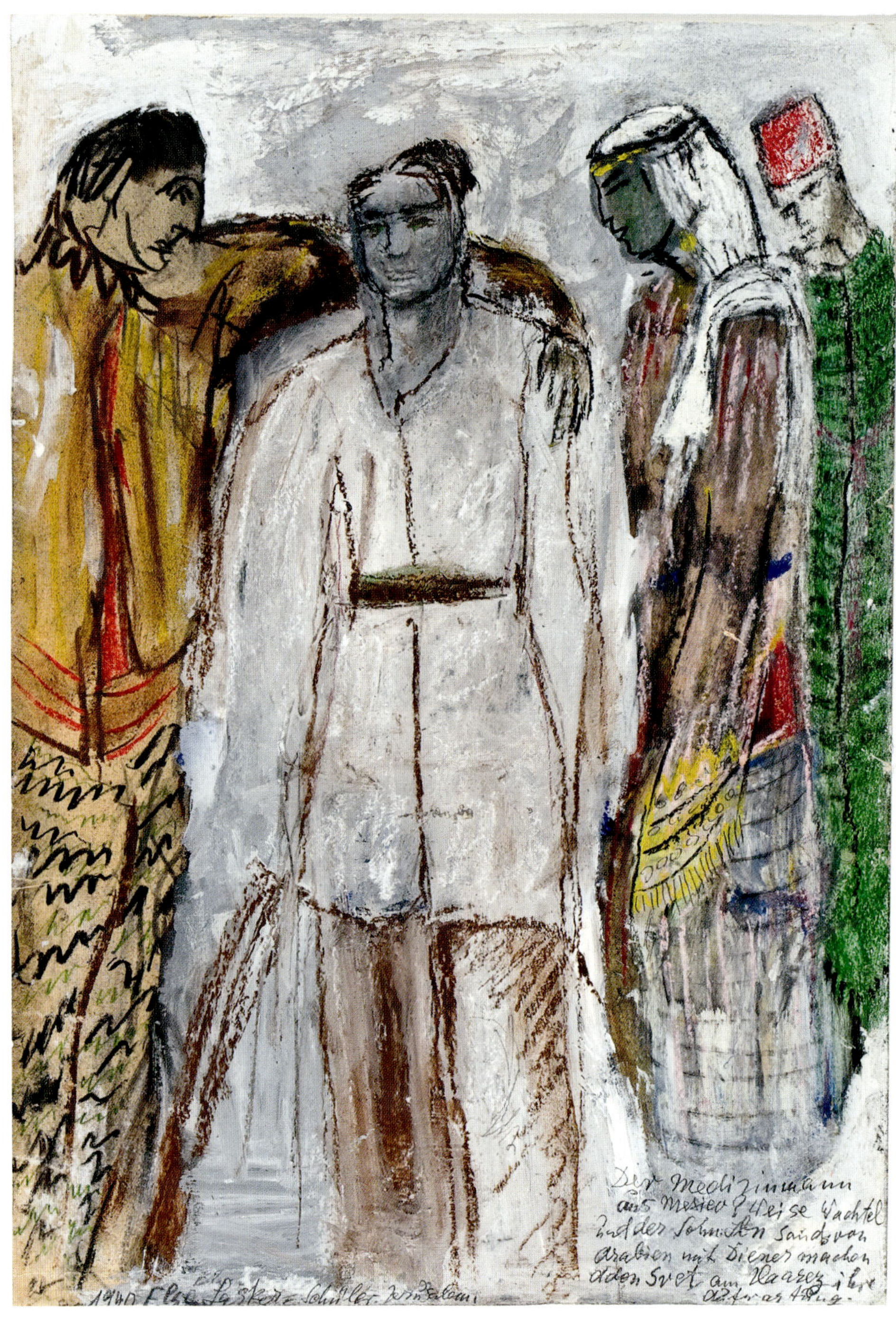

→212

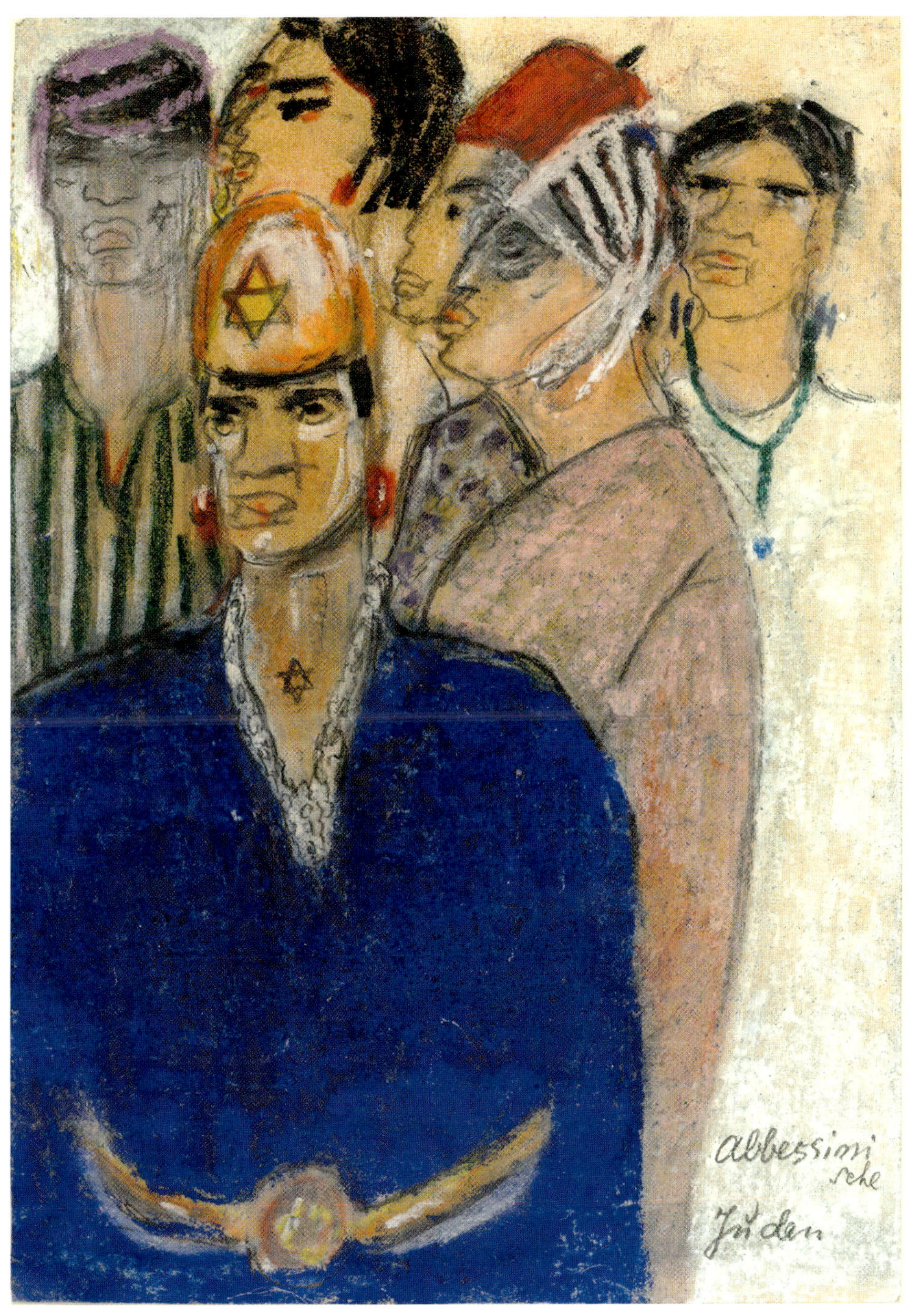

→139

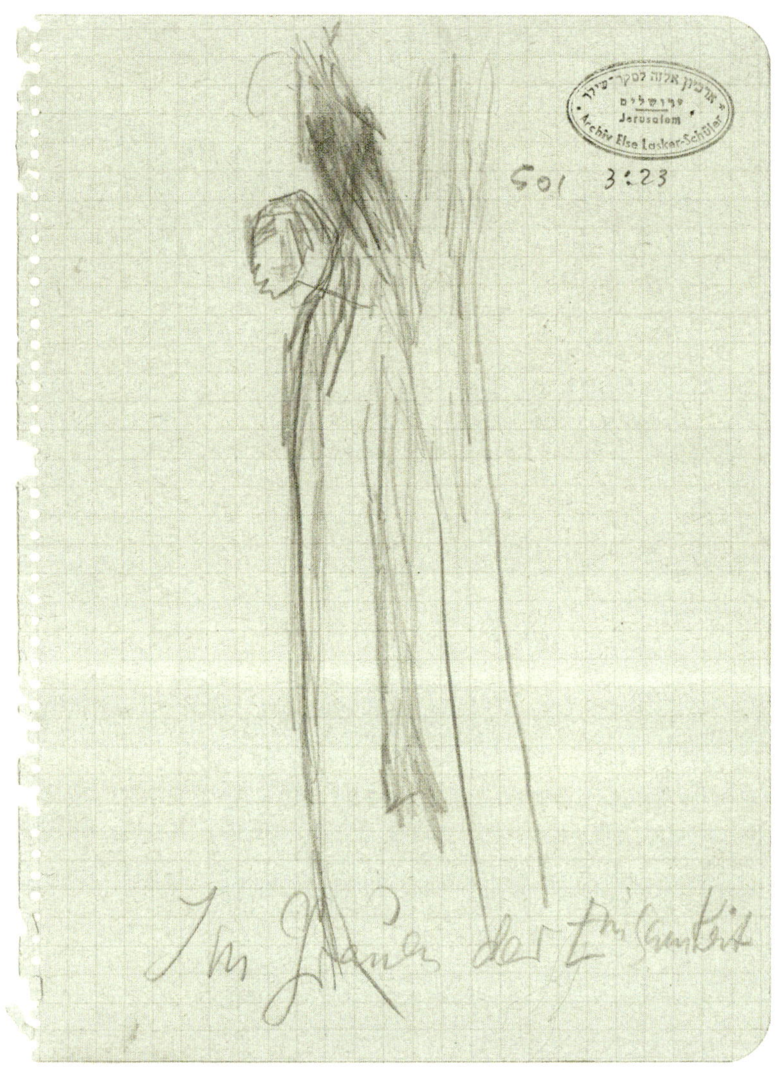

→214

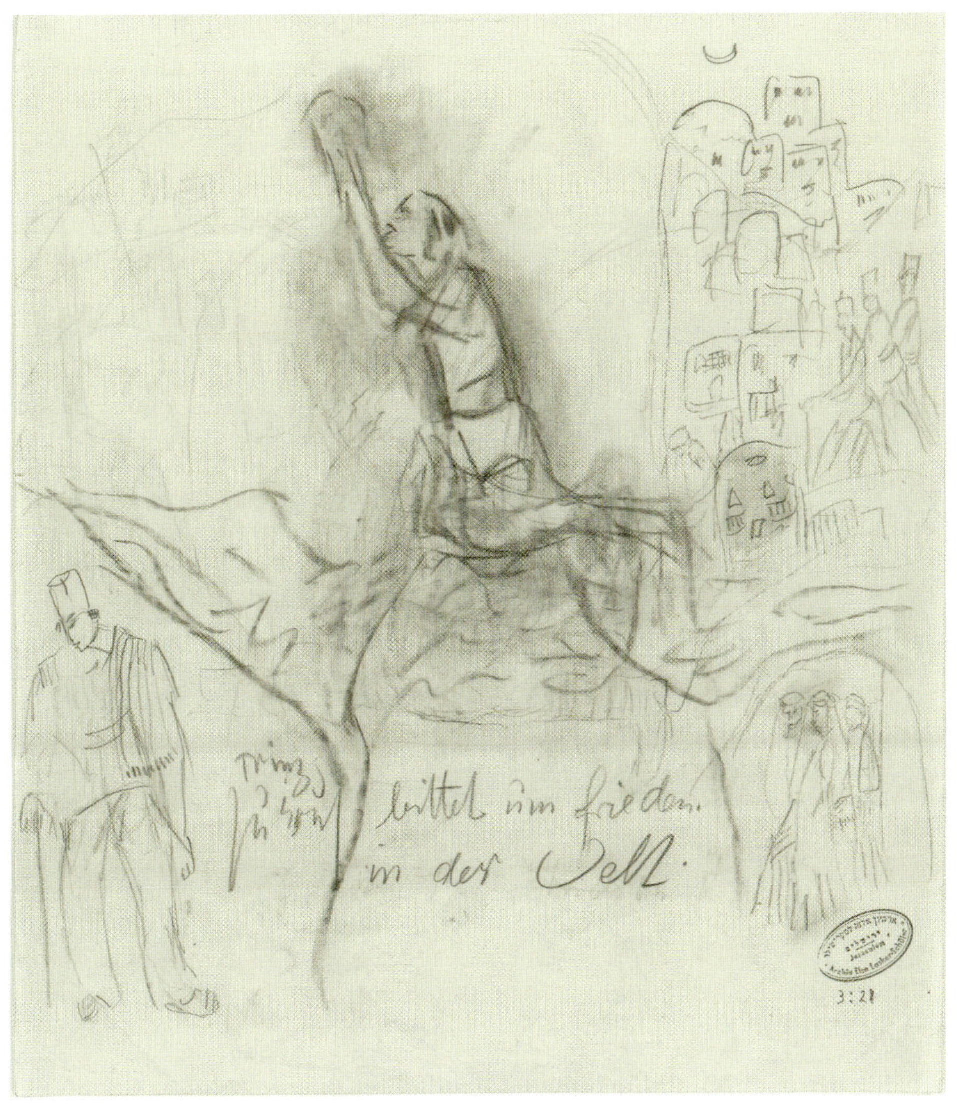

→210

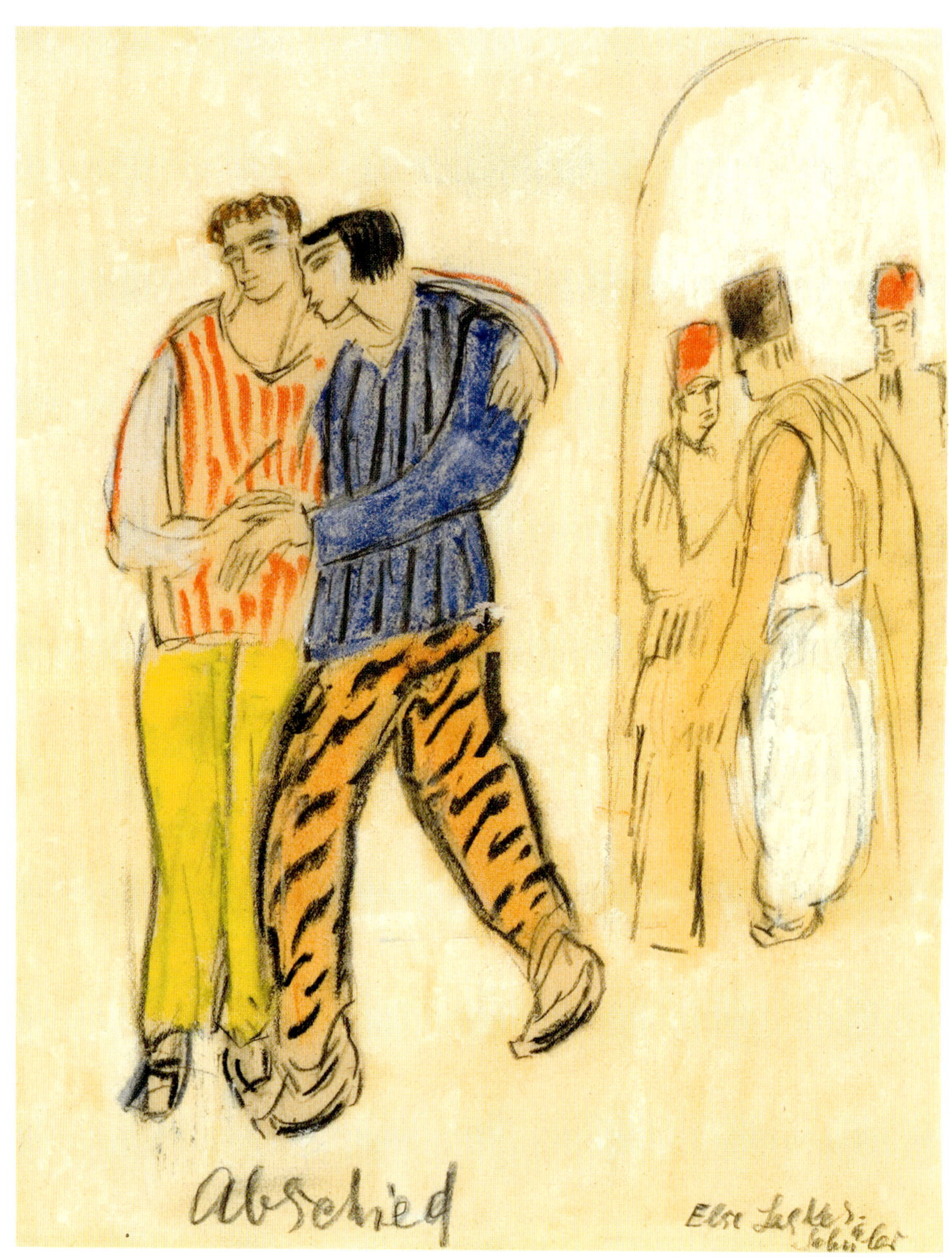

→178

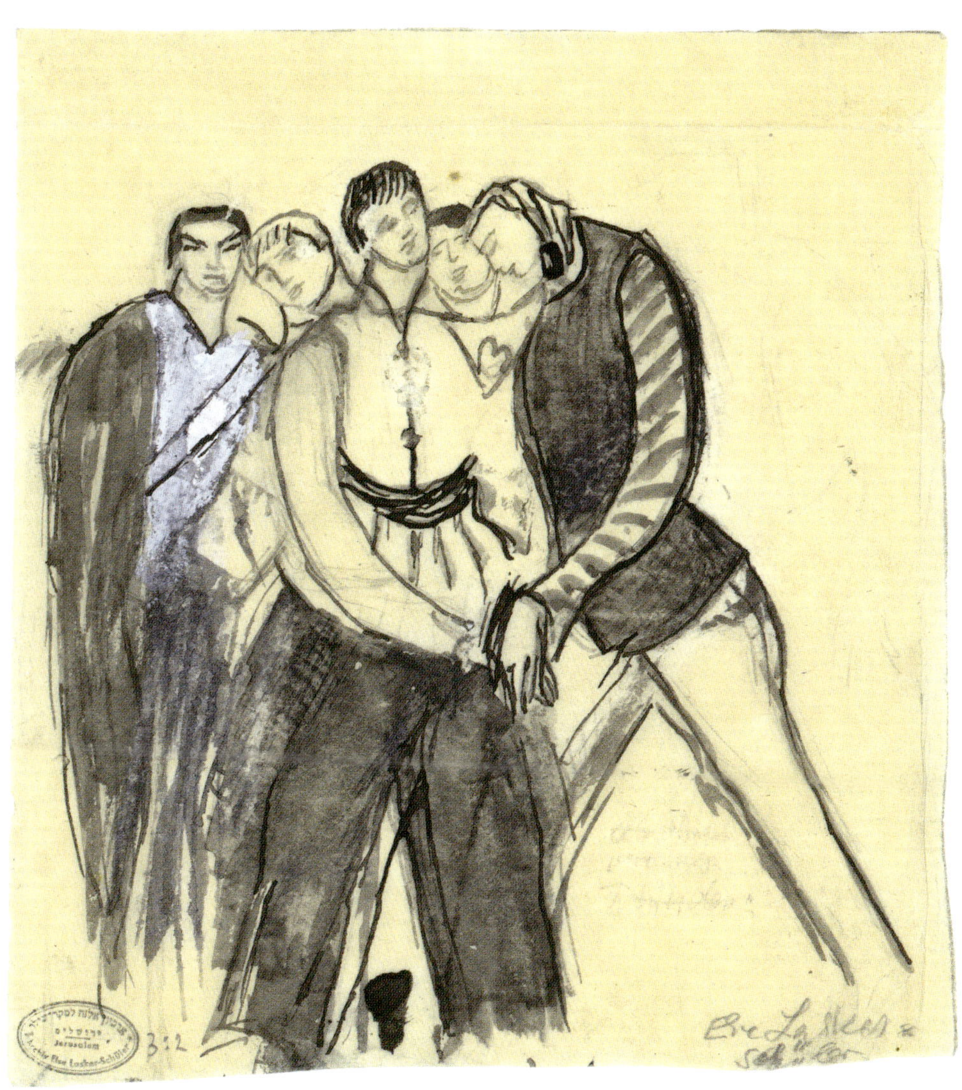

→224

Ricarda Dick

Else Lasker-Schüler als Künstlerin

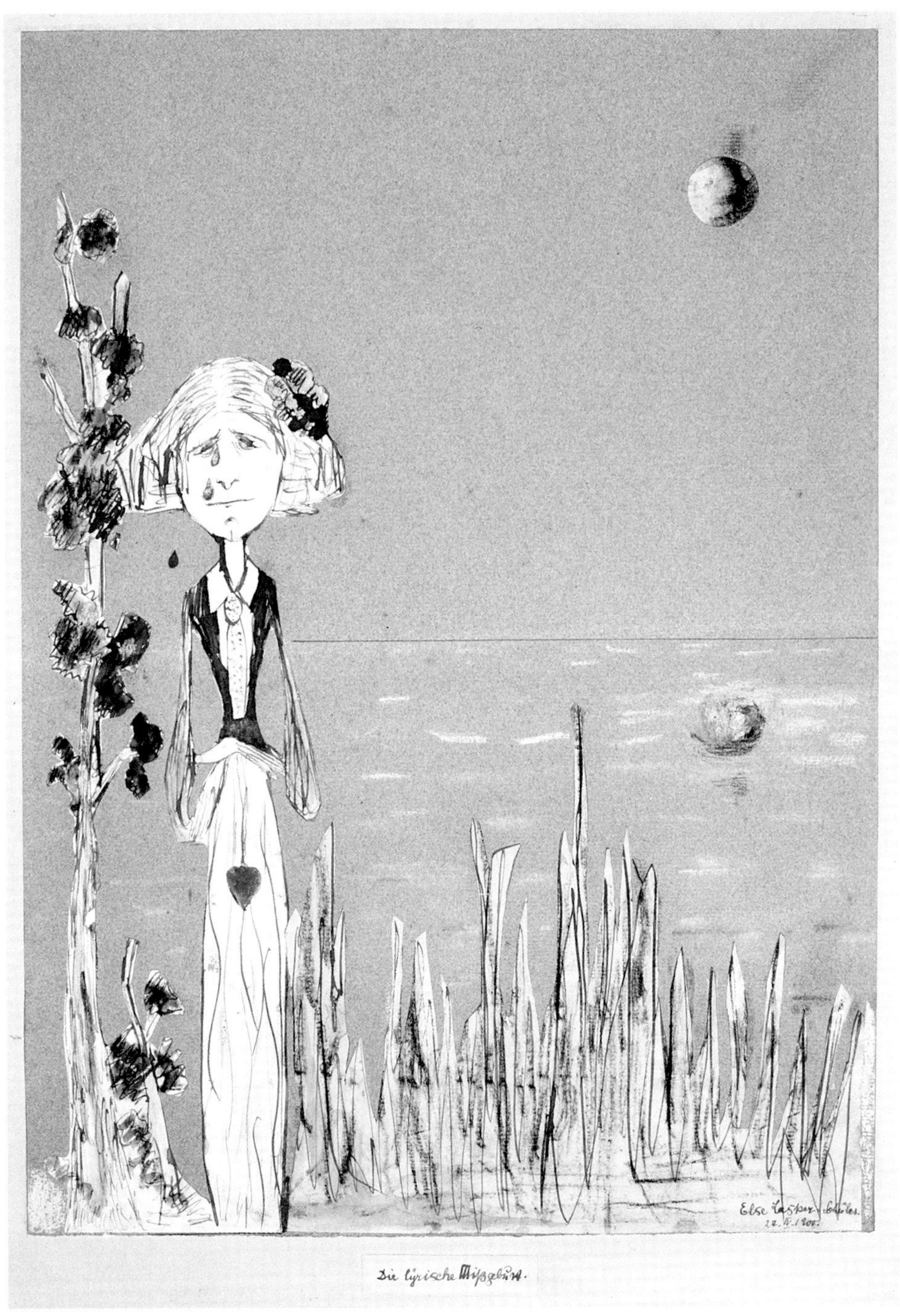

Abb. 1: Else Lasker-Schüler, *Die lÿrische Mißgeburt* (1900)

Erste Ambitionen

Am Anfang des erhaltenen bildnerischen Werks von Else Lasker-Schüler steht die Collage *Die lyrische Mißgeburt* vom 27. April 1900: Es ist das einzige Zeugnis der Frühzeit (Abb. 1). Sorgfältig bezeichnet, datiert und signiert, zeigt das Blatt ein Bemühen um ein professionelles künstlerisches Gebaren, das der reiferen und anerkannten Dichterin und Künstlerin fremd sein wird. Auch die Darstellung selbst weist noch nicht die charakteristische Eigenständigkeit des Gesamtwerks auf, obwohl sie erkennbar von Else Lasker-Schülers Hand stammt. Das Sujet: eine blutige Tränen weinende Frau in einer angedeuteten Landschaft märkischer Prägung, in ihren Händen ein an einem Band baumelndes Herz, und der Stil der Darstellung: die in die Länge gezogene, den vegetabilen Elementen um sie herum verwandte Figur, stehen deutlich im Zeichen des Jugendstils. Ganz charakteristisch für das bildnerische Gesamtwerk von Else Lasker-Schüler dagegen ist schon die Technik, typisch die Kombination unterschiedlicher Schreib- und Zeichenwerkzeuge, unterschiedlicher Zeichenmittel und Bildträger. Mit Bleistift und Tintenfeder wird meist zunächst eine Umrißzeichnung gefertigt, die dann mit Tuschpinsel, Buntstiften, Kreiden, Aquarellfarben in unterschiedlicher Weise gestaltet und koloriert wird. Auch die Montage verschiedener Papiere und Papierelemente findet sich sehr häufig. Nicht zuletzt das Motiv ist typisch für das gesamte Œuvre: Es handelt sich um ein Selbstporträt.
Als sie 1894 nach Berlin kam, hatte Else Lasker-Schüler schnell Kontakt zu Künstler- und Bohemekreisen gesucht, schreibend und zeichnend erste künstlerische Positionen erprobt. Sie hatte einige Jahre Zeichenunterricht genommen, unterhielt ein Atelier, tauschte sich mit erfahreneren Künstler-»Collegen«[1] aus, aber um 1900 schon hatte ihre zweite Begabung, das Dichten, das größere Gewicht bekommen, erste Veröffentlichungen in Zeitschriften waren erfolgt. Ihre frühesten Gedichte sind, anders als das sehr eigenständige spätere Werk, dem Stil der Zeit verpflichtet und erinnern etwa an die Lyrik des von Else Lasker-Schüler sehr bewunderten Richard Dehmel. So etwa das im September 1900 im *Magazin für Litteratur* veröffentlichte »Lied vom Leid«, das zur gleichen Zeit wie die frühe Collage *Die lyrische Mißgeburt* entstanden sein wird und diese

fast ins Wort zu setzen scheint: »Ich bin ein armes Mägdelein / Und weine leise im Sonnenschein … / Der Hunger kam als schlechtes Weib / Und höhnte über meinen Leib, / Der alles Leid in Unschuld trägt. […]«[2] Noch ist in Bild und Text einiges Gezwungenes zu spüren, das trotz auch ironischer Töne das Spielerische überlagert.[3] Zehn Tage bevor sie ihre frühe Collage vollendete, hatte die Einunddreißigjährige an ihre Schwester geschrieben: »Ich habe jetzt schönen Kreis. Ich hätte mit 17 Jahren nach B. kommen müssen, ständen die Sachen heute anders«.[4] Anderthalb Jahre später wird sie dann ihre künstlerischen Anfänge entsprechend stilisieren, sich für jünger ausgeben und verbreiten, sie sei mit 14 zum Studium der Malerei nach Paris gegangen, mit 18 nach Berlin.[5] Dabei braucht ihr wirkliches Leben kaum bohemisiert zu werden, sie lebte in Berlin getrennt von ihrem Mann mit ihrem wahrscheinlich unehelichen Sohn, den sie zur Schwester gab, wenn sie mit dem Kreis um den Bohemien und Dichter Peter Hille unterwegs war oder literarisch-philosophische Vereinigungen besuchte.

Schrift-Zeichen

Sicher scheint, daß Else Lasker-Schüler mit der Veröffentlichung ihres ersten Gedichtbandes *Styx* Ende 1901 ihre bildkünstlerische Tätigkeit weitgehend zurück- oder sogar vorerst ganz einstellte. Allerdings begriff sie sich immer als Künstlerin, der Schreiben, Zeichnen, Dichten ein und derselbe Akt ist. So äußerte sie 1903 gegenüber Richard Dehmel, sie »habe seit Kindauf gemalt«, jene Wendung hinzufügend, mit der sie Dichtung und ›Malerei‹ für sich untrennbar zusammenführt: »Ich habe schon als kleines Kind viel gedichtet aber ich habe dann gewaltsam alles mit dem Pinsel hinschreiben wollen«.[6] Nicht zuletzt ihre ersten Erfolge als Dichterin werden ihre Kraft aufs Schreiben gezogen haben; darauf gründete sich zunächst auch ihr Selbstbewußtsein. Möglicherweise distanzierte sie sich von ihren frühen bildnerischen Arbeiten, was den merkwürdigen Umstand erklären könnte, daß sich aus ihrer Frühzeit nur ein einziges Blatt (→1)* erhalten hat. Aber bereits 1906 sind erneut Ambitionen hinsichtlich der anderen Gattung festzustellen, als sie versuchte, bei einer Redaktion einen Essay mit

* Ziffern ohne weitere Angaben verweisen auf das Verzeichnis der Zeichnungen und Collagen S. 197-257, solche mit einem vorangestellten »i« auf das Verzeichnis der Illustrationen S. 259-280.

Illustration (→i10) unterzubringen, mit dem Hinweis, der Dargestellte, Samuel Lublinski, solle »sehr gut getroffen sein«.[7] Dieser erste belegbare Versuch, eine Zeichnung zu veröffentlichen, blieb vergeblich. Als suche und finde das Medium aber seinen Weg, begleiteten ab dieser Zeit mehr und mehr Bildzeichen die Schriftzeichen ihrer privaten Briefe: Sterne, Mondsicheln und Kometen, mit dem Schreibinstrument in und zwischen die Zeilen gesetzt, als Schmuck, als Rebus oder zur Weihe solcher Worte wie »Dichter« oder »Wunder«.[8] Später erweiterte sich das Repertoire, etwa um einzelne Körperteile: Hände, Füße, (Toten-)Köpfe, Mondgesichter, auch um orientalische Gebäude, die, einem Baukastensystem ähnlich, unterschiedlich zusammengestellt wurden. Die Motive selbst, ihre Kombination sowie die Art ihres Einsatzes in den Briefen als Piktogramme, als Ideogramme oder auch als phonetische Zeichen (Abb. 2-4) weisen eine große Nähe zur altägyptischen Hieroglyphenschrift auf, die Else Lasker-Schüler offensichtlich faszinierte und auf die sie sich immer wieder bezog. Mit ihrer oft zitierten Antwort aus dem Jahr 1927 auf die selbstgestellte Frage »Wie ich zum Zeichnen kam«, daß ihren Buchstaben die Blüte aufgegangen sei, stellt sie sich in die Tradition »der späten Aegypter Fetischkultur; ihnen ging aus dem Buchstaben schon die Blüte auf«, wie sie 1910 schon geschrieben hatte.[9] Ägypten und was man für ägyptisch hielt,

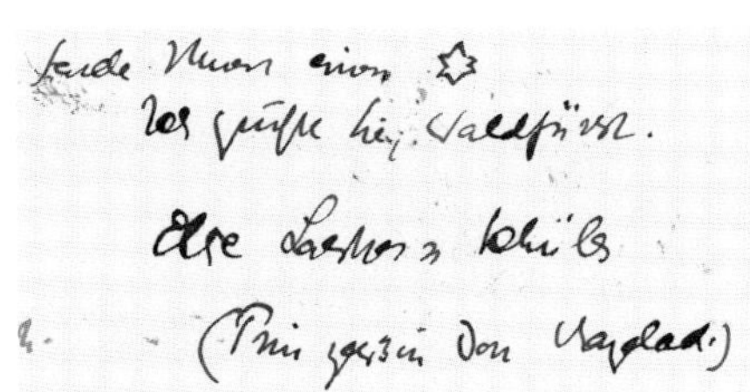

Abb. 2: »Sende Ihnen einen [Stern]«. Zeichen als Piktogramm in einem Brief an Richard Dehmel vom 17.2.1907

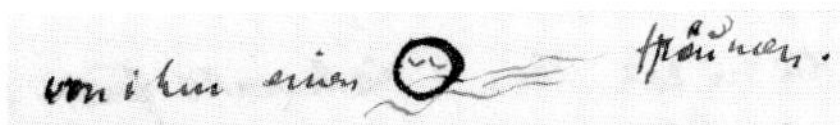

Abb. 3: »einen [Traum] träumen«. Zeichen als Ideogramm in einem Brief an Karl Kraus vom 22.8.1909

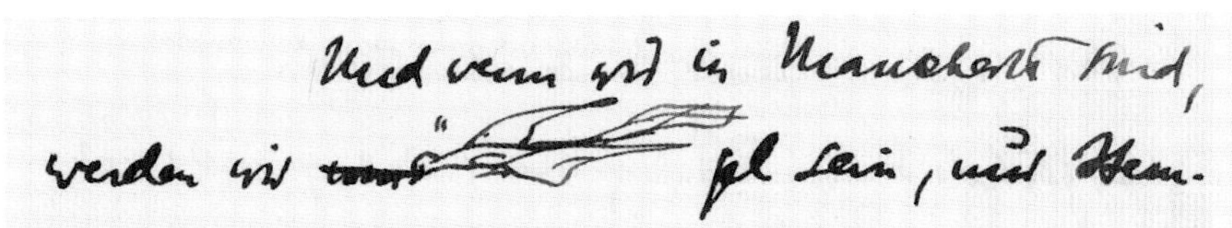

Abb. 4: »werden wir [zwei fliegende Vögel, über dem Kopf des ersten Umlautstriche, hinter dem zweiten die Silbe: gel] sein«. Verbindung von Ideogramm und phonetischem Zeichen in einem Brief an Jethro Bithell, etwa 22.9.1909

war zu dieser Zeit außerordentlich präsent, seine Geschichte, Kunst und Mythologie seit Napoleons Eroberungs- und Expeditionszügen ein dauerhaftes Faszinosum, wie der alte Orient überhaupt im Europa des 19. und 20. Jahrhunderts begehrtes Objekt der Forschung, der Kunst, der Alltagskultur, der Phantasie und der Trivialisierung war. Die orientalistische Selbststilisierung Else Lasker-Schülers entsprach dem Geist der Zeit, bahnte aber in ihrer Originalität sowie im Ausmaß und der Konsequenz der Aneignung ganz eigene Wege.[10]

Jahrhundertelang unentschlüsselt, hatte die piktographische Schrift Altägyptens Generationen von Forschern zu unterschiedlichsten Gedankengängen angeregt, galt das »heilige Schnitzwerk«[11] in seiner rätselhaften Bildhaftigkeit ja als Schlüssel zu einem sonst unwiederbringlich verlorenen Urwissen. Auch nachdem Champollion 1822 den entscheidenden Schritt zur Entzifferung und damit zur Entmystifizierung der Schrift getan hatte, blieb die schwärmerische Vorstellung eines tiefgründigen, unlösbaren Rätsels als Metapher erhalten: Bis heute steht das Hieroglyphische für das Geheimnisvolle, Unergründliche, Unlesbare. Auch diese Verwendung der altägyptischen Schriftzeichen als Signifikant ohne

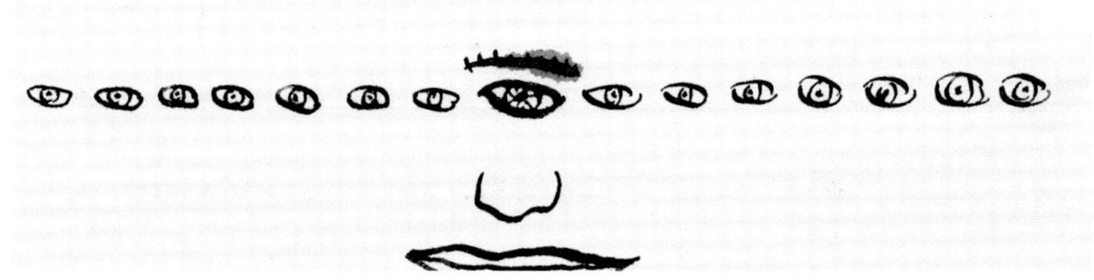

Abb. 5: Brief an Karl Kraus vom 25.1.1910 (Detail)

Signifikat, die freilich das Zeichen zum Zierat degradiert – oder erhebt –, findet sich in Briefen Else Lasker-Schülers, so in einem Augen-Fries, der durch das Hinzufügen von Braue, Nase und Mund zum paradoxen Bild eines fünfzehnäugigen Zyklopen wurde (Abb. 5). Und über unterschiedliche poetologische Auffassungen heißt es kämpferisch an Karl Kraus: »Ich will nicht behaupten, Sie können meine Schrift *lesen* – namentlich dann wohl nicht wo sie zu Hieroglyphen wird«.[12]

Die große Nähe von Text, Schrift und Bild, von Zeichen und Zeichnung im Werk Else Lasker-Schülers gründet und offenbart sich in seinen Anfängen. Noch bevor sie auch als bildende Künstlerin an die Öffentlichkeit trat, haben sich wesentliche stilistische Merkmale in und an ihren privaten Briefen bereits herausgebildet: Die Zeichenmittel sind weitgehend identisch mit ihren Schreibmitteln, der Träger ist Papier oder Karton, Bildzeichen begleiten Schriftzeichen. Text und Bild stehen in einem engen Verhältnis und verweisen aufeinander; die meisten ihrer Zeichnungen tragen Titel, viele Beischriften, oft sind auch diese wiederum durch bildhafte Zeichen ergänzt. Auch das Prozessuale des Mediums Brief übernehmen die Zeichnungen: Korrekturen werden dort mittels Streichungen und Überschreiben, hier durch Herausschneiden und Überkleben vorgenommen. Schließlich fällt beim Betrachten des bildnerischen Werks noch etwas ins Auge: Die dargestellten Figuren sind, ob als Ganzfigur oder Kopfbild, weit überwiegend im Linksprofil gezeichnet. Die Überlegung, daß die Zeichnung einer Figur oder eines Kopfes im Profil mit den Gesichtsumrissen beginnen wird, führt zu der Vermutung, daß die Dominanz des Linksprofils bei Else Lasker-Schüler sich ebenfalls der Nähe zum Schreiben verdankt: Schreib- und Zeichenrichtung, von links nach rechts, sind identisch, Gesichter schauen, wie in der ägyptischen Hieroglyphenschrift, der Schrift entgegen.

Die Entstehung des Prinzen Jussuf von Theben

Es fällt auf, daß den frühen Briefzeichnungen nahezu fehlt, was doch Zentrum und Hauptmotiv des literarischen und zeichnerischen Werks von Else Lasker-Schüler ist: das Ich.[13] Wirklich taucht es ins Bild gesetzt zunächst nur sehr selten auf. Textlich, in privaten Briefen und in ihrer Prosa, hatte sich längst die Ich-Figuration der Tino, Prinzessin von Bagdad, gebildet, die ab 1907 in einem längeren, verwickelten Prozeß von der Jussufs, Prinz von Theben, abgelöst wurde. Dieser Entwicklung soll im folgenden einige Aufmerksamkeit geschenkt werden, denn es legt Wesentliches zum schöpferischen Geschehen bei Else Lasker-Schüler offen und zeigt, wie umfassend und symbiotisch sich die Aneignung textlich, aktionskünstlerisch, in Persönlichkeit und Interaktion sowie schließlich bildnerisch vollzog.

Im Dezember 1908 wurde die Erzählung »Der Derwisch« veröffentlicht, in der sich die Ich-Erzählerin im »lammblutenden Hirtenrock Jussufs, wie ihn seine Brüder dem Vater brachten« zeigt.[14] Ab Sommer 1909 dann wird Jussuf nach und nach in privaten Briefen Else Lasker-Schülers zur Ich-Figuration, zunächst noch ohne sein Epitheton »von Theben«. Das oberägyptische Theben mit seiner geheimnisvollen Nekropole im Tal der Könige, Mittelpunkt des Pharaonenreichs, war die größte, reichste und heiligste Stadt des Altertums. Dieser Ort findet sich zuerst als Schauplatz der Erzählung »Der Fakir von Theben« aus *Die*

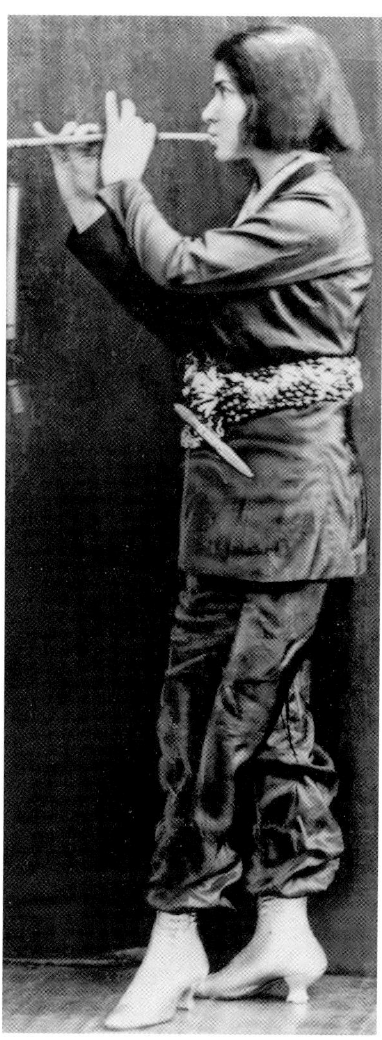
Abb. 6: Else Lasker-Schüler als Fakir von Theben, Frontispiz von *Mein Herz* (1912)

Nächte Tino von Bagdads (1907) und läßt sich dann für Jahre nicht mehr nachweisen, bis Else Lasker-Schüler 1910 die Erzählung zur Grundlage einer Varieténummer im orientalischen Dekor nahm, die sie sorgfältig entwickelte und lange probte.[15] Sie plante, den »Fakir von Theben« in einer szenischen Lesung auf arabisch vorzutragen und vorzuspielen. Am Seminar für Orientalische Sprachen an der Berliner Universität fand sie den ägyptischen Lektor Hamed Waly, der bereit war, ihren Text zu übersetzen.[16] Ein eigens »für die Impresarios«[17] angefertigtes Foto (Abb. 6) zeigt die Künstlerin mit »*echter* egyptischer Flöte«[18] in ihrer Rolle, für die sie sich sogar das Haar entsprechend hatte schneiden lassen.[19] Ganz offensichtlich stellt sie sich hier in die Tradition altägyptischer Ikonographie, sie nimmt die Haltung der sogenannten »Stand-Schreit-Figur« ägyptischer Darstellungen ein, deren rechtes Bein gerade steht, während das linke nach vorn gestellt ist, sie steht seitwärts zur Kamera, so daß der Betrachter sie im (Links-)Profil sieht, und ihre Frisur entspricht der traditionellen altägyptischen Haartracht der Männer (Abb. 7).
Auch wenn sie die Performance nie vor Publikum realisiert hat, gab Else Lasker-Schüler »die *Hauptrolle* im Fakir von Theben«, »den *Prinzen*«,[20] nicht mehr auf. Ein Brief vom August 1910 ist mit »*Abba Waly*« unterzeichnet und trägt den erklärenden Nachsatz: »Ich heiße im Variété *Abba Waly* von Theben«.[21] Am 1. August 1911 dann signiert erstmals, noch in einer Parallelkonstruktion, »Jussuf der Egypter und Prinz von Theben«[22] einen Brief, bevor der Name im Frühjahr bis Sommer 1912 endlich zusammengezogen wird zu »Jussuf Prinz von Theben«.[23]
Die Figuration des Prinzen Jussuf basiert auf der Josephslegende, die in Bibel

und Koran überliefert ist. Else Lasker-Schüler selbst hob diese Bezüge immer wieder hervor, sich den Stoff zugleich poetisch aneignend, etwa in einem Brief vom 1. Oktober 1909:

»Ich sagte Ihnen ja immer, ich bin Jussuf aus Egypten, schon der mageren Kühe wegen; auch trage ich den lammblutenden Rock, auch warfen mich meine Brüder in die Grube und ich kenne Potiphars Weib, das mich mißbrauchte und Träumedeuten ist meine besondere Begabung. Und nachts trage ich den königlichen Turban im Schlaf und schenke Waizen aus.«[24]

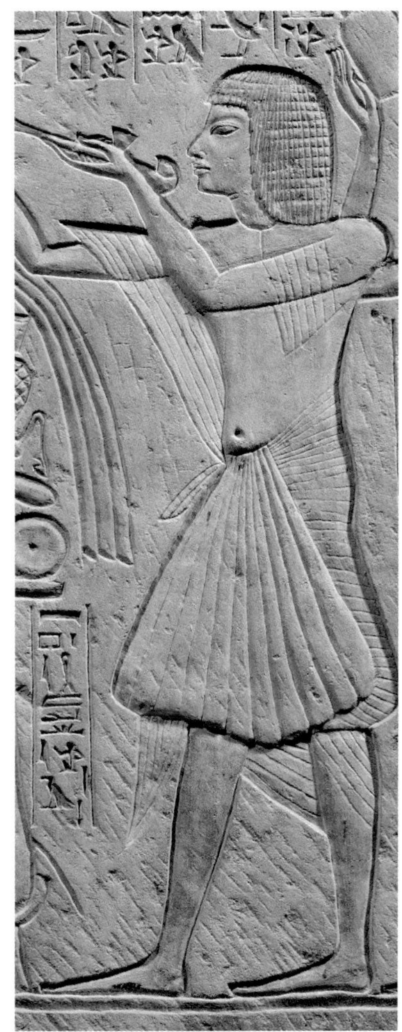

Abb. 7: Relief aus dem Grab des Generals Ria in Memphis, 19. Dynastie (Detail)

Eine zu Lebzeiten Else Lasker-Schülers unveröffentlichte handschriftliche Variante zu ihrem Essay über Samuel Lublinski behauptet, Else Lasker-Schüler sei von ihm zur Jussuf-Figuration inspiriert worden:

»›Die Sterne des Südhimmels liegen Prinzessin noch im Blut und früher war Prinzessin Jussuf, der von seinen Brüdern verkauft wurde und Pharao die Träume deutete.‹ S. Lublinski kann mir nicht genug von meiner biblischen Sagenhaftigkeit erzählen, er sieht so ernst dabei aus, daß ich an der Wahrheit nicht zweifle.«[25]

Diese Passage, deren Implikationen noch nicht recht beachtet worden sind, ist hinsichtlich ihrer Wirklichkeitsreferenz durchaus ernst zu nehmen, obwohl – oder besser zumal – sie in keiner der drei veröffentlichten Fassungen des Essays von 1907, 1913 und 1920 zu finden ist. Bei dem Manuskript handelt es sich um eine frühe Fassung,[26] die wohl 1907 als Vorfassung des Erstdrucks entstanden ist, lange bevor die Figuration Jussuf sich im öffentlichen Werk oder in den halböffentlichen Briefen manifestiert. Samuel Lublinski, der Else Lasker-Schülers künstlerische Anfänge in Verehrung begleitete,[27] war nicht nur Literaturkritiker, sondern beschäftigte sich auch mit mythologischen und religionsgeschichtlichen Fragen, wie sie sich um die Jahrhundertwende drängend stellten: Die Analyse der Ausgrabungsfunde und die Entdeckung alttestamentlicher Fabeln in nach und nach entzifferten Keilschrifttexten hatten offenbart, daß es ungeahnte Übereinstimmungen in altorientalischen Glaubensvorstellungen mit dem christlichen Glauben gibt, eine Erkenntnis, die in okzidentalen Bildungskreisen für Irritationen und anhaltende, oft heftig geführte Diskussionen sorgte. Lublinski war Mitinitiator einer Debatte über die Geschichtlichkeit Jesu, als er 1910 *Der urchristliche Erdkreis und sein Mythos* veröffentlichte.[28] Darin argumentiert er wider die historische Existenz Jesu und dafür, daß das Christentum aus dem jüdischen Mysterienglauben und dieser wiederum maßgeblich aus ägyptischen Religionsvorstellungen hervorgegangen sei. Seinem eigenen Bekunden nach war er acht Jahre lang intensiv mit der Arbeit an diesem Werk beschäftigt gewesen,[29] und es liegt nahe, daß er Else Lasker-Schüler im Café des Westens von den Theorien, auf die er bei seiner Argumentation zugriff, erzählte: Der alttestamentliche Joseph sei eine Präfiguration Jesu Christi und zugleich niemand anderes als der ägyptische Gott Osiris.[30] Diese religions-, epochen- und kulturtranszendierende »biblische Sagenhaftigkeit« muß Else Lasker-Schüler frappiert und fasziniert haben, und es scheint kaum einen Zweifel geben zu können, daß die Konzeption Jussufs in ihrem Ursprung ein solch übergreifendes Joseph-Modell zum Vorbild hat. Im schöpferischen Prozeß des Zusammensetzens, Umformens, Akzentuierens und Verhüllens von vorgefundenem Material zeigt sich die Kunstfigur Jussuf von Theben im lammblutenden Rock als bewußt synthetisches Produkt der Figur Yussufs aus der 12. Sure des Korans und der Josephs aus der Genesis; der altägyptischen Stadt Theben; dem blutigen Rock Josephs, der nicht, wie es die Genesis (37,31) beschreibt, vom Blut eines Ziegenbocks durchtränkt ist, sondern von dem eines Lammes, des prominentesten neutestamentlichen Symbols für Jesus Christus.

Jussuf im Bild

Daß es sich bei der Entstehung der Jussuf-Figuration nicht um eine Übernahme, sondern um eine über Jahre verlaufende schöpferische Aneignungsbewegung handelt, zeigt schon die Dauer ihrer Entwicklung. Samuel Lublinski, der noch im Jahr der Veröffentlichung seines *Urchristlichen Erdkreises*, im Dezember 1910, starb, erlebte die Geburt des Prinzen Jussuf von Theben nicht mehr mit, dessen Kronzeuge er doch gewesen wäre. Sein früher Tod mag der Entwicklung der Ich-Figuration zuträglich gewesen sein und mögliche Hemmnisse beseitigt haben. Die Empfindlichkeit von Else Lasker-Schüler gegenüber Versuchen, ihren Schöpfungen Vorbilder nachzuweisen, wird besonders eindrücklich, wenn man wahrnimmt, daß sie ihre dichterische Originalität noch Jahre später gegen den toten Lublinski verteidigen zu müssen glaubte.[31]

Jussuf von Theben als von Else Lasker-Schüler geschaffenes Symbol unbegrenzter Überschreitung trägt seine Wandelbarkeit wesenhaft in sich. Nicht allein Religionen, Räume und Zeiten transzendiert sie in seiner Figur, sondern mittels solcher Metamorphosen wie »Basileus I. von Theben« (→24), »Jussuf der blaue Jaguar« oder »Prinz Jussuf = Pampeia«[32] auch Geschlechter und Ethnien. Dadurch konnte er sie lebenslang begleiten, als Idee, als künstlerisches Prinzip, als Leitmotiv, als Spielfigur, als Repräsentation ihrer selbst in Text und Bild sowie ›im Leben‹, jenseits des Buchdeckels und außerhalb des Bildes. Gegen Ende ihres Lebens in Jerusalem identifizierte sie sogar den von ihr verehrten Mystiker Isaak Luria auf ihren Doppelporträts von Jussuf und seinem Somali: »Ich habe immer Isaak Lurja gezeichnet«, soll sie gesagt haben, »und meinen großen schwarzen Gesellen hinter ihm.«[33]

Doch zunächst fehlte Jussuf Gesicht und Gestalt, Else Lasker-Schüler mußte zu einem visuellen Selbst-Bild erst noch finden. Das einzige wirkliche Selbstporträt auf einer Postkarte vom 21. Mai 1911 – unterzeichnet von »T.« wie Tino – zeigt eine in ihrer Kleidung modisch orientalisierte Variante der *Lÿrischen Mißgeburt*, ebenfalls in die Länge gezogen, aber in Umkehrung von deren Proportionen mit einem absurd kleinen Kopf und übergroßen Händen (→2). Zwei frühere Zeichnungen auf einer Postkarte vom November

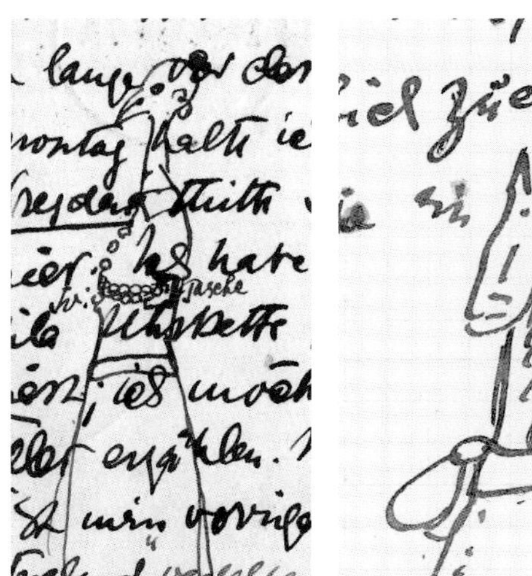

Abb. 8: Postkarte an Jethro Bithell vom 21.11.1910 (Detail)

Abb. 9: Brief an Jethro Bithell vom 21.4.1910 (Detail)

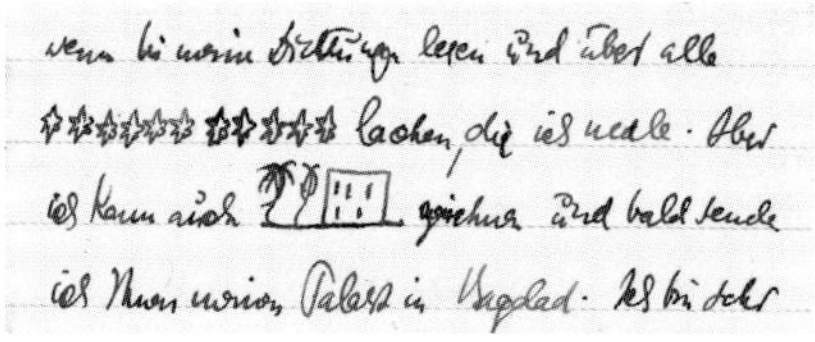

Abb. 10: Brief an Jethro Bithell vom 19.8.1909 (Detail)

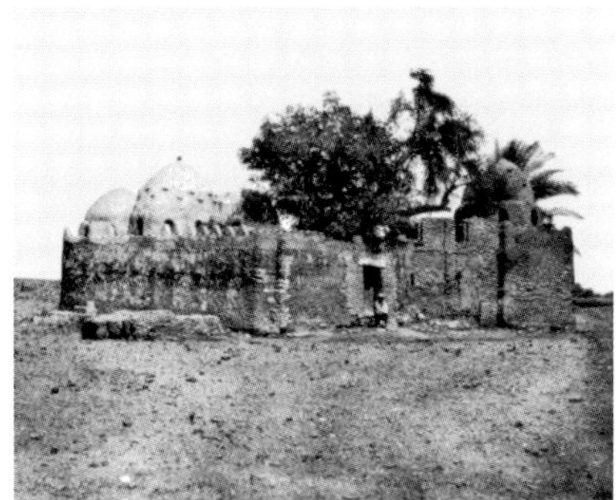

Abb. 11: Maxime Du Camp, *Oberägypten. Grabmal des Sidi-Abdallah-El-Marabout*, Salzpapierabzug, 28.4.1850, 162 × 210 mm

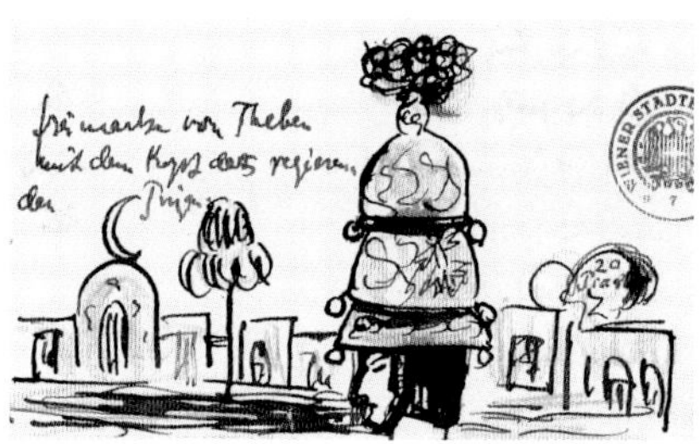

Abb. 12: Brief an Karl Kraus vom 20.4.1912 (Detail)

1909 und einem Brief vom April 1910 zeigen ironische Selbstdarstellungen in menschlicher Gestalt, aber mit Vogel- oder Eselskopf (Abb. 8 und 9).[34] Jussuf verbirgt sich noch hinter Masken und in den Gebäuden, die Else Lasker-Schüler in Briefen, beginnend im Sommer 1909 mit einem Rechteck als Zeichen für »Palast« (Abb. 10), bis 1912 zur Stadt Theben ausbauen würde: Neben das Rechteck, in dem vertikale Striche Fensteröffnungen andeuten, stellten sich allmählich weitere, ebenfalls weitgehend zeichenhafte Gebäude, wie ein schmaler Rund- oder Spitzbogen mit Stern auf seinem Scheitel – ihr Zeichen für »Tempel«. Die einzelnen Module, verschieden kombiniert, reihen sich wie an einer Schnur auf zur Zeile. Diese mit kleinen Variationen lebenslang beibehaltene Vignette erinnert in ihrer Fassadenhaftigkeit und Umgrenztheit an altägyptische eingefriedete Grabanlagen, wie sie Maxime Du Camp im 19. Jahrhundert fotografisch erfaßte (Abb. 11).

Auch die ersten veröffentlichten Zeichnungen, die Illustrationen zu ihren »Briefen nach Norwegen«, die in der Wochenschrift *Der Sturm* in Fortsetzungen im Herbst und Winter 1911 / 12 erschienen, widmen sich mit treffenden, gewollt »dilettantischen«[35] Karikaturen zunächst lediglich dem Kreis um die Briefschreiberin, nicht aber dieser selbst. Die erste Darstellung Jussufs dann, in einem privaten Brief vom 20. April 1912, zeigt einen Kopf im Linksprofil vor einem seit 1909 beachtlich gewachsenen Theben-Fries (Abb. 12). Die unspezifischen Gesichtszüge lassen sich kaum ausmachen unter einem übergroßen Hut, während das Kinn im wäßrigen oder sandigen Grund vor der Häuserzeile zu versinken scheint. Diese Darstellungsform – der monumentale Kopf im Linksprofil mit hohem Hut als Modul zwischen den Gebäuden Thebens – bleibt für längere Zeit im Brieflichen, der halböffentlichen Werkstatt Else Lasker-Schülers, die einzige Visualisierung des Prinzen von Theben, und sie findet sich überhaupt nur ein paarmal, so als Illustration in *Mein Herz* (→i20).[36]

Die Titelzeichnung zu den *Hebräischen Balladen*, die Ende 1912 erschienen, verbindet in anderer Weise die beiden Motive: Eine Ganzfigur im Linksprofil trägt ähnlich einer Patronin in mittelalterlicher Ikonographie[37] ihre Stadt – die bekannte Gebäudezeile – als Miniatur auf dem Arm (Tafel S. 15). In Gestalt und Ausdruck steht die Figur einem Selbstporträt Else Lasker-Schülers noch näher als einer Jussuf-Darstellung. Frisur, kaftanartige Bluse, Pluderhose und Schnabelschuhe erinnern an ihr Rollenfoto als Prinz von Theben; anders als dort aber drückt sich hier in der Haltung mit gebeugten Knien eher etwas Tänzerisches aus, unterstützt durch die lebendige Strichführung, welche die Konturen auflöst, statt sie wie sonst zu betonen.

Etwa zur selben Zeit dürfte ein weiteres Jussuf-Porträt entstanden sein, das in gelungener Weise die stilisierte Physiognomie Else Lasker-Schülers zeigt, mit trotzig-stolzen Zügen (→i17). Sie veröffentlichte es im Juni 1912 als Nachtrag zu den »Briefen nach Norwegen« im *Sturm*, wo der Leser die Karriere der Briefschreiberin Else zur Ernennung zum Prinzen von Theben in 23 Folgen miterlebt hatte. In der 24. Folge nun wird der Prinz öffentlich ins Bild gesetzt, begleitet von einem letzten Brief:

»Liebe Gesandte! Wenn Ihr wieder in Berlin seid, bin ich voraussichtlich in Theben zur Einweihung meines Reliefs in der Mauer. Aber ich bin nicht gespannt darauf, mich zu sehen, denn ich habe mich nie wiedererkannt weder in Plastik, noch in der Malerei, selbst nicht im Abguß. […] Stößt nicht mein Mund auf meinem Selbstbilde den Schlachtruf aus?! Eine egyptische Arabeske, ein Königshieroglyph meine Nase, wie Pfeile schnellen meine Haare und wuchtig trägt mein Hals seinen Kopf. […] *Euer Prinz von Theben*«.[38]

Indem der Prinz sein Kopfbild als Gegenentwurf zu dem Reliefporträt auf einer Mauer Thebens hervorhebt, als »egyptische Arabeske« mit »Königshieroglyph«, stellt Else Lasker-Schüler ihre linienbetonte Umrißzeichnung im reinen Profil ohne Tiefenwert, Perspektive oder Schattenwurf in die Formensprache altägyptischer Kunst. Auf eine Nähe der Jussuf-Figuration zu Darstellungen des Amenophis IV. ist in der Forschung bereits, ohne Resonanz zu finden, hingewiesen worden.[39] Indes ist zu betonen, daß Else Lasker-Schüler sich auch hier ganz konkret hat anregen lassen.

Ägyptische Einflüsse I

Die Ägyptische Sammlung des Berliner Neuen Museums zählte schon zu Beginn des 20. Jahrhunderts neben den Sammlungen in London und Paris zu den hervorragendsten ägyptischen Museen Europas, und schon bevor die Deutsche Orient-Gesellschaft ab 1911 mit großem Erfolg Ausgrabungen in Tell el-Amarna vornahm, waren dort auch »vortrefflich ausgewählte Gipsabgüsse«[40] der Amarna-Zeit zu sehen. Einzelne der jüngsten Funde waren wohl schon präsentiert worden,[41] bevor am 5. November 1913 der Öffentlichkeit die Türen zu einer Sonderausstellung sämtlicher Grabungsfunde aus Tell el-Amarna – mit Ausnahme der bald legendären Nofretete-Büste[42] – im Tempelhof des Neuen Museums geöffnet wurden. Die ursprünglich für einige Wochen geplante Ausstellung mußte »bis weit über den Winter hinaus« verlängert werden, bevor die Stücke für Jahre im Depot verschwanden.[43] Im *Berliner Tageblatt* ist zur Eröffnung zu lesen, Amenophis IV. oder Echnaton, wie er sich nannte, von dem die veränderte Kunstauffassung seiner Epoche ausging, sei »ein Moderner im verwegensten Sinne des Wortes!«; es sei »nicht zu begreifen, warum die Aestheten und Modernen der letzten Jahrzehnte nicht diesen Aegypter zu ihrem Heros gemacht haben«. Der künstlerischen Avantgarde wurde Demut angesichts solcher Frische empfohlen: »Futuristen, senkt euer Haupt!«[44] Was Fritz Strahl vom *Berliner Tageblatt* und andere so frappierte, der ›moderne‹ Ausdruckswille der Amarnakunst, zeigt sich tatsächlich vollendet an den Funden, etwa dem Stuckkopf, der König Amenophis IV. selbst darstellt (Abb. 13).

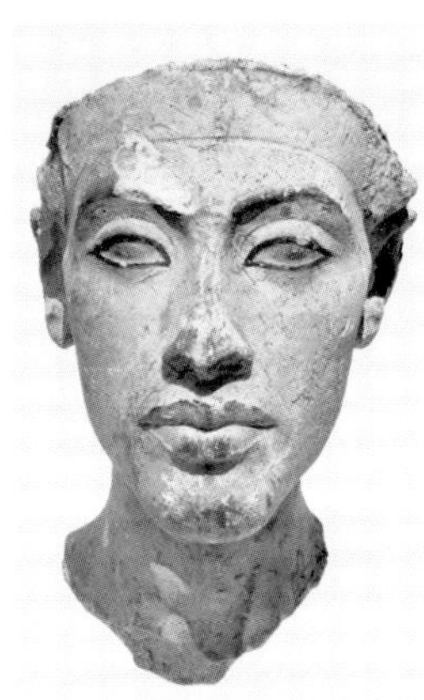

Abb. 13: Stuckkopf Amenophis' IV., Tell el-Amarna, Werkstatt des Bildhauers Thutmosis, Neues Reich, 18. Dynastie, um 1355 v. Chr.

Es ist ausgeschlossen, daß Else Lasker-Schüler der Amarna-Kunst gleichgültig gegenüberstand, daß sie das Ägyptische Museum in Berlin und auch die Sonderausstellung nicht besucht hat, wenn man die Entwicklung ihres Jussuf-Profilkopfes beobachtet. Zu augenfällig wird die Ähnlichkeit mit den Porträtdarstellungen der Amarna-Zeit in Flach- und vor allem Rundbildern und namentlich Amenophis' IV. Ganz besonders eine Gipsmaske erinnert in Profilansicht bis ins Detail der sehr flachen, weil abgebrochenen Nase an das Profil Jussufs (Abb. 14 und 15). Was Amarna-Grabungsleiter Ludwig Borchardt schreibt über dieses

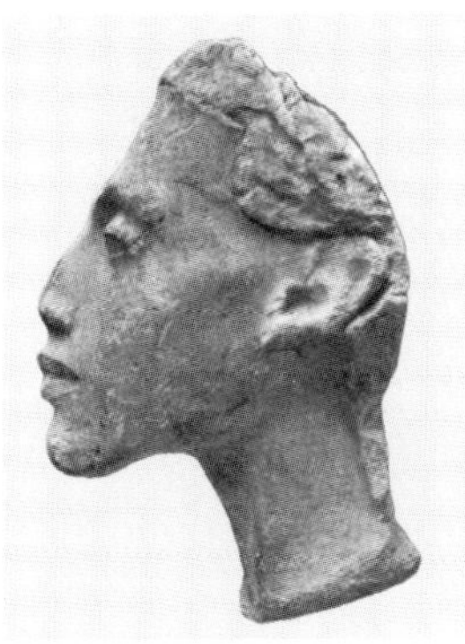

Abb. 14: Stuckmaske Amenophis' IV., Tell el-Amarna, Werkstatt des Bildhauers Thutmosis, Neues Reich, 18. Dynastie, um 1355 v. Chr.

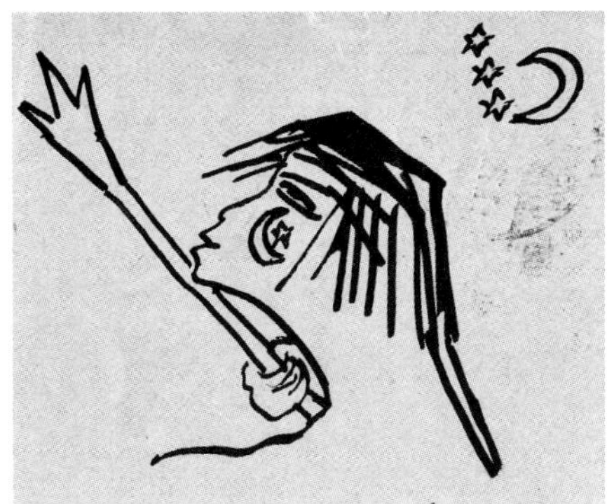

Abb. 15: Brief an Franz Marc vom 1.11.1913 (Detail)

»Meisterwerk [...], das uns die Physiognomie Amenophis' IV. [...] vielleicht am besten wiedergibt, jedenfalls uns menschlich am nächsten rückt«, könnte auch für die gelungensten der Jussuf-Profile Else Lasker-Schülers gelten:
»Der Ausdruck des Hochmuts, den er sonst hat, tritt gegen den der Schwärmerei in diesem durchaus jugendlich gehaltenen Gesicht mehr zurück als in den übrigen Porträts. Die vornüber gestreckte Haltung des Kopfes, die dem König eigen war, ist nicht übertrieben, aber gut in der feinen Durchführung der vorderen Halsmuskulatur zum Ausdruck gebracht.«[45]

Osiris und Amenophis IV.: Die Wege der kreativen Aneignung, die Else Lasker-Schüler gegangen sein könnte, sind auch deswegen so schwierig nachzuzeichnen, weil sie weniger systematisch als schöpferisch-intuitiv und nicht selten sogar die eigenen Spuren verwischend beschritten wurden. Sie griff Anregungen aus dem intellektuellen und künstlerischen Freundeskreis auf, aus der hohen Kultur des Altertums, der avantgardistischen Kunst und der Populärkultur ihrer Zeit und verarbeitete sie auf ihre Weise. Es läßt sich bei der Formung und schließlich Visualisierung der Jussuf-Figuration selbstverständlich keine lineare und schon gar keine der Ägyptologie verpflichtete Entwicklung annehmen. Osiris scheint Else Lasker-Schüler vor allem in seiner Funktion als Anführer der Lublinskischen Figurationsreihe interessiert und womöglich überhaupt die Faszination für das alte Ägypten geweckt zu haben.[46] Auch bei der Figur des Pharaos Amenophis IV., der in der Ägyptologie wegen seiner androgynen Darstellungen zunächst für eine Frau gehalten wurde, würde sie nicht stehenbleiben, nicht stehenbleiben können und wollen in der ewigen schöpferischen Metamorphose ihrer Figurationen. Doch seine Person interessierte sie über das bloß Ikonographische hinaus, das zeigen Spuren in anderen Bereichen ihrer Arbeiten dieser Zeit. »Pharao verstößt seine blühenden Weiber, / Sie duften nach den Gärten Amons«, lauten die Eingangsverse des Anfang 1910 entstandenen Gedichts »Pharao und Joseph«[47] in Anspielung auf den »Ketzerkönig« Amenophis IV., der in seiner Regierungszeit Aton zur einzigen Gottheit erhob gegen den bis dahin übermächtigen Amon und die anderen Götter. »Weißt Du der David bin ich und auch der Joseph. Und der Pharao ist mir unbekannt, aber er liegt in meinem Blut«, schrieb sie zur gleichen Zeit an Jethro Bithell, Figurationen und Präfigurationen spinnend.[48] Thomas Mann würde ja über fünfzehn Jahre später ebenfalls den »genialen Einfall [verfolgen], die Geschichte von Joseph in Ägypten in die Zeit Echnatons und der Nofretete« zu legen,[49] um den Figuren seiner Josephstetralogie in seiner bekannten Montagetechnik mittels Reproduktionen der Amarna-Exponate des Berliner Museums und unter Verwendung zeitgenössischer Katalogtexte Gestalt und Ausdruck zu geben.[50] Doch auch wenn er sich für seinen Roman *Joseph und seine Brüder* keineswegs um historische Wahrheit bemühte, sei er während der Arbeit an der Tetralogie »ein wenig Orientalist geworden«.[51] Wenn für Thomas Mann festgestellt werden kann, daß der Zugang zu seinen Vorbildern »durch Reflexion, nicht jedoch durch Faszination« erfolgt sei,[52] so gilt für Else Lasker-Schüler sicher das genaue Gegenteil: Faszination, nicht Reflexion lenkte ihre Aufmerksamkeit und bestimmte, worauf sie reagierte. Als sie im Schweizer Exil in der *Neuen Zürcher Zeitung* einen Vorabdruck des Kapitels »Das bunte Kleid« aus dem im gleichen Jahr erscheinenden Einzelband *Der junge Joseph* der Tetralogie las,[53] schrieb sie an Klaus Mann: »Ich las gestern von Josephs bunten Rock in der Neuen Z. Z. *Wundervoll*. Jussuf.«[54]

Die Anregungen erschöpfen sich nicht mit der Figur und dem Bildnis Amenophis' IV.: Es zeigt sich vielmehr, daß Else Lasker-Schüler Kompositionsprinzipien der altägyptischen Kunst aufgriff und übernahm.

Freundschaft mit Franz Marc

Die unter dem Eindruck der Amarna-Kunst gefundene visuelle Auffassung der Jussuf-Figuration präsentierte Else Lasker-Schüler öffentlich erstmals mit zwei Illustrationen in der siebten Folge vom 27. Dezember 1913 der literarischen *Briefe und Bilder* in der *Aktion* (→i32 f.). Nach dem Muster der »Briefe nach Norwegen« schrieb und zeichnete sie diese literarischen Briefe ebenfalls in Fortsetzungen, nun an Franz Marc, den sie ein Jahr zuvor kennengelernt hatte. Neben den öffentlichen literarischen Mitteilungen gingen private Karten und Briefe seit Anfang November 1912 zwischen Berlin und Sindelsdorf hin und her; erhalten sind 66 von Else Lasker-Schüler, 28 von Franz Marc.[55] Sie hatte am 9. November 1912 die Korrespondenz eröffnet, als Reaktion auf einen im *Sturm* reproduzierten Holzschnitt, mit dem Marc seine künstlerische Wertschätzung für sie ausgedrückt hatte.[56] Schon diesem ersten Brief gab die Dichterin den

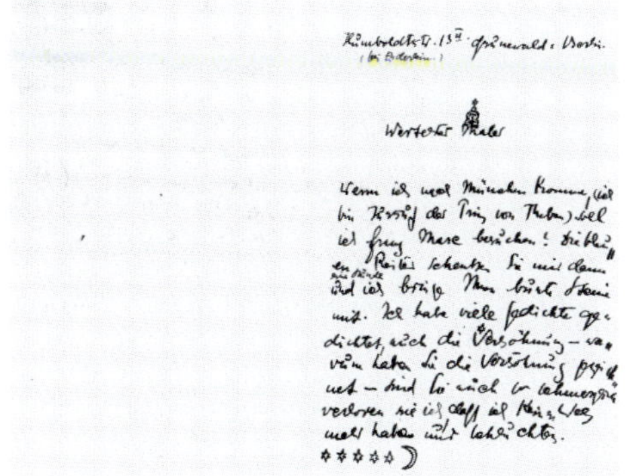

Abb. 16: Brief an Franz Marc vom 9.11.1912 (recto)

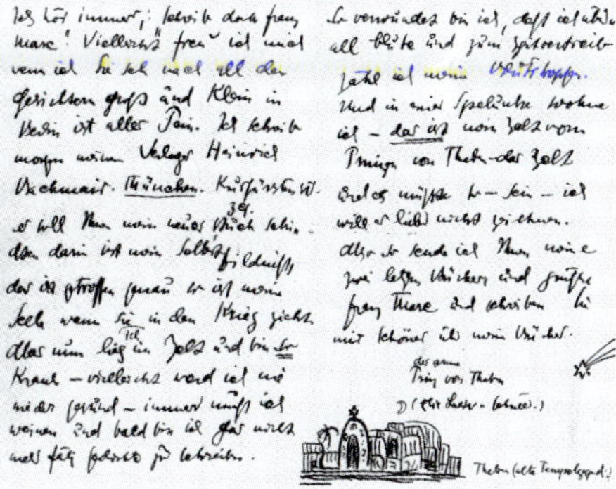

Abb. 17: Brief an Franz Marc vom 9.11.1912 (verso)

Zeichenschmuck bei, über den sie zu dieser Zeit verfügte: Sterne und Mondsichel, ein Komet, den Theben-Fries und, zu Ehren Marcs, eine Krone auf der Initiale des apostrophierten »Wertesten Malers« (Abb. 16 und 17). Franz Marc nahm diese Ehrung an und trug sie weiter: In einem Brief an August Macke vom 12. April 1913 schrieb er ihm über die Planung des »Ersten Deutschen Herbstsalons« in der Berliner *Sturm*-Galerie, daß den teilnehmenden Künstlern unterschiedlich viel Platz eingeräumt würde, »z. B. Segall, den Schweizern, Epstein, Laurencin usw. weniger als Kokoschka, Nolde und« – einem visuellen

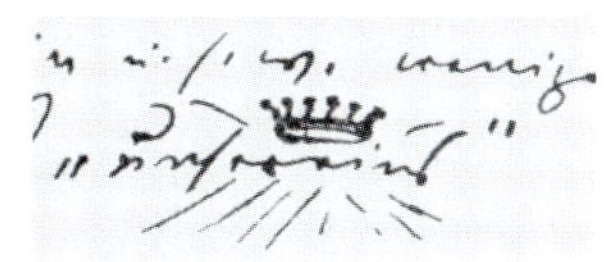

Abb. 18: Brief von Franz Marc an August Macke vom 12.4.1913 (Detail)

Tusch gleich tritt das folgende Wort ironisch in Anführungszeichen, bekrönt und in einem Strahlenkranz auf – »›unsereins‹« (Abb. 18).[57] Else Lasker-Schüler antwortete er mit einem gezeichneten Gruß in Tusche und Tinte, am Bildrand dazu die Worte: »Der blaue Reiter präsentirt Eurer Hoheit sein blaues Pferd. Gruß von m. Gemahl, Euer Fz. M.«.[58]

In diesem ersten Austausch bereits wird die Verschränkung von Schrift und Bild in der Korrespondenz der »doppelten Doppelbegabung«[59] sichtbar, freilich in unterschiedlicher Dichte und Gewichtung hier und dort. Dem Neben- und Ineinander der Schrift- und Bildzeichen Else Lasker-Schülers begegnete Franz Marc schon in seiner zweiten Sendung in der Form, die er weitgehend für ihre Korrespondenz beibehalten würde: Die Vorderseite einer Postkarte verwendete er für eine Aquarell- oder Tuschzeichnung, setzte oft einen Titel hinzu, der seine Tierwelten explizit in das Reich des Prinzen Jussuf stellte, und nutzte die Rückseite der Karte für Schriftliches. Die künstlerischen Grüße waren Marc so gemäß, daß nach der ersten Karte an Else Lasker-Schüler auch »Kandinsky, Klee, Macke, Kubin, aber auch Heckel, der Dichter Wolfskehl, der Sammler Koehler und andere« bemalte (und meist von Maria Marc beschriebene) Postkarten erhielten.[60] »Die Produktion blüht«,[61] schrieb diese im Mai 1913 an Elisabeth Macke; doch trotz solcher ›Massenfabrikation‹ scheint es, daß die Entstehung der Postkartengrüße jeweils »in beinahe allen Fällen […] sicherlich in unmittelbarem Zusammenhang mit dem Schreib- und Absendedatum erfolgt« ist,[62] zumal für die Empfängerin Else Lasker-Schüler, auf die Marc die Karten, wie es scheint, »durchweg subtil in Bild und Wort […] abgestimmt« hat.[63]

Um die Bedeutung der Anregungen, die sie durch ihre Freundschaft mit Franz Marc erhielt, erfassen zu können, ist es wichtig, sich noch einmal vor Augen zu führen, wo Else Lasker-Schüler künstlerisch stand, als sie im November 1912 zunächst in brieflichen und im Dezember auch in persönlichen Kontakt mit Franz Marc kam.

In jenem November, wenige Monate nach dem Abdruck der letzten Folge der »Briefe nach Norwegen« im *Sturm* mit dem ersten *Selbstbildniß* des Prinzen von Theben (→i17), war der Briefroman auch als eigenständiges Buch unter dem Titel *Mein Herz* erschienen. Neben dem Titelblatt dokumentieren drei neu hinzugekommene Illustrationen die Entwicklung in der kurzen Zeit seit dem Abschluß des Romans im *Sturm*: Alle vier Zeichnungen sind Selbstporträts unterschiedlicher Stilisierungsgrade (→i19-22). Der Titel zeigt eine stilisierte Else Lasker-Schüler mit ihrem »neuen Neger *Mordercheiï*«[64] en face, in derselben orientalischen Verkleidung wie auf dem Titelblatt der *Hebräischen Balladen*. Es ist eine zeichnerische Umsetzung ihrer Rolle aus dem Varietéprojekt, wie es sich auf dem bekannten Foto dokumentiert. Dieses wurde ebenfalls, als Frontispiz, in das Buch aufgenommen. Die Bildauffassung der Titelzeichnung von *Mein Herz* unterscheidet sich von der seiner Illustrationen: Während diese meist pointierte Bildniskopfvignetten in zweidimensionaler Umrißzeichnung sind,[65] erhält die Titelzeichnung durch die Illusionierung eines Raumes und von Dreidimensionalität der Ganzfiguren einen bildhaft-narrativeren Charakter. Eine ebenfalls für die Buchfassung neu hinzugekommene Illustration sucht auf andere Weise den engen Bildbegriff der Vignette zu öffnen: Der Bildniskopf des Prinzen von Theben (im seltenen Rechtsprofil!), seine Hand, Rechtecke mit angedeuteten Fensterbögen, zur Stadt Theben gehäuft, ein einzelner Stern – diese Elemente addieren sich zur Bilderzählung *Ich halte eine fromme Rede über Theben* (→i22). Else Lasker-Schüler tastet in diesen Monaten nach einer Erweiterung und Weiterentwicklung ihres noch wesentlich zeichenhaften Repertoires, ist auf der Suche nach einer bildhafteren Sprache. Ihre Mittel allerdings – das versuchsweise Wiederaufgreifen angedeuteter Raumillusion, mit der sie im Frühwerk der *Lyrischen Mißgeburt* experimentierte und dann weitgehend vermied, und die Anordnung mehrerer zeichenhafter Elemente zueinander unter Verwendung des gerade entwickelten reliefartigen Jussuf-Profilkopfs – stehen zunächst im Widerstreit, wie am Beispiel des Jussufkopfs mit hohem Hut vor oder zwischen dem Theben-Fries (vgl. Abb. 12) anschaulich wird. Das aus dem Grund ragende Jussuf-Profil vor der zweidimensionalen Gebäudereihe wirkt ein wenig wie eine Kulissenszenerie mit halbausgegrabener Kolossalstatue. Überhaupt war ja die Bildfindung für ihr wichtigstes Motiv, Prinz Jussuf, zwischen Mitte und Ende 1912 ins Stocken geraten,[66] und obwohl sie nun erstmals ein Buch mit eigenen Illustrationen und selbstgezeichnetem Titelblatt veröffentlicht hatte, war ihr Selbstbewußtsein als Bildkünstlerin noch brüchig, das als Dichterin hingegen schon mehr als gefestigt: »Ich hab nun über Richard Dehmel, (er allein *darf* Verse dichten von allen lebenden Dichtern und – ich) ein paar Worte gesagt und sein Bild gezeichnet. Ich kann ja nicht zeichnen, ich wollt, ich könnt wie *Sie* malen«,[67] schrieb sie etwa an Karl Schmidt-Rottluff, der sie zur Zeit der Entstehung von *Mein Herz* porträtierte. Man kann zwar solche Selbstäußerungen lediglich als Topoi, als Koketterie verstehen; wenn man aber den unverbrüchlichen Stolz in allen ihren Äußerungen zur Dichtung vernimmt, wird man nicht umhinkönnen, die Unsicherheit hinsichtlich ihrer zeichnerischen Fähigkeiten zumindest zum Teil ernst zu nehmen. Hatte sie zunächst noch vor, nun auch ihre »arabischen Geschichten« selbst zu illustrieren, erwog sie bald, den Maler und Graphiker Ludwig Kainer damit zu betrauen.[68] Zugleich aber ist in den Briefen der Wunsch, ja der Drang zu spüren, sich zeichnerisch zu äußern, auch, daß sie in ihrem Bemühen nicht nachließ und glücklich war, wenn etwas gelang.[69]

In dieser Phase ihrer bildkünstlerischen Entwicklung also erreichte Else Lasker-Schüler die erste Künstlerkarte Franz Marcs, *Der Turm der blauen Pferde*, als Neujahrsgruß für das Jahr 1913 (Abb. 19). Dieses kleine Aquarell geht auf eine kurz zuvor gefertigte Bleistiftskizze zurück und mündete in das berühmte gleichnamige Gemälde vom Frühjahr 1913, das heute verschollen ist. Die verschiedenen Ausführungen dokumentieren das Bemühen Franz Marcs dieser Zeit um Abstraktion und strengere Form.[70] Wie sehr die bemalte Karte ihre Empfängerin beeindruckte, zeigt ihre Antwort: »Wie schön ist die Karte – ich habe mir zu meinen Schimmeln immer solche meiner Lieblingsfarbe gewünscht. Fabelhaft künstlerisch sind die Mondsicheln, egypt. Kronprinzendolche, in der Haut der wiehernden Sagen.

Wie soll ich Ihnen danken!!«[71]

Franz Marc war in der Tat in mehrfacher Hinsicht etwas Wunderbares geglückt. Zunächst, daß er das Spiel des poetischen Dialogs, zu dem Else Lasker-Schüler lebenslang ihre Freunde – meist vergeblich – aufrief, erwiderte und mit seinen Mitteln bereicherte. Dann, daß ihm mit der Übernahme der Lasker-Schülerschen Requisiten, die ihn offenbar anregten,[72] die Vereinigung beider Welten im Bild gelungen war auf eine Weise, die sie tief berühren mußte: »dem vorderen Pferd [sind] Halbmonde und Sterne als Insignien eingeschrieben«[73] oder, wie Else Lasker-Schüler in anderem Zusammenhang einmal bildlich über sich selbst geschrieben hatte, in die »Haut [sind] Hieroglyphen eingeschnitten [...] bis ins Mark«.[74] Damit führte ihr das Aquarell vor Augen, wie ihre zeichenhaften Elemente ins Bild integriert werden können, ohne ihren Charakter zu verlieren. Denn

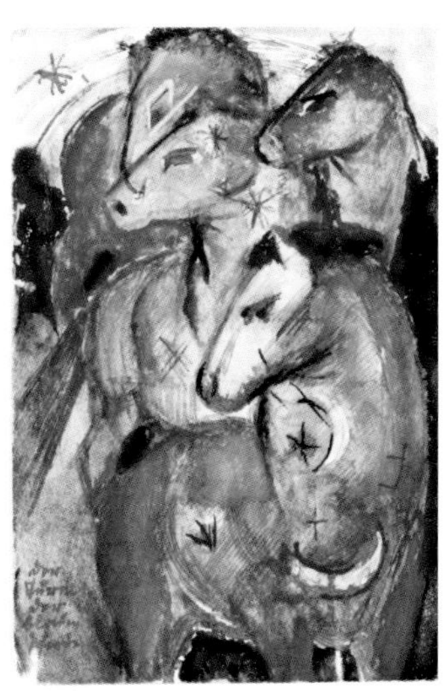

Abb. 19: Franz Marc, *Der Turm der blauen Pferde*, Tusche, Deckfarben auf Postkarte an Else Lasker-Schüler von Ende Dezember 1912

Franz Marc schrieb Else Lasker-Schülers Zeichen seinen Tierkörpern ein, und nicht, wie bisher angenommen werden mußte, in Nachahmung der Weise, »wie es die Dichterin gern bei ihren Selbstbildnissen als Prinz Jussuf von Theben tat«.[75] Vielmehr führte er es ihr – umgekehrt – vor, wie die Analyse ihrer Zeichnungen und Briefzeichnungen ergibt.
Im *Turm der blauen Pferde* fand Else Lasker-Schüler also einen »fabelhaft künstlerischen« Schlüssel für die Entwicklung ihres eigenen Stils, und die auf Jussufs Schläfe gesetzten Zeichen sollten zu ihrem Signet werden. Bereits für Frühjahr 1913 lassen sich zum ersten Mal Stern und Mondsichel auf Stirn und Wange des Prinzen von Theben im Werk belegen, zuerst, wie so oft, im Brieflichen, auf zwei gemeinsam mit anderen Schriftstellern wohl im Café des Westens geschriebenen Postkarten an Kurt Wolff vom 2. und vom 24. März 1913 (21 f.). Die beiden hatten sich kurz zuvor kennengelernt, er sollte für kurze Zeit ihr Verleger werden. Für ihr »arabisches Buch« habe sie »prachtvolle Bilder« gezeichnet, hatte sie ihm verheißen.[76] Die wohl zwischen Februar und Mai entstandenen 25 Illustrationen des *Prinz von Theben* zeigen eine neue ›thebanische‹ Motivwelt, dessen bisher lediglich aus Jussuf und der Begleitfigur des »Negers« bestehendes Personal sich vervielfacht hat. Es sind fast durchweg Variationen und Weiterführungen des flächigen Jussuf-Linksprofils, mit wenig abweichender Physiognomie. Ihre Identität erlangen die Figuren vor allem durch die Bildunterschriften – und die Zeichen auf und an ihren Körpern: Dem jüdischen Sultan Mschattre Zimt sitzt ein Magen David anstelle eines Bartes am Kinn (→i44), ein Blütenflor zieht sich von der Stirn bis zur Wange der Königin Marjam (→i50), Leila trägt einen Stern auf der Schläfe (→i61), Abigail I. gefiederte Blätter auf der Wange (→i47), Abigail III. ein Herz (→i63), der Siouxindianer ein stilisiertes Dollarzeichen (→i55) usw.[77]

Die Künstlerfreundschaft zwischen Franz Marc und Else Lasker-Schüler ist grundlegend anders einzuschätzen als ihre ungleiche Beziehung zu dem Gelehrten Samuel Lublinski, der ihr noch posthum »mit aller Literatur und Sagen und Wissenschaften und so weiter den Buckel herauf[krabbeln]« sollte.[78] Sie verehrte und verklärte Franz Marc lebenslang, wie sonst nur noch »St.« Peter Hille.[79] Ihr künstlerisches Spiel in Bildern und Worten inspirierte und bereicherte beide; indem sie aufeinander reagierten, kam es zum lebendigen Austausch. Else Lasker-Schüler zögerte nicht, Ergebnisse ihrer erweiterten Bildsprache in Sindelsdorf vorzuführen: »Marc zeigte ich die Illustrationen; er ist nicht

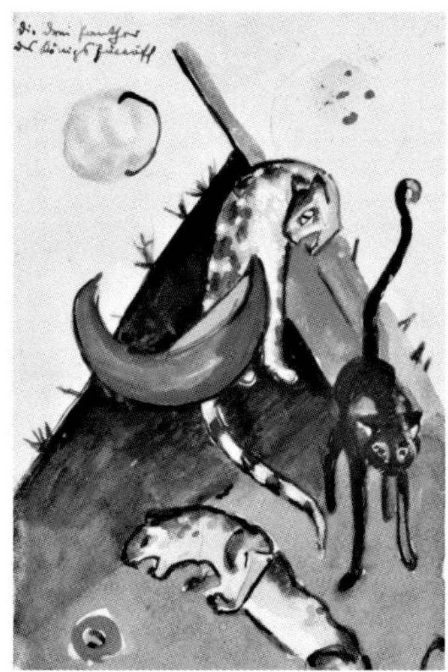

Abb. 20: Franz Marc, *Die drei Panther des Königs Jussuff*, Tusche, Aquarell, Deckfarben auf Postkarte an Else Lasker-Schüler vom 6.2.1913

wenig entzückt«,[80] schrieb sie an Kurt Wolff über ihre Zeichnungen zum *Prinz von Theben*, und eng verschränkt sich ihr Dank für eine weitere bemalte Karte von Marc (Abb. 20) mit dem Verkünden eigenen Schaffens:
»Sehr Verehrter Maler Franz Marc ehemaliger Großfürst von Cana
Nie [im N ein Stern] malten Sie so ein süßes Bild – Tiger und Panther Leoparden, die in der Sonne Enzianen, Pharaogold und roter Granatapfel wurden. Wie dank ich Ihnen und Mareia und werde sofort von Berlin aus schreiben – habe ein *herrlich* Bild gemacht. Ich sende es zum Ansehen. Darf ich die Tiger mit Ihrer Unterschrift selbstredend in mein Buch nehmen?«[81]
Nicht die »Tiger«, sondern drei Motive auf Karten, die Marc ihr im März und April 1913 sandte, wählte Else Lasker-Schüler schließlich aus, um sie in ihr Buch *Der Prinz von Theben* und seine Handlung aufzunehmen (Siehe Anhang A 2-4, S. 281), darunter *Die Mutterstute der blauen Pferde*, für sie das »künstlerischste, losgelassenste Bild« Marcs, sowie *Das Schlachtpferd des Prinzen Jussuf*: »*Also großartig! Meisterstück!* Meine Leute stürmen in den Palast – mein neues Kriegspferd sehen – herrlich! *Kaiserlich!*«[82]
Es gibt bei Else Lasker-Schüler keine auch nur annähernd vergleichbar begeisterte Zustimmung zu Werken anderer Künstler wie zu denen von Franz Marc. Seine Karten stellte sie meist zuerst zum Betrachten auf den Tisch und verwahrte sie dann in einem Kästchen, das dort griffbereit stand; später wollte sie sie dauernd sichtbar um sich haben und beschloß, sie rahmen zu lassen.[83] Neben »solche Prachten deiner bunten Tierkönige« ihre eigenen »Malbuchstaben« zu stellen, empfand sie selbst fast als »*Frechheit*«.[84] Tatsächlich aber gaben ihr Marcs Karten verschiedene Impulse, durch die sie schon während der Arbeit am *Prinz von Theben* zu einer erweiterten Bildauffassung gelangte. Die selbstgestellte Aufgabe, mehrere der Figuren ihrer Jussuf-Typologie zu kombinieren, löste sie für die Illustrationen ihres Buches auf unterschiedliche Weise. Eine konsequente Weiterentwicklung des flächigen, konturbetonten Jussuf-Profils zeigt die abstrahierende Zeichnung *Die jüdischen (Häuptlinge)* (Tafel S. 19): Die

Oberkörper der oberen drei Figuren verschmelzen zu einer Fläche, aus der die Umrisse weiterer vier Profilbüsten wie herausgeschnitten wirken. Die klar konturierte, holzschnittartige Vignette mit der zweireihigen Häuptlingsriege orientiert sich noch, vermutlich aufgrund der Nähe ihrer Zeichnungen zur Schrift, am horizontalen Bildaufbau, wie er auch beim Theben-Fries festzustellen ist. Diese Zeilenverhaftetheit wird gänzlich aufgegeben in der Illustration *Jussuf und einige der Zebaothknaben* (→i49). Die Büste Jussufs im Linksprofil steht an der Spitze einer Anhäufung von Bildnisköpfen und Büsten, acht nach links, drei nach rechts gewandt, zwei en face. Teils grenzen Umrißlinien die Figuren voneinander ab, teils verschmelzen sie miteinander. Die unterschiedliche Größe der Köpfe hat keinen perspektivischen, sondern rein konstruktiven Zweck. Nicht räumlich-illusionistisch, sondern als flächige Komposition steht das Gefüge der Köpfe, hinter dem sich durch die Theben-Silhouette am oberen Bildrand ein Raum andeutet.

Anregungen für diesen ›Turm der Zebaothknaben‹ werden wiederum mit Blick auf Marcs *Turm der blauen Pferde* (vgl. Abb. 19) sichtbar. Der zunächst allgemein aus der altägyptischen Kunst und dann speziell aus der Amarna-Zeit abgeleitete Jussuf-Profilkopf (aus dem sich dann wiederum eine generalisierte Kopfbildnis-Darstellungsform entwickelte) wird, vervielfacht, in ein Gefüge gestellt, ähnlich wie die Pferde sich bei Franz Marc zum Turm stapeln. Den dort von links unten nach rechts oben verlaufenden Kompositionslinien der sämtlich nach links gewandten Pferdeköpfe entsprechen bei Lasker-Schüler die von rechts unten nach links oben verlaufenden Nackenlinien der Zebaothknaben. Bei Marc strukturieren drei horizontale Bildstreifen den Hintergrund und deuten Raum an; bei Lasker-Schüler drei fast horizontal verlaufende Zonen des Vordergrundes, der Stadt Theben und des Himmels; und wo bei Marc ein Stern am linken oberen Bildrand einen Akzent setzt, ist es bei Lasker-Schüler das Blattwerk einer Palme.

Es gibt neben *Jussuf und einige der Zebaothknaben* keine von der Komposition her vergleichbare Illustration im *Prinz von Theben* und unter den »Briefen und Bildern« oder überhaupt in den erhaltenen Zeichnungen dieser Zeit; als grundlegendes Kompositionsprinzip ist es aber ab 1916 in Else Lasker-Schülers Bildwelt zu beobachten. Während der *Turm der blauen Pferde* wuchtig und gerade nach oben verläuft, bildet das Gefüge der Zebaothknaben eine Art Dreieck, eine kompositorische Grundform, die Marc ebenfalls gern verwendete, zumal auf den Aquarellen der Postkarten, etwa *Die drei Panther des Königs Jussuf* (vgl.

Abb. 20), *Die Tränke am Rubinberge* oder *Affen*.[85] Auch Else Lasker-Schüler betonte in ihrer weiteren Entwicklung das Dreieck als Grundform für ihr kompositorisches Gefüge, das auch als »Kopfpyramide«[86] bezeichnet wurde, noch deutlicher (Tafeln S. 38 und 42, →50, →54, →63 und →i70). Eine ähnliche Entwicklung wie der einzelne Profilkopf nahm auch der Theben-Fries: Zunächst suchte sie mit illusionistischen Mitteln wie der Hinzufügung eines Flusses, in dem sich die Häuserzeile spiegelt, den Fries auf zwei Zeilen zu verdoppeln (→i29), dann gelang ihr mit der Verschachtelung der einzelnen Rechtecke die Eroberung der Fläche, aus der der häufig mit diesem Motiv kombinierte Jussuf wiederum wie herausgeschnitten wirkt (z. B. Tafel S. 24).[87]

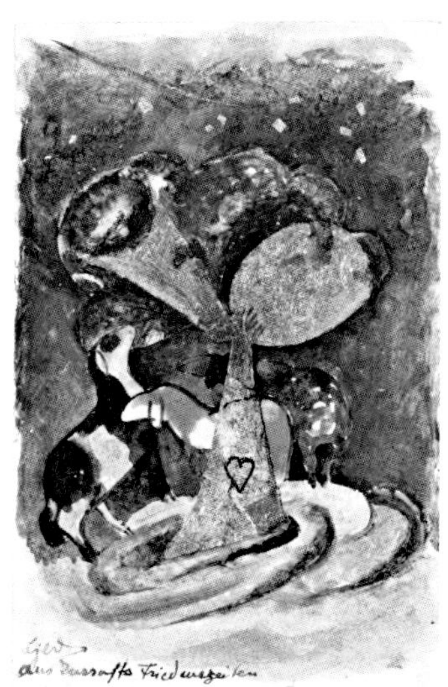

Abb. 21: Franz Marc, *Bild aus Jussuffs Friedenszeiten*, Aquarell, Deckfarben, Tusche, Silberpapier auf Postkarte an Else Lasker-Schüler vom 21.5.1913

Vermutlich ist ein weiteres Charakteristikum des bildnerischen Werks von Else Lasker-Schüler ursächlich auf Franz Marc zurückzuführen: Die frühesten Collagen mit Metallfolie von ihr, die ihre Zeichnungen bekanntlich gern mit der Verpackungsfolie von Bonbons und Schokoladen beklebte, sind auf das Jahr 1916 zu datieren (Tafel S. 42, →63).[88] Franz Marc aber sandte vom März bis Mai 1913 eine ganze Reihe mit Metallfolie collagierter Postkartenbilder an Alfred Kubin, an Lily Klee, an den formstrengen Kandinsky – Else Lasker-Schüler mochte ihn wegen seiner Theorielastigkeit nicht –[89] und eben an diese selbst, die wie die Frau von Paul Klee gleich vier solcher Karten bekam. Die zugeschnittenen und -gerissenen Silber- und Goldpapierstücke dieser collagierten Karten setzen abstrakte Akzente oder stellen abstrahierte Gesteinsformationen dar; eine Ausnahme ist das *Bild aus Jussufs Friedenszeiten* (Abb. 21), in dessen Zentrum ein aus bemaltem und gefirnißtem Silberpapier gestalteter Baum zu sehen ist. »Sie steht auf meinem Tisch und leuchtet«, schrieb Else Lasker-Schüler über »die herrliche Karte«.[90] Die Montage verschiedener Papiere, meist zum Zweck des Ausbesserns, war ihr ja sehr vertraut; allerdings hatte sie zu dieser Zeit noch nicht mit Materialien collagiert, die auffällige Akzente setzen. Die Farbe Gold spielt in ihrer Lyrik eine bedeutende Rolle,[91] und daß die sternfunkelnden Elemente dieser Karten ihr gefallen mußten, liegt nahe. Ihre beiden auf 1916 datierten collagierten Zeichnungen, beides Varianten der ›Kopfpyramide‹, verwenden Metallfolien in unterschiedlicher Weise: Kleine Stücke setzen recht abstrakte, schmückende Akzente an den Köpfen, die in den ebenfalls abstrakten, rechteckig zugeschnittenen Streifen Silber- und Kupferpapiers außerhalb des Motivs der Tuschzeichnung wiederaufgegriffen werden. Später setzte Else Lasker-Schüler Metallfolien gegenständlicher ein, zur Gestaltung von Kleidungsstücken und Schmuck oder, besonders gern, als schillernde Haut von Schlangen (vgl. Tafeln S. 52f. und 64 sowie →85). Dabei ging es ihr nicht um Illusionierung, sondern um Idealisierung: Mit den collagierten Folien konnte sie ihre Motivwelt veredeln, ohne ihre Formensprache aufzugeben, denn deren scharfumrissene und auffällige Flächen betonen und steigern noch die Zweidimensionalität ihrer Zeichnungen.

Auch die von Franz Marc ausgehenden Impulse griff Else Lasker-Schüler so schöpferisch auf, daß etwas vollkommen Neues und Eigenständiges entstand. Ohne die Zeichenhaftigkeit und die aus der altägyptischen Kunst gewonnenen Kopfbildnisdarstellungen aufzugeben, war es ihr gelungen, aus der Schriftzeile auf die Fläche des Blattes zu gelangen und von der Vignette zur bildhaften Darstellung, immer gegenständlich, nie naturalistisch. Franz Marc begleitete und förderte sie in dieser für ihre künstlerische Entwicklung maßgeblichen Zeit, und seiner Unterstützung und Ermunterung schließlich verdanken sich die ersten vollkommen freien Zeichnungen, die sich weder in den Rahmen eines Briefs noch den eines Prosatextes stellen.[92] Die in der Freundschaft mit Marc gefundene bildkünstlerische Ausdrucksform Else Lasker-Schülers war ihrer literarischen gemäß; beide inspirierten und durchdrangen einander. Der wegen der bisherigen Unerschlossenheit ihres zeichnerischen Werks verständlichen Einschätzung, ein »künstlerischer Einfluß von Marc« sei »nicht zu vermerken«,[93] wurde bis heute nicht widersprochen, wozu sicher auch der richtige Befund beitrug: »Ihre Zeichnungen sind völlig eigenständig«.[94] – Als Franz Marc, der gleich zu Beginn des Ersten Weltkrieges eingezogen worden war, am 4. März 1916 tödlich von einem Geschoßsplitter verwundet wurde, zeichnete die erschütterte Else Lasker-Schüler auch ihm in ihrem Nachruf ein Mal: »Auf seiner Schläfe ging ein Stern auf«.[95]

Ägyptische Einflüsse II

Aus den flächigen Kompositionen der »Kopfpyramiden« und Figurendarstellungen wie *Laurencis Jussuf und Gad auf dem Pfade nach Irsahab im Tanzschritt* (→i78) entwickelten sich über die Darstellungen der Menschenmenge in Hochstaffelung[96] auf ihren ›Gauklerbildern‹ (z. B. →92 sowie Tafeln S. 116 und 118) bis etwa Mitte der zwanziger Jahre beeindruckende blattfüllende Figurengefüge, ganze »Bogen voll Amenophisindianer«[97], wie sie 1927 einmal Zeichnungen beschrieb. Zahllose, teils wiederum gestapelte Staffelungen von Gesichterprofilen bedecken die Blätter *Das ist Jussuf am Abend voll Sehnsucht* (Tafel S. 59), *Nicodemus* (Tafel S. 61), *Prinz Jussuf von Theben und sein Gefolge* (Tafel S. 57) und *Der Schâh* (Tafel S. 67). Rhythmisierender Reihungen bedienten sich auch andere Moderne[98]; letztlich verweisen die Darstellungen der »Amenophisindianer« aber tatsächlich erneut auf die Kunst des alten Ägyptens – und nicht zuletzt Franz Marcs *Eselsfries* von 1911 (Abb. 22) geht auf ein Kalksteinrelief der 5. Dynastie zurück.[99] Hier, in der ägyptischen Kunst, findet sich der Ursprung und die Reinform der Staffelung: Die Dargestellten, Mensch oder Tier, stehen oder gehen in identischer Haltung gereiht hintereinander, gestaffelt »wie die aneinander gelegten Blätter eines Kartenspiels«.[100] Sie bewegen sich oder schauen Richtung Bildebene, nicht aus ihr heraus. Diese Darstellungsform schon des Alten Reichs ist eine konsequente Lösung für die angestrebte flächige, nichträumliche Darstellung von Figurengruppen, und sie erfährt noch Verfeinerungen bis zur 18. Dynastie im Neuen Reich.[101]

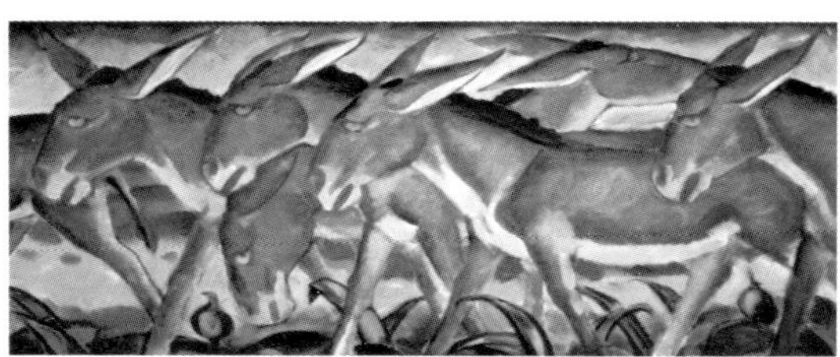

Abb. 22: Franz Marc, *Eselsfries*, Öl auf Leinwand, 1911, 810 × 1500 mm

Ein Relief auf dem Grab des Ramose im Theben dieser Zeit mit dem Detail einer Gruppe von Klageweibern zeigt Reihungen ihrer Ge-

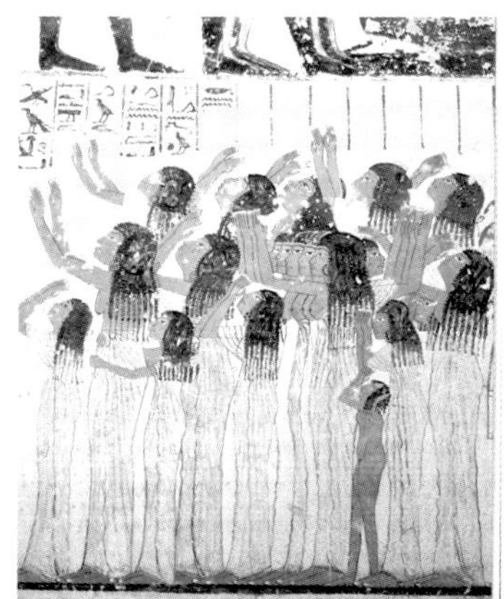

Abb. 23: Wandmalerei im Grab des Ramose in Theben-West, 18. Dynastie (Detail)

sichterprofile, der Arme, der in Trauer entblößten Brüste, und die rhythmischen Umrißlinien setzen sich fort in den Strähnen ihrer Haare und den Falten ihrer Gewänder (Abb. 23).[102] Else Lasker-Schüler hat sich bis ins Detail solcher Vorbilder bedient. Rund um die zentrale Figur des Nicodemus[103] reihen sich wie auf den anderen genannten Zeichnungen Gesichterprofile, Feze und Kufiyas, neben- und übereinander, teils ineinander übergehend. Als Kompositionsprinzip läßt sich die Gruppierung enggefächerter Profilköpfe um ein Zentrum ausmachen, in dem in angedeuteter Dreiecksform mehrere isolierte Büsten oder Halbkörperbildnisse angeordnet sind. Die ganz eigenartigen, rhythmisch durchkomponierten und bis an die Bildränder mit Linien bedeckten Blätter muten surreal an, wie ins Bild gesetzte écriture automatique. Sie erinnern auch an manche etwa vom horror vacui getriebene *Bildnerei der Geisteskranken*, wie sie Hans Prinzhorn 1922 als Buch veröffentlichte[104] und damit viele Künstler der Zeit faszinierte und anregte, vielleicht ebenfalls an die düsteren Maskenbilder James Ensors. All diese Vergleiche bleiben aber unbefriedigend und weichen weiter zurück, wenn man ein Kalksteinrelief im Großen Amuntempel im Karnak der 18. Dynastie in den Blick nimmt, das König Thutmosis III. mit seinen geschlagenen Gegnern zeigt: Seine Opfer reihen und staffeln sich zu einem solchen Gefüge, wie es den entsprechenden Lasker-Schülerschen Zeichnungen zugrunde liegt (Abb. 24 und 25).

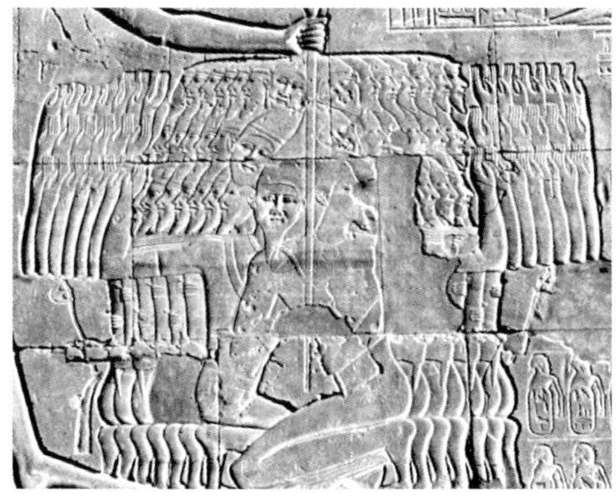

Abb. 24: *König Thutmosis III. schlägt Gefangene*, Kalksteinrelief im Großen Amuntempel, Karnak, 18. Dynastie (Detail)

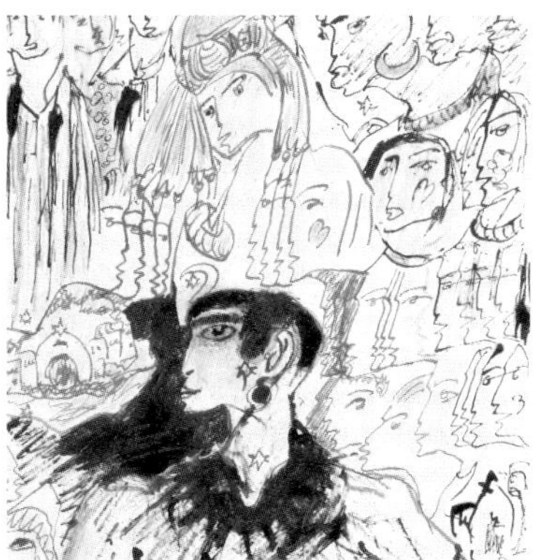

Abb. 25: Else Lasker-Schüler, *Nicodemus* (1923)

Das Prinzip der Staffelung setzt die Gleichartigkeit der gestaffelten Bildelemente voraus, in der ägyptischen Kunst wie bei Else Lasker-Schüler. Physiognomische Unterschiede sind hier wie dort nur zwischen unterschiedlichen Ethnien zu erkennen, dort allerdings sehr deutlich.[105] Jussuf mit vorgerecktem Kiefer und abgeflachter Nase, wie ihn Lasker-Schüler aus Gesichterprofilen der Amarna-Kunst unter Amenophis IV. entwickelte, reiht sich an Jussuf an Jussuf an Jussuf, ebenso wie Araber an Araber, Afrikaner an Afrikaner. Daß unter den erhaltenen und bekannten »Bögen voll Amenophisindianern« ausgerechnet keine Indianer zu sehen sind, ist wohl Zufall, denn just auf jenes Jahr 1927, als sie die Formulierung verwendete, ist ihre erste Indianerdarstellung zu datieren (→115). Den Begriff »Indianer« nutzte sie aber auch als Metapher für ihren Freundeskreis, den sie als verschworenen Bund gegen die Außenwelt sehen wollte. Eine briefliche Bemerkung gegenüber Karl Kraus beschwört das Bild im Tanz einander umkreisender ›Amenophisindianer‹:

»So viele Menschen habe ich kennen gelernt, manche darunter sind Indianer und wir schlossen Bunde: Marsden Hartley Firebird Sioux und Prinz Tiba, Huf der Gorilla vom Rütli und Jussuf Zwie aus Galizien und der wilde Häuptling von Theben. So leben wir und wir drehen uns um uns selbst und dann um den Freund.«[106]

Indianer faszinierten Else Lasker-Schüler nicht erst seit ihrer Freundschaft mit dem amerikanischen Maler Marsden Hartley im Jahr 1915, der seinerseits ganz von der Welt der Indianer eingenommen war.[107] Um 1920 entwickelte sie eine indianische Ich-Figuration, den Blauen Jaguar, der sie bis in ihre letzten Lebensjahre sporadisch repräsentierte, und 1932 die Figuration der Häuptlingstochter Pampeia, die ab etwa 1934 in die Figuration des männlichen Pampa übergeht.[108]

Farben

Else Lasker-Schülers zunächst zurückhaltender Umgang mit Farbe ist auf ihre Anfänge in Briefzeichnung und Prosaillustration zurückzuführen. Die unprätentiösen brieflichen Zeichen wurden in der Regel einfarbig im Schreibfluß in die Zeilen gesetzt, und auch für die zum Abdruck in Zeitschriften wie dem *Sturm* oder der *Aktion* bestimmten Karikaturen empfahl sich kontrastreiche Einfarbigkeit, denn sie wurden als Strichätzungen, ohne Tonabstufungen, wiedergegeben. Doch je weiter Else Lasker-Schüler in der Ausprägung ihres charakteristischen Stils und der Motivwelt von Theben gelangte, um so mehr drängte sie zur Farbe. Auf die Bedeutung der Farbattribute in ihrer Lyrik ist oft und schon früh hingewiesen worden;[109] unzählige briefliche Äußerungen belegen zudem die farblich-sinnliche Qualität ihrer Wahrnehmung. Schon als sie an den »Briefen und Bildern« an Franz Marc arbeitete, zeichnete sie farbig, obwohl sie damit rechnen mußte, daß es die Reproduktion erschweren könnte. Gegenüber Ludwig von Ficker, dem Herausgeber des *Brenner*, in dem eine der Folgen erschien, versuchte sie Möglichkeiten des Farbdrucks zu erwägen: »Lieber Landvogt, eben sagte ein Maler hier in Berlin werden bunte Bilder reproduziert. Viele meiner Bilder sind bunt gewesen«, fügte aber zugleich hinzu: »*Ich habe nun fast die ganze Farbe rausradiert. So gehts.* Ich habe es auch noch mal nachgezogen.«[110] In einem weiteren Brief hob sie die ursprünglich wohl mit Blei- und rotem Buntstift ausgeführte Zeichnung *Abigail-Jussuf wirft Kußhände seinem Volk* hervor: »Gerade das rote Bild ist so süß wie ein idealisierter Kartenkönig aus Theben.«[111] Gegenüber der schwarzweißen Illustration (→i40) läßt die ihr zugrunde liegende erhaltene Zeichnung noch Spuren der ursprünglichen »roten Süße« unter den harten schwarzen Tintenlineamenten erkennen (Tafel S. 32).

Farbe verwendete Else Lasker-Schüler also zur weiteren Idealisierung ihrer Motivwelt und zur strichhaften oder auch flächigen Akzentuierung ihrer Kompositionen, mit der »Farbensüße«[112] spielend, ohne der Gefahr der Süßlichkeit zu erliegen und ohne ihre formalen Eigenarten aufzugeben. Ihr Ansatz war keineswegs malerisch-koloristisch: Sie löste keine Umrisse auf, suggerierte keine Lichtquellen und Schatten, illusionierte keinen Raum. Ihre frühen farbigen Zeichnungen zeigen den sparsamen Einsatz von Farben, oft in getrübten Tönen. Die vermehrte Verwendung reiner Farben in kräftigem Auftrag läßt sich vor allem ab 1923 beobachten, als sie die zehn Lithographien ihres Buches *Theben* in weit über fünfzig Exemplaren mit der Hand kolorierte.[113] Nun verwendete sie Farben sehr sicher und selbstbewußt und ganz ähnlich wie die collagierten Metallfolien, in der pointierten zeichnerischen Ausgestaltung der durch die Umrisse geschaffenen Flächen – oft Kleidungsstücke ihrer Figuren –, mit geradezu tapetenartigen Schraffuren, Wellenlinien, Streifen, Kringeln, Karos. Genausowichtig wie die Akzentuierung durch Farbe ist deren Aussparung, die immer wieder den Blick auf das Gerüst, die Umrißzeichnung, freigibt. Einen Höhepunkt solch farblicher und kompositorischer Gestaltungskraft stellen acht unlängst aus Berliner Privatbesitz aufgetauchte, teils mit Goldfolie collagierte Pastellkreidezeichnungen dar, die vermutlich um 1928 entstanden sind (Tafeln

S. 68-73 und S. 75f.). Sie tendieren vom Zeichnerischen zum Bildhaften und zeigen sicheres Gefühl für Linie, Fläche, Farbe und Komposition.

Künstlerkreise

Auf Anerkennung durch Marc und andere Künstler verwies Else Lasker-Schüler nicht ohne Stolz: »Ganz eigenartig – sagen auch die Maler.«[114] »Die Maler«, auf die sich Else Lasker-Schüler zur Bezeugung ihrer künstlerischen Eigenart berufen konnte, stammten anfangs vor allem aus dem weiteren Kreis um den *Blauen Reiter*. Ihre Solidarität mit der nach ihrer Scheidung von Herwarth Walden Ende 1912 in ernste Not geratene Dichterin und Künstlerin zeigte sich in der großen Bereitschaft, Kunstwerke für eine Benefizauktion zugunsten Else Lasker-Schülers im Münchener *Neuen Kunstsalon* zu stiften.[115] Nachdem Karl Kraus und neun andere öffentlich alle jene zur Spende aufgerufen hatten, »bei denen [...] Verständnis für das dem Geschmack der Zeit entrückte Werk der Dichterin und darum auch Teilnahme an ihrer Lebenssorge«[116] vorausgesetzt werden konnte, hatten Franz und Maria Marc ihre Freunde und Bekannte um den *Blauen Reiter* und die *Brücke* mobilisiert. Als »missing link in Hinblick auf den Nachvollzug ihrer Künstlerkontakte und ihre Rezeption zeitgenössischer Kunstproduktion«[117] seien unter den Spendern eigener Werke für die Auktion neben Marc selbst aufgeführt: Paul Klee, August Macke, Alexej von Jawlensky, Marianne von Werefkin, Albert Bloch, Wassily Kandinsky und Gabriele Münter, auch Karl Schmidt-Rottluff, Erich Heckel, Emil Nolde, Ernst Ludwig Kirchner und Otto Mueller sowie Oskar Kokoschka. Auch in anderer Weise konnte Else Lasker-Schüler mit Solidarität rechnen: Wenige Monate später beteiligten sich Ludwig Kainer, Heinrich Richter-Berlin, Egon Adler, Heinrich Campendonk, John Höxter, Fritz Lederer und Franz Marc mit jeweils einer Illustration an ihren »Briefen und Bildern« an Franz Marc (siehe S. 282 f.).[118] Wie im *Sturm*-Kreis während der Jahre mit Herwarth Walden war es wieder die künstlerische Avantgarde ihrer Zeit, in der Else Lasker-Schüler zu finden war, sicher auch hier Exotin, zugleich aber Verbündete. »Wie steht es mit Candide? [...] Ich möchte die Zeichnungen Frau Lasker-Schüler zeigen, da ich glaube, daß wir von dieser Seite am leichtesten einen kollegialen Rat, die Sache irgendwo zu verlegen, erhalten«, schrieb Marc etwa an den damals noch weitgehend unbekannten Paul

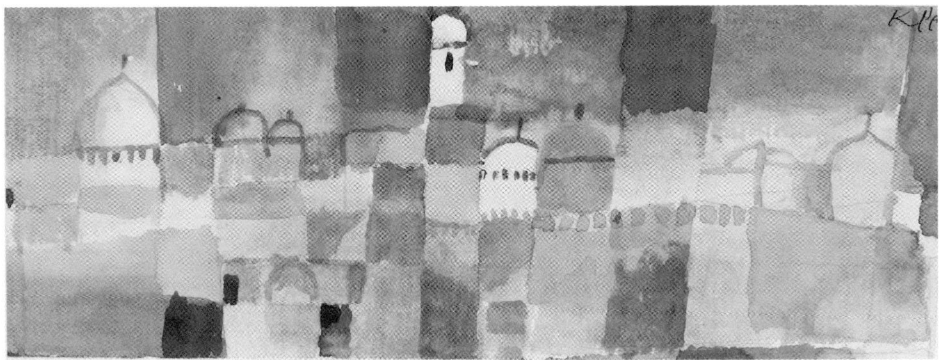

Abb. 26: Paul Klee, *Ansicht von Kairuan* (1914), Aquarell und Bleistift, 84 × 211 mm

Klee, der seine 1911/12 entstandenen Illustrationen zu Voltaires *Candide* zu publizieren suchte.[119] Man kann sich vorstellen, daß Klees Federzeichnungen konturreduzierter, grotesk überlängter Figuren Else Lasker-Schüler entzückt haben mögen, ebenso wie die orientalischen Stadtsilhouetten, die 1914 unter dem Eindruck seiner mit August Macke unternommenen Reise nach Tunesien entstanden waren (Abb. 26). Else Lasker-Schüler hat sie womöglich schon im Jahr nach ihrer Entstehung bei einem Besuch bei Paul Klee gesehen – ihre Meldung aus München an Franz Marc »Klees herrlich« könnte sich darauf beziehen.[120]

Eine andere briefliche Bemerkung Else Lasker-Schülers weist auf Bezüge zum weiteren *Brücke*-Kreis. Sie hatte ein Bild gezeichnet, auf das Emil Nolde reagierte: »Nolde sagte, er schenke mir sofort ein Bild von ihm, wenn ichs ihm schenke«.[121] Es handelt sich um die farbige Zeichnung *Jussuf spielt mit Giselheers Mägdelein* von 1917 (Tafel S. 43), und wenn man sie neben Noldes Madonnen-Holzschnitt von 1906 stellt[122], wird augenfällig, was ihn fasziniert haben mag. Beide zitieren denselben Madonna-mit-Kind-Typus der christlichen Ikonographie, eine nach links sitzende Marienfigur, ihr Kind auf den Knien haltend. Das Motiv beschäftigte Nolde wiederholt; 1912 schuf er nach dem Vorbild seines Holzschnitts ein Mosaik, mit dem er später das Grab seiner Frau Ada gestalten sollte. Gegenüber seinen Umsetzungen mit den expressionistisch aufgefaßten, zugleich dem Mittelalter verpflichteten ganz statischen Figuren könnte ihm gerade die Frische der Lasker-Schülerschen ›jussufisierten‹ Interpretation gefallen haben.

Besonders stolz war Else Lasker-Schüler auf das Urteil des Malers Max Slevogt, der ihr im Februar 1927 geschrieben hatte, daß ihm ihre Blätter »aussergewöhnlich gut gefallen, weil ich sie schön und seltsam finde, Ausfluss einer tiefinnerlichen Künstlerpersönlichkeit. Dies soll, wie Sie wissen, keine Redensart der

›Aussenseiterin‹ gegenüber sein.«[123] Zu dieser Zeit, Anfang 1927, mußten der Dichterin und Künstlerin solche Referenzen besonders wertvoll sein, denn kurz zuvor war bei ihrem Sohn Paul eine Tuberkulose festgestellt worden, monatelange Behandlungen in teuren Schweizer Sanatorien waren zu finanzieren. Ihre Zeichnungen stellten bereits gegenüber dem literarischen Werk die sicherere und einträglichere Einnahmequelle dar, und Else Lasker-Schüler hatte den Einfall, ›Abonnenten‹ zu werben, die ihr jeweils ein Bild monatlich abnahmen: »Ich zeichne schon monatlich 5 Leuten: Bilder, aber das ist noch *nicht* genug – die Kliniken kosten enorm.«[124] Unter solchem Produktionsdruck entstand zum Beispiel eine Serie von Zeichnungen, die Jussuf auf einem Dromedar, einem Elefanten oder auf einem Bison reitend darstellen (Tafeln S. 62 f., S. 65 und S. 68 sowie →105, →107 und →109). Der eigenartige Effekt der Zeichnungen erklärt sich beim näheren Blick auf die Tiere: Sie wurden von Vorlagen abgepaust oder abgezeichnet und weisen nicht die für Else Lasker-Schülers Bilder so typische Flächigkeit auf und nicht ihren Strich. Die auf ihnen sitzenden oft unproportionalen Jussuf-Figuren dagegen sind wie üblich zweidimensional.

Der pragmatische Umgang mit dem Verkauf ihrer Zeichnungen war Else Lasker-Schüler nicht immer leichtgefallen. Als in den Räumen der Berliner Niederlassung des Münchener Graphik-Verlags Ende 1915 ihre erste Ausstellung eröffnet wurde, verfaßte sie einen brieflichen Hilferuf an Karl Kraus, der das unlösbare Spannungsfeld zwischen künstlerischer Autonomie und Integrität einerseits, der Sehnsucht nach Anerkennung und der Notwendigkeit kommerziellen Erfolgs andererseits offenbart:

»Meine Bilder sind hier ausgestellt 75 – ehrwürdige Monstrums, süße wilde Juden – kommen Sie bitte sofort. Meine Nerven werden verkauft von den Wänden. […] Kommen Sie, nehmen Sie sofort meine Bilder mit nach Wien – […] Marie von Nazareth, der Fakir mein Verein die Zebaothknaben werden verkauft. Theben soll lieber verdursten.«[125]

Doch schon als die Zeichnungen im Frühjahr 1916 erneut zum Verkauf ausgestellt wurden, im Folkwang-Museum in Hagen, überwog die andere Seite: »Über den Verkauf kann ich nur sagen: Land! Land! Columbus.«[126]

Von seiten des Kunsthandels erfuhr Else Lasker-Schüler berufene Anerkennung auch durch den Verleger und Kunsthändler Paul Cassirer, der sich in ihre Zeichnungen »wahrhaftig […] verliebt« habe, wie sie Anfang 1919 an Karl Kraus schrieb.[127] So veranstaltete Cassirer eine Ausstellung ihrer Zeichnungen in seinem Salon, erwarb selbst eine ganze Reihe, und als er 1919 / 20 eine vorläufige

Gesamtausgabe ihrer Werke herausgab, wurden die Titelbilder aller zehn Bände mit Zeichnungen der Dichterin und Künstlerin gestaltet. Wenige Jahre später brachte der Kunsthändler und Verleger Alfred Flechtheim ihr »Luxusbook«[128] *Theben* heraus. Vermutlich bei der Kolorierung der weit mehr als 500 Lithographien der heute so seltenen wie kostbaren Vorzugsausgabe und weiterer Exemplare der Normalausgabe zog sich Else Lasker-Schüler eine Sehnenscheidenentzündung im Arm zu, die chronisch wurde und sie fortan immer wieder beim Zeichnen und Schreiben beeinträchtigte.

Das Erlebnis des Orients

Von der Schweiz aus, wohin Else Lasker-Schüler 1933 aus dem nationalsozialistischen Deutschland geflohen war, unternahm die 65jährige im Frühjahr 1934 erstmals eine Reise nach Palästina. »Joseph zieht nach Egypten«, verkündete sie, denn dorthin führte ihr Weg zunächst.[129] Nach ihrer Rückkehr brachte sie Imagination und Wirklichkeit des Orients noch in virtuoser Originalität in Einklang:

»*Wie* es mir ging, bevor ich nach Asien fuhr und zu den Sphinxen nach Afrika, ahnen Sie ja gar nicht. Am schwersten litt meine heimatlose Seele. Immer ist sie ertrunken – fast und dann kam ich mit ihr nach den fernen Ländern, die ich schon von meinen Büchern her kannte – und die namentlich mich – besser wie ich mich selbst. Denn die Länder erklärten mir meine Handlungen, die Sie gar nicht fassen hätten *können*.«[130]

Doch obwohl sie die nun bereisten »fernen Länder« gleichsam zu ihren eigenen Schöpfungen erklärte, forderte die reale Erfahrung des Orients Revisionen. »Prinz von Theben (ade)«, unterzeichnete sie zwei Briefe aus Jerusalem,[131] und einmal würde sie sagen, sie sei Jussuf von Theben »in Berlin am Intensivensten« gewesen.[132] ›Vor Ort‹ eignet sich kein Ort zur Projektion; die idealen Welten verschoben sich, brieflich und im Bild, weiter ins Indianische. Die Illustrationen ihres *Hebräerlands*, in dem sie 1937 ihre Reiseeindrücke in Wort und Bild veröffentlichte, zeigen denn auch eine veränderte Auffassung (→i103-110). Immer noch ist es die menschliche Figur, die nahezu ausschließlich ins Bild gesetzt wird, allerdings stets als Gruppenbildnis, und Jussuf, das Hauptmotiv früherer Zeiten, ist nur einmal zu sehen (→i109). Dargestellt sind meistens Straßenszenen, die sich, auch wenn es keine realen Szenen sind, durchaus realer Anschauung verdanken.[133] Blick- und Schrittrichtung der Figuren richten sich nach wie vor fast immer nach links, aber das strenge Profil ist aufgegeben, auch die Flächigkeit, wie überhaupt die formalen Prinzipien der frühen Zeit nur noch in Ansätzen zu finden sind, etwa in der Reihung der Chaluzim (i107). Interessant ist die Veränderung der schwarzweißen Umrißzeichnungen in ihrer farblichen Gestaltung: Farbe verwendete Else Lasker-Schüler hier, wie früher, flächig und dekorativ, nicht koloristisch und illusionistisch.[134]

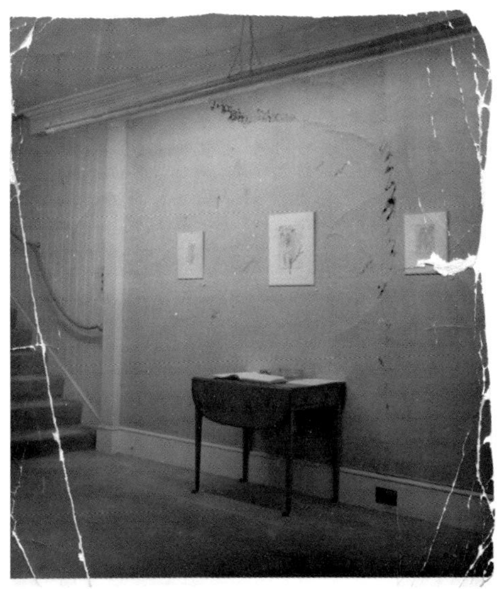

Abb. 27: Blick in die Ausstellung in der Matthiesen Gallery, London (31.1.-14.2.1939), unbekannter Fotograf

In Jerusalem, ihrer letzten Lebensstation, da ihr die Schweizer Behörden 1939 die Wiedereinreise verweigert hatten, wurde 1941 ihre letzte Ausstellung im Alfred Berger Club eingerichtet. Es ist nicht bekannt, welche wenigen Blätter dort gezeigt wurden, aber schon die Ausstellungen 1939 in der Matthiesen Gallery in London (Abb. 27) und 1940 im Heatid Bookshop, Jerusalem, hatte sie vor allem mit älteren Blättern aus dem Umfeld des *Hebräerlands* bestückt. Seit 1938 klagte Else Lasker-Schüler über Probleme mit den Augen, ihr Arm entzündete sich über Jahre hinweg immer wieder, das Alter machte ihr zu schaffen. Dennoch zeichnete sie bis zu ihrem Ende – »da ich immer zeichnen muß«.[135] Vieles ist »so hingekritzelt, aber ich freue mich im Schaun«.[136] Doch auch gelungene und berührende Blätter entstanden noch, wie die freilich schon früher angelegte, 1942 vollendete Zeichnung *Die verscheuchte Dichterin* (Tafel S. 103) oder die ebenfalls in die Spätzeit zu datierende *Im Grauen der Einsamkeit* (Tafel S. 112). Sogar von bestellten Bildern ist im Oktober 1941 noch einmal die Rede, als sie in einer guten Phase wieder »Viel sicherer zeichnen« konnte.[137] Ihren letzten datierbaren Brief, geschrieben zehn Tage vor ihrem Tod und unterzeichnet mit »Tino Jussuf«, schmückte die Dichterin, »die weder Zeit noch Raum an sich hängen [hat]«,[138] mit ihrem Markenzeichen, dem Kopf im Linksprofil – er trägt die Beischrift »ich«.[139] 1943 hatte die 74jährige ihren letzten Gedichtband *Mein blaues Klavier* noch mit einem »fabelhaften Deckel« ausgestattet (→i112). Mit dieser letzten veröffentlichten Zeichnung nahm die Künstlerin *Abschied von den Freunden.* [140]

1 An Hermann Struck, 9. Oktober 1895; KA, Bd. 6: Briefe. 1893-1913, bearbeitet von Ulrike Marquardt, Frankfurt am Main 2003, Nr. 4.

2 KA, Bd. 1.1: *Gedichte*, bearbeitet von Karl Jürgen Skrodzki unter Mitarbeit von Norbert Oellers, Frankfurt am Main 1996, Nr. 17.

3 Die Kategorien des Schelmischen und des Erhabenen, die Vivian Liska für das literarische Werk von Else Lasker-Schüler ausmacht, lassen sich, wie Astrid Schmetterling zeigt, auch für ihr bildnerisches Werk nachweisen; vgl. Vivian Liska, *Die Dichterin und das schelmische Erhabene. Else Lasker-Schülers »Die Nächte Tino von Bagdads«*, Tübingen/Basel 1998, sowie Astrid Schmetterlings Beitrag in vorliegender Publikation.

4 An Anna Lindwurm-Lindner, 17. April 1900; KA, Bd. 11: *Briefe. 1941-1945*, bearbeitet von Karl Jürgen Skrodzki und Andreas B. Kilcher, Frankfurt am Main 2010, Nr. *8.

5 Vgl. an Richard Scheid, vor dem 21. September 1901; KA, Bd. 1.1, Nr. 39. Vgl. auch an Franz Brümmer, wahrscheinlich frühestens Mitte April, spätestens Ende November 1903; KA, Bd. 6, Nr. 87.

6 An Richard Dehmel, 9. Februar 1903; KA, Bd. 6, Nr. 77. – Die Begriffe »Malen« und »Zeichnen« verwendet Else Lasker-Schüler synonym.

7 Wahrscheinlich an Rudolf Presber, Sommer 1906; KA, Bd. 6, Nr. 127.

8 Vgl. Ulrike Marquardt, »Die Entwicklung der ›Zeichenmalkunst‹ in Else Lasker-Schülers Briefen von 1893 bis 1913. Eine chronologische Übersicht«, in: *Else Lasker-Schüler. Schrift: Bild: Schrift*, hg. von Ricarda Dick unter Mitarbeit von Volker Kahmen und Norbert Oellers, Bonn 2000 (Schriftenreihe des Vereins August Macke Haus e.V., Nr. 35), S. 29-53.

9 Else Lasker-Schüler, »Wie ich zum Zeichnen kam«, in: KA, Bd. 4.1: *Prosa. 1921-1945. Nachgelassene Schriften*, bearbeitet von Karl Jürgen Skrodzki und Itta Shedletzky, Frankfurt am Main 2001, S. 137; dies., Handschrift, in: KA, Bd. 3.1, S. 158-161, hier S. 159. Vgl. auch Markus Hallensleben, »Von der Hieroglyphik zu einer Poetik der Handschrift: Else Lasker-Schülers Beitrag zur ›Primitivität‹ der Moderne«, in: *Schrift: Bild: Schrift* (wie Anm. 8), S. 161-170. (Wiederabdruck aus Markus Hallensleben, *Else Lasker-Schüler: Avantgardismus und Kunstinszenierung*, Tübingen / Basel 2000, S, 82-91.) – In einer handschriftlichen Fassung des Essays von 1927 beantwortet sich das »Rätsel: *Wieichzumzeichnenkam!*« (KA, Bd. 4.2, S. 126) schon in der Schreibweise.

10 Vgl. Astrid Schmetterlings Beitrag in der vorliegenden Publikation.

11 So die wörtliche Übersetzung des Worts »Hieroglyphen«.

12 An Karl Kraus, 11. November 1911; KA, Bd. 6, Nr. 314.

13 Zum für Werk und Leben Else Lasker-Schüler essentiellen Thema der Ich-Figurationen vgl. grundlegend Meike Feßmann, *Spielfiguren. Die Ich-Figurationen Else Lasker-Schülers als Spiel mit der Autorrolle. Ein Beitrag zur Poetologie des modernen Autors*, Stuttgart 1992.

14 KA, Bd. 3.1: *Prosa. 1903-1920*, bearbeitet von Ricarda Dick, Frankfurt am Main 1998, S. 116-118, hier S. 116.

15 Vgl. Markus Hallensleben, *Else Lasker-Schüler. Avantgardismus und Kunstinszenierung* (wie Anm. 9), S. 43-63.

16 Vgl. KA, Bd. 6, Nr. 235, 247 und 254. Vgl. auch Hamed Waly, »Lebenslauf«, in: Ders., *Drei Kapitel aus der Ärztegeschichte des Ibn Abī Osaibi'a*, Berlin (Diss.) 1910, S. 47, aus dem hervorgeht, daß Waly tatsächlich »Scheik und Dr. med.« war, wie Else Lasker-Schüler brieflich mitteilte. (An Friedrich Andreas Meyer, frühestens 4. August 1910; KA, Bd. 6, Nr. 254.)

17 An Jethro Bithell, 7. Mai 1910; KA, Bd. 6, Nr. 240.

18 An Friedrich Andreas Meyer, 1. Juli 1910; KA, Bd. 6, Nr. 247.

19 Vgl. an Jethro Bithell, 22. März 1910; KA, Bd. 6, Nr. 229.

20 An Richard Dehmel, Oktober 1910; KA, Bd. 6, Nr. 261.

21 An Friedrich Andreas Meyer, frühestens 4. August 1910; KA, Bd. 6, Nr. 254; vgl. auch an Richard Dehmel, wahrscheinlich Oktober 1910; KA, Bd. 6, Nr. 263.

22 An Karl Kraus, 1. August 1911; KA, Bd. 6, Nr. 297.

23 An Heinrich F. S. Bachmair, frühestens vielleicht April, spätestens Ende Juli 1912; KA, Bd. 6, Nr. 332.

24 An Jethro Bithell, 1. Oktober 1909; KA, Bd. 6, Nr. 188.

25 KA, Bd. 3.2, S. 97, Variante zu 101, 12.

26 Das zeigen das Schriftbild und der Befund, daß die späteren Veröffentlichungen gegenüber dem Erstdruck nur minimal verändert abgedruckt wurden, ohne inhaltliche oder stilistische Überarbeitung.

27 Zum komplizierten Verhältnis zwischen Lublinski und Lasker-Schüler vgl. Sigrid Bauschinger, *Else Lasker-Schüler. Biographie*, Göttingen 2004, S. 88-95.

28 Samuel Lublinski, *Der urchristliche Erdkreis und sein Mythos*, Bd. 1: *Die Entstehung des Christentums aus der antiken Kultur*, Bd. 2: *Das werdende Dogma vom Leben Jesu*, beide Jena 1910.

29 Vgl. Lublinski, *Die Entstehung des Christentums aus der antiken Kultur* (wie Anm. 28), S. 2.

30 Vgl. ebd., S. 168-193, besonders S. 188-193. Die Rückführung der biblischen Josephsgeschichte auf den Osirismythos geht auf Daniel Völters Untersuchung *Aegypten und die Bibel. Die Urgeschichte Israels im Licht der aegyptischen Mythologie* (Leiden 1903, bes. S. 56-65) zurück. Dort (S. 56) heißt es: »Wir glauben zeigen zu können, daß die ganze Josephsgeschichte im Grund nichts anderes ist als der Osirismythus in der Form einer israelitischen Legende.«

31 Vgl. an Ida Lublinski, 28. Januar 1915; KA, Bd. 7: *Briefe. 1914-1924*, bearbeitet von Karl Jürgen Skrodzki, Frankfurt am Main 2004, Nr. 108 und an dies., 1. März 1915; KA, Bd. 7, Nr. 127.

32 An Paul Goldscheider, 3. Juli 1927; KA, Bd. 8: *Briefe. 1925-1933*, bearbeitet von Sigrid Bauschinger, Frankfurt am Main 2005, Nr. 284; an Gert Wollheim, 20. August 1932; KA, Bd. 8, Nr. 597.

33 Schalom Ben-Chorin, Jussuf in Jerusalem, in: *Lasker-Schüler. Ein Buch zum 100. Geburtstag der Dichterin*, hg. von Michael Schmid, Wuppertal 1969, S. 64.

34 An Jethro Bithell, 21. November 1909; KA, Bd. 6, Nr. 192 und an dens., 21. April 1910; KA, Bd. 6, Nr. 239.

35 »Ich schneide Euch hier sein [Kokoschkas] Bild aus, es ist dilettantisch gezeichnet und gerade seine charakteristischen Verbrecherzüge sind gemildert.« Else Lasker-Schüler, »Briefe nach Norwegen«, KA, Bd. 3.1, S. 177-261, hier S. 208.

36 Abermals in einem Brief an Karl Kraus kurz nach dem 12. Dezember 1912; KA, Bd. 6, Nr. 432 (faksimiliert in: Else Lasker-Schüler, *Briefe an Karl Kraus*, hg. von Astrid Gehlhoff-Claes, Köln / Berlin [1959], neben S. 16) sowie in einem Brief an Kurt Wolff, wahrscheinlich 26. Januar 1913; KA, Bd. 6, Nr. 449. – Diese und ähnliche Kopfbedeckungen, mit denen Jussuf im Frühling 1912 bis Frühling 1913 dargestellt wird, wurden als Migbaoth, die »hohe Mütze« alttestamentlicher Hoherpriester, oder auch als Tiara assyrischer und altpersischer Könige gedeutet. Nicht eindeutig identifizierbar, möchte sie wohl gemeinhin als Herrschaftsinsignium des Altertums gelten. Zur »hohen Mütze« Jussufs vgl. Doerte Bischoff, *Ausgesetzte Schöpfung. Figuren der Souveränität und Ethik der Differenz in der Prosa Else Lasker-Schülers*, Tübingen 2002, S. 311; zur »Tiara« vgl. Marquardt (wie Anm. 8), S. 41.

37 Auch hier wieder die Rückführung auf die Antike: Nicht lange zuvor war der Nachweis geführt worden, daß der bekannte Donatorentypus der christlichen Kunst hellenistischen Ursprungs ist. Vgl. Otto Benndorf, »Antike Baumodelle«, in: *Jahreshefte des österreichischen archäologischen Instituts*, V (1902), S. 175-195, bes. S. 178. – Zu Gemeinsamkeiten und Unterschieden der Zeichnung von Else Lasker-Schüler zu mittelalterlichen Darstellungen vgl. Andrea Suppmann, »›Feiertagsgedichte‹ und ›Heiligenbilder‹. Das Buch *Theben* (1923)«, in: *Schrift: Bild: Schrift* (wie Anm. 8), S. 69-94, hier S. 73.

38 KA, Bd. 3.1, S. 261.

39 Vgl. Irit Salmon, »To Write Everything In with the Paintbrush. The Graphic Work of Else Lasker-Schüler«, in: *I and I. Drawings by Else Lasker-Schüler*, The Israel Museum, Jerusalem 1997, S. 23-33, hier S. 24. Wieder (leicht überarbeitet) als: Irit Salmon, »Else Lasker-Schüler – A Poet Who Paints«, in: *Else Lasker-Schüler. A Poet Who Paints*, The Hecht Museum, University of Haifa 2006, S. 7-15, hier S. 8 f. – Lediglich Viktoria Schmidt-Linsenhoff stimmt zu, wendet aber zugleich ein: »Irit Salmons Vorschlag, Else Lasker-Schüler habe als konkrete Vorbilder zwei Reliefs im Ägyptischen Museum in Berlin benutzt, überzeugt trotz der schlagenden Ähnlichkeit nicht, weil er einen ethnographisch und historisch interessierten Orientalismus unterstellt, der Else Lasker-Schüler fremd war.« Viktoria Schmidt-Linsenhoff, »Imagination und Politik, Else Lasker-Schüler als Zeichnerin«, in: *Visuelle Repräsentanz und soziale Wirklichkeit. Bild, Geschlecht und Raum in der Kunstgeschichte. Festschrift für Ellen Spickernagel*, hg. von Christiane Keim, Ulla Merle und Christina Threuter, Herbolzheim 2001, S. 96-110, hier S. 101.

40 Heinrich Schäfer, *Kunstwerke aus El-Amarna*, Band 1, Berlin 1923, S. 3.

41 Sonst hätte Rainer Maria Rilke nicht schon nach seinem Besuch des Museums am 27. Juli 1913 an Lou Andreas-Salomé »über den neugefundenen Amenophis-Kopf« schreiben können: »Ein Wunder, ich erzähle dir«. Rainer Maria Rilke an Lou Andreas-Salomé, 1. August 1913; in: *Rainer Maria Rilke – Lou Andreas-Salomé. Briefwechsel*, hg. von Ernst Pfeiffer, Frankfurt am Main 1989, S. 293.

42 Als sie 1923 endlich der Öffentlichkeit präsentiert wurde, schien Else Lasker-Schüler von der glatten Schönheit wenig beeindruckt: »Liebelt das Kunstgewerbliche mit der Zierlichkeit des Goldpantöffelchens seiner Stoffpuppen, so ist es mir doch sympathischer, malt der Künstler mal frech und geschmacklos, dem Weib des Amenophis einen Schnurrbart an.« Else Lasker-Schüler, *Ich räume auf! Meine Anklage gegen meine Verleger*, in: KA, Bd. 4.1, S. 47-85, hier S. 80.

43 Heinrich Schäfer, »Die Neuaufstellung der Funde aus El-Amarna im Berliner Museum«, in: *Mitteilungen der Deutschen Orient-Gesellschaft*, Nr. 63, März 1924, S. 17-37, hier S. 27. – Ab

Herbst 1918 wurde die Sammlung erneut gezeigt, »eng gedrängt«; ab 1920 gab es eine Dauerausstellung in neuer Präsentation. (Ebd., S. 28.)

44 Fritz Strahl, »Aegyptische Funde«, in: *Berliner Tageblatt*, Jg. 42, Nr. 564, 5. November 1913, S. 1 f., hier S. 2.

45 Ludwig Borchardt, »Ausgrabungen in Tell el-Amarna 1911/12. Vorläufiger Bericht«, in: *Mitteilungen der Deutschen Orient-Gesellschaft*, Nr. 50, Oktober 1912, S. 1-40, hier S. 34.

46 Für manche hilfreiche Auskunft bezüglich der Figur des Orisis danke ich Prof. Hermann Schloegl, Freiburg.

47 KA, Bd. 1.1, Nr. 158.

48 An Jethro Bithell, 22. März 1910; KA, Bd. 6, Nr. 229.

49 Dietrich Wildung, »Geleitwort«, in: *Das Sonnengeschlecht. Berliner Meisterwerke der Armarna-Kunst in der Sprache von Thomas Mann*, ausgewählt und eingeleitet von Alfred Grimm, Mainz am Rhein 1993, S. 1 f., hier S. 1. Vgl. auch Alfred Grimm, *Joseph und Echnaton. Thomas Mann und Ägypten*, Mainz am Rhein 1993. – Auch Thomas Mann spielt mit der Präfigurationsreihe Osiris – Joseph – Christus.

50 Vgl. Alfred Grimm, der darlegt, warum »Thomas Mann zu keiner Zeit das Bedürfnis hatte, die von ihm ›beschriebenen‹ Kunstwerke auch im Original zu sehen; es fehlte ihm die sinnlich-kunstsensorische Disposition«. Alfred Grimm, »Atem der Statuen. Thomas Mann, Rainer Maria Rilke und die altägyptische Kunst«, in: *Das Sonnengeschlecht* (wie Anm. 49), S. 3-25, hier S. 14.

51 Thomas Mann, »Ein Wort zuvor. Mein ›Joseph und seine Brüder‹«, in: Ders., *Rede und Antwort. Gesammelte Werke in Einzelbänden, Frankfurter Ausgabe*, hg. von Peter de Mendelssohn, Frankfurt am Main 1984, S. 98-101, hier S. 99.

52 Grimm, »Atem der Statuen« (wie Anm. 50), S. 14.

53 Thomas Mann, »Das bunte Kleid«, in: *Neue Zürcher Zeitung*, Jg. 155, Nr. 419 (Erste Sonntagsausgabe), 11. März 1934, Blatt 1.

54 An Klaus Mann, 11. 3. 1934; KA, Bd. 9: *Briefe. 1933-1936*, bearbeitet von Karl Jürgen Skrodzki, Frankfurt am Main 2008, Nr. 191.

55 Vgl. Franz Marc / Else Lasker-Schüler, *»Der Blaue Reiter präsentiert Eurer Hoheit sein Blaues Pferd«. Karten und Briefe*, hg. und kommentiert von Peter-Klaus Schuster, München 1987. Vgl. auch Else Lasker-Schüler / Franz Marc, *Mein lieber, wundervoller blauer Reiter. Privater Briefwechsel*, hg. von Ulrike Marquardt und Heinz Rölleke, Düsseldorf / Zürich 1998.

56 Franz Marc hatte mit seinem Holzschnitt das Gedicht »Versöhnung« (KA, Bd. 1.1, Nr. 168) von Else Lasker-Schüler ins Bild gesetzt und an Herwarth Walden geschickt. Der druckte es auf Wunsch Marcs zusammen mit dem Gedicht im *Sturm* (Jg. 3, Nr. 125/126 vom September 1912) ab, da es der Dichterin, wie Franz Marc zuvor erfragt hatte, wohl durchaus »angenehm [war], die Zeichnung als Illustrirung ihres Gedichtes anzusehen«. Zitiert nach: KA 6, Anm. 2 zu Nr. 410.

57 Franz Marc an August Macke, 12. April 1913; in: August Macke – Franz Marc: *Briefwechsel*, Köln 1964, S. 156-158, hier S. 157. Ebd. Faksimile der Briefpassage.

58 Franz Marc an Else Lasker-Schüler, 7. oder 8. Dezember 1912; in: Schuster (wie Anm. 55), Kat. Nr. 1; Marquardt / Rölleke (wie Anm. 55), S. 31.

59 Schuster (wie Anm. 55), Vorwort, S. 6 f., hier S. 6.

60 Schuster (wie Anm. 55), S. 128.

61 Maria Marc an Lisbeth Macke, 21. 5. 1913, in: Macke – Marc (wie Anm. 57), S. 162.

62 Annegret Hoberg / Isabelle Jansen, »Einleitung«, in: *Franz Marc. Werkverzeichnis*, Bd. II: *Aquarelle, Gouachen, Zeichnungen, Postkarten, Hinterglasmalerei, Kunstgewerbe, Plastik*, München 2004, S. 9-21, hier S. 10.

63 Schuster (wie Anm. 55), S. 128. – Dem widerspricht indirekt Magdalena M. Moeller, wenn sie schreibt, daß »im Kreis des Blauen Reiter auf Vorrat produziert [wurde], so daß Entstehungsdatum und Datum des Poststempels oft zeitlich weit auseinanderliegen«. Magdalena M. Moeller, Postkarte – Kunstkarte – Künstlerpostkarte, in: *Expressionistische Grüße. Künstlerpostkarten der »Brücke« und des »Blauen Reiter«*, hg. von Magdalena M. Moeller, Stuttgart 1991, S. 8-11, hier S. 10.

64 An Karl Kraus, 20. Mai 1912; KA, Bd. 6, Nr. 345.

65 Zu Charakter und Technik der zuerst im *Sturm* abgedruckten Zeichnungen der »Briefe nach Norwegen« vgl. Rainer Stamm, »›Wie ich zum Zeichnen kam‹. Else Lasker-Schülers Wege zur bildenden Kunst«, in: *Schrift: Bild: Schrift* (wie Anm. 8), S. 15-28 sowie Astrid Schmetterlings Beitrag in der vorliegenden Publikation.

66 Siehe oben S. 128.

67 An Karl Schmidt-Rottluff, nach dem 16. Januar, vor dem 17. Februar 1912; KA, Bd. 6, Nr. 323. Schmidt-Rottluffs Kreidezeichnung *Der Prinz von Theben* wurde ebenfalls in *Mein Herz* aufgenommen.

68 Vgl. an Paul Zech, 1. August 1912; KA, Bd. 6, Nr. 361 und an Heinrich F. S. Bachmair; KA, Bd. 6, Nr. 369.

69 Vgl. z. B. an Karl Kraus, 21. August 1912; KA, Bd. 6, Nr. 370. Die dort beschriebene Zeichnung ist nicht bekannt.

70 Das Jahr 1913, aus dem der weitaus größte Teil der Zeichnungen von Franz Marc für Else Lasker-Schüler stammt, nämlich 25 von 28, wurde als »wohl das ausgreifendste und beziehungsreichste in Franz Marcs Schaffen« bezeichnet. Andreas Hüneke, »Das Jahr 1913. Lauter ganz verschiedene Bilder«, in: *Franz Marc. Kräfte der Natur. Werke 1912-1915*, hg. von Erich Franz im Auftrag des Landschaftsverbandes Westfalen / Lippe / Westfälisches Landesmuseum Münster, Ostfildern, 1993, S. 105-116, hier S. 105. – Katja Förster konstatiert just für den Beginn des Jahres 1913 in der künstlerischen Entwicklung Marcs als »romantisches Intermezzo« eine »kurzzeitige Stagnation [...] vor dem letzten mühevollen Wegstück in die bildnerische Abstraktion«, allerdings ohne Bezug zu Else Lasker-Schüler. Katja Förster, *Auf der Suche nach einem vollkommenen Sein. Franz Marcs Entwicklung von einer romantischen zu einer geistig metaphysischen Weltinterpretation*, Diss. Internet, Universität Karlsruhe 2000, S. 188 und S. 190.

71 An Franz und Maria Marc, 3. Januar 1913; KA, Bd. 6, Nr. 440.

72 Auf einer bemalten Postkarte mit rotem Pferd an Lisbeth Macke vom 6. Februar 1913 ist ebenfalls ein Stern auf einem Hinterschenkel des Tiers zu finden. Vgl. Hoberg / Jansen II (wie Anm. 62), S. 290.

73 Hüneke (wie Anm. 70), S. 108.

74 An Jethro Bithell, 18. Januar 1910; KA, Bd. 6, Nr. 210.

75 Hüneke (wie Anm. 70), S. 108.

76 An Kurt Wolff, 4. Februar 1913; KA, Bd. 6, Nr. 456. *Der Prinz von Theben*, an dem Else Lasker-Schüler zu dieser Zeit anfing zu arbeiten, würde 1914 allerdings nicht im Kurt Wolff Verlag, sondern in dem von Wolff und Erik Ernst Schwabach gemeinsam neu gegründeten Verlag der weißen Bücher erscheinen.

77 Die ebenfalls zu dieser Zeit entstehenden ersten Zeichnungen zu den »Briefen und Bildern« illustrieren (zunächst) nicht die Welt Thebens, sondern Berlins und stehen den Karikaturen der »Briefe nach Norwegen« näher; doch auch hier findet sich die neue Zeichensprache – im karikierenden Porträt des Rechtsanwalts Hugo Caro, der einen Paragraphen auf der Schläfe trägt (i28).

78 An Ida Lublinski, 1. März 1915; KA, Bd. 7, Nr. 127.

79 So nannte Else Lasker-Schüler Peter Hille in Briefen und in ihrer Prosa.

80 An Kurt Wolff, 5. August 1913; KA, Bd. 6, Nr. 575.

81 An Franz Marc, 6. Februar 1913; KA, Bd. 6, Nr. 457. Bei der angesprochenen Zeichnung könnte es sich um das verschollene »Selbstbildniß des Prinzen von Theben im Kriegshut« handeln (i23), das im April 1913 in der Zeitschrift *Saturn* mit dem Zusatz »Im Besitz des blauen Reiters Franz Marc« veröffentlicht wurde. Vgl. KA, Bd. 6, S. 651 (zu Nr. 457, Anm. 3).

82 An Franz und Maria Marc, 25. März 1913; KA, Bd. 6, Nr. 498 und frühestens 12. April 1913; KA, Bd. 6, Nr. 510.

83 Vgl. an Franz Marc, 17. Februar 1913; KA, Bd. 6, Nr. 465, 24. Mai 1913; KA, Bd. 6, Nr. 538 und zwischen 11.und 17. Januar 1914; KA, Bd. 7, Nr. 8.

84 An Franz und Maria Marc, 30. April 1913; KA, Bd. 6, Nr. 527.

85 *Die Tränke am Rubinberge*, Tusche, Aquarell, Deckfarben auf Postkarte an Else Lasker-Schüler, 15. Februar 1913, Abb. in: Schuster (wie Anm. 55), Kat. Nr. 7; *Affen*, Tinte, Aquarell, Deckfarben auf Postkarte an Else Lasker-Schüler vom 13. April 1913, Abb. in: Schuster, Kat. Nr. 14.

86 Schuster (wie Anm. 55), S. 161; Vgl. auch Marquardt / Rölleke (wie Anm. 55), S. 175.

87 Auf die Spitze getrieben auf der Lithographie *Jussuf modelliert seine Mutter* aus Else Lasker-Schülers Buch *Theben*; vgl. i93.

88 Die bisher auf das Jahr 1912 datierte und fälschlich dem Nachlaß von Franz Marc zugerechnete collagierte Zeichnung *Der Schlangenanbeter auf dem Marktplatz in Theben* stammt aus späterer Zeit; →93.

89 »›Professor‹ sagt sie, nicht Künstler«, berichtete Maria Marc an Mackes nach einem gemeinsamen Besuch der Marcs und Lasker-Schülers bei Kandinsky und Münter. Maria Marc an August und Lisbeth Macke, 21. Januar 1913; in: Macke – Marc (wie Anm. 57), S. 146-149, hier S. 147. – Else Lasker-Schüler bedauerte den starken Einfluß Kandinskys, dessen Wendung zur reinen Abstraktion in Marc widerhallte: »O, hättest du nie einen der Kandinsky je gesehn, zumal du ja *gar*nichts mit denen zu tun hast. Farbe ist ja nur wie Laut und Ton, Material und du bist ja *gerade* der, der formt lauter heilige Tiere, die meine Haine nun bewohnen«. An Franz und Maria Marc, 10. April 1913, KA, Bd. 6, Nr. 508.

90 An Franz Marc, 24. Mai 1913; KA, Bd. 6, Nr. 538.

91 Vgl. die Konkordanz zu ihren Gedichten in KA, Bd. 1.2, S. 440-612, hier S. 494.

92 Fünf dieser frühen eigenständigen Zeichnungen befanden sich im Nachlaß Marc; →28-32.

93 Schuster (wie Anm. 55), S. 132.

94 Ebd.

95 Else Lasker-Schüler, »An Franz Marc«, in: *Berliner Tageblatt*, Jg. 45, Nr. 126 vom 9. März 1916, in: KA, Bd. 3.1, S. 413 f., hier S. 414.

96 »Dieses Kunstmittel […] läßt uns die auf einer Ebene stehende Gruppe schräg von oben her derart überblicken, daß die hinteren Figuren mit dem Kopf oder allenfalls mit dem Ober-

körper über die vorderen hinausragen.« Walther Wolf, *Die Kunst Aegyptens. Gestalt und Geschichte*, Stuttgart 1957, S. 500.

97 An Paul Goldscheider, 28. Mai 1927; KA, Bd. 8, Nr. 263.

98 Zu Reihungen bei Ernst Ludwig Kirchner und den Futuristen vgl. Astrid Schmetterlings Beitrag in der vorliegenden Publikation.

99 Vgl. Klaus Lankheit, »Zur Bildtradition bei Franz Marc«, in: *Festschrift für Herbert zum Einen zum 16. Februar 1965*, hg. von Gert von der Osten und Georg Kauffmann, Berlin 1965, S. 129-135, vor allem S. 129-132.

100 Wolf (wie Anm. 96), S. 267.

101 Vgl. ebd., S. 500.

102 Dem ehemaligen Leiter des Else-Lasker-Schüler-Archivs Wuppertal Heinz Schneider fiel das Relief der Klageweiber und seine Ähnlichkeit zu Lasker-Schüler-Zeichnungen auf; sein Hinweis setzte meine ›ägyptologischen Studien‹ erst in Gang: dafür sei ihm herzlichst gedankt.

103 Nicodemus' Oberkörper ist en face zu sehen, sein Gesicht im Linksprofil, das auffällige Auge, das Zentrum des Bildes, wiederum in Vorderansicht, ganz gemäß den Menschendarstellungen ägyptischer Flachbilder. Vgl. Wolf (wie Anm. 96), S. 281 f.: »In das Profil ist das Auge in voller Längenausdehnung eingezeichnet. Wir sprechen absichtlich nicht von einer Vorderansicht des Auges, denn von Ansicht kann gar keine Rede sein. Eher könnte man von der Hieroglyphe des Auges sprechen, die als selbständiger Teil in den Kopf eingebaut wird, und die gar nicht den Versuch macht, organisch in ihn hineinzuwachsen.« – So auch bei Else Lasker-Schüler: Die Umrisse des Auges von Nicodemus schnitt sie aus dem Papier heraus, hinterklebte das Blatt mit einem Stück Silbermetallfolie, die sie wiederum bemalte.

104 Vgl. Hans Prinzhorn: *Bildnerei der Geisteskranken. Ein Beitrag zur Psychologie und Psychopathologie der Gestaltung*, Berlin 1922.

105 »Die ägyptische Darstellung eines Asiaten oder eines Libyers erfaßt aufs Schärfste die Wesenseigentümlichkeiten der ägyptischen Nachbarn. Der Libyer, Der Asiat sind ganz unverkennbar. Aber untereinander sind sich alle Libyer und alle Asiaten völlig gleich.« Wolf (wie Anm. 96), S. 280.

106 An Karl Kraus, Ende Oktober 1915; KA, Bd. 7, Nr. 157.

107 Vgl. Bauschinger (wie Anm. 27), S. 251.

108 Vgl. z. B. an Emil Raas, 26. Dezember 1933 und 28. Januar 1935; KA, Bd. 9, Nr. 133 und 352.

109 Zuerst Gotthard Guder, »The meaning of colour in Else Lasker-Schüler's poetry«, in: *German Life & Letters*, Vol. 14 (1960/61), S. 175-187.

110 An Ludwig von Ficker, kurz vor dem 25. Mai 1914; KA, Bd. 7, Nr. 61.

111 An Ludwig von Ficker, kurz vor dem 25. Mai 1914; KA, Bd. 7, Nr. 62.

112 Else Lasker-Schüler an Franz und Maria Marc und Heinrich Campendonk, 25. Januar 1913: »*Herrliches Bild – farbensüß*.« KA, Bd. 6, Nr. 448.

113 Vgl. das »Verzeichnis der von Else Lasker-Schüler eigenhändig illustrierten Ausgaben und handkolorierten Exemplare« in der vorliegenden Publikation, S. 284-287, und die Abbildungen im Bildteil, S. 52 f.

114 An Kurt Wolff, etwa Ende Februar oder Anfang März 1913; KA, Bd. 6, Nr. 478.

115 Zu den Details und zum katastrophalen Ergebnis der Auktion vgl. Rainer Stamm, »Auktions-Enttäuschungen. Aus der Frühzeit des Kunsthandels mit klassischer Moderne«, in: *Weltkunst*, März 1999, Heft 3, S. 501-503, vor allem 501 f.

116 *Die Fackel*, Jg. 14, Nr. 366/367 vom 11. Januar 1913, hinterer Umschlag.

117 Stamm, »Auktions-Enttäuschungen« (wie Anm. 115), S. 502.

118 Die Illustrationen, die verschiedene Kronen für die Krönung Jussufs darstellen, sind Ende 1913 / Anfang 1914 für die »Briefe und Bilder« entstanden, wurden aber erst in die Buchfassung *Der Malik* von 1919 aufgenommen.

119 Franz Marc an Paul Klee, 14. Dezember 1912; zitiert nach: *Der blaue Reiter. Dokumente einer geistigen Bewegung*, Leipzig 1989, S. 253. – *Candide oder die beste Welt. Eine Erzählung von Voltaire* mit den Illustrationen von Paul Klee erschien erst 1920 bei Kurt Wolff, München.

120 An Franz Marc, 14. November 1915; KA, Bd. 7, Nr. 160. – Ein unveröffentlichter Brief von Else Lasker-Schüler an Paul und Lily Klee vom 14. Oktober 1915, mit dem sie den Kontakt herstellt, trägt als Kopfvignette eine besonders schöne farbige Theben-Silhouette (Zentrum Paul Klee, Bern, Schenkung Familie Klee, Inv. Nr. SFK Ko P Las 1).

121 An Gertrud Osthaus, Februar 1917; KA, Bd. 7, Nr. 212.

122 Blatt 1 von Noldes Mappe *Märchen*. Alsen/Berlin 1906.

123 Max Slevogt an Else Lasker-Schüler, 27. Februar 1927; zitiert nach: KA, Bd. 8, S. 431 (Nr. 211, Anm. 10.)

124 An Gerhart Hauptmann, 16. Juni 1927; KA, Bd. 8, Nr. 274. – Die Praxis der monatlichen Bilderbestellungen behielt Else Lasker-Schüler auch nach dem Tod ihres Sohnes Ende 1927 bei; sie halfen ihr maßgeblich, ihren Lebensunterhalt im Schweizer Exil zu bestreiten.

125 An Karl Kraus, 2. Dezemberhälfte 1915; KA, Bd. 6, Nr. 163.

126 An Karl Ernst Osthaus, kurz nach dem 9. Mai 1916; KA, Bd. 7, Nr. 174.

127 An Karl Kraus, 25. Februar 1919; KA, Bd. 7, Nr. 299.

128 An Louis Asher, 22. Juni 1923; KA, Bd. 7, Nr. 515.

129 An Klaus Mann, 11. März 1934; KA, Bd. 9, Nr. 148.

130 An Emil Raas, 16. Juli 1934; KA, Bd. 9, Nr. 252.

131 An Elieser Lubrany, 13. Mai 1934; KA, Bd. 9, Nr. 225; vgl. auch an Klaus Gebhard, 15. Mai 1934; KA, Bd. 9, Nr. 226.

132 An Emil Raas, 31. August 1935; KA, Bd. 9, Nr. 417.

133 Nichts ist hier von seinem Amenophis-Profil erhalten, es ist aber auch kein realistisches Porträt; den mißglückten Kopf hat Else Lasker-Schüler in der erhaltenen, später bearbeiteten und kolorierten Vorlage korrigiert (→150).

134 Neben den erhaltenen Vorlagen für die Illustrationen des *Hebräerlands* (→148-153) zeugen dafür auch zwei sehr schöne Exemplare des Buches, die Else Lasker-Schüler 1937 und 1938 durchgängig mit Kreiden kolorierte; vgl. das »Verzeichnis der von Else Lasker-Schüler eigenhändig illustrierten Ausgaben und handkolorierten Exemplare« in der vorliegenden Publikation, S. 284-287.

135 An Ernst Simon, 8. März 1941; KA, Bd. 11, Nr. 24.

136 An Ernst Simon, 21. März 1942; KA, Bd. 11, Nr. 213.

137 An Ernst Simon, 27. Oktober 1941; KA, Bd. 11, Nr. 109.

138 So habe Fred Hildenbrandt über sie gesagt, schrieb Else Lasker-Schüler an Emil Raas am 12. Februar 1934; KA, Bd. 9, Nr. 168.

139 An Ernst Simon, 12. oder 13. Januar 1945; KA, Bd. 11, Nr. 645.

140 So der Name der Titelzeichnung (→i112)

Astrid Schmetterling

»Das ist direkt ein Diebstahl an den Kunsthistorikern«

Else Lasker-Schülers bildnerisches Werk im kunsthistorischen Kontext

»Meine beiden Begleiterinnen, die Dichtung und die Malerei«

Ein Café in der Jerusalemer Altstadt (Tafel S. 107). Figuren in orientalischer Bekleidung mit Fez und Kufiya stehen oder sitzen in Grüppchen, in Gespräche vertieft. Sie sind mit leichtem Strich in vereinfachter Form auf das Papier gesetzt. Ihre gemusterten Gewänder haben eine zarte, aber schillernde Farbigkeit, die durch in die Zeichnung hineincollagiertes Stanniolpapier spielerisch akzentuiert wird. Die beiden vorderen Figuren sitzen an einem runden Tisch, dessen eigentlich horizontale Fläche vertikal hochgeklappt erscheint. Diese Absage an eine illusionistische Perspektive folgt der modernistischen Verfahrensweise, Materialien und Mittel, in diesem Fall die Zweidimensionalität der Zeichenfläche, bewußt offenzulegen. Die Rundung der Tischplatte wird von der Rundung eines Türbogens aufgenommen, der wie ein Rahmen wirkt, wie eine Kulisse, die die Figuren in Szene setzt.

Diese Kaffeehausszene ist Mitte der dreißiger Jahre entstanden. Um diese Zeit, nach ihrer ersten Palästinareise (1934), arbeitete Else Lasker-Schüler an ihrem illustrierten Prosawerk *Das Hebräerland*. Überdies zeichnete sie viel, um sich mit dem Verkauf von Bildern im Schweizer Exil etwas Unterhalt zu verdienen. Ihren Stil hatte sie weitgehend ausgebildet: den bewegten Duktus, die Betonung der Umrißlinien, den abbreviativen Charakter der Darstellung, die flächige, den Tiefenraum kaum andeutende Komposition, die Offenlegung der Arbeitsweise und die leuchtende Farbigkeit. Wenn sie das Hellblau, das sie für die Gewänder zweier Figuren auf der linken Bildseite benutzt hatte, noch einmal in der Kopfbedeckung einer Person auf der rechten Seite aufnahm oder das Dunkelgrün so verteilte, daß es ein Dreieck bildete, wenn sie den Ausdruck zugunsten der Genauigkeit der Darstellung steigerte oder Türbogen und Tisch zu einer Einheit zusammenschloß, ging es Lasker-Schüler nicht um Nachahmung, sondern um Zusammenstellung der einzelnen Bildelemente, nicht um das Illustrative, sondern um das Malerische.

Auf Else Lasker-Schülers malerische Annäherung an ihre Sujets wurde in der Rezeption ihrer Lyrik und Prosatexte bereits hingewiesen. Häufig verwandte sie Farbworte und charakterisierte Menschen, Dinge und Tätigkeiten mit Hilfe von ungewöhnlichen Farbzuschreibungen – eine »goldene Frau«,[1] eine »rotbäckige Schule«,[2] ein »gelb und orangefarben« kariertes Herz »mit grünen Punkten«,[3] »blaues Dichten«.[4] Elizabeth K. Paefgen, die den verschiedensten Funktionen und Bedeutungen von Lasker-Schülers Farbwörtern nachgegangen ist, spricht von einer »überbordenden Farbenfülle«, die dazu führe, daß die Texte »phasenweise wie bunt angemalt«[5] wirkten. Die Wichtigkeit, die Else Lasker-Schüler der Farbe für das Eröffnen unkonventioneller Assoziationsräume in ihrem literarischen Werk beimaß, veranschaulicht, wie sehr sie bildhaft dachte, wie sehr sie zugleich schreibende und bildende Künstlerin war.

Sie selbst erklärte die Gleichgestelltheit ihrer »beiden Begleiterinnen, [der] Dichtung und [der] Malerei«,[6] mit Nachdruck. Oft beschrieb die Künstlerin die enge Verbindung von Schrift und Bild, etwa in der vielzitierten Aussage, daß sie zum Zeichnen kam, indem ihren Buchstaben die Blüte aufgegangen sei, oder im Vergleich der Handschriften von Zeitgenossen mit Kunstwerken.[7] Sie unterstrich damit die Bedeutsamkeit der visuellen Form. Wenn nun Ausstellung und Katalog den Blick auf Lasker-Schülers eigenständige Zeichnungen lenken, so geschieht dies nicht, um diese abzusondern, sondern um die visuelle Form als wesentlichen Bestandteil ihres Œuvre zu würdigen.

»Dein spielender Herzschelm, Erde«
Das Erhabene und das Schelmische

Mit dem Zeichnen hatte Else Lasker-Schüler früh begonnen. Ihrem Selbstmythos zufolge begleitete die Malerei (und die Dichtung) sie »seit Kindauf«.[8] Tatsächlich nahm sie schon um 1896 Zeichenunterricht, wohl noch ehe sie anfing, ernsthaft zu schreiben. Simson Goldberg, den Max Liebermann »für den besten Techniker der Zeichenkunst in Berlin«[9] gehalten haben soll, war ihr Lehrer. In Wilna, Berlin und Paris ausgebildet, lehrte er sie Modellzeichnen im Atelier, nahm sie aber auch mit auf Spaziergänge in die freie Natur oder in den Zoo, um ihr Auge für die Tier- und Pflanzenwelt zu schärfen. Die früheste eigenständige bildnerische Arbeit, die erhalten ist, stammt aus dem Jahr 1900, *Die lÿrische Mißgeburt* (Abb. 1). Lange bevor die Kubisten und Dadaisten ihre ersten Collagen und Fotomontagen produzierten, schnitt Else Lasker-Schüler verschiedene von ihr mit Tusche und Aquarell gezeichnete Bildelemente aus und klebte sie spielerisch auf einer Art blauem Löschpapier wieder zusammen. Auch hier, wie in der viel späteren Jerusalemer Kaffeehausszene (Tafel S. 107), legte sie die Materialien und Konstruktionsmittel offen, die Zweidimensionalität der Bildfläche ebenso wie das Zusammensetzen der verschiedenen Bildteile. Sie machte dadurch das Werk, im Sinne der Avantgarde, als »künstliches Gebilde«[10] erkennbar. Mit der Stilisierung und Elongierung der Figur – einer Frau in langem tailliertem Kleid, gepunkteter Krawatte und blondem, mit blauen Blumen verziertem modischem Kurzhaarschnitt – hob sie ebenfalls auf humorvolle Weise deren Künstlicheit hervor. Dicke Tränen rollen der Frau aus einem Auge, und ein rotes Herz ist ihr auf den Schoß geklebt. Else Lasker-Schüler warf hier einen (selbst)ironischen Blick auf die durch die blauen Blumen als romantisch-erhaben gekennzeichnete Lyrikerin. »Und bin doch dein spielender Herzschelm, Erde«,[11] lautet eine Zeile des Eingangsgedichts der *Nächte Tino von Bagdads* (1907). Die Bewegung zwischen dem Erhabenen und dem Schelmischen hat Vivian Liska in Lasker-Schülers gesamtem schriftstellerischen Werk ausgemacht. Durch die Schwingung zwischen »›Erzengel‹ und ›Kobold‹«, »messianische[m] Sendungsbewußtsein und literarische[m] Versteckspiel, Ewigkeitsanspruch und Kleinform, ekstatische[r] Lyrik und groteske[n] Einstellungen, verklärte[m] Liebesgesang und Selbstironie, ›hohe[m] Stil‹ und Ulk« relativiere Else Lasker-Schüler immer wieder ihre eigene Selbsterhebung zur »Inspirierten«.[12] Auch in ihren visuellen Arbeiten kann man dieses Ineinander von Hingabe und Ironisierung des schreibenden und bildenden Künstlers und des Kunstwerks beobachten.

Spielerisch, schalkhaft, humorvoll sind auch die Zeichnungen, die Else Lasker-Schüler einige Jahre später, zwischen September 1911 und Juni 1912, erstmals im Rahmen ihrer »Briefe nach Norwegen« in der Zeitschrift *Der Sturm* veröffentlichte. Die karikaturhaften, selbstironisch in den Text hineinmontierten Abbildungen – »Ich schneide Euch hier [Kokoschkas] Bild aus, es ist dilettantisch gezeichnet und gerade seine charakteristischen Verbrecherzüge sind gemildert«[13] – sind aufgrund der drucktechnischen Bedingungen streng linear mit starken Schwarzweißkontrasten (→i1-17). Zu Recht sind sie mit den Jugendstilkarikaturen von Bruno Paul (Abb. 28), Olaf Gulbransson und anderen Mitarbeitern der satirischen Wochenzeitschrift *Simplicissimus* in Verbindung gebracht worden.[14] Deren

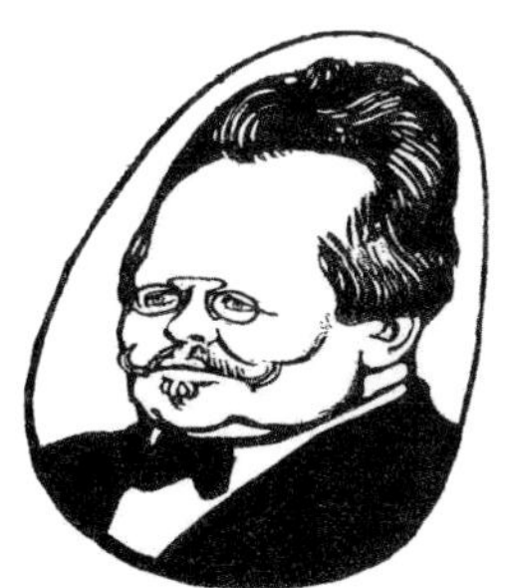

Abb. 28: Bruno Paul, *Otto Julius Bierbaum*, Karikatur aus: Martin Möbius, *Steckbriefe* (1900)

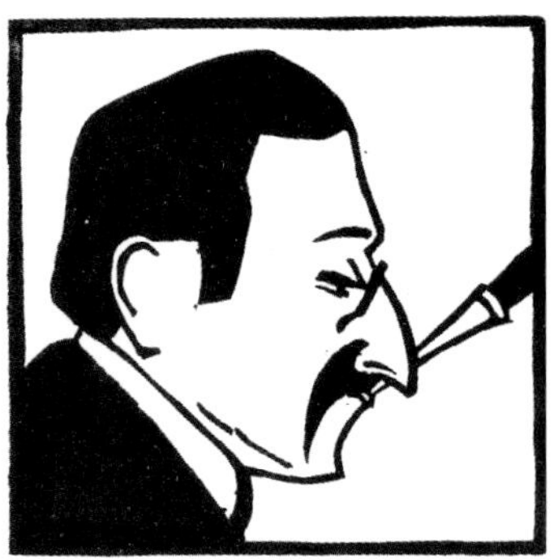

Abb. 29: Ernst Ludwig Kirchner, *Idiot III*, Holzschnitt (1904), 88 × 88 mm

gegen die idealisierende akademische Kunst gerichtete Karikaturen, die die traditionelle Hierarchie zwischen bildender Kunst und Gebrauchskunst anfochten, kamen Else Lasker-Schülers eigener Praxis der Überschreitung klassischer Gattungsgrenzen – zwischen Lyrik, Prosa, Drama, inszenierten Vorträgen und bildender Kunst – und der Vermischung von ›hohem‹ und ›niedrigem‹ Stil entgegen. Der antiakademische, antihistoristische Impuls der Jugendstilkarikaturen prägte auch die frühen Arbeiten anderer Künstler, unter ihnen Erich Heckel, Emil Nolde, Max Pechstein und Ernst Ludwig Kirchner (Abb. 29), die graphische Beiträge im *Sturm* herausbrachten. Sie alle, einschließlich Else Lasker-Schüler, entwickelten in ihren späteren Zeichnungen und Gemälden einen freieren, bewegteren Duktus, aber die Technik der Hervorhebung der Umrißlinien und des Verzichts auf Räumlichkeit und Perspektive übte einen bleibenden Einfluß auf ihre Arbeit aus.

»Er wollte mich ja auch hauen, ich meine in Stein als Freske« Der *Sturm*-Kreis und *Die Brücke*

Der *Sturm*-Kreis und der ihm vorausgegangene, von Herwarth Walden 1904 gegründete *Verein für Kunst* waren ein wichtiges Umfeld für die Entfaltung von Else Lasker-Schülers früher bildnerischer Arbeit. Seit der ersten Ausgabe der Zeitschrift am 3. März 1910 publizierte sie, zu dieser Zeit mit Herwarth Walden verheiratet, regelmäßig Lyrik und Prosatexte und war mit den in den einzelnen Nummern der Zeitschrift abgebildeten Zeichnungen und Karikaturen eng vertraut. Der Verein und die Zeitschrift spielten bekanntlich eine führende Rolle bei der Förderung und Durchsetzung der modernen Künste. Als Provokation des kommerziellen bürgerlichen Kunstbetriebs konzipiert, bildeten sie ein Forum für experimentelle Lesungen, Aufführungen, Konzerte, schriftliche und graphische Veröffentlichungen und trugen dann schließlich doch zur »Institutionalisierung von Öffentlichkeit für alternative Kunstpraxis«[15] bei. Hier hörte, sah und las Else Lasker-Schüler Beiträge von Künstlern aller zeitgenössischen

Strömungen, von Naturalismus und Jugendstil bis zum Expressionismus, zu dem Herwarth Walden auch Kubismus, Orphismus, Rayonismus und Futurismus zählte. Hier fand die Künstlerin einen Rahmen, in dem sie nicht nur Gedichte, Erzählungen, lyrische Porträts und Reportagen herausbringen und mit performativen Lesungen vor ein Publikum treten, sondern auch mit visuellen Medien experimentieren und somit ihre eklektische, gattungsüberschreitende Kunst weiterentwickeln konnte.

Obwohl sich Herwarth Waldens entscheidende Hinwendung zur bildenden Kunst mit der Eröffnung der *Sturm*-Galerie im März 1912 und der Organisation des *Ersten Deutschen Herbstsalons* im September 1913 hauptsächlich nach der Trennung von Else Lasker-Schüler vollzog, waren auch schon in den ersten Jahren des *Sturms* viele bildende Künstler als Mitarbeiter der Zeitschrift und als Teilnehmer an den Vereinsabenden beteiligt oder als Rezipienten im *Sturm*-Kreis zu finden. Die Architekten Peter Behrens, Henry van de Velde und Adolf Loos, dem Else Lasker-Schüler *Mein Herz*, die Buchfassung der »Briefe nach Norwegen«, widmete, hielten Vorträge über ihre Bauwerke, während der Maler Lovis Corinth über seine Bilder sprach. Harry Jaeger-Mewe, Max Fröhlich, Fridolin Guhlke (Samuel Fridolin) und Joe Loewenstein (Joe Loe) versorgten die Zeitschrift mit Karikaturen. Der Zeichner Julius Pascin, der Jugendstilmaler Ferdinand Hodler und die dem Expressionismus nahestehenden Künstler César Klein, Hans Richter-Berlin, Artur Segal, Moritz Melzer und Ludwig Kainer steuerten Zeichnungen bei. Oskar Kokoschka publizierte regelmäßig seine prägnanten Strichätzungen von *Menschenköpfen*, gleich die erste zusammen mit einem Essay von Else Lasker-Schüler über Karl Kraus (Abb. 30). Lasker-Schüler schätzte Kokoschkas rastlose, ausdrucksstarke, deformierte Arbeiten hoch und besprach sie im Sommer 1910 im *Sturm:* »Blutsaugende Pflanzlichkeiten alle seine atmenden Schöpfungen«.[16] Und die Tatsache, daß Kokoschka ebenfalls bildnerisch und schriftstellerisch arbeitete, war sicherlich eine Inspiration für ihre eigenen Wort-Bild-Experimente in den »Briefen nach Norwegen«, in die sie zwei humorvolle Abbildungen von Kokoschka (→i2 und i5) montierte.

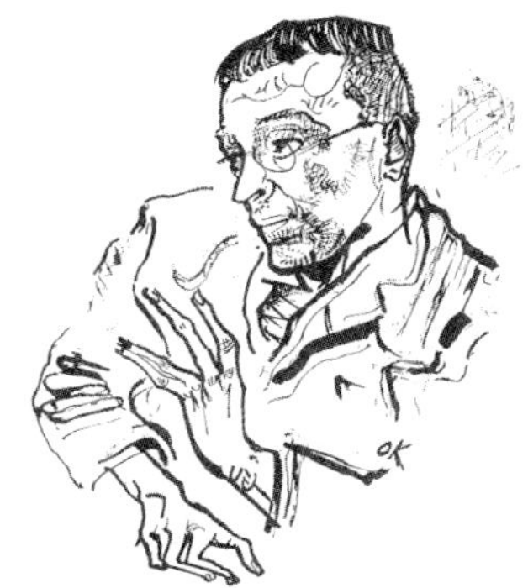
Abb. 30: Oskar Kokoschka, *Karl Kraus*, aus der Reihe *Menschenköpfe*, Federzeichnung (1910)

Oskar Kokoschka hat Else Lasker-Schüler nie zu seinem Sujet gemacht. Das taten andere, zur *Sturm*-Zeit und auch danach. Rochus Gliese, John Höxter und Rudolf Grossmann, um nur einige Beispiele aus der Berliner Zeit zu nennen, stellten graphische Porträts für verschiedene Publikationen her, und Fritz Huf »haute sie in Bronze als Büste«.[17] Ihr Sohn Paul Lasker-Schüler zeichnete sie mehrfach mit feinfühligem Strich, während Jankel Adler ein monumentales Ölbild von ihr anfertigte. Auch Stanislas Stückgold malte ein Ölbild von Else Lasker-Schüler, dessen Anblick sie allerdings »krank« machte.[18] Otto Pankok porträtierte sie in Kohle, Christian Rohlfs in Aquarell, und Hannah Höch klebte ein Foto von Else Lasker-Schüler in ihre Zeit-Collage *Schnitt mit dem Küchenmesser Dada durch die letzte weimarer Bierbauchkulturepoche Deutschlands*. George Grosz fügte sie in eine seiner Straßenszenen ein, während Erwin Blumenfeld, Paul Citroën und Walter Mehring sie in ihr *Berliner Café* hineinradierten.[19] Karl Schmidt-Rottluff schuf eine kühne Kreidezeichnung von Lasker-Schüler als Kämpferin, die die 19. Folge der »Briefe nach Norwegen« im *Sturm* begleitete, sowie ein kubistisches Ölbild von ihr als Lesende. »Bin entzückt von meiner bunten Persönlichkeit, von meiner Urschrecklichkeit, von meiner Gefährlichkeit, über meine goldene Stirn, meine goldenen Lider, die mein blaues Dichten überwachen«.[20]

Karl Schmidt-Rottluff war nicht der einzige Maler der expressionistischen Künstlergemeinschaft *Brücke*, der zum *Sturm*-Kreis gehörte. Wie erwähnt, trugen Max Pechstein, Emil Nolde, Erich Heckel und Ernst Ludwig Kirchner ebenfalls flächige, schroffe Zeichnungen und Holzschnitte zur Zeitschrift bei. Indessen werden die Künstler der *Brücke* in Überlegungen zu dem von Else Lasker-Schüler geknüpften Netz von Beziehungen, mit dem ihr bildnerisches Werk verwoben war, selten berücksichtigt.[21] Die Technik ihrer Arbeiten, die sich in diesen Jahren aus den karikaturhaften klischierten Zeichnungen entwickelte, die Flüchtigkeit des Strichs, die Hervorhebung der Konturlinien, die Elongierung der Figuren scheinen jedoch der formalen Bildsprache der *Brücke*-Künstler, vor allem Ernst Ludwig Kirchners, nahezustehen. Auch der visuelle Fundus, aus dem Else Lasker-Schüler ihre Motive gestaltete, die Straßen und Cafés, Printmedien und Kinofilme, Varieté-Theater und Kabaretts, Lunapark und Zirkus, überschneidet sich mit dem Bildvorrat, aus dem Kirchner in seiner Berliner Zeit schöpfte.

»Telegramm. Eben regierender Prinz in Theben geworden«

Die Motive, die Else Lasker-Schülers bildnerisches Werk zunehmend dominierten, waren die Figur des Prinzen Jussuf und dessen Reich Theben, seine Verwandten, Untergebenen und Verbündeten. »[N]achts versammeln sich alle meine Vorfahren in meinem Zelt, Kalifen und Derwische und Paschas in hohen Turbanen«.[22] Ein Repertoire, das in abgewandelter Form auch in der Jerusalemer Kaffeehausszene (Tafel S. 107), in den Gesichtern und Kostümen der Besucher, zum Einsatz kam. Orientalische Bildsujets tauchten erstmals in Lasker-Schülers privaten Briefen auf: Sterne und Mondsicheln, die zu Jussufs Signatur werden würden, verzierten ihre Mitteilungen an Freunde und Bekannte ab 1909, ebenso der Palast, der ab 1910 Kuppeln und Palmen erhielt, die ersten Mitglieder des Hofstaats, der »Neger Ossman« und zwei »Albinoneger« und, ab 1912, das Profil des Prinzen selbst (Abb. 12 und 15).[23] Im Jahre 1910 beschäftigte sich Else Lasker-Schüler auch intensiv mit einem Projekt für ein orientalistisches Kabarett mit szenischen Lesungen, Musikeinlagen und Tanzelementen, das jedoch nicht über das Probestadium hinauskam. In diesem Zusammenhang entstand das berühmte Foto von der flötespielenden Künstlerin im seidigen Kamiz über Pluderhosen mit Muschelschärpe und spitzen silbernen Stiefeletten (Abb. 6), das sowohl an altägyptische Darstellungen als auch an zeitgenössische Abbildungen Waslaw Nijinskis im Ballett *Schéhérazade* oder überhaupt an Léon Baksts Kostümentwürfe für die *Ballets Russes* erinnert.[24] Fotografien exotistischer Varietéaufführungen in der populären Presse (Abb. 31) könnten ebenfalls inspirierend auf Else Lasker-Schüler gewirkt haben. Wie auch die Ich-Figuren Prinzessin Tino von Bagdad und Prinz Jussuf von Theben (zuweilen auch Abigail oder Jussuf Abigail genannt), die Else Lasker-Schüler erfand, wurde diese Abbildung oft fälschlich als alltägliches Selbstporträt gedeutet, das ihre Identifikation mit einer Phanta-

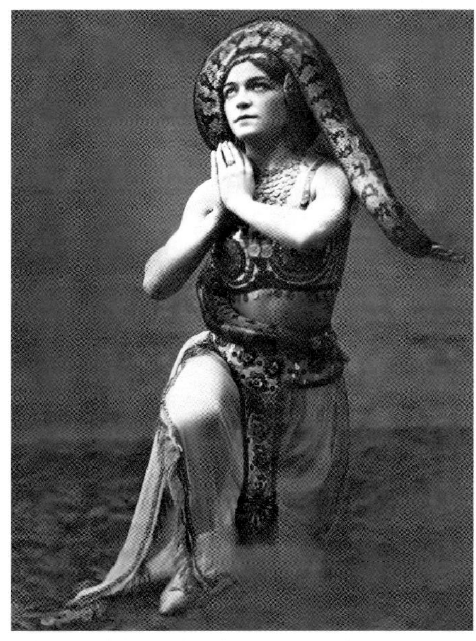

Abb. 31: Schlangenbeschwörerin Mirka (Berliner Illustrirte Zeitung, 1910)

siefigur und somit ihre Flucht aus der Realität bescheinige. Erst die neuere Forschung erkannte Lasker-Schülers schelmische Vermischung von Imaginärem und Biographischem, die sie sogar in ihren privaten Briefen aufrechterhielt, als bewußte Fiktionalisierung des Lebens, die sich der Festlegung auf eine Identität verweigert. »Ich bin Else Lasker-Schüler manchmal der Prinz von Theben – oder immer«, schrieb sie zum Beispiel an den Schriftsteller Ernst Hardt.[25] Nicht nur Tino und Jussuf, sondern auch die Figur der Künstlerin selbst sollten als poetologische Figurationen aufgefaßt werden, die auf der »Grenze zwischen der ›Welt‹ des Textes und der außerhalb« balancieren und sich nicht auf ein »biographisch verbürgtes Individuum« reduzieren lassen.[26] Else Lasker-Schülers Ich bewegte sich spielerisch zwischen ihren verschiedenen Figurationen, zwischen deren Geschlechtern und Kulturen, und löste herkömmliche Festlegungen auf.

Die Jussuf-Figur trat in den veröffentlichten Zeichnungen zum ersten Mal im Juni 1912 in den »Briefen nach Norwegen« auf, als Selbstbildnis der Ich-Erzählerin (→i17). Ein kleiner Kopf im Linksprofil mit langer, nach unten gebogener Nase und schrägem Augenschlitz, dicker Augenbraue und kurzen strähnigen Haaren. »Eine egyptische Arabeske, ein Königshieroglyph meine Nase, wie Pfeile schnellen meine Haare und wuchtig trägt mein Hals seinen Kopf.« Die Wirkung des Porträts oder die Selbsterhebung zum regierenden Prinzen wird sofort ironisch gebrochen: Der dazugehörige Text beschreibt es als »Selbstbildnis von ungeheurem Wert«, das weder Zeichnung noch Gemälde, sondern ein »Geschöpf« sei. Trotzdem koste die Klichierung – hier wieder die deutliche Angabe des Herstellungsverfahrens – »höchstens fünf bis sechs Mark«, die die Ich-Erzählerin durch den Verzicht auf zwei Kaffeehausbesuche zu opfern gedenke. Denn eine Nichtveröffentlichung dieses kostbaren Werkes käme direkt einem »Diebstahl an den Kunsthistorikern« gleich.[27] Auch das wohl etwas später entstandene *Selbstbildniß im Sternenmantel* (→23) relativiert das Erhabene, den stolzen Regenten im kostbaren Mantel mit hohem Hut und Federschmuck, durch das Schelmische, einen respektlosen Schnitt durch das Papier. Der Kopf des Prinzen, so scheint es, wurde verworfen, neu gezeichnet und kurzerhand auf den Oberkörper geklebt. Der Akt des künstlichen Zusammenfügens betont, wie Viktoria Schmidt-Linsenhoff es treffend formuliert hat, die »Nicht-Übereinstimmung von Selbst und Bildnis«. Das »Selbstbildnis« der Künstlerin ist »weder wahres noch falsches Abbild, weder Stellvertreter, Spiegel noch Maske des Selbst, sondern eine variable Konfiguration von Zeichen unter der Regie der Zeichnerin«.[28]

Das Profil dieser Figur, mit spitzeren Konturen als im vorherigen Selbstbildnis, trat von nun an, mit oder ohne Signet, mit oder ohne Kopfbedeckung, in unzähligen Spielarten auf. Jussuf alleine, zart an einer Hecke träumend (Tafeln S. 20 und 30), ergriffen eine blaue Rose bewundernd (→83), liebevoll seine Mutter modellierend (Tafel S. 49), mit einem Vogel Strauß spazierengehend (→i99) oder Ziegen und Schafe weidend (→112). Zuweilen reitet Jussuf, ganz klein auf den großen Tieren, auf einem Elefanten (Tafel S. 62 und →105) oder Dromedar (Tafeln S. 65 und 68), sogar auf einem Bison (Tafel S. 63). Oder er ist verzweifelt im *Grauen der Einsamkeit* (Tafel S. 112), erhängt sich an einem Baum (Tafel S. 37) und geht, sich fast auflösend, zu Gott (→89). Manchmal ist Jussuf männlich konnotiert, als breitbeiniger, kampfbereiter Held (Tafel S. 45) oder im Kriegsschmuck mit Speer und Lanze (Tafeln S. 21 und 29). Mitunter wirkt Jussuf eher weiblich, etwa in der Titelzeichnung für die *Hebräischen Balladen* von 1912 (Tafel S. 15), in der die in ein weites Gewand gehüllte Figur anmutig ein Miniaturmodell von Theben auf dem rechten Arm balanciert. Meistens aber ist Jussuf unbestimmbar androgyn. Für Else Lasker-Schüler war es das Knabenhafte, das die Geschlechterdifferenz aufhob, das ›Noch-Nicht‹ der Geschlechtswerdung.[29] Ebenso jedoch deutete ihr Spiel mit den männlichen und weiblichen Merkmalen, die sie in ihren Figurationen immer wieder neu zusammensetzte, auf ein ›Jenseits‹ der traditionellen Geschlechterrollen, die der Künstlerin zuwider

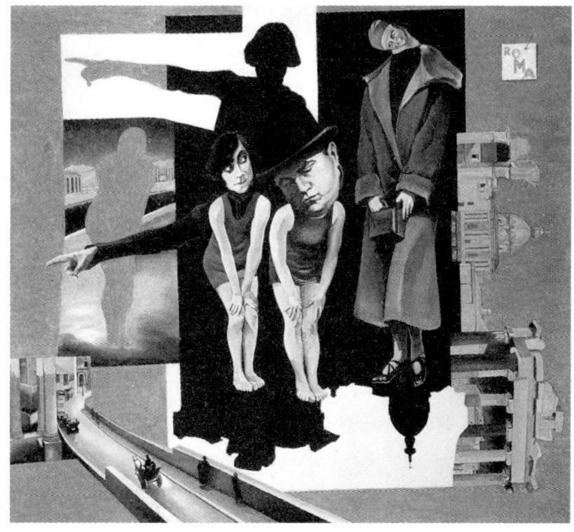

Abb. 32: Hannah Höch, *Roma*, Öl auf Leinwand (1925), 900 × 1060 mm

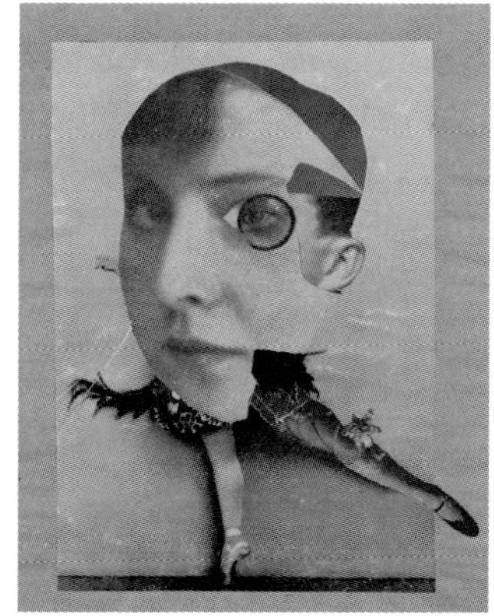

Abb. 33: Hannah Höch, *Russische Tänzerin*, Fotomontage (1928), 305 × 225 mm

waren. Dies verbindet sie, obzwar sie mit ganz anderen Modellen und Materialien arbeitete, mit Hannah Höch, die in ihren Fotomontagen, Gemälden und Objekten (Abb. 32 und 33) ebenfalls mit den herkömmlichen Geschlechtsattributen spielte, sie wiederholte, mischte, umgestaltete und dadurch die normative Geschlechterdichotomie verrückte.

Jussuf, männlich, weiblich, zwischen den Geschlechtern, erscheint in Else Lasker-Schülers Zeichnungen nicht nur alleine, sondern auch innerhalb verschiedener Konstellationen mit anderen, oft ebenso androgynen Akteuren: zum Beispiel in inniger Umarmung – so innig, daß die Grenzen zwischen den Figuren verschwimmen – mit Spielgefährten wie Mêmêd Laurencis (→70), Halbbruder Ruben (→i37), Daniel Jesus Paul Leppin (→i36), dem Kind von Giselheer (Tafel S. 43), dem sanften Häuptling Calmus Jezowa (Tafel S. 44 und →70) oder mit mehreren Freunden aus dem *Bund der wilden Juden* (Tafel S. 50). In der mit Buntstift und Wachskreide kolorierten Federzeichnung *Asser Mëmëd Schalomein Jussuf* (→80) sind die Figuren so eng miteinander verschlungen, daß sie nahezu ein Ornament bilden, eine »egyptische Arabeske«, wie Else Lasker-Schüler die Nase im *Selbstbildniß (Prinz von Theben)* (→i17) charakterisierte. Die Oberkörper und langen, fast schlangenförmigen Beine sind nur durch ihre Farben, Blau, Orange, Lila, Gelb, Rot, unterscheidbar. Ihre Zusammenfassung in einem Umriß intensiviert die schwungvolle Bewegung der vier tanzenden und musizierenden Freunde. Auch die Aneinanderreihung, die nur leicht variierte Wiederholung des geschmückten Jussuf-Profils gibt dem Bild Rhythmus. Spätere Zeichnungen, unter ihnen die der Gruppen von männlichen (Tafel S. 80) und weiblichen *Indianerinnen* (Tafel S. 69), zeigen, daß die Künstlerin das Mittel der kaum abgewandelten Vervielfältigung noch oft einsetzen würde. Die dynamische Linienführung und der abbreviative, serielle Charakter dieser Arbeiten erinnern an Ernst Ludwig Kirchners Berliner Bilder, etwa an die 1911 im *Sturm* erschie-

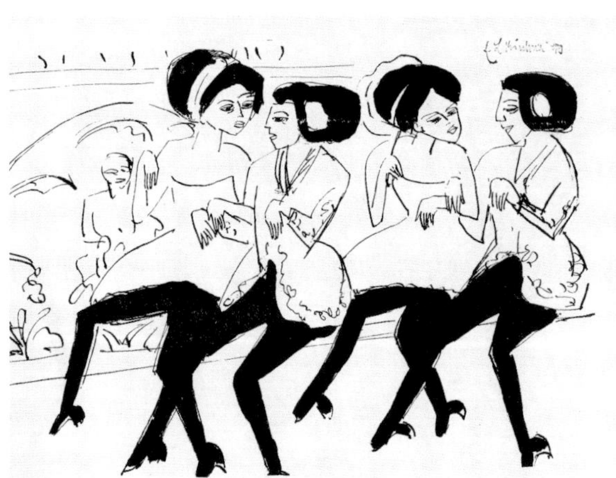

Abb. 34: Ernst Ludwig Kirchner, *Panamagirls*, Federzeichnung (1910)

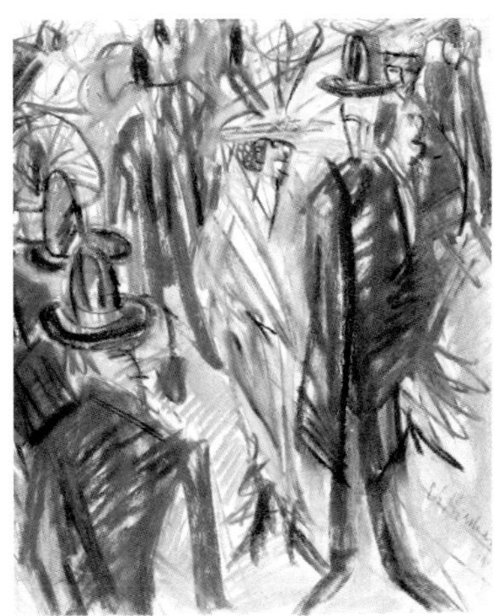

Abb. 35: Ernst Ludwig Kirchner, *Straßenszene mit Grüner Kokotte*, Pastellkreide (1914), 470 × 298 mm

nenen *Panamagirls* (Abb. 34) oder an manche seiner Straßenszenen (Abb. 35), die sich ebenfalls durch rhythmisierte Reihungen auszeichnen. Beide Künstler wiederum waren von den italienischen Futuristen beeindruckt, die genau diese Technik des Seriellen benutzten, um Bewegung und Dynamik zu erzeugen. Als »staunenerregend« rühmte Else Lasker-Schüler die Futurismusausstellung, die im Frühjahr 1912 in der *Sturm*-Galerie stattfand. »Die Revolution – aber – gemalt nicht photographiert«, schrieb sie begeistert an Karl Kraus. »Die aufwachsende Stadt – rasend [...] Kommen Sie schnell! Sie staunen, Sie schreien vor den Bildern. Colosse«.[30]
Mehrfach wiederholt und arabesk verschlungen sind auch die Köpfe in Zeichnungen wie *Das ist Jussuf am Abend voll Sehnsucht* (Tafel S. 59) und *Prinz Jussuf von Theben und sein Gefolge* (Tafel S. 57). Mit einfachen Strichen sind hier durch Reihungen, Überschneidungen und Verknüpfungen bewegte, vielschichtige »künstlich geordnete Verwirrungen« erzeugt. Die Goldfolie auf der Stirn der Figur des Ossman und das korrigierend darübergeklebte und bemalte Papierstück in ersterer Arbeit verstärken die humorvoll verspielte Wirkung des Bildes. Ganz im Sinne von Friedrich Schlegels poetologischer Definition der Arabeske als Gattung, in der sich durch die Verschlingung von Inhalt und Form »märchenhafte Phantastik, ironische Leichtigkeit und überquellende Fülle« manifestieren, sind diese Zeichnungen nicht als klassische, ausgewogene »Einheiten« lesbar, sondern als offene Kompositionen, die »Fülle, Vielfalt und Verschiedenheit« in sich vereinen. Auf Schlegels Begriffsverwendung Bezug nehmend, betrachtet Vivian Liska die Arabeske als eine aus »Enthusiasmus und Ironie« gemischte Erscheinungsform des »schelmischen Erhabenen«, als Verbildlichung des »Ambivalenten und Zwiespältigen«,[31] das fixierte Anordnungen auflöse. Im Zusammenhang mit Else Lasker-Schülers Orientalismus kann dann das Arabeske, das Schelmische, die Bewegung zwischen dem Erhabenen und dem Schelmischen als Aufhebung der Grenzlinie nicht nur zwischen männlicher und weiblicher Verschiedenheit, sondern auch zwischen Eigenem und Fremdem verstanden werden.

Daß Else Lasker-Schülers Verwendung orientalischer Motive einen Raum für Verschiedenheit, für das Anderssein öffnet, haben mehrere Forscherinnen thematisiert. Exemplarisch sei hier noch einmal Vivian Liska genannt, die in Lasker-Schülers Orientalismus eine »Transposition von ihrem eigenen Fremdsein als Jüdin in Deutschland«[32] sieht. Die zentrale Metapher des Fremdseins ist wohl die Jussuf-Ich-Figuration, deren literarische und bildnerische Genese aus der biblisch-koranischen Josephsgestalt (1. Buch Mose, 37-50 und 12. Sure) in Else Lasker-Schülers Texten und privaten Briefen bereits herausgearbeitet worden ist.[33] Auch Zeichnungen wie *Ruben und Jussuf* (→137), *Jussuf träumt den Traum der Hecke* (Tafel S. 20, vgl. auch Tafel S. 30) und *Jussuf weidet die Ziegen und Schaafe* (→112) deuten auf das biblisch-koranische Modell, das von seinem Halbbruder Ruben vor dem Tod gerettet, an eine ismaëlitische Karawane verkauft wurde und in Ägypten, nach dem Erleiden einiger Prüfungen, durch seine Fähigkeit, Träume zu deuten, zu großem Ansehen und zu Macht gelangte. Obzwar Else Lasker-Schüler sich manchmal auf »Joseph [aus] Kanazeiten« bezog, konzipierte sie die Figur gleich von Anfang an mit arabischem Namen und einem Profil, das von den Seitenansichten der Personen in altägyptischen Reliefs inspiriert worden ist.[34] Mit der Gestaltung von betont orientalischen Ich-Figurationen deutete Else Lasker-Schüler vielleicht auch spielerisch-provokativ auf das antisemitische Stereotyp der Juden als Orientalen.[35]

Die Überschneidungen zwischen orientalistischen und antijudaistischen, mithin antisemitischen Zuschreibungen zu Else Lasker-Schülers Zeit gründeten historisch auch auf dem Versuch des christlichen Westens, sich von den beiden anderen monotheistischen Religionen abzugrenzen. So begann die ›Orientalisierung des Orients‹ in der christlichen Kunst im 13. Jahrhundert, während sich der Brauch, Juden als turban- und dann kufiyatragende Orientalen darzustellen, spätestens im 15. Jahrhundert einbürgerte. Jesus jedoch wurde in dieser Zeit immer europäischer und blonder: Sein Leben sollte die Überwindung des Alten Testaments sowie seines nichteuropäischen Ursprungs symbolisieren. Auch die Figuren der Jünger Jesu wurden okzidentalisiert, während die, die ihn noch nicht erkannt hatten oder gar seine Lehre ablehnten, Orientalen bleiben mußten.[36] Die zunehmende Vermischung von Religion und Ethnos in der Kunst war Teil der allgemeinen Entwicklung von religiös zu rassistisch motivierten Ausschlußideologien. Seit dem späten 18. Jahrhundert wurden Juden und Orientalen – letztere aus europäischer Sicht zunächst von den Türken und dann, mit dem Schwinden der Macht des Osmanischen Reiches, von den Arabern verkörpert – zu mysteriösen und bedrohlichen, unberechenbaren und dämonischen anderen gemacht, denen sich die Okzidentalen zivilisatorisch überlegen fühlen konnten. Zugleich führte die im Europa des 19. Jahrhunderts vorgebrachte Skepsis gegenüber der rationalistisch-materialistischen Aufklärungskultur zu einer Idealisierung der orientalischen Lebensart als ganzheitlich (sowohl sinnenhaft als auch spirituell), intuitiv und ursprünglich. Für die einen stellte sich der Orient als verdrängtes Seinsideal dar, mit dessen Hilfe die Entfremdung und Fragmentierung der vermeintlich nur zweckorientierten europäischen Gesellschaft geheilt werden könne; für die anderen war das ›asiatische Fremde‹ das Vergangene, das von den ›fortgeschritteneren‹ Nationen bezwungen und gelenkt werden müsse. Ob sie Objekte des Begehrens oder des Widerwillens, der Faszination oder der Angst waren, die Orientalen wurden homogenisiert und auf einer vorgeschichtlichen, unveränderlichen Kulturstufe festgeschrieben.

Joseph / Jussuf, der von seinen Brüdern an eine nach Ägypten ziehende ismaëlitische Karawane verkauft wurde, steht jedoch nicht nur für das Fremdsein unter anderen im Sinne des jüdischen Exils, sondern auch für das Fremdsein im eigenen Volk. Else Lasker-Schülers betont orientalistische Selbstdarstellung signalisierte auch Distanz zu der die Künstlerin umgebenden jüdischen Gemeinschaft. Sie war eine Herausforderung an die akkulturierten Juden, die ihre traditionellen Rituale und Gebräuche den Normen des deutschen Bürgertums anpaßten, um sich vom Stigma des nichteuropäischen Ursprungs zu befreien. Wenn Jussuf für Theben in die Schlacht zog (→i32), kämpfte er vielleicht auch gegen diejenigen deutschen Juden, die sich als Träger der westlichen ›aufgeklärten Hochkultur‹ betrachteten und jegliche Verbindung mit dem Orient von sich wiesen.

Else Lasker-Schüler ließ ihr Publikum wissen, daß sie die angepaßten Juden aus »Kleinghettostadt« verabscheute und nur die »wilden Juden, die an den heiligen Flüssen wachsen«, liebte und von ihnen »das Höchste«[37] verlangte. »Wilde Juden« waren die heroischen Juden der Bibel wie Josua,[38] der Anführer der Israeliten bei der Eroberung des Landes Kanaan, oder Saul,[39] der erste König Israels. Sie waren kämpferisch (→i68) und stolz (Tafel S. 19), ungestüm wie Abigail,[40] sinnlich wie Sulamith,[41] »buntumschlungene Spielgefährten«[42] wie David und Jonathan (Tafel S. 50 und →68), prophetisch wie der träumende Joseph, heilige Vermittler zwischen den Menschen und Gott. Die wilden Juden waren »Hebräer«, Figuren aus der biblisch-orientalischen Vergangenheit, die als Modelle für eine zukünftige Gemeinschaft dienen sollten.

Else Lasker-Schüler war allerdings nicht die einzige, die die orientalischen Ursprünge des Judentums hochschätzte. Das allgemein im Europa des 19. Jahrhunderts erwachende Interesse am Orient und die Blüte des Orientalismus um die Jahrhundertwende boten auch anderen jüdischen Denkern und Künstlern die Möglichkeit, das Bild des Juden als Orientalen neu zu bewerten. Manche lehnten weiterhin die Verbindung mit dem Orient ab oder projizierten diese auf die osteuropäischen Juden, deren verschiedene Herkunftsländer der Wiener Schriftsteller Karl Emil Franzos wahllos als »Halb-Asien« bezeichnet hatte, als »nicht bloß geographisch, sondern auch in ihrem Kulturleben zwischen dem gebildeten Europa und dem barbarischen Asien«[43] liegend. Andere dagegen, wie der Journalist Moritz Goldstein, befanden, daß diejenigen, die nichts weiter von sich verlangten, als daß sie sich des Europäertums bemächtigten, »von vorgestern« seien, noch immer »an derselben Stelle, an der einst Moses Mendelssohn stand«. Die kulturelle Gleichheit, für die sich der Freund Lessings eingesetzt hatte, mußte erreicht werden, sei jedoch erst »der halbe Weg«. So sehr sich die Juden auch für akkulturiert erachteten, schrieb Goldstein, so sehr hielten die anderen sie für »ganz undeutsch«, sähen »das Asiatische« und vermißten das »germanische Gemüt«.[44] Eingekeilt zwischen Emanzipation und Antisemitismus, wandten diese jüdischen Intellektuellen ihren Blick nach Osten. Sie begannen, wie ihre nichtjüdischen Kollegen, den Orient zu romantisieren und die Orientalen sowie die Ostjuden zu ursprünglichen Menschen zu verklären, die »bei den Müttern«[45] wohnten. Der Historiker Hans Kohn argumentierte etwa, daß sich die von der Tradition entfremdeten, säkularisierten westeuropäischen Juden nur durch die Rückkehr zu der orientalischen »Urlebensgemeinschaft« aus der seelenlosen »Starrheit und Verknöcherung«[46] befreien und zur lebendigen Erneuerung finden könnten. Gerade ihre ideelle Position zwischen Europa und Asien ermögliche es den Juden, als »Mittlervolk« zu dienen, das, so der Religionsphilosoph Martin Buber, »alle Weisheit und Kunst des Abendlandes erworben und sein orientalisches Urwesen nicht verloren« habe. Nach Buber waren Abendländer ein »sensorischer« Menschentypus, dessen Sinne voneinander und von dem »undifferenzierten Boden des organischen Lebens« gelöst seien. Unter der Hegemonie des gelöstesten, unabhängigsten Sinns stehend, nämlich des Gesichtssinns, sähen sensorische Menschen die Welt als eine Vielfalt von Dingen und Bildern, die sie unter »allgemeine Begriffe« einordneten.

Orientalen hingegen seien »motorische« Menschen, deren Sinne miteinander und mit dem »dunklen Leben des Organismus« eng verbunden seien. Ihnen bekunde sich die Welt als schrankenlose, sie durchdringende Bewegung, die sie in ihrer »Innerlichkeit« aus der »Einheit im Geiste« erlebten. Als Mittlervolk seien die Juden dazu berufen, Europas »Ideologien von unvergleichlicher Reinheit, Sicherheit und Geschlossenheit« und die »elementare Gewalt der großen Lehren« des Orients zu »fruchtbarer Gegenseitigkeit«[47] zu verknüpfen.

Im Zuge dieser vom zeittypischen Essentialismus und Exotismus geprägten innerjüdischen Diskussionen war 1901 die kulturzionistische »Illustrierte Monatsschrift für Modernes Judentum« *Ost und West* von Leo Winz und Davis Trietsch unter Mitwirkung von Künstlern, Gelehrten und Schriftstellern wie Martin Buber, Berthold Feiwel, Samuel Lublinski und Ephraim M. Lilien gegründet worden, die sich die Berichterstattung über das Judentum in aller Welt zum Ziel setzte. In Aufsätzen, Kurzgeschichten, Lyrik, Musik und Illustrationen wurden auf vielfältige Weise die gängigen Vorstellungen von der Ost-West-Polarität reproduziert, denen Nietzsches Konzeptualisierung des natur- und rauschhaften Dionysischen und des harmonisch gestaltenden Apollinischen als Vorbilder dienten. Auch hier ging es darum, das jüdische Selbstverständnis in Deutschland neu zu bestimmen und die jüdische Kultur in einem Anderssein zwischen Orient und Okzident zu verorten. Gleich im ersten Jahrgang beteiligte sich Else Lasker-Schüler an der Zeitschrift mit zwei ihrer frühen, von biblischen Motiven inspirierten Gedichte, »Das Lied des Gesalbten« und »Sulamith«.[48] Obwohl sie nichts Weiteres in diesem Rahmen veröffentlichte und sicherlich nicht im Zentrum der Auseinandersetzungen stand, können Else Lasker-Schülers orientalistische Texte und Zeichnungen durchaus als »Beitrag zur Neubestimmung des Standorts der jüdischen Minderheit«, wie Nina Berman es ausdrückte, verstanden werden. Ihre hoheitsvollen, stolzen (Tafel S. 35 und →23), kühnen (Tafeln S. 38 und S. 45) und sinnlichen (→83) Figuren gehörten gewissermaßen zu der »Urlebensgemeinschaft«, von deren Wiederbelebung sich der Kreis um *Ost und West* die Erneuerung einer innerlich gefestigten jüdisch-nationalen Kultur nach uraltem Vorbild, eine moderne »jüdische Renaissance«, erhoffte. Eigentlich waren Else Lasker-Schülers wilde Juden zu eigensinnig und ethnisch wie geschlechtlich zu ambivalent, um von den ideologischen Debatten vereinnahmt werden zu können. Dennoch steuerten sie das Ihre dazu bei, eine »selbstbewußte Position der Differenz innerhalb der dominanten deutschen Kultur«[49] zu beanspruchen.

»Schwarz und wild am Kehricht der egyptischen Ausstellung«

Else Lasker-Schülers Arbeiten leisteten indes nicht nur einen eigenwilligen Beitrag zum jüdischen Minderheitendiskurs. Sie waren auch, wie die innerjüdische Diskussion selbst, auf komplexe Weise mit den bereits erwähnten allgemeinen orientalistischen Tendenzen ihrer Zeit verwoben.[50] Wie viele nichtjüdische Schriftsteller und Künstler homogenisierte und exotisierte Else Lasker-Schüler den Orient und vereinnahmte ihn als Projektionsfläche für ihre eigenen Wünsche, Phantasien und Ängste. In mehreren ihrer literarischen Texte – *Die Nächte Tino von Bagdads* (1907) und *Der Prinz von Theben* (1914) sind wohl die bekanntesten Beispiele – griff sie die gängigen orientalistischen Klischees auf: sowohl Ausschweifung, Luxus, Wollust und Grausamkeit als auch Reinheit und Unverfälschtheit. Sie stellte damit die Ambivalenz zur Schau, die nach Homi Bhabha charakteristisch ist für die Konstruktion des Anderen, zugleich edel und wild, »Objekt der Sehnsucht und des Spotts«.[51] In Else Lasker-Schülers Zeichnungen geht es bei weitem nicht so wild zu wie in manchen ihrer Texte. Ihre Motive und ihr Stil sind nichtsdestoweniger von der die Künstlerin umgebenden visuellen Kunst und Alltagskultur geprägt, welche die Orientalen und andere Nichteuropäer gleichzeitig idealisierten und auf eine niedrigere Kulturstufe festlegten. Mit Blick auf die Zeichnungen ist es wichtig anzumerken, daß Else Lasker-Schülers Motivrepertoire zwar zu einem großen Teil einem imaginären Orient entsprang, ihre bildnerische Formsprache jedoch weit entfernt war vom Stil orientalistischer Maler wie Jean-Léon Gérôme, John Frederick Lewis oder Henriette Browne, die die akademisch-illusionistischen Konventionen des 19. Jahrhunderts unkritisch übernommen hatten. Else Lasker-Schülers flächige, abbreviative Darstellungen waren vielmehr Teil eines Gewebes, in dem sich orientalistische und primitivistische Zeitströmungen verknüpften.

Die Romantisierung des Ostens und anderer nichteuropäischer Länder als Heilmittel gegen die scheinbare Leere der rationalistisch-materialistischen Aufklärungskultur war wiederum eng mit der Kolonialpolitik des Westens verflochten. Sie erst ermöglichte es den europäischen Intellektuellen und Künstlern, mit der Kultur anderer Völker in Berührung zu kommen. Schon die Jugendstilkarikaturisten, mit deren Arbeiten Else Lasker-Schülers frühe Zeichnungen im Dialog standen, wandten sich in ihrem Bestreben nach der Vereinigung von Kunst und Leben in der Gebrauchskunst nicht nur der fernöstlichen, sondern auch der afrikanischen Kunst zu, die es in den im späten 19. Jahrhundert gegründeten

ethnologischen Museen zu sehen gab. Die gegen die Regeln der Akademie gerichtete Technik des Verzichts auf Perspektive, der Betonung der Umrißlinien und Beschränkung auf hervorstechende Merkmale lernten sie von dem »uncivilisierten Wilden«, der, wie Eduard Fuchs in seiner Studie über *Die Karikatur der europäischen Völker* (1901) behauptete, wie ein Kind bei seinen »ersten Zeichenversuchen die unterscheidenden Merkmale«[52] herausstelle.
Auch Expressionisten wie Ernst Ludwig Kirchner, Erich Heckel, Max Pechstein, Emil Nolde und Karl Schmidt-Rottluff, die Else Lasker-Schüler aus dem *Sturm*-Kreis kannte, erhielten entscheidende Anstöße für ihre Formfindung bei Besuchen in den Dresdner, Hamburger und Berliner Völkerkundemuseen. Das von dem Sammler Karl Ernst Osthaus gegründete und von dem Jugendstilarchitekten Henry van de Velde ausgestattete Folkwang-Museum in Hagen war ebenfalls eine wichtige Inspirationsquelle für die nach einer unverfälschten Ausdrucksweise suchenden *Brücke*-Künstler. Als einziges Museum präsentierte dieses Kunstwerke aus dem Nahen und Fernen Osten, aus verschiedenen Ländern Afrikas und Ozeaniens zusammen mit modernen europäischen Arbeiten. Als antiakademische Würdigungen des ästhetischen Werts außereuropäischer Kunst gedacht, waren diese eklektischen Ausstellungen dennoch Inszenierungen des Primitivismus, in dessen Rahmen europäische Künstler die Kulturerzeugnisse anderer Völker aus ihren geographischen, zeitlichen und gesellschaftlichen Bezügen herauslösten, um sie als Material zum Ausdruck ihres eigenen Lebensgefühls zu verwenden. Else Lasker-Schüler besuchte das Hagener Museum zum ersten Mal im März 1913, um dort eine Lesung abzuhalten. Danach blieb sie in freundschaftlicher Verbindung mit der Familie Osthaus, korrespondierte vor allem mit Gertrud Osthaus und ließ diese und ihre Tochter Helga als fiktionalisierte Figuren im *Malik* auftreten, letztere auch in der Zeichnung *Bulus der Emir von Tiba und seine Braut* (→i79).[53] Im April/Mai des Jahres 1916 hatte Else Lasker-Schüler, zusammen mit der holländischen Malerin Jacoba van Heemskerck, eine Ausstellung im Folkwang-Museum, die für ihre Anerkennung als bildende Künstlerin bedeutsam war. Neben einigen Porträts ihrer Zeitgenossen zeigte sie, ganz im Sinne des künstlerischen Anspruchs des Museums, vor allem Bilder ihrer orientalisierten Figuren wie Jussuf/Abigail, Salomein, Asser, der Fakir, der Emir oder die wilden Juden. Diese brachten ihr das Lob ein, daß sie »als Orientalin« es verstanden hätte, die »ganze Sinnenfreude des Orients, das Träumerisch-Bachanale« mit ganz »wenigen, aber ›sitzenden‹ Linien« zum Ausdruck zu bringen.[54] Ein Lob, in dem sich Else Lasker-Schülers

strategische exotisierende Selbstinszenierung mit dem Essentialismus des Kritikers vereinten.

Museen waren bei weitem nicht die einzigen Orte, an denen Künstler um die Jahrhundertwende anderen Kulturen begegnen konnten. Schaustellungen nichteuropäischer Menschen etwa sollten einem zahlenden Publikum als ›typisch‹ befundene Lebensweisen, Sitten und Gebräuche fremder Kulturen nahebringen und das Verständnis für den zivilisatorischen Anspruch der Kolonialpolitik vertiefen. Die wohl größte Darbietung dieser Art fand im Rahmen der Berliner Gewerbeausstellung von 1896 statt. Neben exotischen Waren aus aller Welt wurden Menschen aus den deutschen Kolonien in Afrika und in der Südsee im Treptower Park vorgeführt. Eine besondere Attraktion war die Kulisse der ›Märchenstadt‹ Kairo, in der es ebenfalls nicht nur Moscheen, Minarette, Sphinxe, Pyramiden und Palmen, sondern auch ›echte Araber‹ nebst ihren Dromedaren, Eseln und Büffeln zu sehen gab. Weitere kleinere Völkerschauen, in denen sich Unterhaltung, Bildungsansprüche und wirtschaftliche Interessen verknüpften, fanden im Lunapark, auf Jahrmärkten und in Panoptiken statt. Der Tierhändler und Zoodirektor Carl Hagenbeck organisierte ›anthropologisch-zoologische Ausstellungen‹, die, in verschiedenen Zoos Deutschlands gezeigt, die Nähe zwischen den ›Primitiven‹ und Tieren suggerierten. Die Teilnehmer mußten die Zeit, oft mehrere Monate, in Imitationen ihrer heimatlichen Umgebung verbringen, ihrem ›authentischen‹ Leben nachgehen, ihre Tanz-, Musik- und Kampfrituale vorführen und ›wissenschaftliche‹ Körpermessungen über sich ergehen lassen. Auch im Zirkus und in Varietéveranstaltungen gab es ›exotische‹ Darbietungen von Akrobaten und Tänzern aus aller Welt (Abb. 31). Nicht vergessen sollte man die vielen exotistischen Requisiten, die in Opern und Theateraufführungen, in Ballett und modernem Tanz, Maskenbällen und Kostümfesten, in der populären Literatur von Georg Ebers und Karl May, in Kinofilmen und Zeitungen, Reklameanzeigen für Güter und Tourismus, Plakaten und Warenhausauslagen benutzt wurden.[55]

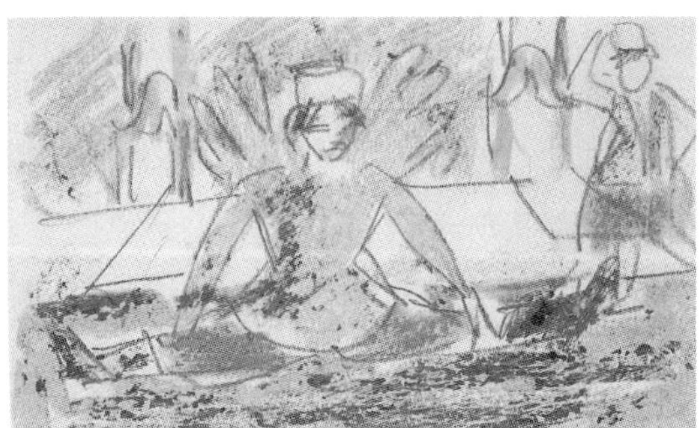

Abb. 36: Ernst Ludwig Kirchner, *Tänzerin im Spagat*, Bleistift, farbige Kreide (1912), 90 × 140 mm

Diese Requisiten fanden sich in den Werken der *Brücke*-Künstler wieder, in den Zirkus-, Varieté- und Völkerschauszenen Ernst Ludwig Kirchners (Abb. 34 und 36) und Max Pechsteins, in den im Berliner Völkerkundemuseum entstandenen Stilleben Emil Noldes und in den Atelierszenen von Kirchner und Erich Heckel, die mit afrikanischen, afrikanisierten und orientalisierten Objekten ausgestattet waren. Das aus dem Kontext gerissene Zubehör der genannten Unterhaltungskultur kam auch in Else Lasker-Schülers literarischen und bildnerischen Arbeiten zur Geltung. Zeichnungen wie *Der Schlangentänzer in Tiba* (Tafel S. 60), *Der blaue Jaguar der Malik von Theben tanzt seinen Thebetanern den Schleiertanz* (Tafel S. 66) und *Vor Jussufs Palast Musik* (→92) mögen von orientalistischen Varietédarbietungen inspiriert worden sein (Abb. 31). *Der Indianerhäuptling Dschandragupta am Hofe Jussufs Abigail zu Theben* (→115) präsentiert eine Ansammlung von Stereotypen – den Indianerhäuptling mit buntem Federschmuck und Tätowierungen, Orientalen mit Fez und Turban und den schwarzen Ossman mit krausem Haar, buschigen Augenbrauen und dicken Lippen –, die so vielleicht im Zirkus zu finden war oder im Lunapark, wo die Zulus »schwarz und wild am Kehricht der egyptischen Ausstellung wo kein Weisser hinkommt«[56] lebten. Die arabesk anmutenden Zeichnungen *Das ist Jussuf am Abend voll Sehnsucht* (Tafel S. 59), *Prinz Jussuf von Theben und sein Gefolge* (Tafel S. 57) oder *Nicodemus* (Tafel S. 61) könnten gleichermaßen von dem willkürlichen Durcheinander der exotistischen Völkerpräsentationen beeinflußt sein. Mehr noch als die Motive waren es Else Lasker-Schülers formale Mittel, die sie mit dem primitivistischen Werk der *Brücke*-Künstler und vor allem Ernst Ludwig Kirchners[57] verbanden: der flächige Kompositionsaufbau, der flüchtige Strich, der Verzicht auf Genauigkeit zugunsten eines gesteigerten Ausdrucks und die Elongierung der Figuren. All diese Stilmerkmale entwickelten sich aus einer zwar antiakademischen, antizivilisatorischen Hinwendung zu (und Aneignung von) der vermeintlichen Ursprünglichkeit der außereuropäischen Kunst, die sich jedoch just im Rahmen der durch die Kolonialpolitik des Kaiserreichs vermittelten Begegnungen mit anderen Kulturen vollzog. Trotz ihrer rebellischen Absichten gegen die bürgerlich-imperialistische Gesellschaft waren die Künstler viel mehr von der Weltanschauung ebendieser Gesellschaft geprägt, als ihnen allgemein zugeschrieben wurde.[58]

Else Lasker-Schülers Zeichnungen waren jedoch humorvoller, schelmischer als die Werke der *Brücke*-Künstler. Sie ging spielerischer mit ihren formalen und inhaltlichen Materialien um und scheute sich nicht, die Artifizialität ihrer Werke zu offenbaren. *Der Indianerhäuptling Dschandragupta am Hofe Jussufs Abigail zu Theben* (→115) setzt zum Beispiel die stereotypisierten Figuren so künstlich in Szene, daß nicht nur auf die »Zeichenhaftigkeit« dieser Akteure, sondern auch auf den »Kulissen- und Oberflächencharakter«[59] der zugrundeliegenden Modelle hingewiesen wird. Jegliche Vorstellung von Ursprünglichkeit wird hier ironisch untergraben. Es mag diese Tendenz zur Ironie sein, bemerkbar schon von Anfang an – man denke an *Die lÿrische Mißgeburt* (Abb. 1)und die Zeichnungen zu den »Briefen nach Norwegen« (→i1-17) –, die Else Lasker-Schüler nach ihrer Trennung von Herwarth Walden und seinen *Sturm*-Aktivitäten zu dem Kreis um Wieland Herzfeldes pazifistische Monatsschrift *Neue Jugend* zog. Dieser Kreis beteiligte sich an der anarchischen Berliner Antikunstbewegung Dada, zu der auch Richard Huelsenbeck, Hannah Hoech, Raoul Hausmann, Johannes Baader und Walter Mehring gehörten. Else Lasker-Schüler veröffentlichte 1916/17 Lyrik und einige Folgen ihrer *Briefe und Bilder* in der *Neuen Jugend* und machte Herzfelde zum Sujet einer ihrer Karikaturen (→i69). Letzterer wiederum nannte seinen 1917 gegründeten Malik Verlag nach Lasker-Schülers gleichnamiger Romangestalt. Herzfelde, seinem Bruder John Heartfield, Franz Jung und George Grosz widmete Else Lasker-Schüler mehrere Gedichte. Mit George Grosz verband sie die Liebe für Indianerhäuptlinge, derentwegen sie ihn in der Zeichnung *Morderche̋ï Jussuf Lederstrumpf* (→i65) mit buntem Haar- und Ohrschmuck verewigte.[60] Ihre performativen Lesungen mit Geräuscheffekten und ihre erfundene »Ursprache aus der Zeit der Wildjuden«, das an Hebräisch und Arabisch anklingen sollte, das »mystische Asiatisch«,[61] können als Vorwegnahmen der Inszenierungen dadaistischer Lautgedichte während der Zeit des Ersten Weltkriegs im Züricher *Cabaret Voltaire* und im Berliner *Club Dada* gesehen werden. Tatsächlich gehörten Else Lasker-Schülers Gedichte zum Programm dieser Abende, die die von der bürgerlich-militaristischen Gesellschaft geprägte Sprache zu zerstören suchten.[62] Auch manche Elemente aus Else Lasker-Schülers bildnerischen Arbeiten haben mehr mit Dada als mit dem Expressionismus gemein: das respektlose Durchschneiden und Zusammenkleben von Zeichnungen, das Collagieren mit Metallfolien, die Enthüllung des Herstellungsverfahrens und die häufige Benutzung zufälliger Materialien – Löschpapier, Telegrammformulare, Briefumschläge, perforierte Notizblöcke, ungerade geschnittene, linierte oder karierte Blätter – als Zeichenpapier. Allerdings waren Else Lasker-Schülers Arbeiten nicht so zynisch und agressiv wie die Werke von George Grosz und John Heartfield, eher ironisch und verspielt wie die bereits erwähnten Arbeiten Hannah Hoechs (Abb. 32 und 33). Zudem war Else Lasker-

Schüler nicht ganz so ehrfurchtslos der Kunst gegenüber wie die kunstzertrümmernden Dadaisten, war ihr die Kunst doch ein »Platzmachen für Gott« und »unser Gottbeiuns«.[63] Sie bewegte sich eben zwischen dem expressionistisch Erhabenen und dem dadaistisch Schelmischen, zu eigenwillig, um sich festlegen zu lassen.

»Es ziemt sich nicht, hier im Heiligen Lande Zwietracht zu säen«

Das komplexe Netz von Bezügen, in dem sich Else Lasker-Schülers bildnerische Arbeiten befanden, verzweigte sich ab den dreißiger Jahren weiter. In der Schweiz, wohin Else Lasker-Schüler im April 1933 geflohen war, zeichnete sie viel, um finanziell zu überleben. Ihre formale Bildsprache hatte sich nicht wesentlich verändert, jedoch gestaltete sie neben den leichtfüßigen Zeichnungen mit schnellem Strich seit dem Ende der zwanziger Jahre auch pastosere Bilder wie *Der blaue Jaguar und Freytag* (Tafel S. 72), *Ein thebetanisches Brautpaar* (Tafel S. 71) oder *Durch die Wüste Sinaï* (Tafel S. 83), in denen sie auch den Hintergrund mit Pastell- und Ölkreiden bearbeitete. Diese Werke sind von einem malerischen Zusammenspiel starker Farben bestimmt, die einander leuchten lassen. Auch Else Lasker-Schülers orientalische (und gelegentlich indianische) Motivwelt blieb in den dreißiger und vierziger Jahren bestehen. Die charakteristische Silhouette von Theben mit seinen gekuppelten und flachen Bauten – am detailliertesten in der Lithographie *Theben mit Jussuf* (→192; vgl. auch Tafel S. 47) von 1923 präsentiert – tauchte auch weiterhin auf, sogar in Zeichnungen, die eigentlich Talpiot bei Jerusalem (Tafel S. 98) oder Alexandria (→186) darstellen sollten.[64] Jedoch erweiterten die Reisen nach Ägypten (1934) und Palästina (1934 und 1937) und der durch die Verweigerung einer erneuten Aufenthaltserlaubnis seitens der Schweizer Fremdenpolizei bedingte ständige Aufenthalt in Palästina ab 1939 das Repertoire. Zu Jussuf und seinem Gefolge gesellten sich Juden aus Samarkand (Tafel S. 82), arabische Studenten in Jerusalem (→195), eine Jemenitin (Tafel S. 97), ein persisches Brautpaar (→197), abbessinische Geistliche und griechische Mönche (Tafeln S. 86 und 89). Menschen aus verschiedenen Kulturen, die Else Lasker-Schüler in den Straßen von Jerusalem (Tafeln S. 88 und 102) und Alexandria beobachtet hatte. Der abbreviative und in Teilen serielle Charakter der Darstellungen hatte sich nicht verändert, die Gewänder und Kopfbedeckungen der Figuren wurden jedoch – wie in der Jerusalemer Kaffeehausszene (Tafel S. 107) – vielfältiger und spezifischer.[65] Um eine Abbildung der Realität ging es in diesen Arbeiten natürlich trotzdem nicht, sondern um kompositorische und farbliche Fragen, auch um ein Suchen und Finden der mitgebrachten Vorstellungen vom Orient.

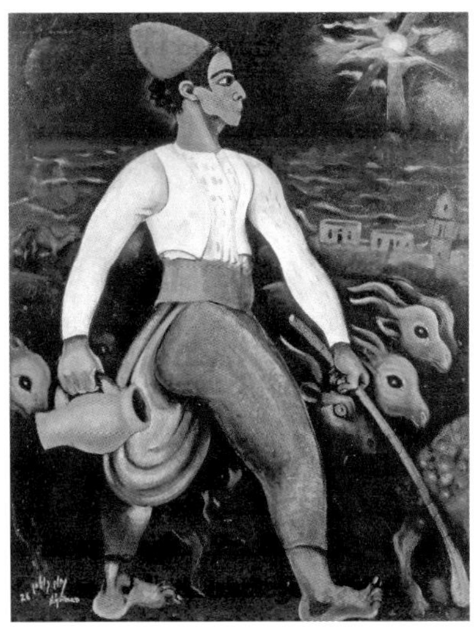

Abb. 37: Nahum Gutman, *Vor dem Sturm*, Öl auf Papier auf Sperrholz (1926), 720 × 540 mm

Die Faszination für Araber und orientalische Juden teilte Else Lasker-Schüler mit zahlreichen der modernistischen Künstler, die seit den zwanziger Jahren im *Jischuw*, der jüdischen Gemeinschaft im britischen Mandatsgebiet Palästina, lebten. Auch sie romantisierten orientalische Juden als diejenigen, in denen die authentischen Eigenschaften der biblischen Hebräer bewahrt worden seien. Für Nachum Gutman (Abb. 37) waren es zudem einheimische Araber, namentlich die ackerbauenden Fellachen und die nomadischen Beduinen, die noch die Lebensweise der biblischen Vorfahren weiterführten. Palästinensische Araber verkörperten die Vision Gutmans und anderer Künstler wie Reuven Rubin, Israel Paldi und Menachem Shemi von unverbildeten, starken, sinnlichen, mit dem Land verwurzelten ›edlen Wilden‹.[66] Die Realität wurde hier von dem bekannten europäisch-orientalistischen und primitivistischen Modell überformt, ein Phänomen, das man auch in den Bildern anderer europäischer Künstler wie Paul Gauguin, Emil Nolde, Paul Klee oder Max Pechstein von den von ihnen bereisten außereuropäischen Ländern beobachten kann.

Infolge der defensiven zionistischen Isolationspolitik nach den heftigen Auseinandersetzungen zwischen Arabern und Juden im Jahre 1929 begannen sich auch die Künstler des *Jischuw* von ihren ehemaligen Subjekten abzuwenden und sich an dem Projekt der Gestaltung einer westlich-modernen jüdischen Identität zu beteiligen, die sich klar von der ›rückständigen‹ orientalisch-arabischen Identität abgrenzen sollte.[67] Else Lasker-Schüler hingegen beharrte auf der Darstellung von palästinensischen Arabern und auf der Orientalisierung ihrer jüdischen Figuren. Die *Hebräischen Bauern* (→161), die in ihre Kolonie heimkehren, die *Chaluzim* (→158), die aus den Orangenhainen kommen, und die Freunde, denen Prinz Jussuf seine Gedichte vorliest (Tafel S. 109), sie alle tragen orientalische Gewänder, die denen der Figuren in der *Egyptischen Photographie (In einem Café aufgenommen)* (Tafel S. 106) oder dem *Café in der Altstadt Jerusalems* (Tafel S. 107) gleichen. In Zeichnungen wie *Menschen aus Jerusalem* (→143), *Jerusalemgestalten* (→202) oder *Auf dem Jaffa Road* (Tafel S. 88) mischen sich Araber und Juden verschiedener orientalischer und europäischer Herkünfte. Als »Zwillingsstämme« und »semitische Stiefbrüder«, die beide »die wiedererwachte Seele frommer Bibelgestalten«[68] in sich trügen, beschrieb Else Lasker-Schüler Araber und Juden in ihrem bebilderten Prosabuch *Das Hebräerland* (1937). Unterscheiden kann man ihre Figuren nur an deren Bekleidung. Ihre Gesichter machte die Künstlerin »ungeniert«, wie Viktoria Schmidt-Linsenhoff es ausdrückte, »sich selbst und untereinander ähnlich mit der universellen physiognomischen Signatur des Prinzen von Theben«. Schmidt-Linsenhoff betrachtet diese Betonung der Gemeinsamkeiten von Juden und Arabern, von sich selbst und (jüdischen, moslemischen und christlichen) Orientalen zu Recht als eine »politisch reflektierte und substantielle Kritik an einer zionistischen Nationalidentität«. Der »Abgrenzung von einem konstitutiven Außen« habe Else Lasker-Schüler eine »künstlerische Praxis der Differenz« entgegengesetzt, die »Alterität und Fremdheit nicht außerhalb, sondern innerhalb der Grenzen des Selbst oder des Staates«[69] verorte. »Sie glaubt nicht an [einen] jüdischen Staat«, notierte tatsächlich der Schriftsteller Werner Kraft nach einem seiner vielen Besuche bei Else Lasker-Schüler in Jerusalem, »wir seien das ›Salz‹ oder der ›Zimmet‹ und die könnten nicht für sich existieren –«.[70]

Auch in Palästina gehörte Else Lasker-Schüler also einer Minderheit an. Sie unterstützte die Bestrebungen des *Brit Schalom* (»Friedensbund«) und dessen Nachfolgeorganisation *Ichud* (»Vereinigung«), die die Beziehung mit der arabischen Bevölkerung Palästinas zum Zentrum ihres politischen Denkens machten. Einige der Mitglieder dieser Verbände waren Freunde, mit denen Else Lasker-Schüler sich in Jerusalem traf, mit denen sie korrespondierte und die sie zu Figuren ihres *Hebräerlands* machte, unter ihnen Martin Buber, Hugo Bergmann und Ernst Simon. Mißtrauisch gegenüber der europäischen Idee des Nationalstaats, die im Ersten Weltkrieg soviel Zerstörung angerichtet hatte, wandten sich diese pazifistischen und antiimperialistischen Intellektuellen von »den Methoden des Herrschaftsnationalismus« ab und plädierten für eine ethisch legitimierte Gemeinschaft, die »echte übernationale« Verantwortung übernehmen müsse.[71] Die Forderung der Führung des *Jischuw* nach einer jüdischen Bevölkerungsmehrheit unter dem Schutz der britischen Waffen hielten sie dagegen für verantwortungslos. »Und doch geht hier Jude und Christ, Mohammedaner und Buddhist Hand in Hand«, schrieb Else Lasker-Schüler im *Hebräerland.* »Das heißt, ein jeder begegnet dem Nächsten mit Verantwortung. Es ziemt sich nicht, hier im Heiligen Lande Zwietracht zu säen«.[72] Während die zionistische Führung dazu tendierte, die sogenannte ›arabische Frage‹ zu verharmlosen, sie zwar nicht ignorierte, aber sie angesichts des deutschen Vernichtungsantisemitismus doch den eigenen Interessen unterordnete, erklärten die Mitglieder des *Brit Schalom* die ›arabische Frage‹ zum moralischen und politischen Prüfstein des Zionismus. Sie bestanden darauf, den arabischen Widerstand gegen die Errichtung einer jüdischen nationalen Heimstätte in Palästina ernst zu nehmen und die jüdische Einwanderung, zumindest zeitweilig, einzuschränken. Der Konflikt um das Selbstbestimmungsrecht beider Gruppen könne nicht auf den »gewohnten und verbrauchten [Grundlagen] von Majorität und Minorität«, sondern nur durch die Errichtung eines binationalen Staats, in dem Juden und Araber das Land gemeinsam verwalteten, gelöst werden.[73]

Unweigerlich waren Else Lasker-Schülers Arbeiten auch im Kontext Palästinas, wie schon vorher in den deutschen Zusammenhängen, nicht nur mit dem Minderheitendiskurs, sondern auch mit den dominierenden gesellschaftlichen Strömungen verbunden. Im *Hebräerland* romantisierte Else Lasker-Schüler die »hebräischen Pioniere«, die »Palästina aus seinem tausendjährigen biblischen Sagenschlaf« erweckt hätten und »nicht nach Gold sondern nach Gott« suchten.[74] Ganz im Sinne der zionistischen Führung beschönigte sie den jüdisch-arabischen Konflikt und stellte die Araber, die die »jungen Judenbauern« überfielen, als »im Grunde arglos, doch aufgestachelt« dar.[75] Und mit der Behauptung, daß die gemeinsame Arbeit am Acker- und Häuserbau auch dem »willigen, arbeitenden Araber zugute« käme, da »die Rückkehr der Söhne und Töchter Isaaks [...] den Söhnen und Töchtern Ismaëls keineswegs zum Schaden«[76] gereiche, stimmte Else Lasker-Schüler der damals vorherrschenden Einschätzung zu, der Zionismus habe auch die Lage der Araber verbessert. Andererseits sind es gerade Lasker-Schülers Darstellungen einträchtigen Zusammenseins der »beiden versöhnten Stiefbrüdervölker«,[77] die als ästhetisch-politische Entwürfe des binationalen Staates, für den der *Brit Schalom* eintrat, gelesen werden können.

Es ist diese Spannung, die auch Else Lasker-Schülers Zeichnungen so komplex und interessant macht: einerseits verwoben mit den Diskursen des Orientalismus, Primitivismus und Mehrheitszionismus, öffnen sie jedoch zugleich Räume, in denen sich die Grenzen zwischen Europäischem und Orientalischem, Jüdischem und Arabischem, Eigenem und Anderem auflösen. Die Zeichnungen, in ihrer Widersprüchlichkeit, in ihrem eigenwilligen Dazwischensein, nicht als wesentlichen Bestandteil von Else Lasker-Schülers Arbeit zu begreifen, sie gar der Öffentlicheit vorzuenthalten wäre wirklich »ein Diebstahl an den Kunsthistorikern«.[78] Und nicht nur an ihnen.

1 Else Lasker-Schüler, *Das Peter Hille-Buch*, in: Kritische Ausgabe (im folgenden zitiert: KA), Bd. 3.1: *Prosa 1903-1920*, bearbeitet von Ricarda Dick, Frankfurt am Main 1998, S. 27-66, hier S. 42.

2 Else Lasker-Schüler, »Die rotbäckige Schule. Ein Bildchen«, in: KA, Bd. 3.1, S. 145-147.

3 Else Lasker-Schüler, »Briefe nach Norwegen«, in: KA, Bd. 3.1, S. 177-261, hier S. 251.

4 Ebd., S. 239.

5 Elisabeth K. Paefgen, »Grüngelbblaulilarot – farbige Dichtung. Über Funktion und Wirkung von Farben im Werk Else Lasker-Schülers«, in: *Else Lasker-Schüler-Jahrbuch zur Klassischen Moderne*, Bd. 1, hg. von Lothar Bluhm und Andreas Meier, Trier 2000, S. 9-35, hier S. 11.

6 Else Lasker-Schüler, *Das Hebräerland*, in: KA, Bd. 5: *Prosa. Das Hebräerland*, bearbeitet von Karl Jürgen Skrodzki und Itta Shedletzky, Frankfurt am Main 2002, S. 99.

7 Else Lasker-Schüler, »Wie ich zum Zeichnen kam«, in: KA, Bd. 4.1: *Prosa 1921-1945. Nachgelassene Schriften*, bearbeitet von Karl Jürgen Skrodzki und Itta Shedletzky, Frankfurt am Main 2001, S. 137 und Else Lasker-Schüler, »Handschrift«, in: KA, Bd. 3.1, S. 158-161. Vgl. auch Ulrike Marquardt, »Die Entwicklung der ›Zeichenmalkunst‹ in Else Lasker-Schülers Briefen 1893-1913. Eine chronologische Übersicht« in: *Else Lasker-Schüler. Schrift: Bild: Schrift*, hg. von Ricarda Dick unter Mitarbeit von Volker Kahmen und Norbert Oellers, Bonn 2000, S. 29-53, Sigrid Bauschinger, »Wortbilder und Bildworte in Else Lasker-Schülers Briefen 1925-1933«, in: ebd., S. 55-68 und Ricarda Dick, »Zur Buchkunst im Werk von Else Lasker-Schüler«, in: *Librarium*, Jg. 49, Heft 3, 2006, S. 165-180.

8 An Richard Dehmel, 9. Februar 1903: »Ich habe seit Kindauf gemalt [...]. Ich habe schon als kleines Kind viel gedichtet aber ich habe dann gewaltsam alles mit dem Pinsel hinschreiben wollen.« In: KA, Bd. 6: *Briefe 1893-1913*, bearbeitet von Ulrike Marquardt, Frankfurt am Main 2003, Nr. 77. Zur Situierung von Else Lasker-Schüler als bildende Künstlerin vgl. auch Sonja M. Hedgepeth, »A Matter of Perspective. Regarding Else Lasker-Schüler as a Visual Artist«, in: *Else Lasker-Schüler: Ansichten und Perspektiven. Views and Reviews*, hg. von Ernst Schürer und Sonja M. Hedgepeth, Tübingen / Basel 1999, S. 249-265.

9 Else Lasker-Schüler, »Der achtzigjährige Maler Simson Goldberg«, in: KA, Bd. 4.1, S. 280-284, hier S. 282. Vgl. auch Manfred Escherig, »Simson Goldberg. Der Zeichenlehrer von Else

Lasker-Schüler«, in: *Meine Träume fallen in die Welt. Ein Else Lasker-Schüler-Almanach*, hg. von Sarah Kirsch, Jürgen Serke und Hajo Jahn, Wuppertal 1995, S. 79-88.

10 Nach Peter Bürger gibt sich das avantgardistische Werk bewußt »als künstliches Gebilde, als Artefakt zu erkennen. Insofern kann die Montage als Grundprinzip avantgardistischer Kunst gelten«. Vgl. Peter Bürger, *Theorie der Avantgarde*, Frankfurt am Main 1974, S. 97. Auch Markus Hallensleben bezieht sich auf Bürger in seiner Analyse der Avantgardemerkmale von Lasker-Schülers literarischen Texten und performativen Vortragsabenden. Vgl. Markus Hallensleben, *Else Lasker-Schüler: Avantgardismus und Kunstinszenierung*, Tübingen / Basel 2000.

11 Else Lasker-Schüler, *Die Nächte Tino von Bagdads*, in: KA, Bd. 3.1, S. 67-97, hier S. 69.

12 Vivian Liska, *Die Dichterin und das schelmische Erhabene. Else Lasker-Schülers »Die Nächte Tino von Bagdads«*, Tübingen / Basel 1998, S. 52 f. Traditionell ist der Schelm eine mit übernatürlichen Eigenschaften ausgestattete Gestalt, die in der einen oder anderen Form – so zum Beispiel als Hermes (antikes Griechenland), Coyote (Nordamerika), Ganesh (Indien), Pulcinella (Italien) und Eshu (Nigeria) – in den Mythen der meisten Kulturen als schalkhafter Vermittler zwischen den göttlichen und menschlichen Sphären auftaucht. Vgl. auch Lewis Hyde, *Trickster Makes the World*, New York 1988.

13 Else Lasker-Schüler, »Briefe nach Norwegen«, in: KA, Bd. 3.1, S. 208. Die im *Sturm* in 24 Folgen veröffentlichten »Briefe« kamen im November 1912 schon in Buchform mit dem Titel *Mein Herz. Ein Liebesroman mit Bildern und wirklich lebenden Menschen* heraus. Dort jedoch wurden die Zeichnungen auf gesonderten Seiten abgebildet, was den avantgardistischen Montage-Effekt dieser Arbeit nicht berücksichtigte. Vgl. Ricarda Dick, »Zur Buchkunst im Werk von Else Lasker-Schüler« (wie Anm. 7), S. 170.

14 Vgl. *Marbacher Magazin 71/1995: Else Lasker-Schüler 1869-1945*, bearbeitet von Erika Klüsener und Friedrich Pfäfflin, S. 44-46. Vgl. auch Rainer Stamm, »›Wie ich zum Zeichnen kam‹. Else Lasker-Schülers Wege zur bildenden Kunst«, in: *Schrift: Bild: Schrift* (wie Anm. 7), S. 15-28, hier S. 17 f.

15 Peter Sprengel, »Gegenöffentlichkeit und Gegenwelten. Institutionalisierung der Moderne: Herwarth Walden und ›Der Sturm‹«, in: ders., *Literatur im Kaiserreich. Studien zur Moderne*, Berlin 1993, S. 147-178, hier S. 151.

16 Else Lasker-Schüler, »Oskar Kokoschka«, in: KA, Bd. 3.1, S. 147 f., hier S. 147. Der Text kam aus Anlaß von Kokoschkas erster Ausstellung in Paul Cassirers Kunstsalon in *Der Sturm*, Jg. 1, Nr. 21 vom 21. Juli 1910 heraus. Vgl. auch Friedrich Pfäfflin, »Herwarth Walden und Karl Kraus, Adolf Loos und Oskar Kokoschka. Die Anfänge im Kunstsalon Paul Cassirer – 1910«, in: *Ein Fest der Künste. Paul Cassirer. Der Kunsthändler als Verleger*, hg. von Rahel E. Feilchenfeldt und Thomas Raff, München 2006, S. 165-176.

17 Das ursprüngliche Zitat – »Er wollte mich ja auch hauen, ich meine in Stein als Freske« – stammt aus Else Lasker-Schüler, »Briefe nach Norwegen«, in: KA, Bd. 3.1, S. 211. Von der verschollenen Bronzebüste Fritz Hufs sind keine Abbildungen bekannt. Die genannten graphischen Arbeiten sind von Rochus Gliese (in: *Das Junge Deutschland*, Jg. 2, Heft 7, 1919), John Höxter (1919, DLA, Marbach), John Höxter (in: *Der Querschnitt*, Jg. 6, Heft 10, 1926) und Rudolf Großmann (»Der Lasker-Schüler«, in: Franz Blei, *Das große Bestiarium der Literatur*, Berlin 1922).

18 An Alexander von Bernus, 31. August 1916; KA, Bd. 7: *Briefe 1914-1924*, bearbeitet von Karl

Jürgen Skrodzki, Frankfurt am Main 2004, Nr. 198. Es handelt sich um Stanislas Stückgolds *Else Lasker-Schüler*, 1916, Öl auf Leinwand, Von der Heydt-Museum, Wuppertal. Paul Lasker-Schülers Bleistift- und Kohlezeichnungen werden in der National Library of Israel, Jerusalem aufbewahrt und Jankel Adlers *Bildnis der Else Lasker-Schüler*, 1924, Öl auf Leinwand, befindet sich im Von der Heydt-Museum, Wuppertal.

19 Otto Pankok, *Else Lasker-Schüler*, 1926, Kohle, Otto-Pankok-Museum Haus Esselt, Hünxe. Eine weitere undatierte Zeichnung im Otto-Pankok-Museum soll ebenfalls Else Lasker-Schüler darstellen, ist jedoch nicht eindeutig identifizierbar. Die anderen genannten Arbeiten sind von Christian Rohlfs, *Die Dichterin (Else Lasker-Schüler)*, 1920, Aquarell, Tempera und Deckweiß, Schiller-Nationalmuseum, Marbach, Hannah Höch, *Schnitt mit dem Küchenmesser Dada durch die letzte weimarer Bierbauchkulturepoche Deutschlands*, 1919/20, Fotomontage, Nationalgalerie Berlin, George Grosz, *Belebte Straßenszene*, um 1918, Feder, Galerie Nierendorf, Berlin und Erwin Blumenfeld / Paul Citroen / Walter Mehring, *Café Berlin*, 1921, Radierung, Privatsammlung Zürich.

20 Else Lasker-Schüler, »Briefe nach Norwegen«, in: KA, Bd. 3.1, S. 239. Karl Schmidt-Rottluff, »›Der Prinz von Theben‹ (Else Lasker-Schüler)«, in: *Der Sturm*, Jg. 3, Nr. 95, 1912 und Karl Schmidt-Rottluff, *Lesende*, 1912, Öl auf Leinwand, Privatsammlung.

21 Rainer Stamm, »›Wie ich zum Zeichnen kam‹. Else Lasker-Schülers Wege zur bildenden Kunst«, in: *Schrift: Bild: Schrift* (wie Anm. 7), S. 23-25. Zur Neubewertung des Einflusses von Franz Marc auf Else Lasker-Schülers bildnerisches Werk vgl. Ricarda Dicks Beitrag in der vorliegenden Publikation.

22 Else Lasker-Schüler, »Briefe nach Norwegen«, in: KA, Bd. 3.1, S. 227. Die Zeile, die als Überschrift dieses Abschnitts dient, »Telegramm. Eben regierender Prinz in Theben geworden«, befindet sich ebd., S. 258.

23 Marquardt (wie Anm. 7), S. 38-41.

24 Vgl. Ricarda Dicks Beitrag im vorliegenden Band und Markus Hallensleben (wie Anm. 10), S. 43.

25 An Ernst Hardt, Mitte August 1916; KA, Bd. 7, Nr. 195.

26 Meike Feßmann, *»Spielfiguren«: Die Ich-Figurationen Else Lasker-Schülers als Spiel mit der Autorrolle. Ein Beitrag zur Poetologie des modernen Autors*, Stuttgart 1992, S. 32 f.

27 Else Lasker-Schüler, »Briefe nach Norwegen«, in: KA, Bd. 3.1, S. 260 f.

28 Viktoria Schmidt-Linsenhoff, »Imagination und Politik. Else Lasker-Schüler als Zeichnerin«, in: *Visuelle Repräsentanz und soziale Wirklichkeit. Bild, Geschlecht und Raum in der Kunstgeschichte. Festschrift für Ellen Spickernagel*, hg. von Christiane Keim, Ulla Merte und Christina Threuter, Herbolzheim 2001, S. 96-110, hier S. 101 f. Else Lasker-Schülers eigener Kommentar zu diesem Selbstbildnis, in einem Brief an Franz und Maria Marc (10. April 1913), ist ebenso schelmisch wie der Schnitt durch das Papier: »Ich habe in München noch ein Bild gemalen herrliche Selbstherrlichkeit. Ob ich das so wirklich meine?« Vgl. KA, Bd. 6, Nr. 508.

29 Im Zusammenhang mit Lasker-Schülers Vorliebe für das Knabenhafte als Modell für die Überwindung der Geschlechterdifferenz wird häufig ein Zitat aus einem Brief an Jethro Bithell (etwa 22. September 1909) aufgegriffen: »Sind Sie, wie ich es bin, ewig 14 jährig? und ein Knabe? Eckelhaft sind Frauen und Männer« (KA, Bd. 6, Nr. 184). Vgl. zum Beispiel Marianne Schuller, »Maskeraden, Schrift, Bild und die Frage des Geschlechts in der frühen Prosa Else Lasker-Schülers«, in: *Zwischen Schrift und Bild. Entwürfe des Weiblichen in litera-*

rischer Verfahrensweise, hg. von Christine Krause et al., Heidelberg 1994, S. 41-55, hier S. 55. Zur »Entdifferenzierung der binären Geschlechtskategorie« vgl. auch Stefanie Stockhorst, »Auf der Suche nach der verlorenen Identität. Perspektiven des androgynen Rollenspiels bei Else Lasker-Schüler«, in: *Jahrbuch zur Kultur und Literatur der Weimarer Republik*, Bd. 6, hg. von Sabina Becker in Zusammenarbeit mit Eckhard Faul und Reiner Marx, München 2001, S. 165-179. Für Vivian Liska ist es das Schelmische, verkörpert in Figuren wie Tino von Bagdad und Jussuf von Theben, das die Grenzlinie zwischen Männlichem und Weiblichem aufhebt, »ohne jedoch auf jene harmonisierende Ganzheit der Geschlechter zu zielen, die traditionellen Androgynitätsvorstellungen anhaftet«. Vielmehr sei der Schelm jene »mythische Figur am Rande der kulturellen Ordnung, eine Verkörperung des Ambivalenten und Zwiespältigen, die fixierte Formen auflöst und der herrschenden Ordnung anarchisch und erneuernd gegenübersteht.« Vgl. Liska (wie Anm. 12), S. 84.

30 An Karl Kraus, April 1912; KA, Bd. 6, Nr. 336. Zu Ernst Ludwig Kirchners Interesse am Futurismus vgl. Magdalena M. Moeller, »Höhepunkt des Expressionismus: Kirchners Berliner Stil der Jahre 1911-1914«, in: *Ernst Ludwig Kirchner. Gemälde, Aquarelle, Zeichnungen und Druckgraphik. Eine Ausstellung zum 60. Todestag*, hg. von Magdalena M. Moeller und Roland Scotti, München 1998, S. 25-34.

31 Liska (wie Anm. 12), S. 64 f. und 84 und Karl Konrad Polheim, *Die Arabeske. Ansichten und Ideen aus Friedrich Schlegels Poetik*, München 1966. Vgl. auch Ricarda Dicks Besprechung dieser vielschichtigen Figurengefüge im Zusammenhang mit altägyptischen Reliefs.

32 Liska (wie Anm. 12), S. 72.

33 Vgl. KA, Bd. 3.2, S. 100 f., Marquardt (wie Anm. 7), S. 38-53, KA, Bd. 6.2, S. 468 und Ricarda Dicks Beitrag in der vorliegenden Publikation.

34 Vgl. Ricarda Dicks Beitrag in dem vorliegenden Band und Irit Salmon, »To Write Everything in with the Paintbrush. The Graphic Work of Else Lasker-Schüler«, in: *I and I. Drawings by Else Lasker-Schüler*, The Israel Museum, Jerusalem 1997, S. 23-33, hier S. 24. Die Zeile, die als Überschrift dieses Abschnitts dient, stammt aus einem Brief Else Lasker-Schülers an Jethro Bithell vom 1. Oktober 1909: »Ich sagte Ihnen ja immer, ich bin Jussuf aus Egypten, schon der mageren Kühe wegen; auch trage ich den lammblutenden Rock, auch warfen mich meine Brüder in die Grube und ich kenne Potiphars Weib, das mich mißbrauchte und Träumedeuten ist meine besondere Begabung«. KA, Bd. 6, Nr. 188.

35 Juden wurden als »parasitische« Asiaten Europas (Johann Gottfried Herder, *Ideen zur Geschichte der Philosophie der Menschheit* [1784-1791]) bezeichnet, die trotz aller »patriotischen« Gesinnung »unverfälschte Orientalen« (Heinrich von Treitschke, *Ein Wort über unser Judenthum* [1879-80]) und ein »orientalisches Fremdlingsvolk« (Karl W. F. Grattenauer, *Wider die Juden* [1803]) geblieben seien. Zit. nach Paul Mendes-Flohr, »*Fin-de-Siècle* Orientalism, the *Ostjuden* and the Aesthetics of Jewish Self-Affirmation«, in: *Studies in Contemporary Jewry*, Bd. 1, hg. von Jonathan Frankel, Bloomington 1984, S. 96-139, hier S. 100.

36 Vgl. Ivan Davidson Kalmar, »Jesus Did Not Wear a Turban: Orientalism, the Jews, and Christian Art«, in: *Orientalism and the Jews*, hg. von Ivan Davidson Kalmar und Derek J. Penslar, Waltham, Massachusetts 2005, S. 3-31. Vgl. auch Ivan Davidson Kalmar und Derek J. Penslar, »Orientalism and the Jews: An Introduction«, in: ebd., S. XIII- XL. Zum Begriff des Orientalismus und der Verbindung zwischen Orientalismus, Kolonialismus und Imperialismus vgl. Edward W. Said, *Orientalismus*, Frankfurt am Main 1981 und Edward W. Said, *Kultur und Imperialismus. Einbildungskraft und Politik im Zeitalter der Macht*, Frankfurt am Main

1994. Zur neueren Forschung vgl. Dipesh Chakrabarty, *Provincialising Europe. Postcolonial Thought and Historical Difference*, Princeton 2007.

37 An Lucie Spiegl, Ende Juli 1917; KA, Bd. 7, Nr. 239.

38 Else Lasker-Schüler, »Moses und Josua«, in: KA, Bd. 1.1: *Gedichte*, bearbeitet von Karl Jürgen Skrodzki unter Mitarbeit von Norbert Oellers, Frankfurt am Main 1996, Nr. 197 und 224.

39 Else Lasker-Schüler, »Saul«, in: ebd., Nr. 234.

40 Else Lasker-Schüler, »Abigail«, in: ebd., Nr. 300 und 330.

41 Else Lasker-Schüler, »Sulamith«, in: ebd., Nr. 28, 60, 221 und 364.

42 Else Lasker-Schüler, »David und Jonathan«, in: ebd., Nr. 159, 216 und 276. Zu Else Lasker-Schülers Lektüre und Re-Lektüre der jüdischen Tradition vgl. Itta Shedletzky, »Bacherach und Barcelona. On Else Lasker-Schüler's Relation to Heinrich Heine«, in: *The Jewish reception of Heinrich Heine*, hg. von Mark H. Gelber, Tübingen 1992, S. 113-126, Thomas Höfert, *Signaturen kritischer Intellektualität. Else Lasker-Schülers Schauspiel »Arthur Aronymus«*, St. Ingbert 2002 und Almuth Hammer, *Erwählung erinnern. Literatur als Medium jüdischen Selbstverständnisses*, Göttingen 2004.

43 Karl Emil Franzos, *Von Don zur Donau*, Stuttgart/Berlin, 1878, Bd. 2, S. 193, zit. nach Mendes-Flohr (wie Anm. 35), S. 132.

44 Moritz Goldstein, »Deutsch-jüdischer Parnaß«, in: *Der Kunstwart*, Jg. 25, Heft 11, März 1912, S. 281-294, hier S. 286-288.

45 Jakob Wassermann, »Der Jude als Orientale«, in: *Vom Judentum. Ein Sammelbuch*, hg. vom Verein jüdischer Hochschüler Bar Kochba in Prag, Leipzig 1913, S. 5-8, hier S. 7.

46 Hans Kohn, »Der Geist des Orients«, in: ebd., S. 9-18, hier S. 9 und 18.

47 Martin Buber, »Der Geist des Orients und das Judentum«, in: ders., *Der Jude und sein Judentum*, Köln 1963, S. 46-65. Dieser Text basiert auf einem Vortrag, den Buber 1912 im »Verein jüdischer Hochschüler Bar Kochba« in Prag hielt. Martin Buber hatte 1902, zusammen mit Berthold Feiwel und anderen, den *Jüdischen Verlag* zur Förderung von jüdischer Literatur, Kunst und Wissenschaft gegründet. Deutsch-jüdische Literatur, Übersetzungen hebräischer und jiddischer Literatur und wissenschaftliche Texte zu jüdischen und zionistischen Themen bildeten das Verlagsprogramm. 1938 von den Nazis geschlossen, wurde der Verlag 1958 neu gegründet und 1990 vom Suhrkamp Verlag übernommen, der vorliegende Publikation in diesem Rahmen herausgibt. Das von Ephraim M. Lilien 1902 entworfene Signet dient dem Verlag weiterhin als Erkennungszeichen.

48 *Ost und West*, Jg. 1, Heft 6, Juni 1901, S. 457 f. Vgl. KA, Bd. 1.1: *Gedichte*, Nr. 27 f. Zum Exotismus der Zeitschrift *Ost und West* vgl. Gert Mattenklott, »Ostjudentum und Exotismus«, in: *Die andere Welt: Studien zum Exotismus*, hg. von Thomas Koebner und Gerhart Pickerodt, Frankfurt am Main 1987, S. 291-306, hier S. 294-297.

49 Nina Berman, *Orientalismus, Kolonialismus und Moderne: Zum Bild des Orients in der deutschsprachigen Kultur um 1900*, Stuttgart 1996, S. 263 und 282 f. Das Konzept der »jüdischen Renaissance« stammt von Martin Buber, der einen so betitelten programmatischen Artikel in der ersten Ausgabe von *Ost und West* veröffentlichte. Vgl. Martin Buber, »Jüdische Renaissance«, in: *Ost und West*, Jg. 1, Heft 1, 1901, S. 7-10. Zu Else Lasker-Schülers Verbindung mit der Zeitschrift vgl. Mark H. Gelber, »Jewish, Erotic, Female. Else Lasker-Schüler in the Context of Cultural Zionism«, in: *Ansichten und Perspektiven / Views and Reviews* (wie Anm. 8), S. 27-43. Zu Kunst und »jüdischer Renaissance« vgl. Inka Bertz, *Eine neue Kunst für ein altes Volk. Die Jüdische Renaissance in Berlin 1900-1924*, Berlin 1991.

50 Nina Berman spricht von der »wechselseitige[n] Beziehung zwischen Minderheitendiskurs und dominanten gesellschaftlichen Diskursen«. Vgl. Berman (wie Anm. 49), S. 321.

51 Homi K. Bhabha, »The Other Question. Stereotype, Discrimination and the Discourse of Colonialism«, in: ders., *The Location of Culture*, London und New York 1994, S. 66-84, hier S. 67. Zur Aufnahme und Unterwanderung von orientalistischen Stereotypen in Else Lasker-Schülers literarischen Arbeiten vgl. Berman (wie Anm. 49), Donna Kay Heizer, *Jewish-German Identity in the Orientalist Literature of Else Lasker-Schüler, Friedrich Wolf and Franz Werfel*, Columbia 1996, Sylke Kirschnick, *Tausend und ein Zeichen. Else Lasker-Schülers Orient und die Berliner Alltags- und Populärkultur um 1900*, Würzburg 2007 und Herbert Uerlings, »Ethnicity and Gender in Else Lasker-Schüler's ›Oriental‹ Stories: ›Der Amokläufer‹ (›Tschandragupta‹) and ›Ached Bey‹«, in: *Women in German Yearbook*, Nr. 18, 2002, S. 225-247.

52 Eduard Fuchs, *Die Karikatur der europäischen Völker vom Altertum bis zur Neuzeit*, Berlin 1901, S. 5, zit. nach Jill Lloyd, *German Expressionism: Primitivism and Modernity*, New Haven und London 1991, S. 235. Mark Gelber liest Else Lasker-Schülers frühe Gedichte im Zusammenhang mit Ephraim M. Liliens biblisch inspirierten Jugendstilillustrationen, die in *Ost und West* reproduziert wurden. Die frühen Zeichnungen Lasker-Schülers scheinen mir allerdings weniger mit Liliens ornamentalen, erotischen, symbolistischen Arbeiten gemein zu haben als mit denen der oben erwähnten *Simplicissimus*-Karikaturisten. Vgl. Gelber (wie Anm. 49). Zu Else Lasker-Schülers Formfindung vgl. auch Ricarda Dicks Ausführungen zum Einfluß der altägyptischen Kunst in der vorliegenden Publikation.

53 Die Figuren der »hohen Fraue von Hohenhof, der Reichsgräfin Gertrude zu Osthaus von Westfalen« und ihrer Tochter »Prinzessin Helga« tauchten zunächst in der 16. und letzten Folge der »Briefe und Bilder« in der *Neuen Jugend* (Heft 11/12 vom Februar/März 1917) auf, die 1919 als *Der Malik. Eine Kaisergeschichte mit Bildern und Zeichnungen* herauskamen. Die Zeichnung erschien nur in der Buchausgabe. Vgl. KA, Bd. 3.1, S. 355 und 488-492.

54 Anonym, *Westfälisches Tageblatt*, Jg. 53, Nr. 98, 27. April 1916, zit. nach KA, Bd. 7, Anmerkung zu Nr. 173. Die Ausstellung wurde zuerst im Berliner *Graphik-Verlag* von Otto Haas-Heye im Dezember 1915/Januar 1916 gezeigt, wo die Zeichnungen aber eher als Illustrationen zu Else Lasker-Schülers Büchern rezipiert wurden. Erst die Präsentation im Rahmen eines Kunstmuseums erweckte das Interesse der Kunstpresse und des Kunsthandels. Vgl. Rainer Stamm, »›Ihre und meine freundschaftlichen und diplomatischen Beziehungen‹. Else Lasker-Schüler und das Folkwang-Museum«, in: *Wirkendes Wort*, Jg. 46, Heft 3, 1996, S. 379-392, der sich ausführlich mit Else Lasker-Schülers Beziehung zu dem Hagener Museum beschäftigt. Die Liste der im Folkwang-Museum ausgestellten Werke ist auf S. 288-290 dieser Publikation wiedergegeben.

55 Zu der Fülle von Verbindungen zwischen der »orientalisierenden Zeichen- und Bildwelt« der Berliner Alltagskultur und Else Lasker-Schülers Prosatexten vgl. Kirschnick (wie Anm. 51). Zu den Völkerausstellungen und anderen exotistischen Darbietungen vgl. Stefan Goldmann, »Zur Rezeption der Völkerausstellungen um 1900«, in: *Exotische Welten – Europäische Phantasien*, hg. vom Institut für Auslandsbeziehungen, Stuttgart 1987, S. 88-93, Hilke Thode-Arora, »Völkerschauen in Berlin«, in: *Kolonialmetropole Berlin. Eine Spurensuche*, hg. von Ulrich van der Heyden und Joachim Zeller, Berlin 2002, S. 149-154 und Anne Dreesbach, *Gezähmte Wilde. Die Zurschaustellung ›exotischer‹ Menschen in Deutschland 1870-1940*, Frankfurt/New York 2005.

56 Else Lasker-Schüler, »Briefe nach Norwegen«, in: KA, Bd. 3.1, S. 180. Ein Auszug aus einem

Bericht von ihrem Besuch im Zirkus Busch, den Else Lasker-Schüler in *Das Theater* (Jg. 1, Heft 4, Oktober 1909) veröffentlichte, stellt ein ebensolches beliebiges Durcheinander der Kulturen dar: »Oben vom Gipfel des Zirkus braust ein Marsch. Ich hörte ihn schon am Bosporus; Abdul, Abdul Hamids Sohn hat ihn vertont. – Die Krystallkronen senken sich majestätisch, der bunte Riesenraum wird zu einem Krönungssaal. Die Ringer warten schon vor der Halle. Schlanke Königssöhne aus dem Norden, ihre Schultern sind dunkelvergoldet von der Mitternachtssonne. Dichtungen werden Wahrheiten. Johannes Josefsson, ein isländischer Achill, er führt den Heroentanz der Kraft auf. Ich muß an den schönen Halbgott denken, noch zwischen den Indianern, Farmern und Cowboys. Eine interessante Häuptlingspantomime«. Vgl. Else Lasker-Schüler, »Im Zirkus Busch«, in: KA, Bd. 3.1, S. 119.

57 Peter-Klaus Schuster ist sogar der Ansicht, daß Ernst Ludwig Kirchners »Großstadtfiguren auch physiognomisch dem ägyptischen Typus ihrer [Else Lasker-Schülers] Selbstbildnisse ähneln«. Vgl. *Franz Marc – Else Lasker-Schüler »Der Blaue Reiter präsentiert Eurer Hoheit sein Blaues Pferd«: Karten und Briefe*, herausgegeben und kommentiert von Peter-Klaus Schuster, München 1987, S. 133.

58 Vgl. Lloyd (wie Anm. 52), eine grundlegende Studie zur Vernetzung von Expressionismus und Kolonialismus. Im Zusammenhang mit Else Lasker-Schülers »exotistischen Maskeraden« schreibt Sylke Kirschnick: »Die konsequent antibürgerlichen, rebellischen und unangepassten Impulse, die ihnen in der Forschung zugeschrieben wurden, dürften sich angesichts der zeitgenössischen Usancen und Befunde zum Exotismus im Alltag des Kaisereichs in deutlichen Grenzen bewegt haben«. Vgl. Kirschnick (wie Anm. 51), S. 59.

59 Kirschnick (wie Anm. 51), S. 51. Viktoria Schmidt-Linsenhoff (wie Anm. 28, S. 103) vergleicht die Zeichnung mit ethnographischen Typenporträts in Mappenwerken des 19. Jahrhunderts, was ebenfalls auf ihren Inszenierungscharakter verweist.

60 Else Lasker-Schüler beschrieb George Grosz als »Held aus dem Lederstrumpf; Mit dem Indianerstamm auf Duzfuß«. Vgl. Else Lasker-Schüler, »Georg Grosz«, in: KA, Bd. 1.1, Nr. 250. Vgl. auch »Meine Blutangst« (ebd., Nr. 95), das »Den lieben zwei Brüdern Helmut und Wieland Herzfelde« gewidmet ist, ebenso »Heinrich Maria Davringhausen« (»Seinem Freunde Wieland«) (ebd., Nr. 252), »Wir Drei« (»Wieland, ich, Helmut«) (ebd., Nr. 127), »Der Mönch« (»F. J.«) (ebd., Nr. 255), »Dem Mönch« (ebd., Nr. 256 und 267) und »Zebaoth« (»Dem Franz Jung«) (ebd., Nr. 124 und 218).

61 Else Lasker-Schüler, *Ich räume auf! Meine Anklage gegen meine Verleger*, in: KA, Bd. 4.1, S. 47-85, hier S. 58.

62 Vgl. Hallensleben (wie Anm. 10), S. 65-74. Vgl. auch Wieland Herzfelde, »Else Lasker-Schüler. Begegnungen mit der Dichterin und ihrem Werk«, in: *Sinn und Form*, Jg. 21, Heft 6, 1969, S. 1294-1325. Aus einem Brief Else Lasker-Schülers (Ende November oder Anfang Dezember 1915) an Emmy Hennings, die 1916 mit Hugo Ball zusammen das *Cabaret Voltaire* gründete, geht hervor, daß Hennings sie einlud, mit ihnen im Cabaret zu »singen«. Ein solcher Auftritt scheint jedoch nicht stattgefunden zu haben. Vgl. KA, Bd. 7, Nr. 162. Nach Manfred Escherig war Else Lasker-Schüler bei der 8. Dada-Soiree am 9. April 1919 in Zürich im Publikum zugegen. Vgl. Manfred Escherig, »Verweigerung der Einreise- und Aufenthaltsbewilligung Betr. Z 182.979. Else Lasker-Schüler und die Schweiz«, in: *Meine Träume fallen in die Welt* (wie Anm. 9), S. 125-170, hier S. 130 f. Im Katalog der *Ersten Internationalen Dada-Messe* in der Kunsthandlung Dr. Otto Burchard, Berlin (30. Juni bis 25. August 1920), befinden sich sogar die folgenden nicht mehr identifizierbaren Einträge: Kat.-Nr. 80 Otto Lasker-Dix, *Dresden:*

Bewegliches Figurenbild und Kat.-Nr. 136 Otto Else Lasker-Dix, *Dresden: Was nützt denn dem Kaiser die Krone, was nützt denn dem Seemann sein Geld*, 1919. Dies könnte auf eine einmalige Zusammenarbeit von Else Lasker-Schüler und Otto Dix hinweisen. Vgl. faksimiliertes Beiheft des Ausstellungskatalogs *Stationen der Moderne. Die bedeutenden Kunstausstellungen des 20. Jahrhunderts in Deutschland*, hg. von Eberhard Roters und Bernhard Schulz, Berlin 1988. Ich danke Ricarda Dick für diesen Hinweis.

63 Else Lasker-Schüler, *Ich räume auf! Meine Anklage gegen meine Verleger*, in: KA, Bd. 4.1, S. 78 f. Vgl. auch Ricarda Dicks Überlegungen zur Entwicklung von Else Lasker-Schülers Collagetechnik im Dialog mit Franz Marcs bildnerischen Arbeiten in der vorliegenden Publikation.

64 Else Lasker-Schülers Vorstellung von Theben hatte wiederum Ähnlichkeiten mit Paul Klees und August Mackes Ansichten von Kairouan (Abb. 26).

65 *Das arabische Frauenbad in Alexandrie* (→157) fällt aus dieser Reihe heraus, da die Figuren – einmalig im bisher bekannten Œuvre Else Lasker-Schülers – unbekleidet sind. Die Zeichnung soll trotzdem hier genannt werden, da sie soviel sensibler und natürlicher ist als die damals gängigen erotisierenden Darstellungen solcher Frauenbäder.

66 Vgl. Dalia Manor, *Art in Zion: The Genesis of Modern National Art in Jewish Palestine*, London und New York 2005, S. 64-70 und 134-162.

67 Yigal Zalmona, »To the East?«, in: *To the East. Orientalism in the Arts in Israel*, The Israel Museum, Jerusalem 1998, S. IX-XV, hier S. XII. Zur politischen Situation im Mandatsgebiet Palästina vgl. Tom Segev, *Es war einmal ein Palästina. Juden und Araber vor der Staatsgründung Israels*, München 2005.

68 Else Lasker-Schüler, *Das Hebräerland*, in: KA, Bd. 5, S. 74 f. und 102.

69 Schmidt-Linsenhoff (wie Anm. 28), S. 106-108. Vgl. auch Viktoria Schmidt-Linsenhoff, »Die verscheuchte Dichterin 1933-1942. Zur Zeitstruktur von Erinnerung in einer Collage von Else Lasker-Schüler«, in: *Kunst und Politik. Jahrbuch der Guernica-Gesellschaft*, Bd. 3, hg. von Jutta Held, Göttingen 2001, S. 29-43, hier S. 34-36.

70 Tagebucheintrag vom 15. Dezember 1942, vgl. »Else Lasker-Schüler in den Tagebüchern von Werner Kraft 1923-1945. Ausgewählt von Volker Kahmen«, in: *Marbacher Magazin* (wie Anm. 14), S. 337-363, hier S. 356.

71 Martin Buber, »Vorschlag einer Resolution zur arabischen Frage« (1921), in: ders., *Ein Land und zwei Völker. Zur jüdisch-arabischen Frage*, hg. von Paul R. Mendes-Flohr, Frankfurt am Main 1993, S. 89-91, hier S. 90 und Martin Buber, »Nationalismus. Rede in Karlsbad anläßlich des XII. Zionisten-Kongresses« (1921), in: ebd., S. 73-86, hier S. 85.

72 Else Lasker-Schüler, *Das Hebräerland*, in: KA, Bd. 5, S. 14.

73 Martin Buber, »Eine binationale Auffassung des Zionismus« (1947), in: *Ein Land und zwei Völker* (wie Anm. 71), S. 273-283, hier S. 278. Vgl. auch Paul R. Mendes-Flohr, »Einleitung« in: ebd., S. 11-52.

74 Else Lasker-Schüler, *Das Hebräerland*, in: KA, Bd. 5, S. 13 und 15.

75 Ebd., S. 74. Hans Kohn, eines der radikalsten Mitglieder des *Brit Schalom*, war der Meinung, daß die Darstellung des arabischen Aufstands als eine »frevelhafte Agitation einiger Großgrundbesitzer« vergleichbar sei mit der Verharmlosung anderer nationaler Bewegungen vonseiten der imperialistischen Presse Englands und Frankreichs, wenn »die nationalen Bewegungen unterdrückter Völker die Interessen der Kolonialmacht zu gefährden drohten«. Vgl. Hans Kohn, »Der Zionismus ist nicht das Judentum« (Brief an Martin Buber, 21. No-

vember 1929), in: *Ein Land und zwei Völker* (wie Anm. 71), S. 137-141, hier S. 138. Vgl. auch Christian Wiese, »›Doppelgesichtigkeit des Nationalismus‹. Die Ambivalenz zionistischer Identität bei Robert Weltsch und Hans Kohn«, in: *Janusfiguren. ›Jüdische Heimstätte, Exil und Nation im deutschen Zionismus*, hg. von Andrea Schatz und Christian Wiese, Berlin 2006, S. 213-252.

76 Else Lasker-Schüler, *Das Hebräerland*, in: KA, Bd. 5, S. 75 und 126.

77 Ebd., S. 45.

78 Else Lasker-Schüler, »Briefe nach Norwegen«, in: KA, Bd. 3.1, S. 260.

Werkverzeichnis

Zeichnungen und Collagen (1900-1944)

I. bis 1900 (Berlin)

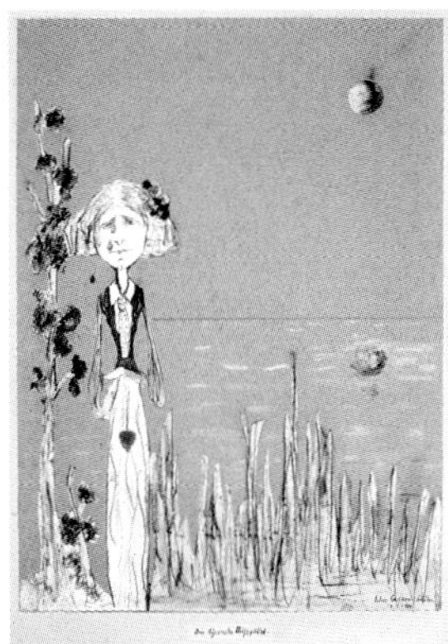

1 *Die lyrische Mißgeburt*

27.4.1900

Tusche, schwarze und rote Tinte, Aquarellfarben, Kreide; drei Papierelemente collagiert auf hellblauem, mit Kreide bearbeitetem Papier, auf festen Karton aufgezogen, 375×265 auf 443×330 mm, handschriftlich bezeichnet unten auf eigenem Papierstück, unten auf den Karton montiert, signiert und datiert unten rechts: »Else Lasker-Schüler. / 27. IV. 1900.«

Provenienz: Privatsammlung Ernst Hauswedell, Hamburg – 1984 Privatsammlung Bernhard Zeller, Marbach

Standort: Deutsches Literaturarchiv Marbach [B 84.1]

II. 1911-1915 (Berlin)

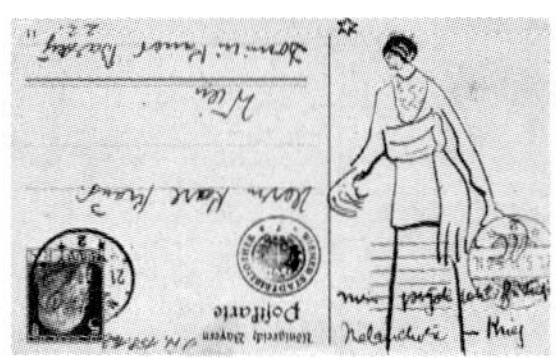

2 *Mein psychischer Zustand: Melancholie – Krieg*

21.5.1911

Tinte auf Postkarte an Karl Kraus [München, 21.5.1911 (Poststempel)], handschriftlich bezeichnet unten, Text der Postkarte: KA 6, Nr. 295

Standort: Wienbibliothek im Rathaus [158.162]

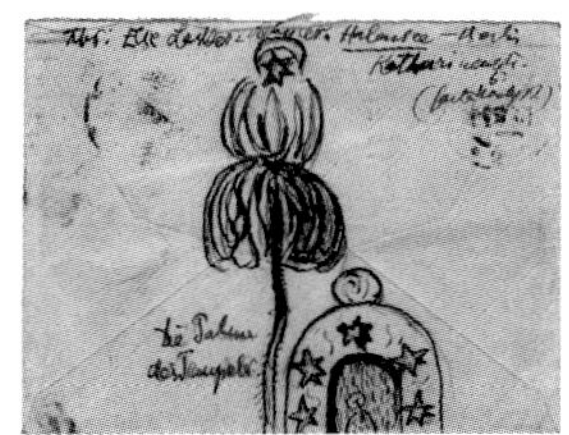

3 *Die Palme des Tempels*

7.2.1912

Tinte, Buntstift auf dem Umschlag eines Briefs an Karl Schmidt-Rottluff [Berlin, 7.2.1912 (Poststempel)], handschriftlich bezeichnet unten, Text des zugehörigen Briefs: KA 6, Nr. 327

Standort: Prof. Hermann Gerlinger, Würzburg

4 *o.T. [Ganzfigur im Linksprofil, auf dem Arm eine Stadtminiatur]*
Spätestens Herbst 1912
Tinte, 208 × 142 mm, rückseitig 13 aufmontiert
Vermutlich 1916 auf das Titelblatt der Sammelhandschrift der *Hebräischen Balladen* montiert, einem Verlobungsgeschenk von Else Lasker-Schüler an Lucie von Goldschmidt-Rothschild (vgl. KA 1.2, S. 8). Siehe auch 11, 13, 52 und 60
Datierung: Titelzeichnung für die *Hebräischen Balladen*, die Ende 1912 erschienen (→i18)
Provenienz: Lucie von Goldschmidt-Rothschild, Frankfurt/M. – Auktion Stargardt, Marburg, 20./21. 2. 1979 (Kat. 617, Nr. 201) – 1979 Deutsches Literaturarchiv Marbach
Standort: Deutsches Literaturarchiv Marbach [79.50]/Literaturmuseum der Moderne
→ Tafel S. 15

5 *(eine heidnische Stadt). bei Eden.*
1912/13
Tinte auf Papier mit leichter Leinwandstruktur, 50 (l)/49 (r) × 68 (o)/71 (u) mm, handschriftlich bezeichnet unten, rückseitig Stempel der Nationalgalerie Berlin
Datierung: Zu dieser Zeit entwickelte Else Lasker-Schüler das Stadtmotiv, das sie später für die Darstellung von Theben ›reservierte‹. Vgl. z. B. die sehr ähnliche Zeichnung *Die Stadt der Tempel* in einem Brief an Franz Marc vom 9. Dezember 1912 (Deutsches Literaturarchiv Marbach 81.194/4; Abb.: Schuster, Nr. 29, Else Lasker-Schüler / Franz Marc, S. 34)
Provenienz: 1920 Schenkung an die Berliner Nationalgalerie – 1937 beschlagnahmt – Karlheinz Gabler, Frankfurt/M.
Standort: Privatbesitz Berlin
Ausstellungen: Haas-Heye, Osthaus [Nachweis: Osthaus-Archiv, Liste F2 467/3, Nr. 55]
→ Tafel S. 19

6-19 *Der Prinz von Theben*
6-15 *sind Vorlagen für Illustrationen aus* Der Prinz von Theben; 16-19 *stammen aus dessen Umfeld. An den Illustrationen zu ihrem »Geschichtenbuch« arbeitete Else Lasker-Schüler wahrscheinlich von Februar bis Mai 1913 (vgl. KA 6, Nr. 456 und 541).*

6 *Der Scheik und sein Freund Mschattre Zimt.*
Zwischen Februar und Mai 1913
Tinte, Buntstifte, 175 × 114 mm, handschriftlich bezeichnet unten, rückseitig Stempel der Nationalgalerie Berlin
Vorlage für eine Illustration zum *Prinz von Theben* (→i44)
Datierung: siehe oben zur Gruppe
Provenienz: 1920 Schenkung an die Berliner Nationalgalerie – 1937 beschlagnahmt – Kornfeld & Klipstein (Auktion 155, 11.-13. 6. 1975, Kat.-Nr. 575) – Privatsammlung Frankfurt/M.
Standort: Privatsammlung Kanada
Ausstellungen: Haas-Heye, Osthaus [Nachweis: Osthaus-Archiv, Liste F2 467/3, Nr. 13; Zusatz: »unverkäuflich«]
→ Tafel S. 17

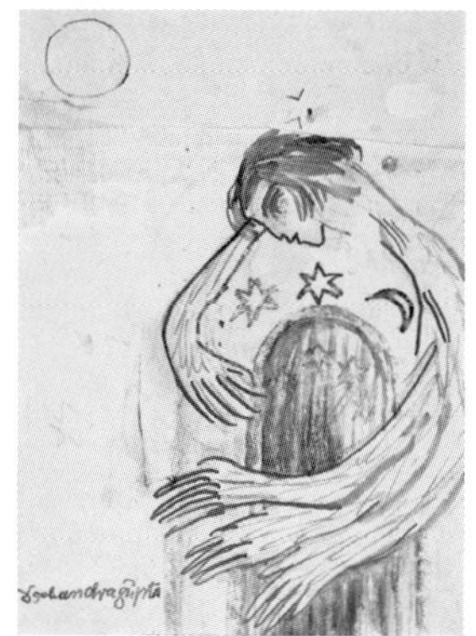

7 *(Dschandragupta.)*
Zwischen Februar und Mai 1913
Tinte, Aquarell, 145 × 100 mm, handschriftlich bezeichnet unten
Vorlage für eine Illustration zum *Prinz von Theben* (→i45)

Datierung: siehe oben zur Gruppe
Standort: ahlers collection
Ausstellungen: Haas-Heye, Osthaus [Nachweis: Osthaus-Archiv, Liste F2 467/3, Nr. 18]

8 *Der Fakir*
Zwischen Februar und Mai 1913
Tinte, Tusche, Buntstifte, 179 × 112 (o)/113 (u) mm, handschriftlich bezeichnet unten rechts
Vorlage für eine Illustration zum *Prinz von Theben* (→i46)
Datierung: siehe oben zur Gruppe
Provenienz: 1920 Schenkung an die Berliner Nationalgalerie [F II 957] – 1937 beschlagnahmt – 1939 vertauscht an Sofie und Emanuel Fohn, Rom (vgl. Janda / Grabowski, Verzeichnis Nr. 263) – 1964 Schenkung an die Bayerischen Staatsgemäldesammlungen
Standort: Staatliche Graphische Sammlung München
Ausstellungen: Haas-Heye, Osthaus [Nachweis: Osthaus-Archiv, Liste F2 467/3, Nr. 1]
→ Tafel S. 18

9 *Abigail II*
Zwischen Februar und Mai 1913
Tinte, ca. 90 × 90 mm, rückseitig Stempel der Nationalgalerie Berlin
Datierung: siehe oben zur Gruppe
Nachweis: Kornfeld & Klipstein (Kat.-Nr. 763) führen eine Zeichnung unter dem Titel »Abigail V« auf, wahrscheinlich ein Druckfehler. Es handelt sich wohl um die Vorlage für die Illustration aus dem *Prinz von Theben* (→i48), in dem die »Geschichte der drei Abigails« erzählt wird.
Provenienz: 1920 Schenkung an die Berliner Nationalgalerie – 1937 beschlagnahmt – 1939 Sammlung Sofie und Emanuel Fohn, Rom – Kornfeld & Klipstein, Bern (Auktion 132, 11.-13. 6. 1969, Kat.-Nr. 763) – Carl Richartz, Amsterdam
Standort: unbekannt
Ausstellungen: Haas-Heye, Osthaus [Nachweis: Osthaus-Archiv, Liste F2 467/3, Nr. 34]

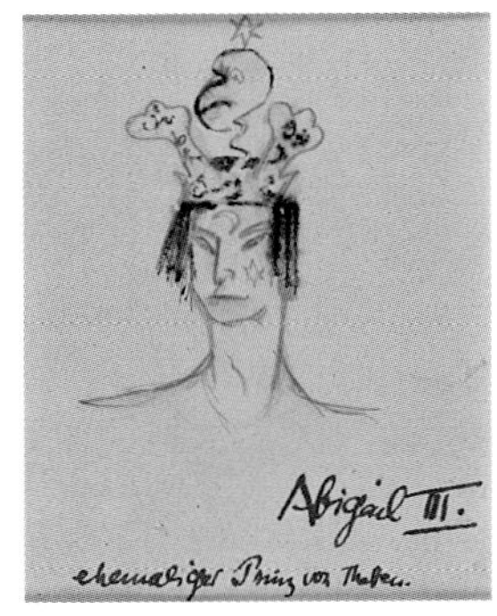

10 *Abigail III. / ehemaliger Prinz von Theben*
Zwischen Februar und Mai 1913
Bleistift, Tinte, Kreide auf kariertem Papier, 119 × 95 mm, handschriftlich bezeichnet unten rechts und unten
Vorlage für eine Illustration zum *Prinz von Theben* (→i52)
Datierung: siehe oben zur Gruppe
Standort: Privatsammlung Stuttgart
Ausstellungen: Haas-Heye, Osthaus [Nachweis: Osthaus-Archiv, Liste F2 467/3, Nr. 22]

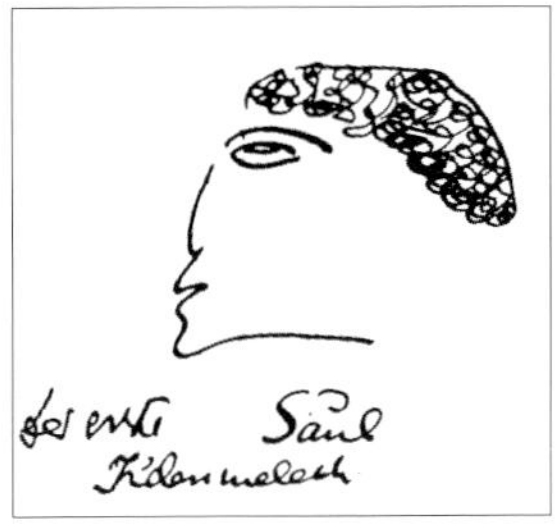

11 *Saul / Der erste Judenmelech*
Zwischen Februar und Mai 1913
Ca. 87 × 92 mm, Tinte, handschriftlich bezeichnet unten und unten links
Vorlage für eine Illustration zum *Prinz von Theben* (→i56). Vermutlich 1916 in der Sammelhandschrift der *Hebräischen Balladen*, einem Verlobungsgeschenk von Else Lasker-Schüler an Lucie von Goldschmidt-Rothschild, auf die Gedichthandschrift »Saul« montiert (vgl. KA 1.2, S. 8). Siehe auch 4, 13, 52 und 60.
Datierung: siehe oben zur Gruppe
Provenienz: Lucie von Goldschmidt-Rothschild, Frankfurt/M. – Auktion Stargardt (20./21. 2. 1979, Autographen-Katalog 617, Nr. 201)

Standort: Deutsches Literaturarchiv Marbach [79.50]/Literaturmuseum der Moderne
Ausstellungen: Haas-Heye, Osthaus [Nachweis: Osthaus-Archiv, Liste F2 467/3, Nr. 48]

12 *Die jüdi=✡schen (Häuptlinge:) (die wilden Juden)*
Zwischen Februar und Mai 1913
Tinte, Kreide auf Velin, 140 (l)/138 (r) × 189 (o)/190 (u) mm, Korrektur auf aufgeklebtem Papierstück links, handschriftlich bezeichnet unten, rückseitig Stempel der Nationalgalerie Berlin
Vorlage für eine Illustration zum *Prinz von Theben* (→i57)
Datierung: siehe oben zur Gruppe
Provenienz: 1920 Schenkung an die Berliner Nationalgalerie – 1937 beschlagnahmt – Kornfeld & Klipstein (Auktion 155, 11.-13. 6. 1975, Kat.-Nr. 575) – Hans Bolliger, Zürich – 1997 Else-Lasker-Schüler-Gesellschaft, Wuppertal
Standort: Kunstmuseum Solingen / Dauerleihgabe der Else-Lasker-Schüler-Gesellschaft
Ausstellungen: Haas-Heye, Osthaus [Nachweis: Osthaus-Archiv, Liste F2 467/3, Nr. 10]
→ Tafel S. 19

13 *Jussufs Herz blutet für sein Volk*
Zwischen Februar und Mai 1913
Ca. 90 × 115 mm, Tinte, handschriftlich bezeichnet unten, auf die Rückseite von 4 montiert
Vorlage für eine Illustration zum *Prinz von Theben* (→i60). Vermutlich 1916 in der Sammelhandschrift der *Hebräischen Balladen*, einem Verlobungsgeschenk von Else Lasker-Schüler an Lucie von Goldschmidt-Rothschild, gegenüber der Gedichthandschrift »Mein Volk« montiert (vgl. KA 1.2, 8). Siehe auch 4, 13, 52 und 60.
Datierung: siehe oben zur Gruppe
Provenienz: Lucie von Goldschmidt-Rothschild, Frankfurt/M. – Auktion Stargardt (20./21. 2. 1979, Autographen-Katalog 617, Nr. 201)
Standort: Deutsches Literaturarchiv Marbach [79.50]/Literaturmuseum der Moderne
Ausstellungen: Haas-Heye, Osthaus [Nachweis: Osthaus-Archiv, Liste F2 467/3, Nr. 26]
→ Tafel S. 36

14 *Abigail III. / Der Traum der Liebe // Jussuf träumt den Traum der Hecke.*
Zwischen Februar und Mai 1913
Tinte auf Velin; zwei Motive auf ein Blatt montiert, 138 (l)/139 (r) × 102 (o)/104 (u) mm, handschriftlich bezeichnet rechts unten, rückseitig Stempel der Nationalgalerie Berlin
Oberes Motiv Vorlage für eine Illustration zum *Prinz von Theben* (→i63)
Datierung: siehe oben zur Gruppe
Provenienz: 1920 Schenkung an die Berliner Nationalgalerie – 1937 beschlagnahmt – 1939 Sammlung Sofie und Emanuel Fohn, Rom – Kornfeld & Klipstein, Bern (Auktion 132, 11.-13. 6. 1969, Kat.-Nr. 763) – Hans Bolliger, Zürich – Kornfeld & Klipstein, Bern (Auktion 155, 11.-13. 6. 1975, Kat.-Nr. 575) – Privatsammlung Frankfurt/M. – Hans Bolliger, Zürich – 1997 Else-Lasker-Schüler-Gesellschaft, Wuppertal
Standort: Kunstmuseum Solingen / Dauerleihgabe der Else-Lasker-Schüler-Gesellschaft
Ausstellungen: Haas-Heye, Osthaus [Nachweis: Osthaus-Archiv, Liste F2 467/3, Nr. 62]
→ Tafel S. 20

15 *(Jussuf opfert sein Herz dem Giselheer.)*
Zwischen Februar und Mai 1913
Schwarze und rote Tinte, 160 × 85 mm, unten Papierstück mit Text angeklebt, handschriftlich bezeichnet unten, Zusatz unten: »Immer seh ich in den Himmel; / O, du mußt mich lieb haben – / Und ich bringe dir mein Herz / Ganz sanft wie eine Großnarcize.«, rückseitig Stempel der Nationalgalerie Berlin
Vorlage für eine Illustration zum *Prinz von Theben*; dort mit abweichendem Text (→i66). Vgl. auch die Prosaversion in den »Briefen und Bildern« (KA 3.1, S. 334)
Datierung: siehe oben zur Gruppe

Provenienz: 1920 Schenkung an die Berliner Nationalgalerie – 1937 beschlagnahmt – Kornfeld & Klipstein, Bern (Auktion 155, 11.-13.6.1975, Kat.-Nr. 575)
Standort: Privatsammlung Kanada
Ausstellungen: Haas-Heye, Osthaus [Nachweis: Osthaus-Archiv, Liste F2 467/3, Nr. 32]
→ Tafel S. 16

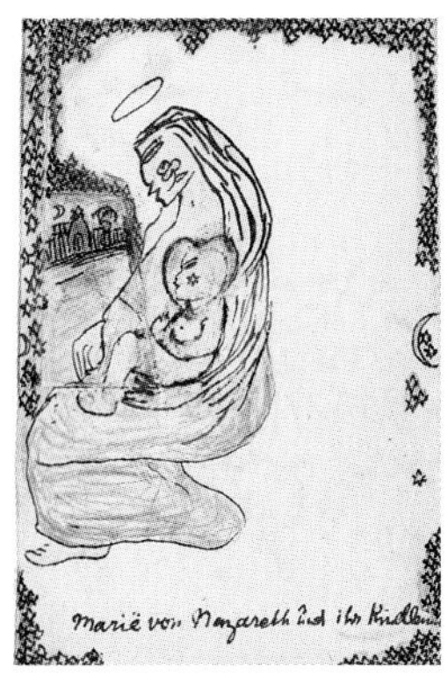

16 *Mariё von Nazareth und ihr Kindlein*
Zwischen Februar und Mai 1913
Tinte, Buntstift, Kreiden auf Papier, auf Karton aufgeklebt, 148 × 91(o)/96(u) mm, Korrektur auf zwei aufgeklebten Papierstreifen links, handschriftlich bezeichnet unten
Vorlage für eine Illustration zum *Prinz von Theben* (→i67)
Datierung: siehe oben zur Gruppe
Provenienz: 1920 Schenkung an die Berliner Nationalgalerie [F II 957] – 1937 beschlagnahmt – 1939 getauscht mit Sofie und Emanuel Fohn, Rom (vgl. Janda/Grabowski, Verzeichnis Nr. 258) – 1964 Schenkung an die Bayerischen Staatsgemäldesammlungen
Standort: Staatliche Graphische Sammlung München, Sammlung Fohn [13 524]/Pinakothek der Moderne
Ausstellungen: Haas-Heye, Osthaus [Nachweis: Osthaus-Archiv, Liste F2 467/3, Nr. 33]

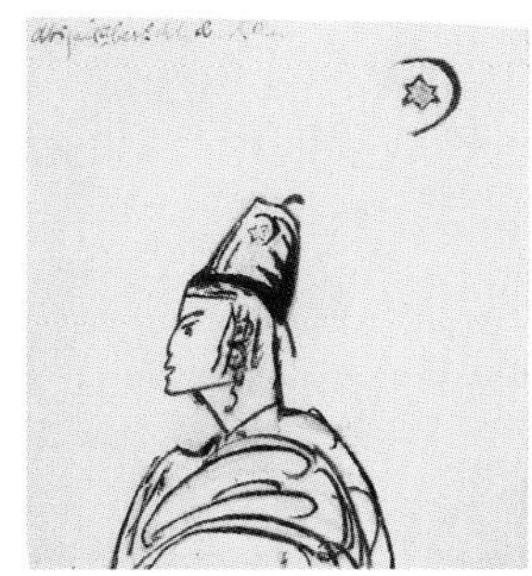

17 *Abigail III. besucht den Sultan*
Zwischen Februar und Mai 1913
Tinte, Tusche, Kreide auf geripptem Papier, 95(l)/93(r) × 83(u)/85(o) mm, handschriftlich bezeichnet oben links, rückseitig Stempel der Nationalgalerie Berlin
Motiv zur Erzählung »Abigail III.« aus dem *Prinz von Theben*; nicht als Illustration in das Buch aufgenommen
Datierung: siehe oben zur Gruppe
Provenienz: 1920 Schenkung an die Berliner Nationalgalerie – 1937 beschlagnahmt – Hans Bolliger, Zürich – 1997 Else-Lasker-Schüler-Gesellschaft, Wuppertal
Standort: Kunstmuseum Solingen / Dauerleihgabe der Else-Lasker-Schüler-Gesellschaft
Ausstellungen: Haas-Heye, Osthaus [Nachweis: Osthaus-Archiv, Liste F2 467/3, Nr. 53]

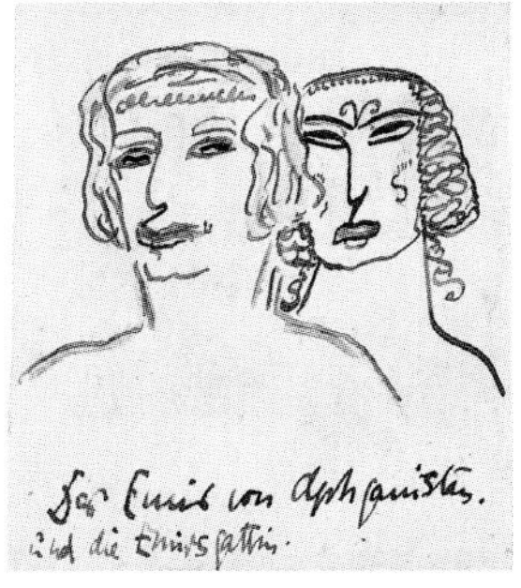

18 *Der Emir von Aphganistan. und die Emirsgattin.*
Zwischen Februar und Mai 1913
Tinte, Buntstifte, Kreiden, 84 × 71 mm, ursprünglich auf Papier aufgezogen, handschriftlich bezeichnet unten, rückseitig Stempel der Nationalgalerie Berlin

Motiv zur Erzählung »Der Fakir« aus dem *Prinz von Theben*; nicht als Illustration in das Buch aufgenommen
Datierung: siehe oben zur Gruppe
Provenienz: 1920 Schenkung an die Berliner Nationalgalerie – 1937 beschlagnahmt – 1939 Sammlung Sofie und Emanuel Fohn, Rom – Kornfeld & Klipstein, Bern (Auktion 132, 11.-13.6.1969, Kat.-Nr. 763) – Carl Richartz, Amsterdam – Galerie Kornfeld, Bern (Auktion 199, 17.6.1988, Kat.-Nr. 62) – Hans Bolliger, Zürich
Standort: Privatsammlung Kanada
Ausstellungen: Haas-Heye, Osthaus [Nachweis: Osthaus-Archiv, Liste F2 467/3, Nr. 51]

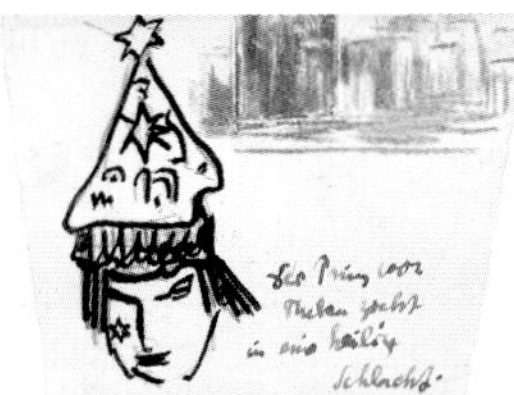

19 *Der Prinz von Theben zieht in eine heilige Schlacht*
Zwischen Februar und Mai 1913
Tinte, Buntstifte, Kreiden, 63 × 80 mm, handschriftlich bezeichnet unten rechts, rückseitig Stempel der Nationalgalerie Berlin
Motiv zur Erzählung »Abigail III.« aus dem *Prinz von Theben*; nicht als Illustration in das Buch aufgenommen
Datierung: siehe oben zur Gruppe
Provenienz: 1920 Schenkung an die Berliner Nationalgalerie – 1937 beschlagnahmt – Privatsammlung Frankfurt/M.
Standort: Privatsammlung Kanada
Ausstellungen: Haas-Heye, Osthaus [Nachweis: Osthaus-Archiv, Liste F2 467/3, Nr. 60]

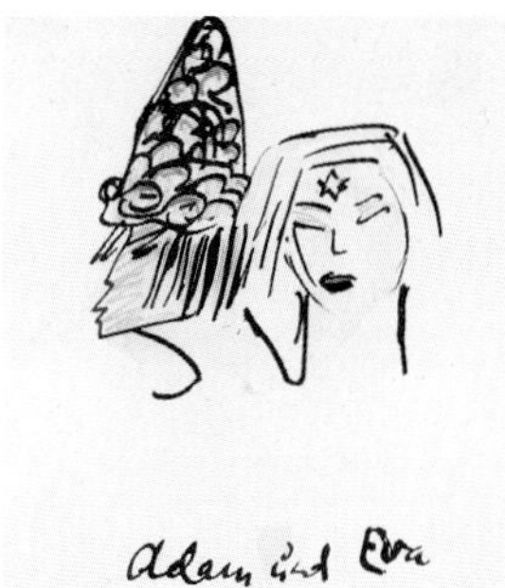

20 *Adam und Eva*
Zwischen Februar und Mai 1913
Tinte, Buntstift, 89 × 75 mm, ursprünglich auf Papier aufgezogen, handschriftlich bezeichnet unten, rückseitig Stempel der Nationalgalerie Berlin
Datierung: Nähe zu 18 und 19
Provenienz: 1920 Schenkung an die Berliner Nationalgalerie – 1937 beschlagnahmt – 1939 Sammlung Sofie und Emanuel Fohn, Rom – Kornfeld & Klipstein, Bern (Auktion 132, 11.-13.6.1969, Kat.-Nr. 763) – Carl Richartz, Amsterdam – Galerie Kornfeld, Bern (Auktion 199, 17.6.1988, Kat.-Nr. 62)
Standort: Privatsammlung Kanada
Ausstellungen: Haas-Heye, Osthaus [Nachweis: Osthaus-Archiv, Liste F2 467/3, Nr. 64]

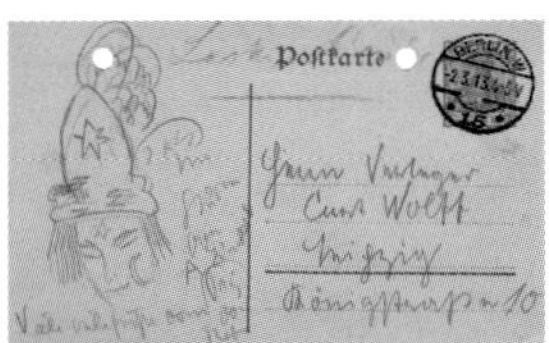

21 *Im Sturm gegen A Juncker*
2.3.1913
Bleistift auf Postkarte an Kurt Wolff [Berlin, 2.3.1913 (Poststempel)], handschriftlich bezeichnet rechts, Zusatz unten: »Viele viele Grüße vom Prinz von Theben«, verso Unterschriften von Paul Hiller, Paul Zech, Rudolf Leonhard u. a., Text der Postkarte: KA 6, Nr. 479
Standort: Yale University Library, New Haven CT, Beinecke Rare Book & Manuscript Library, Kurt Wolff Archive, Yale Collection of German Literature [Mss 3, Box 5, Folder 199]

22 *Abigail Basileus III.*
24.3.1913
Bleistift auf Postkarte an Kurt Wolff [Berlin, 24.3.1913 (Poststempel)], handschriftlich bezeichnet rechts, verso Unterschriften und Texte von Otto Pick, Albert Ehrenstein, Franz Kafka u.a., Text der Postkarte: KA 6, Nr. 496
Standort: Yale University Library, New Haven CT, Beinecke Rare Book & Manuscript Library, Kurt Wolff Archive, Yale Collection of German Literature [Mss 3, Box 5, Folder 197]

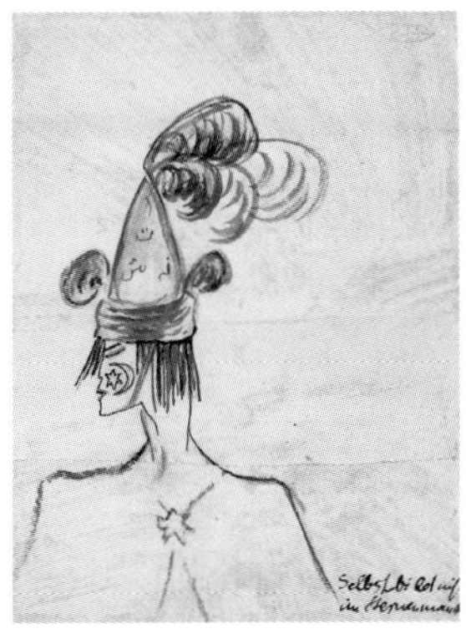

23 *Selbstbildniß im Sternenmantel*
Anfang 1913
Tinte (Feder und Pinsel), Kreiden auf Papier, auf Karton montiert, 154 × 110 (o)/115 (u) mm, im Kopfbereich Korrektur auf aufgeklebtem Papierstreifen, handschriftlich bezeichnet unten rechts
Datierung: Nähe zu 22 und i23; vgl. auch Schuster, Nr. 32
Provenienz: 1920 Schenkung an die Berliner Nationalgalerie [F II 957] – 1937 beschlagnahmt – 1939 getauscht mit Sofie und Emanuel Fohn, Rom (vgl. Janda / Grabowski, Verzeichnis Nr. 259) – 1964 Schenkung an die Bayerischen Staatsgemäldesammlungen
Standort: Staatliche Graphische Sammlung München, Sammlung Fohn [13 523]/Pinakothek der Moderne
Ausstellungen: Haas-Heye, Osthaus [Nachweis: Osthaus-Archiv, Liste F2 467/3, Nr. 16]

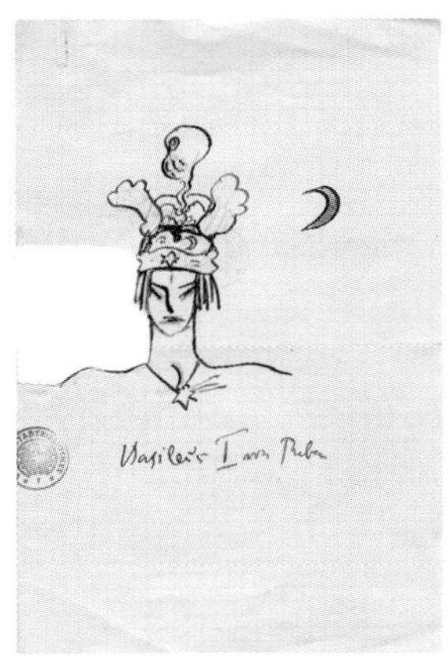

24 *Basileus I von Theben*
April 1913
Tinte auf Brief an Karl Kraus [Berlin, etwa 10.4.1913]; links ein Stück Papier entfernt, handschriftlich bezeichnet unten, Text der Postkarte: KA 6, Nr. 505
Datierung: ebd. nach Briefinhalt
Standort: Wienbibliothek im Rathaus [157.938]

25 *Abigail s Verfall.*
Mai 1913
Tinte, teils laviert, auf geripptem Papier (Velin), 90 (l)/95 (r) × 84 (u)/83 (o) mm, handschriftlich bezeichnet unten rechts, rückseitig Stempel der Nationalgalerie Berlin
Datierung: Den Titel greift Else Lasker-Schüler wörtlich in einem Brief an Franz Werfel vom 26. Mai 1913 auf: »Immer dir gewogen – aber total vernichtet: Abigail s Verfall.« (KA 6, Nr. 540)
Provenienz: 1920 Schenkung an die Berliner Nationalgalerie – 1937 beschlagnahmt – Hans Bolliger, Zürich – 1997 Else-Lasker-Schüler-Gesellschaft, Wuppertal
Standort: Kunstmuseum Solingen / Dauerleihgabe der Else-Lasker-Schüler-Gesellschaft

Ausstellungen: Haas-Heye, Osthaus [Nachweis: Osthaus-Archiv, Liste F2 467/3, Nr. 47]
→ Tafel S. 25

26 *Abigail dichtet die Mondsichel an*
Erste Hälfte 1913
Tinte, 95 × 112 mm, handschriftlich bezeichnet unten rechts
Datierung: aus dem weiteren Umfeld des *Prinzen von Theben* (s. oben zur Gruppe 6-19)
Provenienz: Privatsammlung Frankfurt/M.
Standort: Privatsammlung Kanada
Ausstellungen: Haas-Heye, Osthaus [Nachweis: Osthaus-Archiv, Liste F2 467/3, Nr. 56]

27 *Jussuf prince Tiba*
23. 12. 1913
Tinte, Kreiden auf Postkarte an Franz Marc vom 23. 12. 1913 (Poststempel), 141 × 90 mm, handschriftlich bezeichnet unten, rückseitig lediglich Adresse; vgl. KA 6, Nr. 636
Standort: Stiftung Stangl, Franz Marc Museum, Kochel am See
→ Tafel S. 22

28-32 *Aus dem Nachlaß von Franz Marc*

28-32 stammen aus dem Nachlaß von Franz Marc, der Else Lasker-Schüler Anfang Mai 1913 aufgefordert hatte: »zeichne uns auch mal Karten, Dein Bild u. Bilder von Deinem Hofe; wirst Du's tun?« (Schuster, Nr. 17). Sämtlich mit blasser Tinte auf gleichartige Briefumschläge gezeichnet, sind sie auch entstehungsgeschichtlich als homogene Gruppe zu betrachten. Solche Umschläge verwendete Else Lasker-Schüler 1913 auch für ihre Korrespondenz mit Franz Marc (vgl. Abb. in: Else Lasker-Schüler / Franz Marc, S. 72). Nähe zu 27 und zu 39.

28 *Prinz von Theben im Kriegs Schmuck*
Um die Jahreswende 1913 / 14
Tinte auf Briefumschlag, 119 × 94 mm, handschriftlich bezeichnet oben rechts
Datierung: siehe oben zur Gruppe
Provenienz: Nachlaß Franz Marc – Klaus Lankheit, Karlsruhe – Galerie Fichter, Frankfurt/M.
Standort: Sammlung Kahmen, Insel Hombroich
→ Tafel S. 26

29 *Es lebe Theben! der Prinz.*
Um die Jahreswende 1913 / 14
Tinte auf Briefumschlag, 119 × 94 mm, handschriftlich bezeichnet oben rechts
Datierung: siehe oben zur Gruppe
Provenienz: Nachlaß Franz Marc – Klaus Lankheit, Karlsruhe – Galerie Fichter, Frankfurt/M.
Standort: Sammlung Kahmen, Insel Hombroich
→ Tafel S. 27

30 *Jussuf segnet die Stadt*
Um die Jahreswende 1913 / 14
Tinte auf Briefumschlag, 119 × 94 mm, handschriftlich bezeichnet oben Mitte
Datierung: siehe oben zur Gruppe
Provenienz: Nachlaß Franz Marc – Klaus Lankheit, Karlsruhe – Galerie Fichter, Frankfurt/M.
Standort: Sammlung Kahmen, Insel Hombroich
→ Tafel S. 31

31 *o. T. [Jussuf mit Speer und weiterer Figur]*
Um die Jahreswende 1913 / 14
Tinte auf Briefumschlag, 119 × 94 mm
Datierung: siehe oben zur Gruppe
Provenienz: Nachlaß Franz Marc – Klaus Lankheit, Karlsruhe – Galerie Fichter, Frankfurt/M.

Standort: Sammlung Kahmen, Insel Hombroich
→ Tafel S. 29

32 *Jussuf träumt an der Hecke*
Um die Jahreswende 1913/14
Tinte auf Briefumschlag, 119×94 mm, handschriftlich bezeichnet unten
Datierung: siehe oben zur Gruppe
Provenienz: Nachlaß Franz Marc – Klaus Lankheit, Karlsruhe – Galerie Fichter, Frankfurt/M.
Standort: Sammlung Kahmen, Insel Hombroich
→ Tafel S. 30

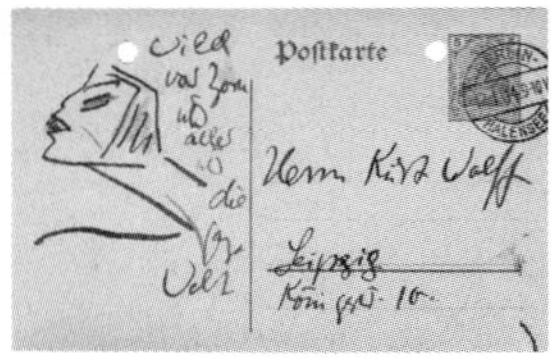

33 *Wild vor Zorn über alles über die ganze Welt*
17.1.1914
Tinte, roter Buntstift auf Postkarte an Kurt Wolff [Berlin, 17.1.1914 (Poststempel)], handschriftlich bezeichnet rechts, Text der Postkarte: KA 7, Nr. 12
Standort: Yale University Library, New Haven CT, Beinecke Rare Book & Manuscript Library, Kurt Wolff Archive, Yale Collection of German Literature [Mss 3, Box 5, Folder 198]

34 *Abigail Jussufs Krönungsrede über Theben*
Anfang März 1914
Tinte, radierter Buntstift; aufgeklebtes Papierstück über einem verworfenen Entwurf, 225×143 mm, handschriftlich bezeichnet rechts
Vorlage für eine Illustration der »Briefe und Bilder« (→i41)
Datierung: Else Lasker-Schüler an Paul Leppin, wahrscheinlich 9.3.1914: »Eben malte ich mich die Krönungsrede haltend.« (KA 7, Nr. 29; Datierung des Briefs nach seinem Inhalt.) – Ende Mai schickte Else Lasker-Schüler 34-36 zur Reproduktion im *Brenner* innerhalb ihrer »Briefe und Bilder« an Ludwig von Ficker (vgl. KA 7, Nr. 64)
Standort: Universität Innsbruck, Brenner-Archiv [94/17a-3]
→ Tafel S. 33

35 *Abigail droht seiner unschuldigen Stadt.*
Zwischen März und Mai 1914
Tinte mit Deckweiß überarbeitet, radierter Buntstift, 175×114 mm, handschriftlich bezeichnet unten links
Vorlage für eine Illustration der »Briefe und Bilder« (→i39)
Datierung: siehe 34
Standort: Universität Innsbruck, Brenner-Archiv [94/17a-1]
→ Tafel S. 23

36 *Abigail-Jussuf wirft Kußhände seinem Volk.*
Zwischen März und Mai 1914
Tinte, leicht radierter Buntstift, 125×99 mm, handschriftlich bezeichnet unten
Vorlage für eine Illustration der »Briefe und Bilder« (→i40)
Datierung: siehe 34
Standort: Universität Innsbruck, Brenner-Archiv [94/17a 1]
Ausstellungen: Haas-Heye, Osthaus [Nachweis: Osthaus-Archiv, Liste F2 467/3, Nr. 54]
→ Tafel S. 32

37 *»Ich warne dich Abigail Jussuf«; so sagt der Neger.*
Frühjahr 1914
Tinte, 217(l)/215(r) × 213(o)/217(u) mm, handschriftlich bezeichnet unten rechts
Vorlage für eine Illustration der »Briefe und Bilder« (→i72)
Datierung: Nähe zu 34-36

Provenienz: 1920 Schenkung an die Berliner Nationalgalerie – 1937 beschlagnahmt – 1940 symbolischer Verkauf an Bernhard A. Böhmer, Gustrow, zum Weiterverkauf – 1949 erneut beschlagnahmt und der Nationalgalerie zurückgegeben (vgl. Janda / Grabowski, Verzeichnis Nr. 257)
Standort: Staatliche Museen zu Berlin, Kupferstichkabinett [F II 957 Nr. 7]
Ausstellungen: Haas-Heye, Osthaus [Nachweis: Osthaus-Archiv, Liste F2 467 / 3, Nr. 68]
→ Tafel S. 34

38 *Jussufs Abigail Vertierung*
Frühjahr 1914
Schwarze Kreide, 268 (l) / 266 (r) × 213 (o) /214 (u) mm, handschriftlich bezeichnet unten rechts auf eingeklebtem Papier
Motiv zur VII. Folge der »Briefe und Bilder«, nicht als Illustration aufgenommen; vgl. Schuster, Nr. 34 und KA 3.1, S. 319
Datierung: Nähe zu 34-36
Provenienz: 1920 Schenkung an die Berliner Nationalgalerie – 1937 beschlagnahmt – 1940 symbolischer Verkauf an Bernhard A. Böhmer, Gustrow, zum Weiterverkauf – 1949 erneut beschlagnahmt und der Nationalgalerie zurückgegeben (vgl. Janda / Grabowski, Verzeichnis Nr. 255)
Standort: Staatliche Museen zu Berlin, Kupferstichkabinett [F II 957 Nr. 5]
Ausstellungen: Haas-Heye, Osthaus [Nachweis: Osthaus-Archiv, Liste F2 467 / 3, Nr. 70]
→ Tafel S. 21

39 *Jussuf von Theben in der Schlacht.*
11. 4. 1914
Schwarze Tinte, Kopierstift auf Postkarte an Georg Trakl [Berlin, 11. 4. 1914 (Poststempel)], 90 × 140 mm, handschriftlich bezeichnet unten rechts, Zusatz oben (auf dem Kopf): »Ihr dankender Prinz. / Else Lasker-Schüler«, Text der Postkarte: KA 7, Nr. 39
Standort: Stadtbibliothek Wuppertal, Else-Lasker-Schüler-Archiv [A 303]
→ Tafel S. 24

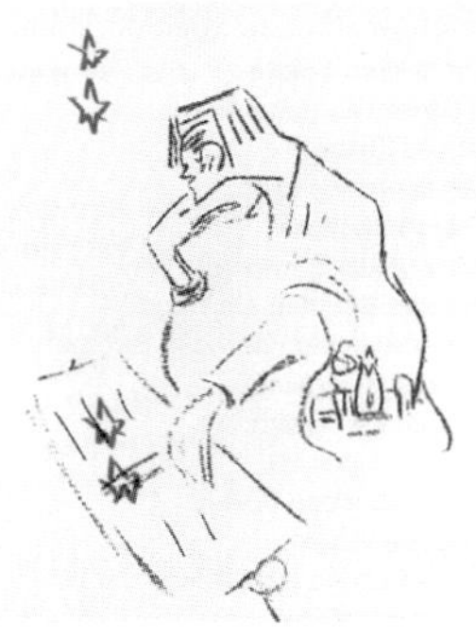

40 *Jussuf von Theben betet für die Seele des Ritters Georg Trakl*
Mitte Dezember 1914
Buntstifte auf der Rückseite eines Briefs an Ludwig von Ficker [Berlin, kurz nach dem 9. 12. 1914], handschriftlich bezeichnet unten, Text des Briefs: KA 7, Nr. 109
Datierung: ebd. nach Briefinhalt
Nachweis: Reproduktion nach einer Abbildung in: Methlagl / Sauermann, S. 40; dort Titel am unteren Blattrand abgeschnitten. Xerokopie des Blatts inklusive Titel im Deutschen Literaturarchiv Marbach
Standort: unbekannt

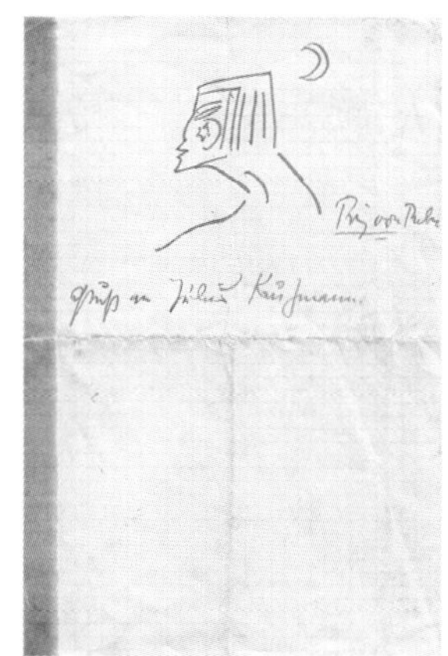

41 *Prinz von Theben*
Ende Dezember 1914
Tinte auf der Rückseite eines Briefs an Friedrich Andreas Meyer [Berlin, 21. (?) 12. 1914], handschriftlich bezeichnet unten, Zusatz unten: »Gruß an Julius Kaufmann.«, Text des Briefs: KA 7, Nr. 111

Datierung: ebd. nach Briefinhalt
Standort: Stadtbibliothek Wuppertal, Else-Lasker-Schüler-Archiv (A 196)

42 *Jussuf ist verarmt; sein Freund tröstet Ihn.*
1914/15
Feder auf kariertem Papier ($^{1}/_{2}$ S., gefaltet), 221×143 mm (gefaltetes Blatt), handschriftlich bezeichnet unten
Datierung: Zeichnung für den Architekten Hanns Hirt, dem Else Lasker-Schüler vor allem 1914/15 freundschaftlich verbunden war; Nähe zu 34 - 36
Provenienz: Hanns Hirt, Berlin
Standort: Houghton Library, Harvard University (Purchased with the George L. Lincoln Fund, 1967) [Ms Ger 166/31]
→ Tafel S. 28

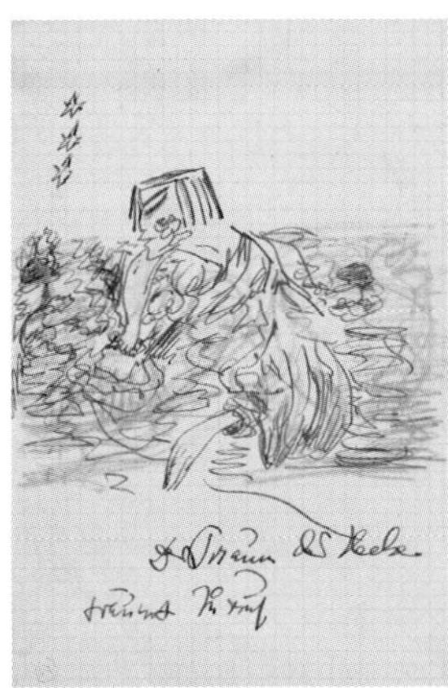

43 *Den Traum der Hecke träumt Jussuf*
1914/15
Feder, Buntstifte auf kariertem Papier, 223×143 (u)/142 (o) mm, handschriftlich bezeichnet unten
Datierung: Zeichnung für den Architekten Hanns Hirt, dem Else Lasker-Schüler vor allem 1914/15 freundschaftlich verbunden war
Provenienz: Hanns Hirt, Berlin – 1967 Houghton Library, Harvard University
Standort: Houghton Library, Harvard University (Purchased with the George L. Lincoln Fund, 1967) [Ms Ger 166/29]

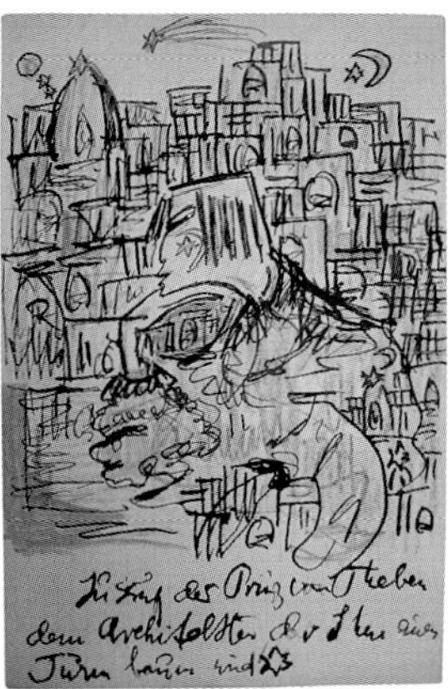

44 *Jussuf der Prinz von Theben/dem Architekten, der Ihm einen Turm bauen wird* ☆
1914/15
Tinte, Buntstifte auf kariertem Papier, 222×142 (o)/143 (u) mm, handschriftlich bezeichnet unten
Datierung: Zeichnung für den Architekten Hanns Hirt, dem Else Lasker-Schüler vor allem 1914/15 freundschaftlich verbunden war. Else Lasker-Schüler an Hanns Hirt, wohl Anfang Januar 1915: »Ich möchte von Ihnen mal einen Turm gebaut bekommen wo am Meer.« (KA 7, Nr. 121)
Provenienz: Hanns Hirt, Berlin – 1967 Houghton Library, Harvard University
Standort: Houghton Library, Harvard University (Purchased with the George L. Lincoln Fund, 1967) [Ms Ger 166/30]

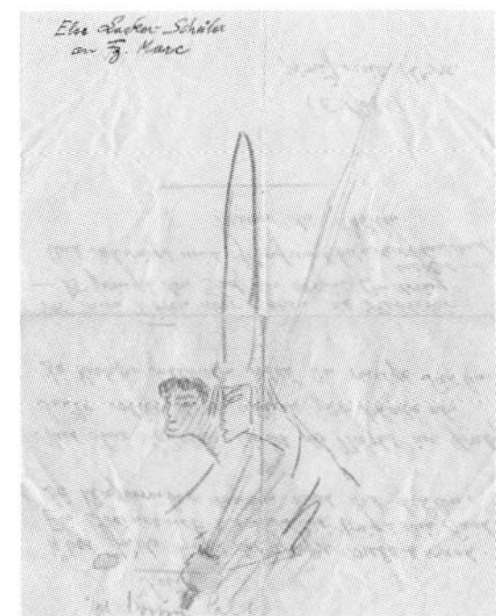

45 *o. T. [Jussuf mit hohem Hut und Diener]*
Februar 1915
Buntstift, 278×218 mm, Zusatz: »Ich komm bald«, weiterer Zusatz oben links von fremder Hand auf

der Rückseite der Gedichthandschrift »Saul« mit Zusatz: »(E LSch.)«/»Jussuf, viele Küsse«
Datierung: Die Gedichthandschrift mit rückseitiger Zeichnung schickte Else Lasker-Schüler wahrscheinlich im Februar 1915 an Franz Marc; vgl. KA 1.2, S. 209 und KA 7, Nr. 126.
Standort: Deutsches Literaturarchiv Marbach [81.192]

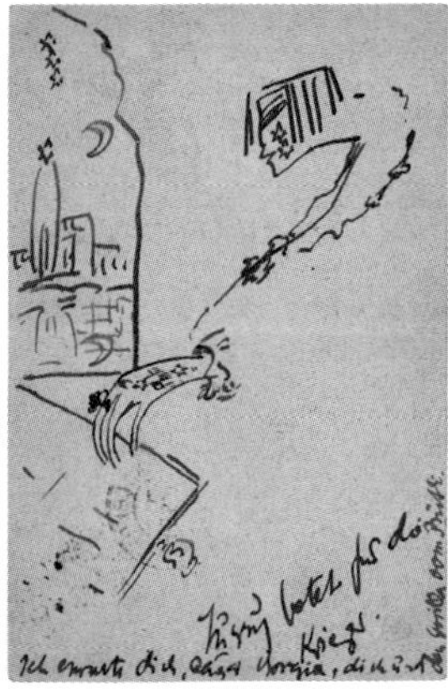

46 *Jussuf betet für die Krieger.*
26. 6. 1915
Tinte auf Briefbogen an Hanns Hirt [Berlin 26. 6. 1915 (Poststempel)], handschriftlich bezeichnet unten rechts, Zusatz unten: »Ich erwarte Dich, Cäsar Borgia, Dich und den Gorilla vom Rütli.«, Text der Postkarte: KA 7, Nr. 144
Standort: Houghton Library, Harvard University [Ms Ger 166/8]

47 *Abigail will Heinrich von Aachen sehen.*
Frühsommer bis Mitte Dezember 1915
Tinte und farbige Kreiden auf Papier, 182(l)/186(r) × 215(u)/214(o) mm, handschriftlich bezeichnet unten rechts
Datierung: Im Frühsommer 1915 kam der Aachener Maler Heinrich Maria Davringhausen nach Berlin und war dort bald mit Else Lasker-Schüler befreundet, welche die Figur »Heinrich Maria« oder »Maria von Aachen« in die »Briefe und Bilder« / *Der Malik* nimmt. Entstehung spätestens kurz vor der Ausstellung Haas-Heye
Provenienz: 1920 Schenkung an die Berliner Nationalgalerie – 1937 beschlagnahmt – 1940 symbolischer Verkauf an Bernhard A. Böhmer, Gustrow, zum Weiterverkauf – 1949 erneut beschlagnahmt und der Nationalgalerie zurückgegeben (vgl. Janda / Grabowski, Verzeichnis Nr. 252)
Standort: Staatliche Museen zu Berlin, Kupferstichkabinett [F II 957 Nr. 2]
Ausstellungen: Haas-Heye, Osthaus [Nachweis: Osthaus-Archiv, Liste F2 467/3, Nr. 73]
→ Tafel S. 35

48 *Jussuf bittet den nordischen Fürsten seinem Volk gut zu sein*
Vor Mitte Dezember 1915
Tinte, Aquarell auf dünnem Velin, 75 × 100 mm, Titel unterhalb der aufgeklebten Zeichnung, rückseitig Stempel der Nationalgalerie Berlin
Motiv zu *Der Malik*, nicht als Illustration aufgenommen
Datierung: Entstehungszeit der »Briefe und Bilder« / *Der Malik*; spätestens kurz vor der Ausstellung Haas-Heye
Nachweis: Kornfeld & Klipstein, Auktion 147, Kat.-Nr. 453. Bauschinger, S. 408, Nr. 40
Provenienz: 1920 Schenkung an die Berliner Nationalgalerie – 1937 beschlagnahmt – 1939 Sammlung Sofie und Emanuel Fohn, Rom – Kornfeld & Klipstein (Auktion 147, 20./21. 6. 1973, Kat.-Nr. 453) – Hans Bolliger, Zürich
Standort: unbekannt
Ausstellungen: Haas-Heye, Osthaus [Nachweis: Osthaus-Archiv, Liste F2 467/3, Nr. 42]

49 *Jussuf erhängte sich, jedoch die Thebetaner glaubten, Ossman habe ihn – auf sein Geheiß – erschlagen*
Vor Mitte Dezember 1915
Schwarze und farbige Kreiden, Tinte, 270 × 215 mm, handschriftlich bezeichnet unten rechts
Motiv zu *Der Malik*, nicht als Illustration aufgenommen; vgl. Schuster, Nr. 43
Datierung: Entstehungszeit der »Briefe und Bil-

der«; spätestens bis Ende 1915 (Ausstellung Haas-Heye)
Provenienz: 1920 Schenkung an die Berliner Nationalgalerie – 1937 beschlagnahmt – 1940 symbolischer Verkauf an Bernhard A. Böhmer, Gustrow, zum Weiterverkauf – 1949 erneut beschlagnahmt und der Nationalgalerie zurückgegeben (vgl. Janda / Grabowski, Verzeichnis Nr. 256)
Standort: Staatliche Museen zu Berlin, Kupferstichkabinett [F II 957 Nr. 6]
Ausstellungen: Haas-Heye, Osthaus [Nachweis: Osthaus-Archiv, Liste F2 467/3, Nr. 72]
→ Tafel S. 37

III. 1916-1921 (Berlin)

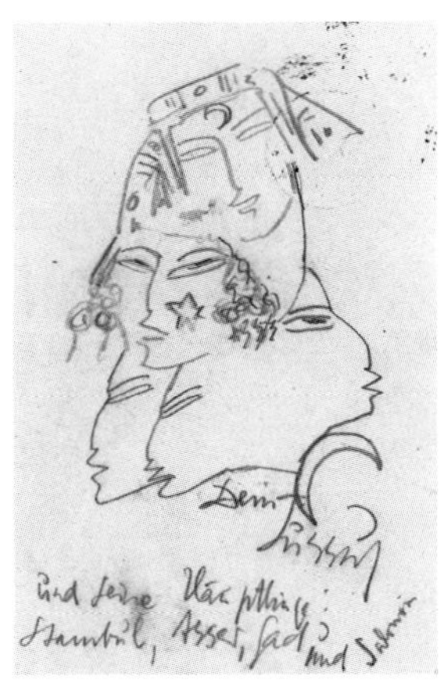

50 *Dein Jussuf / und seine Häuptlinge: Stambul, Asser, Gad und Salomein*
3. 1. 1916
Bleistift auf Postkarte an Franz Marc [Berlin, 3. 1. 1916 (Poststempel)], handschriftlich bezeichnet unten
Umseitig lediglich Adresse und Absender (vgl. KA 7, Nr. 164)
Standort: Franz Marc Stiftung, Franz Marc Museum, Kochel am See

51 *Die Häuptlinge gehen für ihren Kaiser auf Raub aus*
Januar bis März 1916
Tinte und farbige Kreiden, auf Karton aufgeklebt, 233 (l)/228 (r) × 214 (o)/215 (u) mm, handschriftlich bezeichnet unten
Datierung: Nähe zu 50 und 54 f.; wahrscheinlich wurde die Zeichnung bei Osthaus im April / Mai 1916 ausgestellt und nach der Ausstellung Haas-Heye im Dezember 1915 gefertigt.
Provenienz: 1920 Schenkung an die Berliner Nationalgalerie – 1937 beschlagnahmt – 1940 symbolischer Verkauf an Bernhard A. Böhmer, Gustrow, zum Weiterverkauf – 1949 erneut beschlagnahmt und der Nationalgalerie zurückgegeben (vgl. Janda / Grabowski, Verzeichnis Nr. 251)
Standort: Staatliche Museen zu Berlin, Kupferstichkabinett [F II 957 Nr. 1]

Ausstellung: wahrscheinlich Osthaus [Nachweis: Osthaus-Archiv, Liste F2 467/5, o. Nr., bez. »Raubende Häuptlinge«]
→ Tafel S. 38

52 *Jussuf u. Salomein oder David u. Jonathan*
Zwischen Anfang und Mitte 1916
Ca. 80 × 70 mm, Tinte, Buntstifte, Kreiden, handschriftlich bezeichnet unten; Titel »Jussuf und Salomein« radiert, mit lila Tinte nachgeschrieben und mit dem Zusatz »oder David u. Jonathan« versehen
Datierung: Wahrscheinlich für die »Briefe und Bilder« entstanden, in die es nicht aufgenommen wurde. Für die Sammelhandschrift der *Hebräischen Balladen*, einem Verlobungsgeschenk von Else Lasker-Schüler an Lucie von Goldschmidt-Rothschild, mit neuem Titel versehen und auf die Gedichthandschrift »David und Jonathan« montiert. 1917 heirateten Lucie von Goldschmidt-Rothschild und Edgar Spiegl; ihre Verlobung fand vermutlich ein Jahr zuvor, Mitte 1916, statt (vgl. Oellers S. 53). Siehe auch 4, 11, 13 und 60.
Provenienz: Lucie von Goldschmidt-Rothschild, Frankfurt/M. – Auktion Stargardt (20./21. 2. 1979, Autographen-Katalog 617, Nr. 201)
Standort: Deutsches Literaturarchiv Marbach [79.50] / Literaturmuseum der Moderne
→ Tafel S. 39

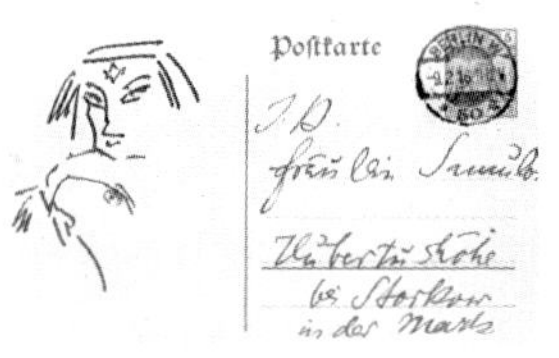

53 *o. T. [Kopf im Halbprofil, auf Hand aufgestützt]*
9. 2. 1916
Tinte auf Postkarte an ein Frl. Samulon [Berlin, 9. 2. 1916 (Poststempel)], Text der Postkarte: KA 11, Nr. *55

Standort: Else-Lasker-Schüler-Archiv Wuppertal (Dauerleihgabe der Stiftung Martin-Opitz-Bibliothek, Herne)

54-58 *Aus Albert Ehrensteins Notizbuch*
Bei einem Besuch bei Albert und Carl Ehrenstein in Leipzig an einem Tag im Frühjahr 1916 (vgl. KA 7, Nr. 178) zeichnete und schrieb Else Lasker-Schüler auf einige aufeinanderfolgende Seiten des Notizbuchs, das Albert Ehrenstein von November 1915 bis März 1916 führte.

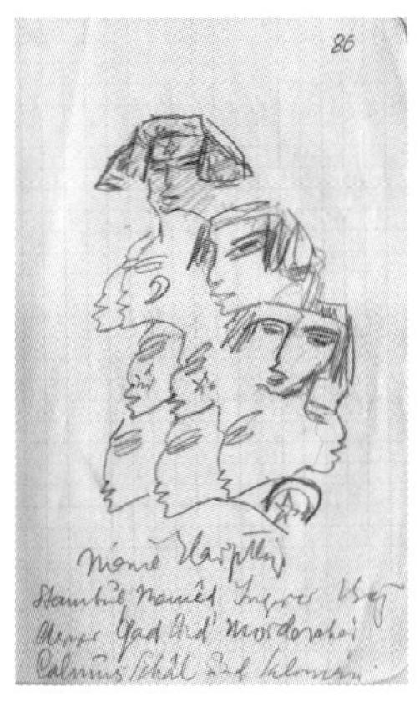

54 *Meine Häuptlinge / Stambul, Memêd, Ingwer Bey Asser Gad und Morderchei Calmus Schâl und Salomein*
März 1916
Bleistift auf Blatt in Notizbuch von Albert Ehrenstein, 160 × 98 mm, handschriftlich bezeichnet unten
Datierung: siehe oben zur Gruppe
Standort: The National Library of Israel, Jerusalem, Archives Department, Albert Ehrenstein Archive [Ms. Var. 306 / XVII / 17]

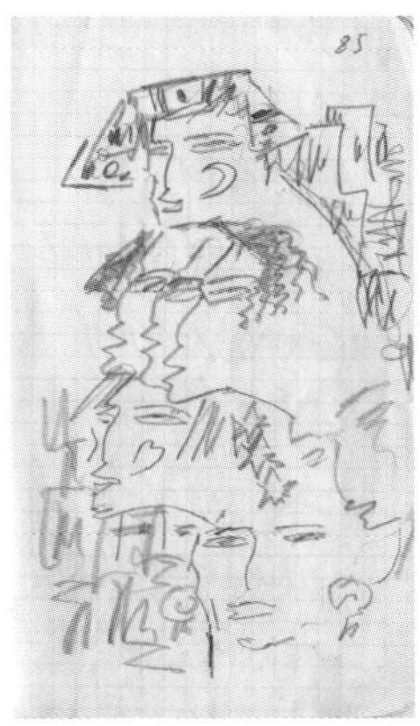

55 *o. T. [Kopfpyramide 1]*
März 1916
Bleistift auf Blatt in Notizbuch von Albert Ehrenstein, 160 × 98 mm
Datierung: siehe oben zur Gruppe
Standort: The National Library of Israel, Jerusalem, Archives Department, Albert Ehrenstein Archive [Ms. Var. 306 / XVII / 17]

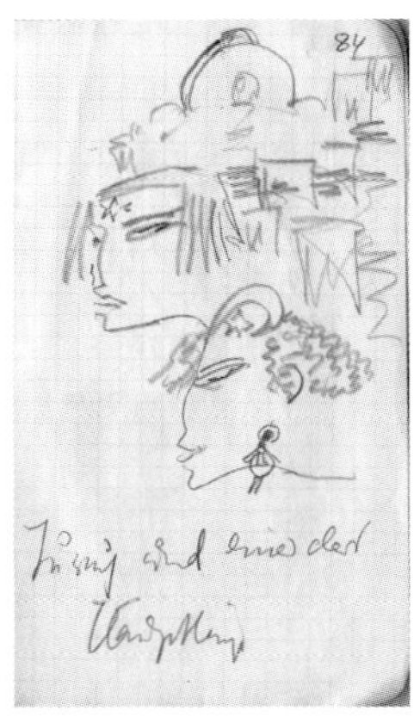

56 *Jussuf und einer der Häuptlinge*
März 1916
Bleistift auf Blatt in Notizbuch von Albert Ehrenstein, 160 × 98 mm, handschriftlich bezeichnet unten
Datierung: siehe oben zur Gruppe
Standort: The National Library of Israel, Jerusalem, Archives Department, Albert Ehrenstein Archive [Ms. Var. 306 / XVII / 17]

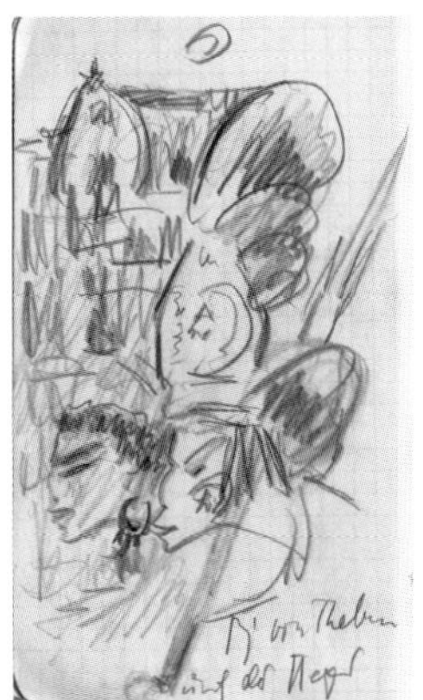

57 *Prinz von Theben und der Neger*
März 1916
Bleistift auf Blatt in Notizbuch von Albert Ehrenstein, 160 × 98 mm, handschriftlich bezeichnet unten rechts
Datierung: siehe oben zur Gruppe
Standort: The National Library of Israel, Jerusalem, Archives Department, Albert Ehrenstein Archive [Ms. Var. 306 / XVII / 17]

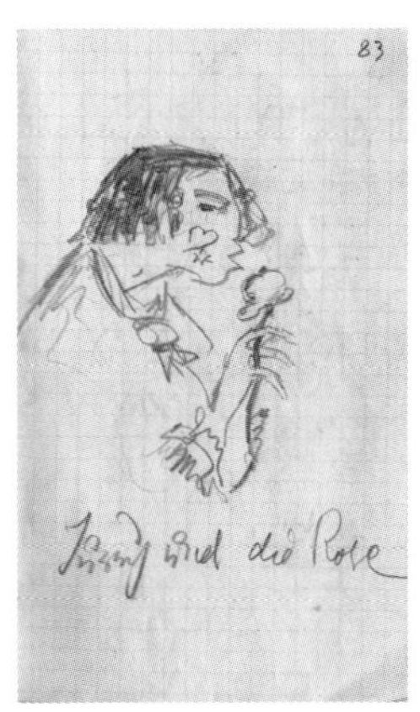

58 *Jussuf und die Rose*
März 1916
Bleistift auf Blatt in Notizbuch von Albert Ehrenstein, 160 × 98 mm, handschriftlich bezeichnet unten
Datierung: siehe oben zur Gruppe
Standort: The National Library of Israel, Jerusalem, Archives Department, Albert Ehrenstein Archive [Ms. Var. 306 / XVII / 17]

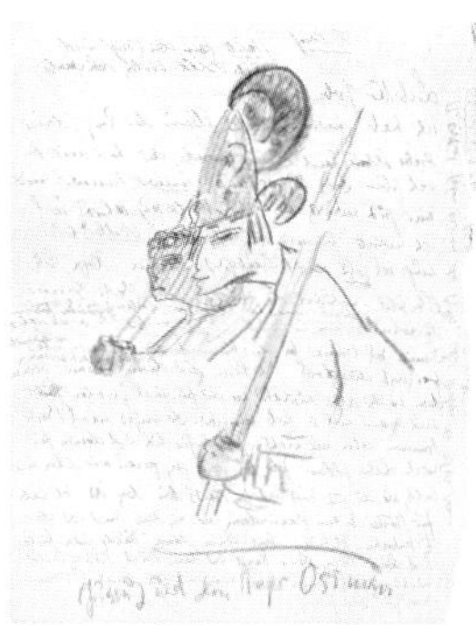

59 *Jussuf und sein Neger Ossman*
Frühjahr 1916
Buntstifte auf Rückseite eines Briefs an Johannes Matuschka, [Berlin, Frühjahr 1916], handschriftlich bezeichnet unten
Text des Briefs: KA 7, Nr. 470
Datierung: KA 7 datiert den inhaltlich schwer faßbaren Brief auf 1922. Die Art der Ausführung des Motivs ähnelt stark der Titelzeichnung des *Prinz von Theben* (→i42 sowie 57). Die Erwähnung einer möglicherweise bevorstehenden Reise nach »Frankfurt, Hamm, Hagen, Cöln, Elberfeld« könnte in Zusammenhang mit der Ausstellung bei Osthaus im April / Mai 1916 stehen. Auch die Erwähnung der »lieben Soldatenhand« Matuschkas rechtfertigt eine Datierung auf die Zeit des Ersten Weltkriegs.
Standort: Privatbesitz Berlin

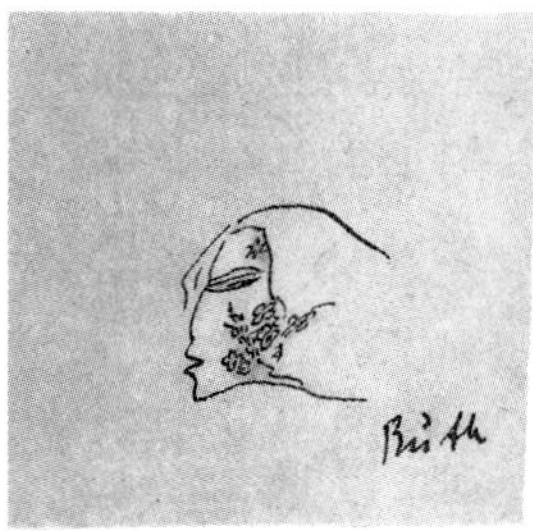

60 *Ruth*
Mitte 1916
Ca. 85 × 83 mm, lila Tinte, Kreiden, handschriftlich bezeichnet unten rechts
Datierung: Eigens für die Sammelhandschrift der *Hebräischen Balladen*, ein Verlobungsgeschenk von Else Lasker-Schüler an Lucie von Goldschmidt-Rothschild, mit derselben lila Tinte wie die handgeschriebenen Gedichte gefertigt und dort auf die Gedichthandschrift »Ruth« montiert (vgl. KA 1.2, S. 8). 1917 heirateten Lucie von Goldschmidt-Rothschild und Edgar Spiegl; ihre Verlobung fand vermutlich ein Jahr zuvor, Mitte 1916, statt. Siehe auch 4, 11, 13 und 52.
Provenienz: Lucie von Goldschmidt-Rothschild, Frankfurt/M. – Auktion Stargardt (20./21. 2. 1979, Autographen-Katalog 617, Nr. 201)
Standort: Deutsches Literaturarchiv Marbach [79.50] / Literaturmuseum der Moderne

61 *o. T. [Kopf Jussufs mit hohem Federhut und Lanze]*
18. 8. 1916
Tinte auf einer Postkarte an Friedja Maus [Berlin, 18. 8. 1916 (Poststempel)], Zusatz: »In Eile. Unmöglich! Bitte komm hierher Friedelind. Ich wohne Nürnbergerstr. 62I Berlin W. Pension Bayreuth. Telegraphiere! Du kannst hier wohnen.«, Text der Postkarte: KA 7, Nr. 196
Standort: unbekannt (Kopie, auch der Zeichnung: Deutsches Literaturarchiv Marbach, [D: Lasker-Schüler x]

62 *o. T. [Kopfpyramide 2]*
1916
Tusche, Kreiden, mit Silbermetallfolie collagiert auf bräunlichem Papier, mit Silber- und Kupfermetallfolie collagiert auf Pappe, mit braunem Klebeband umrahmt, 115 (l)/130 (r) × 90 (o)/ 104 (u) mm
Datierung: Nähe zu 54 f. Die Collage gehörte Wilhelm Schmidtbonn, sie wurde ihm wahrscheinlich von Else Lasker-Schüler geschenkt. Ihre freundschaftliche Beziehung ist vom Herbst 1916 bis 1925 nachweisbar und war am intensivsten 1916 (vgl. KA 1.2, zu Nr. 272)
Provenienz: Wilhelm Schmidtbonn, Bonn-Bad Godesberg
Standort: Sammlung Röhrscheid
→ Tafel S. 42

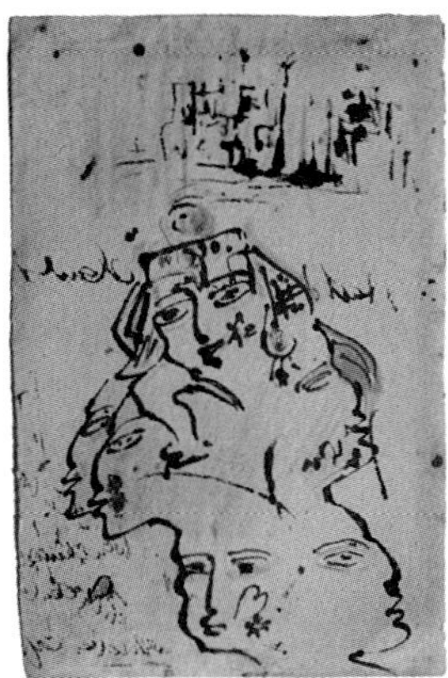

63 *o. T. [Kopfpyramide 3]*
1916
Braune Tinte, Buntstifte, mit Silbermetallfolie collagiert auf umseitig benutztem, rosafarbenem Löschblatt, 158×98 mm, rückseitig Abklatsch von diversen Handschriften Else Lasker-Schülers, darunter spiegelschriftlich »Jussuf«
Datierung: 50 und 54 f., die auf 1916 zu datieren sind
Provenienz: Auktion Hauswedell & Nolte, Hamburg, 12. 6. 1999 (Lot-Nr. 1914) – 1999 Privatbesitz
Standort: Privatbesitz

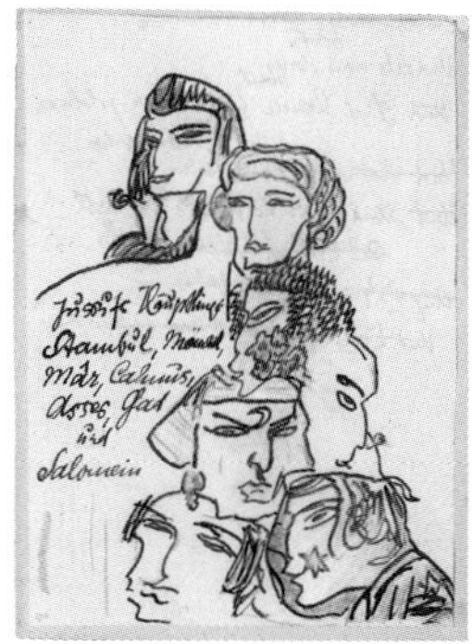

64 *Jussufs Häuptlinge: Stambul, Mëmed, Mâr, Calmus, Asser, Gad und Salomein*
1916
Tinte, Kreiden, 182×126 mm, auf Karton gezogen; Text eines eigenhändigen Manuskripts auf der Rückseite leicht durchscheinend
Datierung: Nähe zu 50 und 54 f.
Provenienz: Sammlung Adalbert Colsmann – Auktion Stargardt, Berlin, 15./16.6.2010 (Lot 185)
Standort: Antiquariat Halkyone, Hamburg

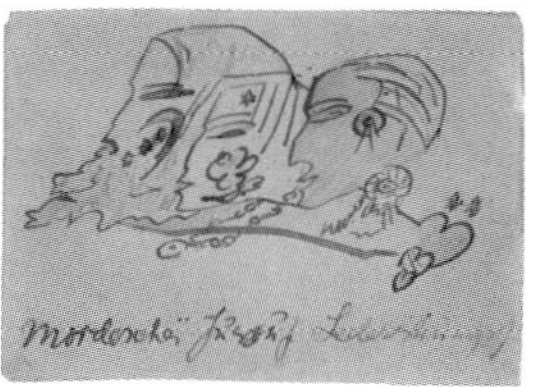

65 *Morderchei Jussuf Lederstrumpf*
1916 / 17
Tinte, Buntstifte, 104×141 mm, handschriftlich bezeichnet unten; mit 67 in ein Passepartout montiert
Theodor Däubler und George Grosz links und rechts von Jussuf als »Morderchei« und »Lederstrumpf« porträtiert
Datierung: Die Freundschaft zwischen Else Lasker-Schüler, Theodor Däubler und George Grosz begann 1916 und intensivierte sich vor allem 1917. Sicher eine der »zwei bunten Zeichnungen der Dichterin Else Lasker-Schüler«, die Theodor Däubler 1919 in seiner Beschreibung der »Sammlung Ida Bienert-Dresden« erwähnt (*Das Kunstblatt* 3, 1919, S. 161-167, hier S. 167).
Provenienz: Ida Bienert, Dresden – Fritz Löffler, Dresden – Schenkung an Staatliche Kunstsammlungen Dresden
Standort: Staatliche Kunstsammlungen Dresden, Kupferstichkabinett [C 1988-12]

66 *Fürst von Triest / Morderchei*
1916 / 17
Tinte, Buntstifte, Goldbronze auf Briefumschlag, 155×123 mm, linkes Auge von Figur oben mit kleinem aufgeklebtem und bemaltem Papierstück verbessert, handschriftlich bezeichnet unten rechts
Doppelporträt von Theodor Däubler und Ida Bienert
Datierung: Nähe zu 65. Sicher eine der »zwei bunten Zeichnungen der Dichterin Else Lasker-Schüler«, die Theodor Däubler 1919 in seiner Beschreibung der »Sammlung Ida Bienert-Dresden« erwähnt (*Das Kunstblatt* 3, 1919, S. 161-167, hier S. 167).

Provenienz: Ida Bienert, Dresden – Fritz Löffler, Dresden – Schenkung an Staatliche Kunstsammlungen Dresden
Standort: Staatliche Kunstsammlungen Dresden, Kupferstichkabinett [C 1988-11]
→ Tafel S. 41

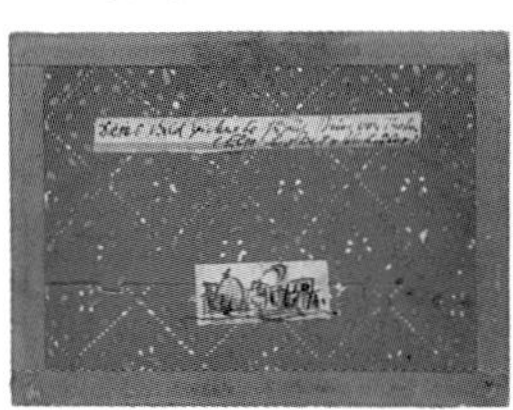

67 *o. T. [Theben-Miniatur]*
1916/17
Tinte, Buntstifte auf bedrucktem Papierstück collagiert auf bemaltem, rotem Glanzpapier, darauf Rahmen aus braun beschichtetem Papier geklebt, 112 × 148 mm, Zusatz auf bedrucktem Papierstreifen oben: »Dieses Bild zeichnete Jussuf Prinz von Theben (Else Lasker-Schüler)«. Mit 65 auf einen Karton montiert
Datierung: Die Collage gehört vermutlich in den Kontext von 65 f.
Provenienz: Ida Bienert, Dresden – Fritz Löffler, Dresden – Schenkung an Staatliche Kunstsammlungen Dresden, Kupferstichkabinett
Standort: Staatliche Kunstsammlungen Dresden, Kupferstichkabinett [C 1988-13]

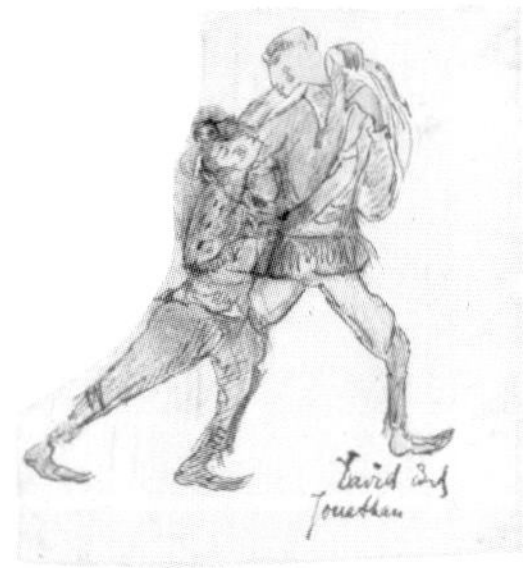

68 *David und Jonathan*
1916/17
Tinte, farbige Kreiden; links oben großer Teil des Blatts abgeschnitten, 55 (l)/197 (r) × 117 (o)/183 (u) mm, Teil der linken Figur ausgeschnitten und auf hinterklebtem Papier neu überzeichnet; mit kleinem bedrucktem Papierstück zum Ausbessern überklebt, handschriftlich bezeichnet unten rechts, rückseitig Stempel der Nationalgalerie Berlin
Motiv zum gleichnamigen Gedicht der *Hebräischen Balladen* mit den Versen »In der Bibel stehn wir geschrieben / Buntumschlungen.« (KA 1.1, Nr. 159)
Datierung: Else Lasker-Schüler erwog im Herbst 1916, einer – so nicht realisierten – dritten Auflage der *Hebräischen Balladen* Illustrationen beizugeben (vgl. KA 7, Nr. 202). Die Zeichnung wird in diesem Zusammenhang entstanden sein.
Provenienz: 1920 Schenkung an die Berliner Nationalgalerie – 1937 beschlagnahmt – 1939 Sammlung Sofie und Emanuel Fohn, Rom – Klipstein & Kornfeld, Bern (Auktion 110, 9.-11. 5. 1963, Kat.-Nr. 585) – 1963 Staatliche Museen zu Berlin, Kupferstichkabinett
Standort: Staatliche Museen zu Berlin, Kupferstichkabinett [NG 20/1963]

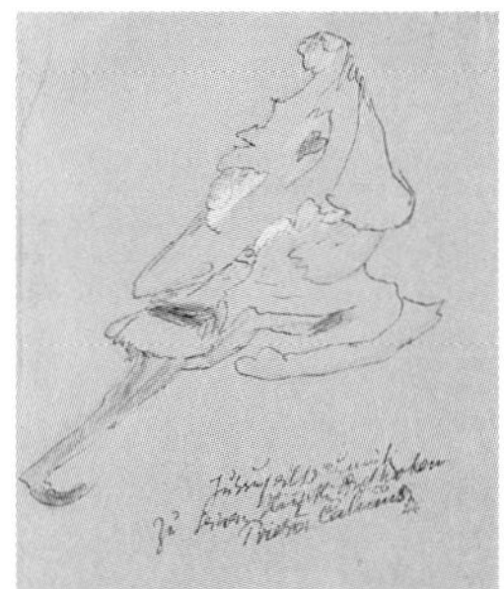

69 *Jussuf eilt reumütig zu seinem Häuptling und hohen Priester Calmus* ☆
Zwischen 1916 und 1919
Feder, bunte Kreiden auf lachsrotem Papier, 209 (l)/204 (r) × 164 (o)/162 (u), handschriftlich bezeichnet unten
Motiv zum *Malik*, nicht als Illustration aufgenommen; vgl. Schuster, Nr. 42
Datierung: Entstehungszeit der »Briefe und Bilder« / *Der Malik*; aber wohl nach Frühjahr 1916, da das Blatt nicht in den Ausstellungen Haas-Heye / Osthaus zu sehen war.

Provenienz: 1920 Schenkung an die Berliner Nationalgalerie – 1937 beschlagnahmt – 1940 symbolischer Verkauf an Bernhard A. Böhmer, Gustrow, zum Weiterverkauf – 1949 erneut beschlagnahmt und der Nationalgalerie zurückgegeben (vgl. Janda / Grabowski, Verzeichnis Nr. 254)
Standort: Staatliche Museen zu Berlin, Kupferstichkabinett [F II 957 Nr. 4]

70 *Calmus Jezowa der sanfte Häuptling / erinnert den leichtlebigen Jussuf an seine Krone*
Zwischen 1916 und 1919
Tintenfeder, Buntstift auf Papier, 179 (l)/177 (r) × 139 (o)/140 (u), handschriftlich bezeichnet unten
Motiv zum *Malik*, nicht als Illustration aufgenommen; vgl. Schuster, Nr. 38
Datierung: Entstehungszeit der »Briefe und Bilder« / *Der Malik*; aber wohl nach Frühjahr 1916, da das Blatt nicht in den Ausstellungen Haas-Heye / Osthaus zu sehen war
Provenienz: 1920 Schenkung an die Berliner Nationalgalerie – 1937 beschlagnahmt – 1939 vertauscht an Sofie und Emanuel Fohn, Rom (vgl. Janda / Grabowski, Verzeichnis Nr. 263) – 1964 Schenkung an die Bayerischen Staatsgemäldesammlungen
Standort: Staatliche Graphische Sammlung München, Schenkung Fohn [13 527]
→ Tafel S. 44

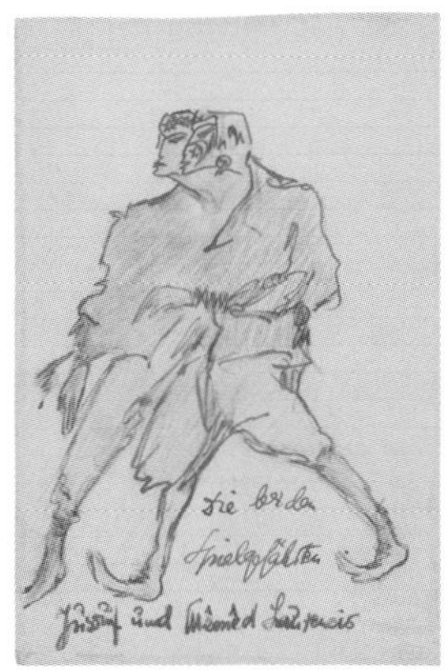

71 *Die beiden Spielgefährten / Jussuf und Mêmêd Laurencis*
Zwischen 1916 und 1919
Tintenfeder, Bleistift, Buntstift auf liniertem Papier, 213 (l)/214 (r) × 136 mm, handschriftlich bezeichnet unten
Motiv zum *Malik*, nicht als Illustration aufgenommen; vgl. Schuster, S. 39
Datierung: Entstehungszeit der »Briefe und Bilder« / *Der Malik*, aber wohl nach Frühjahr 1916, da das Blatt nicht in den Ausstellungen Haas-Heye / Osthaus zu sehen war
Provenienz: 1920 Schenkung an die Berliner Nationalgalerie – 1937 beschlagnahmt – 1939 vertauscht an Sofie und Emanuel Fohn, Rom (vgl. Janda / Grabowski, Verzeichnis Nr. 263) – 1964 Schenkung an die Bayerischen Staatsgemäldesammlungen
Standort: Staatliche Graphische Sammlung München, Schenkung Fohn [13 526]

72 *Jussuf*
Zwischen 1916 und 1919
Tintenfeder, Buntstift auf Papier, 190 (l)/193 (r) × 173 mm, handschriftlich bezeichnet unten
Vorlage für eine Illustration in Kurt Pinthus' *Menschheitsdämmerung* (15.-20. Tausend, 1922); siehe 188
Datierung: Aufgrund der Nähe zu 70 f. gegen Schuster, Nr. 33, (1913) datiert. Die auffällige Kontur findet keine Entsprechung in Zeichnungen um 1913, sondern eher in 71, das auch in seiner

Farbigkeit und in der Art des Farbauftrags an →72 erinnert, ebenso wie 70.
Provenienz: 1920 Schenkung an die Berliner Nationalgalerie – 1937 beschlagnahmt – 1939 vertauscht an Sofie und Emanuel Fohn, Rom (vgl. Janda / Grabowski, Verzeichnis Nr. 263) – 1964 Schenkung an die Bayerischen Staatsgemäldesammlungen
Standort: Staatliche Graphische Sammlung München, Schenkung Fohn [13 525]
→ Tafel S. 45

73 *Jussuf spielt mit Giselheers Mägdelein*
Februar 1917
Tinte, bunte Kreiden, Buntstifte, mit winzigem Papier (vielleicht ehemals metallbeschichtet) collagiert, 155 × 124 mm, handschriftlich bezeichnet unten
Datierung: Else Lasker-Schüler an Gertrud Osthaus, Februar 1917: »Ich schicke in *10 Tagen* zwei Bilder – für Sie; eins hab ich gezeichnet: Jussuf Abigail spielt mit Giselheers Mägdelein.« (KA 7, Nr. 212)
Provenienz: 1920 Schenkung an die Berliner Nationalgalerie – 1937 beschlagnahmt – 1940 symbolischer Verkauf an Bernhard A. Böhmer, Gustrow, zum Weiterverkauf – 1949 erneut beschlagnahmt und der Nationalgalerie zurückgegeben (vgl. Janda / Grabowski, Verzeichnis Nr. 253)
Standort: Staatliche Museen zu Berlin, Kupferstichkabinett [F II 957 Nr. 3]
→ Tafel S. 43

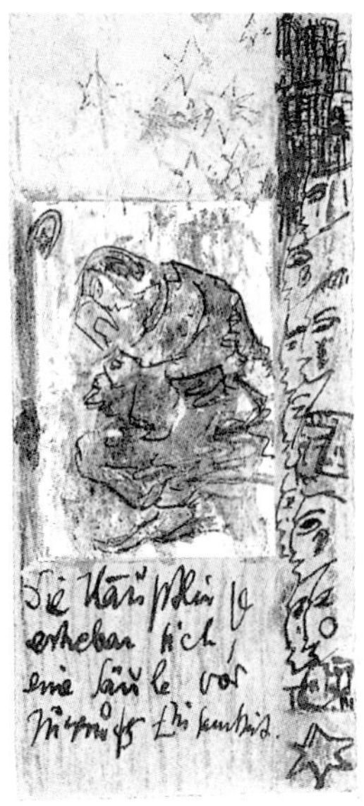

74 *Die Häuptlinge erheben sich, eine Säule vor Jussufs Einsamkeit.*
Um 1918
Tuschfeder, Kreiden; kleineres auf größeres Blatt montiert, 128 × 55 mm, handschriftlich bezeichnet unten auf größerem Blatt
Datierung: Im Mai 1920 wurde die Zeichnung der Berliner Nationalgalerie geschenkt.
Nachweis: Kornfeld & Klipstein, Bern (Auktion 155, 11.-13. 6. 1975, Kat.-Nr. 575, Abb. Tafel 53). Bauschinger, S. 405, Nr. 3
Provenienz: 1920 Schenkung an die Berliner Nationalgalerie – 1937 beschlagnahmt – Kornfeld & Klipstein, Bern (Auktion 155, 11.-13. 6. 1975, Kat.-Nr. 575, Abb. Tafel 53) – Privatsammlung Frankfurt/M.
Standort: unbekannt

75 *Lilâme*
Um 1918
Tinte, Aquarell auf dünnem Velin, 240 × 205 mm, rückseitig Stempel der Nationalgalerie Berlin
Datierung: Motiv zur Erzählung »Der Fakir« aus dem *Prinz von Theben*; vermutlich für dessen zweite Auflage gefertigt, doch nicht als Illustration in das Buch aufgenommen. Im Mai 1920 wurde die Zeichnung der Berliner Nationalgalerie geschenkt.

Nachweis: Kornfeld & Klipstein, Kat.-Nr. 453, ebd.: »aus dem berühmten Zeichnungsbestand der Künstlerin in der Nationalgalerie Berlin, der 1937 beschlagnahmt wurde und nur durch mutiges Eingreifen vor der Vernichtung gerettet werden konnte.« Vgl. Bauschinger, S. 408, Nr. 37
Provenienz: 1920 Schenkung an die Berliner Nationalgalerie – 1937 beschlagnahmt – 1939 Sammlung Sofie und Emanuel Fohn, Rom – Kornfeld & Klipstein, Bern (Auktion 147, 20./21. 6. 1973, Kat.-Nr. 453) – Hans Bolliger, Zürich
Standort: unbekannt

76 *Die Töchter des Emirs von Aphganistan*
Um 1918
Tinte auf Velin, 146 × 93 mm, handschriftlich bezeichnet unten, rückseitig Stempel der Nationalgalerie Berlin
Datierung: Vorlage für eine Illustration zur 2. Auflage des *Prinz von Theben* (→186), erschienen Anfang 1920
Provenienz: 1920 Schenkung an die Berliner Nationalgalerie – 1937 beschlagnahmt – Kornfeld & Klipstein, Bern (Auktion 155, 11.-13. 6. 1975, Kat.-Nr. 575) – Privatsammlung Frankfurt/M. – Hans Bolliger, Zürich – 1997 Else-Lasker-Schüler-Gesellschaft, Wuppertal
Standort: Kunstmuseum Solingen / Dauerleihgabe der Else-Lasker-Schüler-Gesellschaft
→ Tafel S. 40

77 *o. T. [Orientalische Tänzerin]*
Vor 1920
Tinte und Buntstifte auf dünnem Velin, 180 × 153 mm, rückseitig Stempel der Nationalgalerie Berlin
Datierung: siehe *Provenienz*
Nachweis: Kornfeld & Klipstein, Bern, Auktion 132, 11.-13. 6. 1969, Kat.-Nr. 762, ebd.: »Feder- und Farbstiftzeichnung auf dünnem Velin mit rechts ausgeschnittenem Rand, unbezeichnet. Rückseitig mit ähnlicher Bleistiftzeichnung, mit dem Stempel der ›National-Galerie, Berlin‹, […], wo das Blatt im Zuge der Aktion gegen ›Entartete Kunst‹ beschlagnahmt wurde.«
Provenienz: 1920 Schenkung an die Berliner Nationalgalerie – 1937 beschlagnahmt – 1939 Sammlung Sofie und Emanuel Fohn, Rom – Kornfeld & Klipstein, Bern (Auktion 132, 11.-13. 6. 1969, Kat.-Nr. 762) – Kornfeld & Klipstein, Bern (Auktion 137, 17.-19. 6. 1970, Kat.-Nr. 783) – Kornfeld & Klipstein, Bern (Auktion 147, 20./21. 6. 1973, Kat.-Nr. 454) – Philipson
Standort: unbekannt

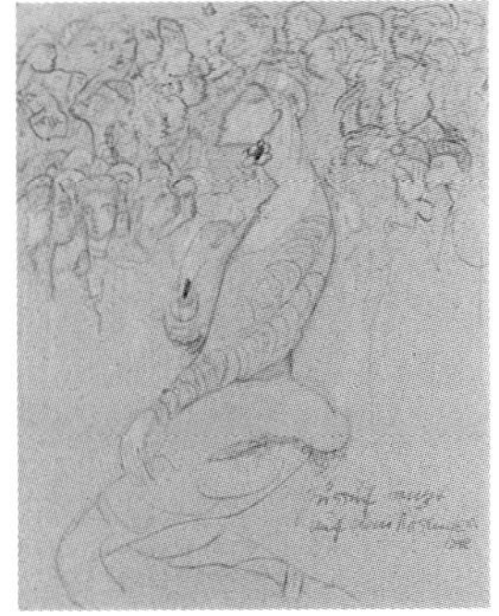

78 *Jussuf tanzt auf dem Rosenfe☆ste*
Frühjahr 1920
Bleistift, Tinte, Kreiden, mit Papier collagiert, auf dem Goldsprenkel sitzen, 255 × 195 mm (Maße des Passepartouts), handschriftlich bezeichnet unten rechts
Datierung: Es handelt sich wahrscheinlich um die Zeichnung »*Tänzer* in Theben *Rosenfest*«, die Else Lasker-Schüler in einem Brief an Georg Koch vom 17. oder 18. April 1920 erwähnt. Vgl. KA 7, Nr. 336.
Provenienz: Margot Fürst, Stuttgart
Standort: Birute Stern, Jerusalem

79 *St. Peter Hille*
Zwischen Ende Juni und Ende Oktober 1920
Bleistift, Tusche, Tinte, Kreide auf der Rückseite eines beschnittenen Telegrammformulars mit vorgedrucktem Ort und Jahrzehnt »München

192_«, 261 (l)/262 (r) × 156 (o)/162 (u) mm, im Bereich der Hände mit zwei Papierstücken überklebt und korrigiert, handschriftlich bezeichnet unten, Vorlage für die Titelzeichnung der *Briefe Peter Hilles an Else Lasker-Schüler* (→i90)
Datierung: Die Zeichnung ist vermutlich in Vorbereitung der Drucklegung der *Briefe Peter Hilles* während eines dreimonatigen Aufenthalts in München von Ende Juni bis Ende Oktober 1920 entstanden.
Standort: Privatsammlung Pforzheim
→ Tafel S. 46

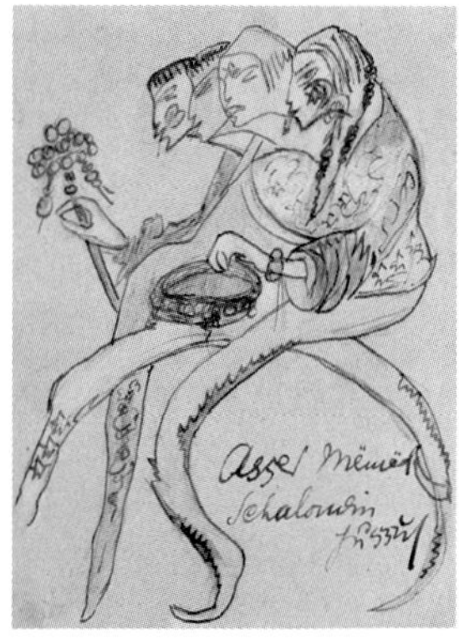

80 *Asser Mëmëd Schalomein Jussuf*
Ende 1920
Bleistift, Tinte, Buntstifte, Kreiden auf Notizblockblatt, 150 × 101 mm, handschriftlich bezeichnet unten rechts
Datierung: Nähe zu der im Mai 1921 im Kunstblatt veröffentlichten Illustration i87 und zu 81 f. Die Freundschaft mit Hans Feist-Wollheim, dem Else Lasker-Schüler das Blatt geschenkt oder verkauft hat, läßt sich für Herbst bis Winter 1920 nachweisen (vgl. KA 7).
Provenienz: Hans Feist-Wollheim, München
Standort: Deutsches Literaturarchiv Marbach [Nachlaß Hans Feist, B 89.U 2]

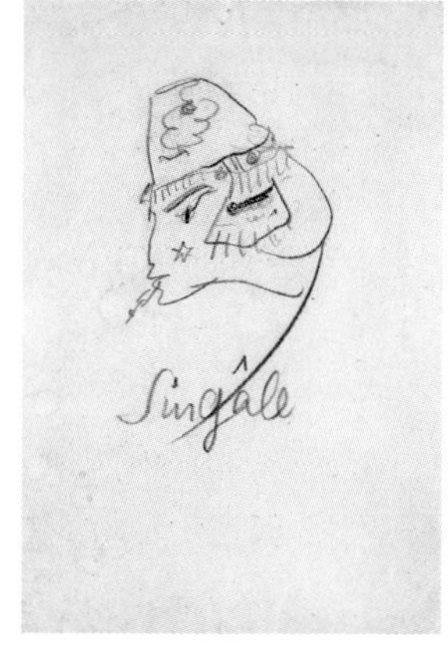

81 *Singâle*
Ende 1920
Bleistift auf Blatt eines Abreißblocks, 157 × 101 mm, handschriftlich bezeichnet unten
Datierung: Dasselbe Motiv in gleicher Ausführung auf einer Postkarte an Albert Ehrenstein vom 23. 11. 1920 und an Karl Kraus vom 29. 12. 1920 (Abb. in: *Briefe an Karl Kraus*, gegenüber S. 81)
Provenienz: Stargardt, Auktion 645, Oktober 1989 (Kat.-Nr. 645)
Standort: Literatur- und Kunstinstitut Hombroich

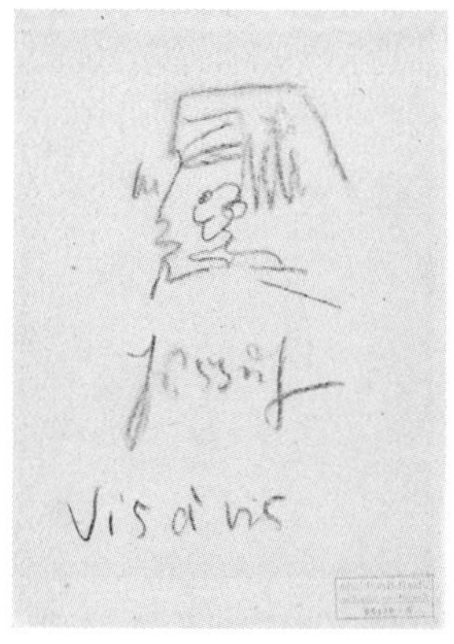

82 *Jussuf / Vis à vis*
Ende 1920
Buntstift, 148 × 108 mm (Maße des Passepartouts), handschriftlich bezeichnet unten links
Datierung: Nähe zu 81
Provenienz: Rolf von Hoerschelmann, München
Standort: Staatliche Graphische Sammlung München, München [42 138]

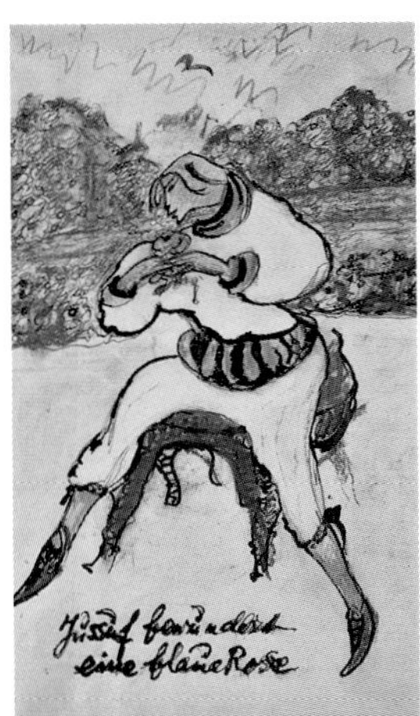

83 *Jussuf bewundert eine blaue Rose*
Um 1920
Pastell über Tinte und Tusche auf rosagrundigem Papier, 280×218 mm, Blatt seitlich entlang ehemaliger Falze mit Papierstreifen verstärkt, handschriftlich bezeichnet unten, rückseitig abgebrochene Bleistiftskizze
Datierung: Nähe zu *Theben* (→84-91)
Provenienz: Wilhelm Buller, Mülheim – Buchhandlung Bädeker, Düsseldorf – 1957 Von der Heydt-Museum Wuppertal
Standort: Von der Heydt-Museum Wuppertal [KK 1956/167]

84-91 *Theben*
Die Entstehungsgeschichte des Buchs Theben *ist weitgehend unbekannt. Die Idee für das gemeinsame Projekt von Else Lasker-Schüler und dem Galeristen und Verleger Alfred Flechtheim entstand vermutlich 1921, während gemeinsamer Gespräche (vgl. MM, S. 163). Bei den zehn Illustrationen zu* Theben *handelt es sich um lithographierte einfarbige Umrißzeichnungen. Von den erhaltenen acht farbigen Vorlagen wurden sieben auf der Rückseite von Telegrammformularen gezeichnet. Vier dieser Formulare tragen die gedruckte Angabe des Orts und des Jahrzehnts »Berlin 191_«; die auf ihnen gefertigten Zeichnungen sind wahrscheinlich 1919/20 entstanden, vielleicht zur Vorbereitung einer Ausstellung in der Modernen Galerie Thannhauser, München, im Februar und März 1920 und wahrscheinlich nicht ursächlich für* Theben. *– Im August 1921 hielt sich Else Lasker-Schüler arbeitend in Kolberg auf; am 24. 11. 1921 berichtet sie von ihren »neusten Bildern« (KA 7, Nr. 445) und am 7. 12. 1921 an Klaus Gebhard: »›Jussuf geht zu Gott‹ muß für Sie sein« (KA 7, Nr. 448). Else Lasker-Schüler war auch im Sommer 1922 in Kolberg; daß aber wohl beide Zeichnungen auf Telegrammpapier mit dem Aufdruck »Kolberg 192_« für das von Flechtheim verlegte* Theben *bereits 1921 entstanden, ergibt sich aus der Bemerkung Else Lasker-Schülers vom März 1922, ihre Bilder befänden sich bei Flechtheim (vgl. KA 7, Nr. 462).*

84 *Der Bund der wilden Juden*
Um 1920
Tinte, Bleistift, Buntstifte, Kreiden auf der Rückseite eines beschnittenen Telegrammformulars mit vorgedrucktem Ort und Jahrzehnt »Berlin 191_«, 252 (l)/251 (r) × 160 (o)/162 (u) mm, auf Jussufs Dolch: »ואהבת« (hebr. »Und du sollst deinen Nächsten lieben wie dich selbst«), handschriftlich bezeichnet unten links
Vorlage für eine Illustration in *Theben* (→i96)
Datierung: siehe oben zur Gruppe
Provenienz: 1924 Heinrich Stinnes, Köln – August Klipstein, vormals Gutekunst & Klipstein, Bern (Versteigerung 20.-22. 6. 1938; Kat.-Nr. 1278) – Privatsammlung Frankfurt/M. – Hans Bolliger, Zürich – 1997 Else-Lasker-Schüler-Gesellschaft, Wuppertal
Standort: Kunstmuseum Solingen / Dauerleihgabe der Else-Lasker-Schüler-Gesellschaft
→ Tafel S. 50

85 *Imre trägt die heilige goldene Schlange*
Um 1920
Tinte, Buntstifte, Kreiden, collagierte Silbermetallfolie auf der Rückseite eines beschnittenen Telegrammformulars mit vorgedrucktem Ort und Jahrzehnt »Berlin 191_«, 251×160 mm, handschriftlich bezeichnet unten
Vorlage für eine Illustration in *Theben* (→i95)

Datierung: siehe oben zur Gruppe
Provenienz: 1924 Heinrich Stinnes, Köln – August Klipstein, vormals Gutekunst & Klipstein, Bern (Versteigerung 20.-22.6.1938; Kat.-Nr. 1278) – Hans Bolliger, Zürich – 1997 Else-Lasker-Schüler-Gesellschaft, Wuppertal
Standort: Kunstmuseum Solingen / Dauerleihgabe der Else-Lasker-Schüler-Gesellschaft
→ Tafel S. 48

86 *Theben mit Jussuf*
Um 1920
Tinte, Bleistift, Buntstifte, Kreiden, collagiertes Gold- und Transparentpapier auf der Rückseite eines beschnittenen Telegrammformulars mit vorgedrucktem Ort und Jahrzehnt »Berlin 191_«, 251 × 160 (o)/159 (u) mm, handschriftlich bezeichnet unten
Vorlage für eine Illustration in *Theben* (→i92)
Datierung: siehe oben zur Gruppe
Provenienz: 1924 Heinrich Stinnes, Köln – August Klipstein, vormals Gutekunst & Klipstein, Bern (Versteigerung 20.-22.6.1938; Kat.-Nr. 1278) – Hans Bolliger, Zürich – 1997 Else-Lasker-Schüler-Gesellschaft, Wuppertal
Standort: Kunstmuseum Solingen / Dauerleihgabe der Else-Lasker-Schüler-Gesellschaft
→ Tafel S. 47

87 *Jussuf modelliert seine Mutter*
Um 1920
Tusche, Buntstifte, Kreiden auf der Rückseite eines beschnittenen Telegrammformulars mit vorgedrucktem Ort und Jahrzehnt »Berlin 191_«, 241 (l)/243 (r) × 157 (o)/162 (u) mm, handschriftlich bezeichnet unten
Vorlage für eine Illustration in *Theben* (→i93)
Datierung: siehe oben zur Gruppe
Provenienz: 1924 Heinrich Stinnes, Köln – August Klipstein, vormals Gutekunst & Klipstein, Bern (Versteigerung 20.-22.6.1938; Kat.-Nr. 1278) – Hans Bolliger, Zürich – 1997 Else-Lasker-Schüler-Gesellschaft, Wuppertal
Standort: Kunstmuseum Solingen / Dauerleihgabe der Else-Lasker-Schüler-Gesellschaft
→ Tafel S. 49

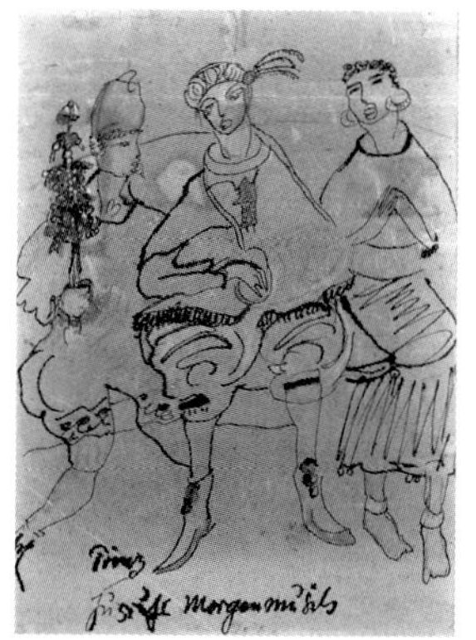

88 *Prinz Jussufs Morgenmusik*
Um 1920/21
Tinte, Tusche, Aquarell, Kreiden, Buntstifte auf der Rückseite eines beschnittenen Telegrammformulars, auf Papier aufgezogen, 225 × 160 mm, handschriftlich bezeichnet unten
Vorlage für eine Illustration in *Theben* (→i98)
Datierung: siehe oben zur Gruppe
Provenienz: 1924 Heinrich Stinnes, Köln – August Klipstein, vormals Gutekunst & Klipstein, Bern (Versteigerung 20.-22.6.1938; Kat.-Nr. 1278) – Helmut Goedeckemeyer, Petterweil – Stiftung, Vaduz – Galerie Kornfeld, Bern (Auktion 206, II. Teil, 19.-21.6.1991, Kat.-Nr. 556) – 1991 Privatsammlung Marion Grčić-Ziersch, München
Standort: Privatsammlung Marion Grčić-Ziersch, München

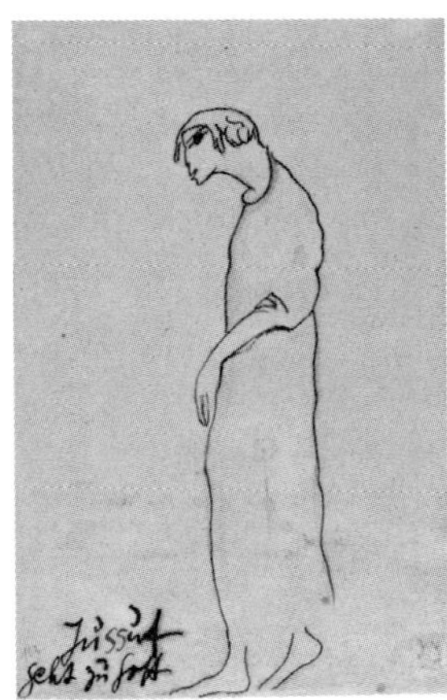

89 *Jussuf geht zu Gott*
Sommer 1921
Tinte über Bleistift, Kreide auf der Rückseite eines beschnittenen Telegrammformulars mit vorgedrucktem Ort und Jahrzehnt »Kolberg 192_«, 257 (l)/256 (r) × 156 (o)/157 (u) mm, handschriftlich bezeichnet unten links, rückseitig Zusatz: »Eher kommt ein Kameel durchs Schlüsselloch als ein irdisch ›Reicher‹ (?) ins Himmelreich – –« (Abb. in: MM, S. 182)
Stempel der Sammlung Heinrich Stinnes
Vorlage für eine Lithographie in *Theben* (→i101)
Datierung: siehe oben zur Gruppe
Provenienz: 1924 Heinrich Stinnes, Köln – Hans Bolliger, Zürich – August Klipstein, vormals Gutekunst & Klipstein, Bern (Versteigerung 20.-22. 6. 1938; Kat.-Nr. 1278) – Klipstein & Kornfeld, Bern (Auktion 103, 9./10. 6. 1961, Kat.-Nr. 521) – Georg und Josi Guggenheim, Zürich
Standort: The Israel Museum, Jerusalem [L-B 04.015]

90 *Jussuf und sein teurer Bruder Bulus im Tempel*
Sommer 1921
Tinte, Buntstifte, Kreiden, Goldpapier collagiert auf der Rückseite eines beschnittenen Telegrammformulars mit vorgedrucktem Ort und Jahrzehnt »Kolberg 192_«, 226 (l)/223 (r) × 151 (o)/159 (u) mm, handschriftlich bezeichnet unten
Vorlage für eine Illustration in *Theben* (→i94)
Datierung: siehe oben zur Gruppe
Provenienz: 1924 Heinrich Stinnes, Köln – August Klipstein, vormals Gutekunst & Klipstein, Bern (Versteigerung 20.-22. 6. 1938; Kat.-Nr. 1278) – Hans Bolliger, Zürich – 1997 Else-Lasker-Schüler-Gesellschaft, Wuppertal
Standort: Kunstmuseum Solingen / Dauerleihgabe der Else-Lasker-Schüler-Gesellschaft
→ Tafel S. 51

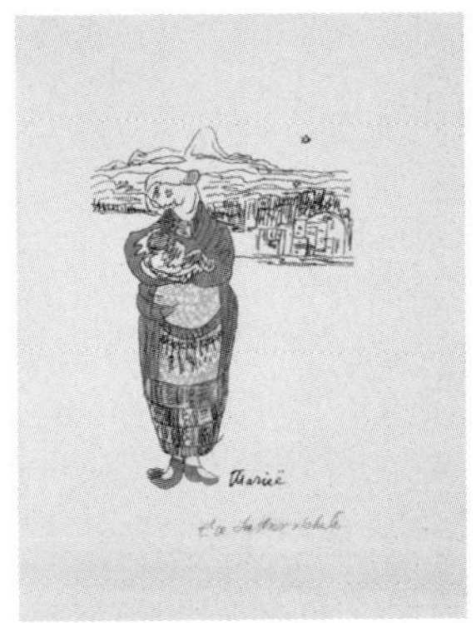

91 *Marieë*
Um 1921
Bleistift, Tinte, Kreiden, Goldauftrag, 200 × 145 mm, handschriftlich bezeichnet unten
Vorlage für eine Illustration in *Theben* (→i97)
Datierung: Die einzige erhaltene Vorlage zu *Theben*, die nicht auf einem Telegrammformular entstand und deren Entstehungszeit nicht einzugrenzen ist. Die große Nähe der volkskunsthaften Zeichnung zu seinem Korrelat in *Theben*, dem Gedicht »Marieë von Nazareth« mit seinem volksliedhaften Ton legt nahe, daß diese Zeichnung eigens für *Theben* geschaffen wurde und nicht schon 1919 entstand; siehe auch oben zur Gruppe
Provenienz: 1924 Heinrich Stinnes, Köln – August Klipstein, vormals Gutekunst & Klipstein, Bern (Versteigerung 20.-22. 6. 1938; Kat.-Nr. 1278) – Oskar Schloß, Basel – 1944 Kunstmuseum Basel
Standort: Kunstmuseum Basel, Kupferstichkabinett [1944.75]

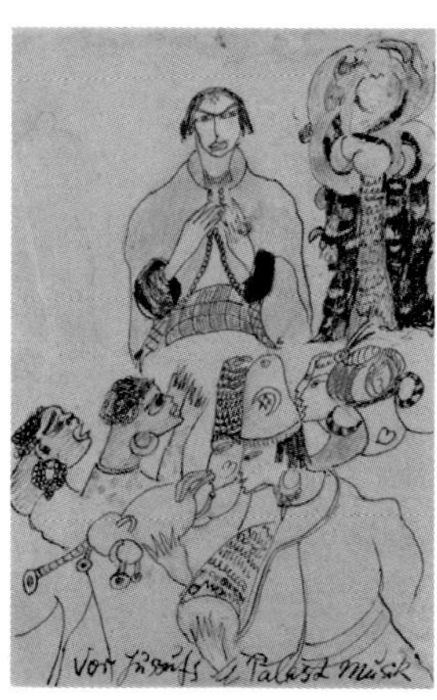

92 *Vor Jussufs Palast Musik*
Um 1921
Bleistift, Tinte, Kreiden, mit Silberfolie collagiert, auf der Rückseite eines Telegrammformulars, 252 × 161 (o)/164 (u) mm, handschriftlich bezeichnet unten
Datierung: Nähe zu *Theben* (→84-91)
Provenienz: Margot Fürst, Stuttgart – 2003 Birute Stern, Jerusalem
Standort: Birute Stern, Jerusalem

93 *Der Schlangenanbeter auf dem Marktplatz in Theben*
Um 1921; vollendet Mitte der dreißiger Jahre
Tusche, Buntstifte, collagiertes Silberpapier, verworfene Partie (die Beine der Zentralfigur) herausgeschnitten, Ausschnitt mit Papier hinterklebt und darauf korrigiert, 283 × 225 mm, handschriftlich bezeichnet unten
Ursprünglich auf Karton montiert, darauf signiert: »Else Lasker-Schüler« (vgl. Kornfeld & Klipstein, Auktion 157, 9./10. 6. 1976, Kat.-Nr. 567)
Datierung: Die Figur des Schlangenbeschwörers läßt sich stilistisch der Entstehungszeit von *Theben* zuordnen; die Figuren im Hintergrund scheinen deutlich später hinzugefügt worden zu sein und sind in das zeitliche Umfeld von *Das Hebräerland* zu stellen. Die Datierung auf 1912 (Schulz-Hoffmann Nr. 121, Klingsöhr-Leroy, S. 116) beruht auf der falschen Annahme, das Blatt stamme aus dem Nachlaß Franz Marc.
Provenienz: Galerie Koller, Zürich (Auktionen 30. 10.-15. 11. 1973, Kat.-Nr. 2223) – Hans Bolliger, Zürich – Kornfeld & Klipstein (Auktion 157, 9./10. 6. 1976, Kat.-Nr. 567) – Hauswedell – Ernst Hauswedell, Hamburg – Etta und Otto Stangl, München
Standort: Franz Marc Stiftung, Franz Marc Museum, Kochel am See
→ Tafel S. 64

94 *Das ist Jussuf am Abend voll Sehnsucht*
Zwischen 1921 und 1924
Bleistift, Tinte, Buntstifte, Kreiden, collagierte Goldmetallfolie auf der Rückseite eines Telegrammformulars mit vorgedrucktem Ort und Jahrzehnt »Kolberg 192_«, 255×155 mm, Betitelung einer Figur links: »Ossm/an«, gefolgt von einem nicht identifizierbaren Zeichen, handschriftlich bezeichnet unten
Datierung: Nähe zu 96. Von 1921 bis 1924 verbrachte Else Lasker-Schüler jeden Juli und August in Kolberg.
Standort: Deutsches Literaturarchiv Marbach [B 84.144]
→ Tafel S. 59

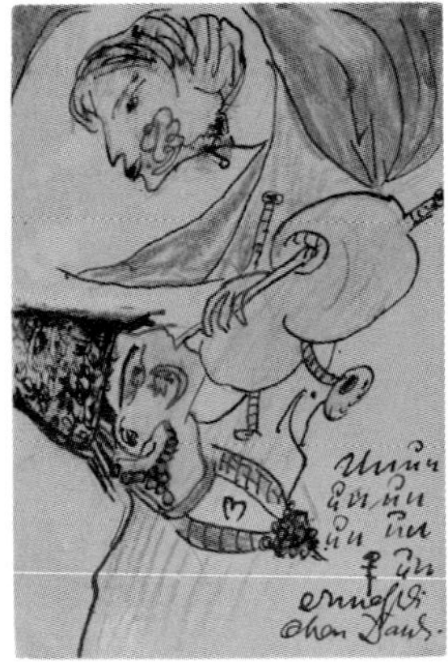

95 *o. T. [Jussuf mit Dudelsack, weibliche Figur (Ida Bienert)]*
12.5.1922
Bleistift, Tinte, Kreiden ganzseitig auf Postkarte an Ida Bienert [Berlin, 12.5.1922 (Poststempel)], 139×90 mm, Zusatz unten rechts: »Unun/unun/ un un/ [Djed-Pfeiler] un/ermeßlichen Dank«
Provenienz: Ida Bienert, Dresden – Fritz Löffler, Dresden
Standort: Staatliche Kunstsammlungen Dresden, Kupferstich-Kabinett [C 1989-121]

96 *Nicodemus*
Um 1922
Tinte, Buntstifte, Kreiden auf der Rückseite eines beschnittenen Telegrammformulars mit vorgedrucktem Ort und Jahrzehnt »Berlin 191_«, das ausgeschnittene Auge des Nicodemus mit bemalter Silbermetallfolie hinterklebt, 252×157 mm, handschriftlich bezeichnet unten
Datierung: Trotz der vorgedruckten Angabe des Jahrzehnts »191_« auf der Rückseite der Zeichnung sei das Blatt entstehungsgeschichtlich hinter *Theben* und in die Nähe von 94 gestellt. Es ist möglich, daß Telegrammformulare dieser Nachkriegszeit auch über den Wechsel des Jahrzehnts hinaus mit handschriftlich verbessertem Datum verwendet wurden oder daß Else Lasker-Schüler schon vor längerer Zeit bei der Post mitgenommene Blätter verwendete.
Provenienz: Klaus Gebhard, München – Stiftung, Vaduz – Galerie Kornfeld, Bern (Auktion 204, II. Teil, 20.-22.6.1990, Kat.-Nr. 650) – Galerie Lafayette, New York – Else-Lasker-Schüler-Gesellschaft, Wuppertal
Standort: Kunstmuseum Solingen / Dauerleihgabe der Else-Lasker-Schüler-Gesellschaft
→ Tafel S. 61

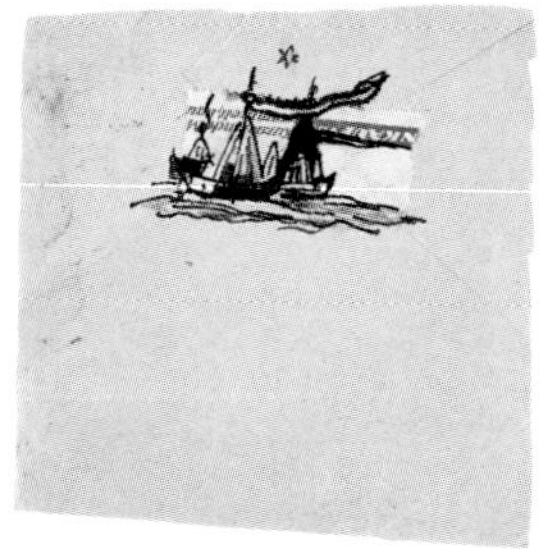

97 *o. T. [Segelschiffe auf dem Meer, Stern]*
Frühestens Juli 1923
Tinte, Buntstift auf und neben mit Text bedruckter Marke auf Briefumschlag, 80 (l)/87 (r) × 81 (o)/ 83 (u) mm

Datierung: Das Motiv des Segelschiffs entwickelte Else Lasker-Schüler 1923 in Kolberg an der Ostsee (vgl. KA 7, Nr. 519-521); bis 1932 ist es in ihren Briefen gehäuft, danach noch vereinzelt zu finden.
Standort: Deutsches Literaturarchiv Marbach [B 94.574]

98 *o. T. [Afrikaner en face mit Matrosenmütze, Nasen-, Lippen- und Ohrringen]*
13.9.1925
Tinte auf Umschlag eines Briefs an Elvira Bachrach [Zürich, 13.9.1925 (Poststempel)], 150 × 120 mm, Text des Briefs: KA 8, Nr. 65
Standort: Deutsches Literaturarchiv Marbach (58.474)
→ Tafel S. 55

99 *Prinz Jussuf von Theben und sein Gefolge*
28.11.1925
Buntstifte, Kreiden, Tinte, Tusche, 275 × 210 mm, handschriftlich bezeichnet unten, Zusatz: »Gezeichnet Herrn und Frau Reiff für ihre tiefe Güte zu mir in Treue. / 28.XI.25«
Provenienz: Galerie Koller, Zürich (Auktionen 30. 10.-15.11.1973, Kat.-Nr. 2226) – 1973 Privatsammlung Schweiz
Standort: Privatsammlung Schweiz
→ Tafel S. 57

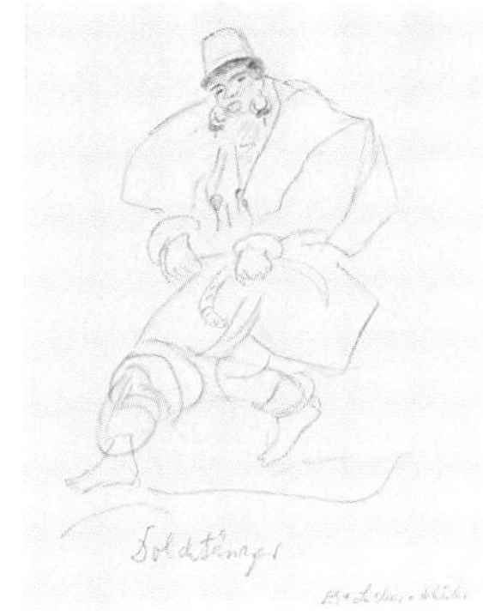

100 *Dolchtänzer*
Um 1925
Bleistift, 250 × 185 mm, handschriftlich bezeichnet unten, signiert unten rechts: »Else Lasker-Schüler«
Datierung: Nähe zu 98
Provenienz: Galerie Koller, Zürich (Auktionen 30. 10.-15.11.1973, Kat.-Nr. 2220) – 1973 Privatsammlung Schweiz
Standort: Privatsammlung Schweiz

101 *Der Schellentänzer*
Um 1925
Tinte, Kreiden, Buntstifte, 276 × 213 mm, handschriftlich bezeichnet untere Bildmitte
Datierung: Nähe zu 100
Provenienz: Galerie Koller, Zürich (Auktionen 30. 10.-15.11.1973, Kat.-Nr. 2221) – Sybille Kaldewey, München – Antiquariat Cobet-Schumann, Frankfurt/M. – Sammlung Dr. Thomas Thode, Düsseldorf
Standort: Privatbesitz Rolf Salchow
→ Tafel S. 54

102-112 *Tiere und Blumen*

Nach Ausbruch der schweren Krankheit ihres Sohnes Anfang 1926 benötigte Else Lasker-Schüler dringender denn je regelmäßige Einkünfte zur Finanzierung seiner Sanatoriumsaufenthalte. Sie suchte und fand ›Abonnenten‹, die ihr bis etwa Mitte 1931 monatlich eine Zeichnung abkauften.

Die Rationalisierung ihrer Arbeit zeigt sich in der Wahl ihrer Sujets – Tiere und Blumen – und teils in deren Ausführung: Die Tiere wurden von Vorlagen abgepaust und -gezeichnet, eine Jussuf-Figur daraufmontiert. Diese Art der Produktion fällt wohl vor allem in die erste Jahreshälfte 1927. Innerhalb dieses Zeitraums berichtet sie brieflich nicht weniger als zehn Mal von Tierzeichnungen; ebenfalls noch Anfang 1928 kurz nach Pauls Tod: »Über Tiere lese ich gern und namentlich über Elephanten und Dromedare. Die zeichne ich ja auch so oft und mannigfaltig.« (KA 8, Nr. 338) – 107-109 *gehen auf dieselbe Vorlage eines Dromedars zurück. Blumenornamente werden in den Jahren 1926/27 während der Krankheit ihres Sohnes zum häufigsten Briefschmuck. An Paul Goldscheider schreibt Else Lasker-Schüler am 11.7.1927: »Sprechen kann ich nicht mehr; ich schreibe Ihnen oder zeichne weiche Blumen, mich zu finden wieder.« (KA 8, Nr. 285) – Siehe auch* 120f.*, die ebenfalls dieser Gruppe zuzuordnen sind.*

102 *o. T. [Rückenfigur im Matrosenanzug vor Aquarium]*
Anfang 1926
Bleistift, Tinte, Kreiden, mit Goldfolie collagiert, 199 × 131 mm, signiert unten rechts: »Else Lasker-Schüler«
Datierung: Im Januar 1926 bot Else Lasker-Schüler Ida Bienert ein »herrlich Aquariumbild« an (KA 8, Nr. 109), im März berichtete sie, in ihrer »Kopflosigkeit wegen Paul« »*nette* Aquariumbildchen« zu zeichnen und zu versenden (KA 8, Nr. 131); siehe auch oben zur Gruppe.
Provenienz: Hans Bolliger, Zürich – Kornfeld & Klipstein, Bern (Auktion 157, 9./10.6.1976, Kat. Nr. 572) – Galerie Givaudan, Genf / Paris
Standort: Sammlung Skulima Berlin
→ Tafel S. 58

103 *Aquarium*
Zwischen Juli und Dezember 1926
Tinte, Kreiden, collagierte Gold- und Silbermetallfolie auf der Rückseite eines Telegrammformulars mit vorgedrucktem Ort und Jahrzehnt »Lugano 192_«, auf Karton fixiert, handschriftlich bezeichnet unten auf dem Karton, 228 × 180 mm, signiert Mitte rechts: »Else Lasker-Schüler«
Datierung: Von Juli bis September 1926 und dann noch einmal im Dezember hielt sich Else Lasker-Schüler in Lugano in der Nähe der Lungenheilstätte Agra bei ihrem kranken Sohn auf. Siehe auch 102 und oben zur Gruppe.
Provenienz: Leo Kestenberg, Berlin
Standort: Walter Feilchenfeldt, Zürich
→ Tafel S. 56

104 *Der Vergißmeinnichtbaum in Theben*
1926 oder 1927
Bleistift, Buntstifte, 272 (l)/271 (r) × 206 mm, handschriftlich bezeichnet unten
Datierung: siehe oben zur Gruppe
Provenienz: Galerie Koller, Zürich (Auktionen 30.10.-15.11.1973, Kat.-Nr. 2219) – Hans Bolliger, Zürich
Standort: Walter Feilchenfeldt, Zürich
→ Tafel S. 78

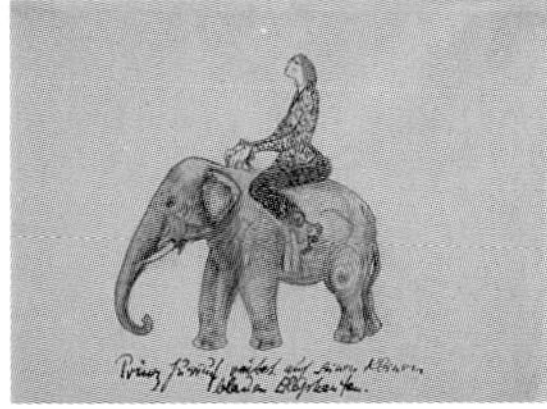

105 *Prinz Jussuf reitet auf seinem kleinen blauen Elephanten.*
Februar 1927
Tinte, Buntstifte, Kreiden, Goldbronze, collagierte Silbermetallfolie, 200 × 260 mm, handschriftlich bezeichnet unten
Datierung: An Leo Kestenberg, 21.2.1927: »Euch *schenke* ich nur Bild wenn Ihr wollt: Jussuf auf Elephant!« (KA 8, Nr. 211); siehe auch oben zur Gruppe.

Provenienz: Leo Kestenberg, Berlin
Standort: Privatsammlung Paris

106 *Prinz Jussuf reitet auf seinem Bison*
Mai 1927
Tinte, Buntstifte, Kreiden, Stanniolpapier collagiert, 195 × 285 mm (Maße des Passepartouts), handschriftlich bezeichnet unten
Datierung: Else Lasker-Schüler an Paul Goldscheider, 28.5.1927: »Ich habe viel zu zeichnen, ein, zwei – 9 Bilder 2 schon fertig: Ich reite durch Theben auf meinem Bison das sind die Riesenbüffel Zweites Bild: Bogen voll Amenophisindianer. Morgen zeichne ich 3. Bild: Feuerfresser in Theben.« (KA 8, Nr. 263); siehe auch oben zur Gruppe.
Standort: Privatsammlung Marbach
→ Tafel S. 63

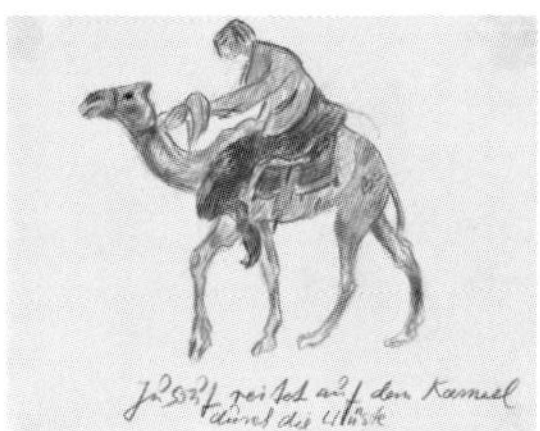

107 *Jussuf reitet auf dem Kameel durch die Wüste*
1927 / 28
Bleistift, Kohle, Buntstifte, 217 × 270 mm, handschriftlich bezeichnet unten
ursprünglich »leicht auf Unterlage aufgelegt, rückseitig auf der Unterlage von der Künstlerin voll signiert« (Kornfeld & Klipstein, Auktion 157, 9./10.6.1976, Kat. Nr. 571)
Datierung: siehe oben zur Gruppe
Provenienz: Galerie Koller, Zürich (Auktionen 30.10.-15.11.1973, Kat.-Nr. 2227) – Kornfeld & Klipstein, Bern (Auktion 157, 9./10.6.1976, Kat. Nr. 571) – Hans Bolliger, Zürich – 1978 Von der Heydt-Museum Wuppertal
Standort: Von der Heydt-Museum Wuppertal [KK 1978 / 21]

108 *Jussuf reitet durch die Wüste [1]*
1927 / 28
Bleistift, chinesische Tusche, Kreiden, Silberpapier collagiert, 250 × 200 mm, handschriftlich bezeichnet unten
Datierung: siehe oben zur Gruppe
Standort: Bar-David Museum, Kibbutz Baram
→ Tafel S. 65

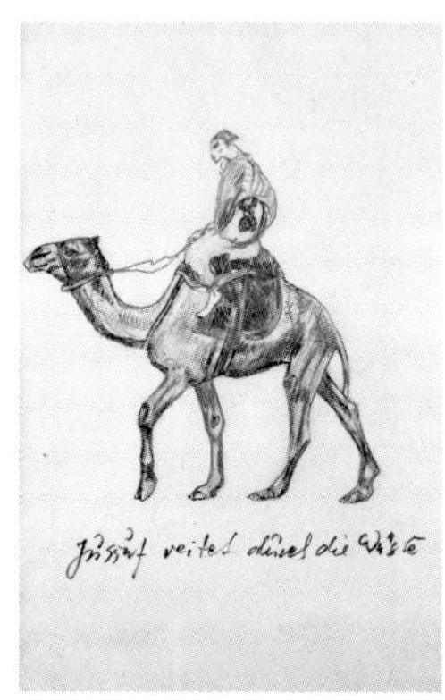

109 *Jussuf reitet durch die Wüste [2]*
1927 / 28
Tinte, Kreide, collagierte Silbermetallfolie, 230 × 194 mm (Maße des Passepartouts), handschriftlich bezeichnet unten
Datierung: siehe oben zur Gruppe
Provenienz: 1934 Karl Kraus, Wien (von Else Lasker-Schüler als Geschenk zum 60. Geburtstag) – wohl noch 1934 Ludwig Münz, Wien – 1978 Privatsammlung Marbach
Standort: Privatsammlung Marbach

110 *Elephant mit Jussuf*
1927 / 28
Tusche, Kreiden, 312(l)/313(r) × 231(o)/233(u) mm, handschriftlich bezeichnet unten
Datierung: siehe oben zur Gruppe
Provenienz: Galerie Koller, Zürich (Auktionen 30.10.-15.11.1973, Kat.-Nr. 2225) – Kornfeld & Klipstein, Bern (Auktion 157, 9./10.6.1976, Kat.-Nr. 568) – Hans Bolliger, Zürich – 1997 Else-Lasker-Schüler-Gesellschaft, Wuppertal
Standort: Kunstmuseum Solingen / Dauerleihgabe der Else-Lasker-Schüler-Gesellschaft
→ Tafel S. 62

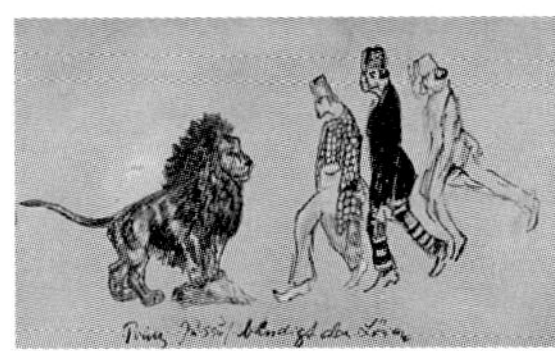

111 *Prinz Jussuf bändigt den Löwen*
1927/28
Bleistift, Tinte, Tusche, Kreiden auf braunem Karton, 232×365 mm, handschriftlich bezeichnet unten
Datierung: siehe oben zur Gruppe
Standort: Privatsammlung

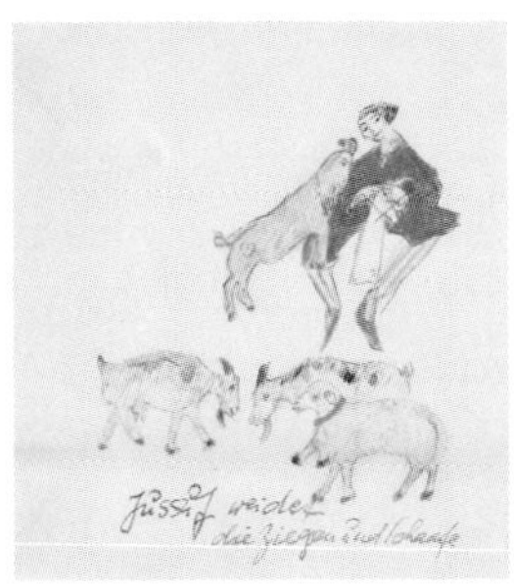

112 *Jussuf weidet die Ziegen und Schaafe*
1927/28
Tinte, Bleistift, Kreiden, mit Silbermetallfolie collagiert, 221 × 195(o)/194(u) mm, handschriftlich bezeichnet unten
Datierung: Das Motiv des strickenden Hirten Jussuf entwickelte Else Lasker-Schüler in Wort und Bild schon 1914/15 (vgl. KA 7, Nr. 107 und 118); eine verschollene Zeichnung »Abigail strickt für Ruben ein Tuch« war 1915 bei Haas-Heye zu sehen (vgl. KA 7, Nr. 165). Daß 112 über zehn Jahre später entstanden und in die Nähe von 107 zu stellen ist, legen sein Strich, die Farbigkeit und die Ausführung des Motivs nahe; siehe auch oben zur Gruppe.
Provenienz: Galerie Koller, Zürich (Auktionen 30.10.-15.11.1973, Kat.-Nr. 2225) – Kornfeld & Klipstein, Bern (Auktion 157, 9./10.6.1976, Kat. Nr. 570) – Hans Bolliger, Zürich – Else-Lasker-Schüler-Gesellschaft
Standort: Kunstmuseum Solingen / Dauerleihgabe der Else-Lasker-Schüler-Gesellschaft

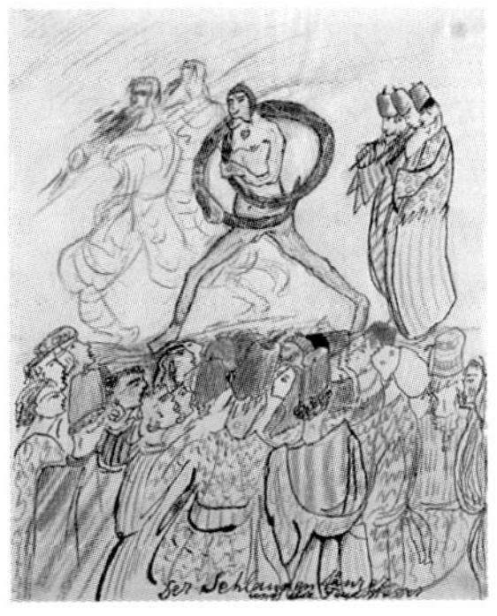

113 *Der Schlangentänzer und die Feuerfresser*
1927/28
Bleistift, Tusche, Tinte, Buntstifte, Silbermetallfolie, Silberauftrag auf gelblichem Papier, 272×208 mm, handschriftlich bezeichnet unten, ursprünglich »leicht in Umschlag in grauen Karton eingelegt, auf dem Umschlag mit der vollen Signatur in Tinte: Else Lasker-Schüler« (Kornfeld & Klipstein, Auktion 157, 9./10.6.1976, Kat. Nr. 569)
Datierung: siehe 106
Provenienz: Galerie Koller, Zürich (Auktionen 30.10.-15.11.1973, Kat.-Nr. 2215) – Kornfeld & Klipstein, Bern (Auktion 157, 9./10.6.1976, Kat. Nr. 569) – Hans Bolliger, Zürich – 1978 Von der Heydt-Museum Wuppertal
Standort: Von der Heydt-Museum Wuppertal [KK 1978/20]

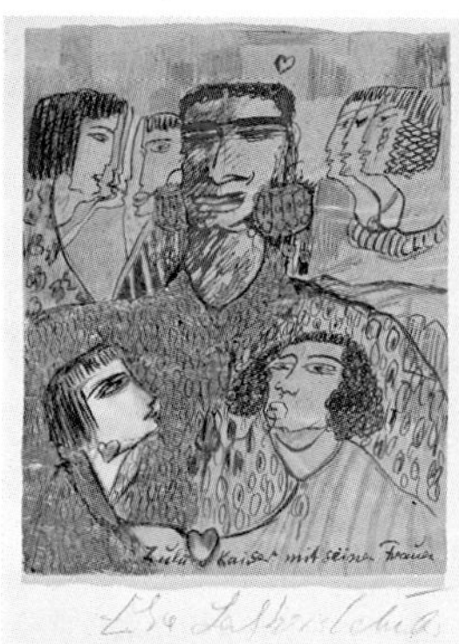

114 *Zulukaiser mit seinen Frauen*
4.9.1927
Bleistift, Buntstifte, Tusche, Tinte, Kreiden, collagierte Silbermetallfolie auf beschnittenem Telegrammformular mit vorgedrucktem Ort »Lugano«, durch zwei weitere hinterklebte Telegrammformulare verstärkt, 233×182 mm, alle drei Papiere auf weißem, gefaltetem Karton befestigt, handschriftlich bezeichnet unten, signiert auf dem Karton: »Else Lasker-Schüler«
Datierung: An Paul Goldscheider, 4.9.1927: »Lieber lieber Indianer, ich muß jetzt nach Hause ein Bild fertig malen für morgen [...]. Ich malte einen Negerkaiser mit seinen Frauen« (KA 8, Nr. 297) – In Lugano hielt sich Else Lasker-Schüler von Juli bis September 1926 und dann noch einmal im Dezember auf; siehe 103. Vor der Möglichkeit, daß es sich bei der gegenüber Goldscheider erwähnten Zeichnung um eine spätere Variante handelt, ist anzunehmen, daß die Zeichnung 1926 in Lugano begonnen und 1927 in Berlin vollendet wurde.
Provenienz: Galerie Koller, Zürich (Auktionen 30.10.-15.11.1973, Kat.-Nr. 2228) – Galerie Hasenclever, München
Standort: Privatsammlung Berlin

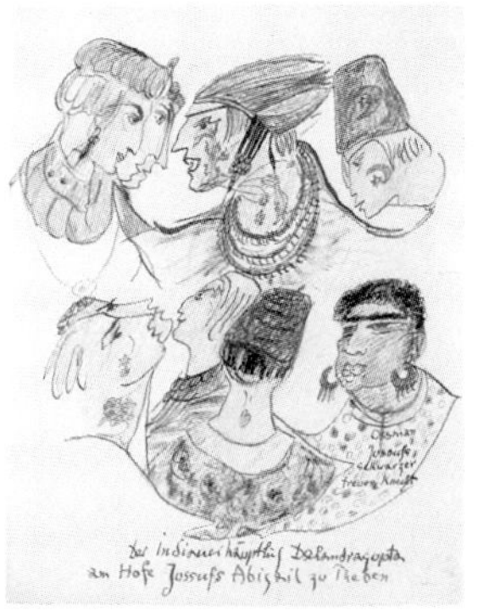

115 *Der Indianerhäuptling Dschandragupta am Hofe Jussufs Abigail zu Theben*
Um 1927
Bleistift, Tinte, Buntstifte, Kreiden, 315 (l)/317 (r) × 234 (o)/237 (u) mm, Zusatz unten rechts: »Ossman / Jussufs schwarzer treuer Knecht«, auf und über Ossmans Kopf eine Stelle mit verschiedenen Papierstücken überklebt und verbessert, handschriftlich bezeichnet unten
Datierung: Ursprünglich Motiv zur Erzählung »Der Amokläufer« aus dem *Prinz von Theben*. Auffällig sind die Physiognomien der Zentralfigur Dschandragupta und die der Gruppe links neben ihm, die nicht wie üblich typisiert, sondern individuell sind: Es handelt sich bei dem Indianerhäuptling wahrscheinlich um ein Porträt des amerikanischen Malers Marsden Hartley (vgl. seine Fotoporträts in: *My Dear Stieglitz. Letters of Marsden Hartley and Alfred Stieglitz 1912-1915*, hg. von James Timothy Voorhies, Columbia 2002), der Mitte Mai 1913 nach Berlin gekommen war, über Franz Marc mit Else Lasker-Schüler befreundet war und der im Dezember 1915 wieder nach Amerika ging. 1919 suchte Else Lasker-Schüler erneut den Kontakt zu Marsden Hartley (vgl. KA 7, Nr. 390). Auch widmete sie dem »lieben Sioux« ein Gedicht ihrer 1919 erschienenen zweiten Auflage der *Gesammelten Gedichte* (vgl. KA 3.2, Nr. 31). 1921, 1927 und 1929 besuchte Hartley Berlin erneut. Nähe zu 114; vgl. auch i55.
Provenienz: Galerie Koller, Zürich (Auktionen 30.10.-15.11.1973, Kat.-Nr. 2222) – Karl & Faber, München (Auktion 143, 28./29.5.1976, Kat.-Nr. 1059) – 1976 Deutsches Literaturarchiv Marbach

Standort: Deutsches Literaturarchiv Marbach [B 76.148]

116 *Der Schlangentänzer in Tiba*

Um 1927

Tuschfeder, Bleistift, Buntstifte, Kreiden, collagierte Silbermetallfolie, 238 (l)/227 (r) × 213 (o)/212 (u) mm, handschriftlich bezeichnet unten, rückseitig Stempel der Sammlung Heinrich Stinnes

Datierung: Nähe zu 115

Provenienz: Heinrich Stinnes, Köln – Hans Bolliger, Zürich – 1997 Else-Lasker-Schüler-Gesellschaft, Wuppertal

Standort: Kunstmuseum Solingen / Dauerleihgabe der Else-Lasker-Schüler-Gesellschaft

→ Tafel S. 60

117 *Der Schâh.*

Um 1927

Tusche, Tinte, Buntstifte über Bleistift
unten und mittig Papierstücke aufgeklebt und übermalt, Papierränder nach hinten gefaltet 178 (l)/180 (r) × 118 (o)/120 (u) mm, handschriftlich bezeichnet Mitte links, verso Halbfigurenskizze in Tuschfeder und mehrere Profilstudien in Blei

Datierung: Nähe zu 119

Provenienz: Edda Lindwurm-Lindner, Dörzbach / Jagst – K. Stanner, Jerusalem – Auktion Villa Grisebach, Berlin, 29. 11. 2002

Standort: Privatbesitz

→ Tafel S. 67

118 *Der blaue Jaguar der Malik von Theben tanzt seinen Thebetanern den Schleiertanz*

Um 1928

Tusche, Tinte, Kreiden, teils laviert, Buntstifte, mit Silbermetallfolie collagiert, 345 × 223 mm (Maße des Passepartouts), handschriftlich bezeichnet oben

Datierung: Die indianische Ich-Figuration des Blauen Jaguar (→125), schon 1920 eingeführt, erfuhr 1927-29 ihre Blütezeit. Nähe zu 113

Provenienz: 1949 Kunsthandel New York – 1949 Erwin Blumenfeld, New York

Standort: The collection of Helaine and Yorick Blumenfeld, Cambridge, GB

→ Tafel S. 66

119-126 *Aus einer Berliner Sammlung*

119-126 *sind gekennzeichnet durch eine besonders kräftige Farbigkeit und Bildhaftigkeit sowie durch teils aufeinander bezogene Motive; alle stammen aus derselben Provenienz. Datieren lassen sich die meisten der Blätter nur ungefähr auf die Zeit um 1928, stilistisch und motivlich:* 120 *und* 121 *wegen der Tier- und Blumenmotivik (siehe* 102-112, *»Blumen und Tiere«),* 123-126 *wegen ihrer Indianermotivik – durch Else Lasker-Schülers Freundschaft mit dem gerade aus Südamerika zurückgekehrten Paul Goldscheider seit Anfang 1927 wurde ihre Begeisterung für Indianerwelten neu genährt. Auch die Figur des Freytag (siehe* 125 f.*) wird in einem Brief an Goldscheider vom 4. 9. 1927 (KA 7, Nr. 297) spielerisch genannt. Zur Figur des Blauen Jaguar s.* 118.

119 *Jussuf*

8. 9. 1927

Kreiden, Tinte, Tusche, collagierte Goldfolie, 203 × 136 mm, handschriftlich bezeichnet unten

Datierung: An Paul Goldscheider, 8. 9. 1927: »Könnte ich Ihnen mein Bild von heute zeigen: Prinz Jussuf zieht mit den Buschmännern durch die Wüste. […] Nicht, daß ich entzückt von meinen Strichen und Farben bin, aber es ist doch mal gehobenes Blut, Flut, bunte Flut.« (KA 8, Nr. 298). Siehe auch oben zur Gruppe.

Provenienz: Privatsammlung, Berlin – Lempertz, Köln, Auktion 900, 2. 6. 2007 (Kat.-Nr. 694)

Standort: Sammlung Kahmen, Insel Hombroich

→ Tafel S. 75

120 *Prinz Jussuf von Theben*
Um 1928
Pastell- und Ölkreiden, teils laviert, Tusche, mit farbigen und goldenen Metallfolien collagiert, über Bleistiftvorzeichnung auf dünnem, glattem, elfenbeinfarbenem Papier mit Perforation am oberen Rand, 267×216 mm, handschriftlich bezeichnet unten
Datierung: siehe oben zur Gruppe; die Zeichnung gehört ebenfalls in den Kontext von »102-112: Tiere und Blumen«; siehe ebd.
Provenienz: Privatsammlung, Berlin – Lempertz, Köln, Auktion 900, 2. 6. 2007 (Kat.-Nr. 701)
Standort: Jüdisches Museum Frankfurt am Main [JMF07-020]
→ Tafel S. 68

121 *Blumen, die Freundschaft schlossen*
Um 1928
Pastell- und Ölkreiden auf sehr dünnem, elfenbeinfarbenem Papier, 218×137 mm, handschriftlich bezeichnet unten
Datierung: siehe oben zur Gruppe; die Zeichnung gehört ebenfalls in den Kontext von »102-112: Tiere und Blumen«; siehe ebd.
Provenienz: Privatsammlung, Berlin – Lempertz, Köln, Auktion 900, 2. 6. 2007 (Kat.-Nr. 698)
Standort: Jüdisches Museum Frankfurt am Main [JMF07-018]
→ Tafel S. 70

122 *Ein thebetanisches Brautpaar*
Um 1928
Kreiden, 208×141 mm, handschriftlich bezeichnet unten
Datierung: siehe oben zur Gruppe
Provenienz: Privatsammlung, Berlin – Lempertz, Köln, Auktion 900, 2. 6. 2007 (Kat.-Nr. 700)
Standort: Jüdisches Museum Frankfurt am Main [JMF07-019]
→ Tafel S. 71

123 *Indianerinnen*
Um 1928
Kreiden, Tusche, Bleistift auf dünnem, elfenbeinfarbenem Papier, 218×135 mm, handschriftlich bezeichnet unten
Datierung: siehe oben zur Gruppe
Provenienz: Privatsammlung, Berlin – Lempertz, Köln, Auktion 900, 2. 6. 2007 (Kat.-Nr. 696)
Standort: Jüdisches Museum Frankfurt am Main [JMF07-016]
→ Tafel S. 69

124 *Die Pampas*
Um 1928
Bleistift, Kreiden, Goldpapier collagiert auf bräunlichem Papier, 125×85 mm, handschriftlich bezeichnet unten
Datierung: siehe oben zur Gruppe
Provenienz: Privatsammlung, Berlin – Lempertz, Köln, Auktion 900, 2. 6. 2007 (Kat.-Nr. 699)
Standort: Heinz Schneider, Wuppertal
→ Tafel S. 76

125 *Der blaue Jaguar und Freytag*
Um 1928
Pastell- und Ölkreiden, Tusche auf elfenbeinfarbenem, geripptem Zeichenpapier, oben perforiert, 194×161 mm, handschriftlich bezeichnet unten rechts (Titel korrigiert aus: »Jussuf«; davor »Prinz« übermalt)
Datierung: siehe oben zur Gruppe
Provenienz: Privatsammlung, Berlin – Lempertz, Köln, Auktion 900, 2. 6. 2007 (Kat.-Nr. 695)
Standort: Galerie Michael Werner, Berlin, Köln und New York
→ Tafel S. 72

126 *Jussuf empfängt die Tellerköpfe einen von Freytag entdeckten Stamm*
Um 1928
Kreiden über Bleistift, 218 × 135 mm, handschriftlich bezeichnet unten
Datierung: siehe oben zur Gruppe
Provenienz: Privatsammlung, Berlin – Lempertz, Köln, Auktion 900, 2. 6. 2007 (Kat.-Nr. 697)
Standort: Jüdisches Museum Frankfurt am Main [JMF07-017]
→ Tafel S. 73

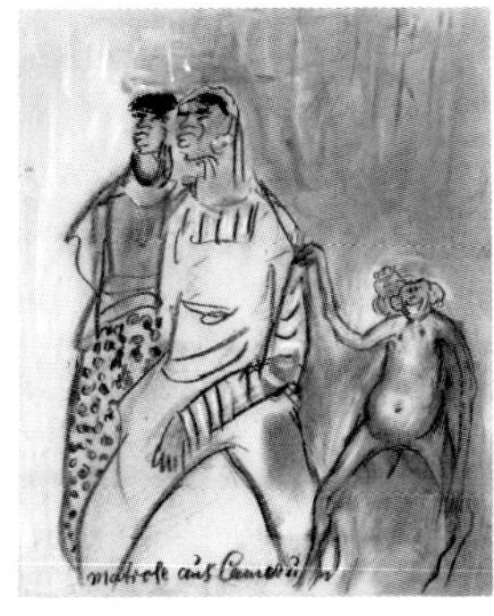

127 *Matrose aus Cameroun*
Zwischen 1927 und 1931
Kohle, Kreiden auf dünnem Velin, 277 (l)/278 (r) × 219 (o)/220 (u) mm, handschriftlich bezeichnet unten
Datierung: Am 21. 2. 1927 bat Else Lasker-Schüler darum, den Erfurter Sammler Alfred Hess, der bereits im Jahre 1920 Bilder von ihr gekauft hatte, fragen zu lassen, ob er wieder etwas von ihr kaufen wolle (vgl. KA 8, Nr. 211). Hess starb 1931.
Provenienz: Sammlung Alfred Hess, Erfurt – Kornfeld & Klipstein, Bern (Auktion 116, 17.-19. 6. 1965, Kat.-Nr. 550) – Galerie Kornfeld, Bern (Auktion 227, II. Teil, 21. 6. 2001, Kat.-Nr. 555)
Standort: Courtesy Galerie Kornfeld, Bern

128 *The indianer niggers of the prince of Tiba*
Zwischen 1927 und 1933
Tinte, Kreiden, Stanniolpapier collagiert
278 × 218 mm, handschriftlich bezeichnet Bildmitte
Datierung: Nähe zu 136, 123 und 130. Der Kontakt zu Leo Kestenberg in Berlin bis zu seiner Emigration im März 1933 ist ab 1927 (und dann wieder ab 1939 in Palästina) belegt.
Provenienz: Leo Kestenberg, Tel Aviv
Standort: Privatsammlung Zürich
→ Tafel S. 79

129 *o. T. [Indianer nach links neben drei hohen Kerzenständern]*
Um 1928
Schwarze Kreide, Aquarell auf unregelmäßig gefaltetem und beschnittenem Papier mit Schriftrest rechts, 121 (l)/120 (r) × 77 (o)/85 (u) mm
Datierung: Nähe zu 126
Standort: The National Library of Israel, Jerusalem, Archives Department, Else Lasker-Schüler Archive [3:19]
→ Tafel S. 77

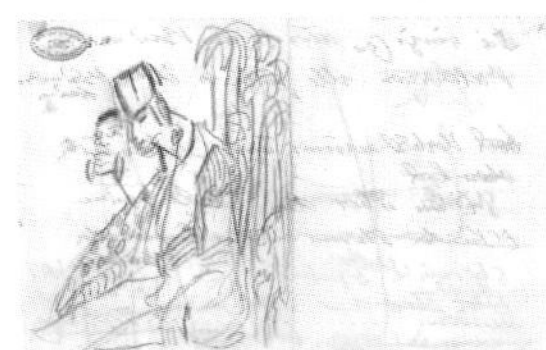

130 *o. T. [zwei Figuren im Halbporträt nach links, an Palmen sitzend]*
Mitte bis Ende 1932
Bleistift auf gefaltetem Blatt, 144 × 112 (o)/113 (u) mm, rückseitig Gedichthandschrift
Datierung: Die rückseitige Gedichthandschrift mit dem Eingangsvers »Die winzigen Mönche am Baum« (vgl. KA 1.2, Nr. 477) steht entstehungsgeschichtlich in Zusammenhang mit dem zuerst im Oktober 1932 im »Berliner Tageblatt« veröffentlichten Gedicht »Herbst« (KA 1.1, Nr. 338). Vermut-

lich wurde es nicht sehr viel früher ausgeführt; die Zeichnung auf der Rückseite der Handschrift wird entstanden sein, nachdem Else Lasker-Schüler die Fassung verworfen hatte.
Standort: The National Library of Israel, Jerusalem, Archives Department, Else Lasker-Schüler Archive [3:29]

131 *Pampeia im Urwald*
18.8.1932
Kohle, Kreiden auf Briefrückseite an Gerd Wollheim [Berlin, 18.8.1932], 284×221 mm, handschriftlich bezeichnet unten, Text des Briefs: KA 8, Nr. 595
Datierung: ebd. nach Briefinhalt
Standort: The National Library of Israel, Jerusalem, Archives Department, Else Lasker-Schüler Archive [4:25b]
→ Tafel S. 81

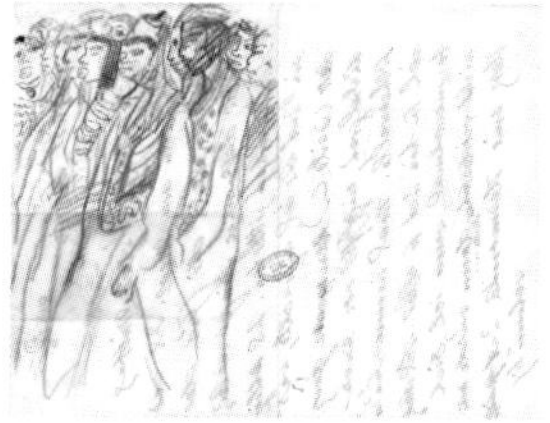

132 *o. T. [Gruppe nach links gehender Figuren]*
Ende August 1932
Bleistift, schwarzer Buntstift auf Briefrückseite an Gert Wollheim [Berlin, nach dem 20.8.1932], 222×284 mm, Text des Briefs: KA 8, Nr. 598
Datierung: ebd. nach Briefinhalt
Standort: The National Library of Israel, Jerusalem, Archives Department, Else Lasker-Schüler Archive [4:25d]

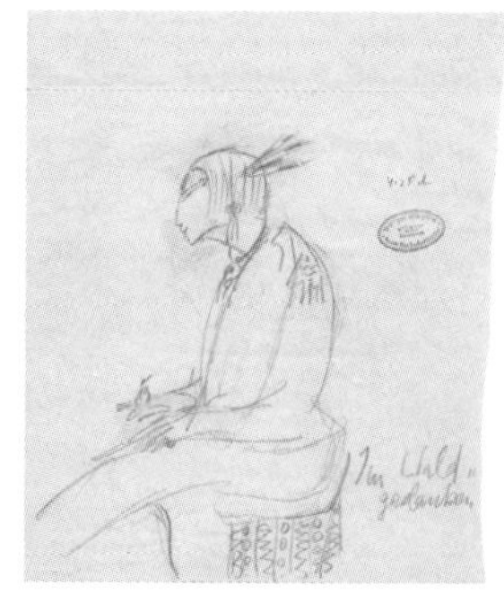

133 *Im Waldgedanken*
Ende August 1932
Bleistift auf Briefrückseite an Gert Wollheim [Berlin, nach dem 20.8.1932], 205×165(o)/158(u) mm, handschriftlich bezeichnet unten rechts, Text des Briefs: KA 8, Nr. 598
Datierung: ebd. nach Briefinhalt
Standort: The National Library of Israel, Jerusalem, Archives Department, Else Lasker-Schüler Archive [4:25d]

134 *Gemalen*
Ende August 1932
Bleistift auf Briefrückseite an Gert Wollheim [Berlin, nach dem 20.8.1932], 284×222 mm, handschriftlich bezeichnet rechts, Text des Briefs: KA 8, Nr. 599
Datierung: ebd. nach Briefinhalt
Standort: The National Library of Israel, Jerusalem, Archives Department, Else Lasker-Schüler Archive [4:25]
→ Tafel S. 80

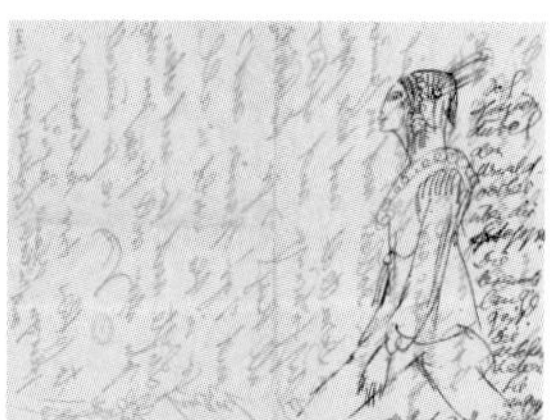

135 *o. T. [nach links gehende Indianerin]*
18.12.1932
Tinte auf Briefrückseite an Edouard Roditi, 18.12.1932

Zusatz rechts: »Ich spaziere durch den Urwald – vorher über die Steppe. Die brannte lange Zeit. Die Asteken haben sie angezündet. Denket nur!!«, Text des Briefs: KA 8, Nr. 621
Standort: University of California Library, Los Angeles, Department of Special Collections

136 *Zulus*
26.7.1933
Bleistift auf Postkarte an Kurt Ittmann, [Locarno] 26.7.1933, 147 × 104 mm, Text der Postkarte: KA 9, Nr. 50
Standort: Thomas Ittmann, 6370 Stans, Schweiz
→ Tafel S. 74

137 *Emigranten*
Sommer 1933
Bleistift, Buntstifte, stellenweise mit Weiß gehöht, 217 × 134 mm, handschriftlich bezeichnet
Datierung: An Ernest Rathenau, 8.8.1933: »Und dann – Sie wollen ein Bild? [...] Ich habe ein ganz neues von gestern: Herrliche Emigranten. Die anderen Emigranten verkauft. Gern bin ich mit den 50 zufrieden [...].« (KA 9, Nr. 58; vgl. auch KA 9, Nr. 62)
Nachweis: Kornfeld & Klipstein, Kat.-Nr. 879: »Sehr schöne, typische Zeichnung der Dichterin, um 1937, auf weißem Leinenpapier, von der Dichterin eigenhändig betitelt«
Provenienz: 1933 wahrscheinlich Ernest Rathenau, Ascona – Levinsohn – Kornfeld & Klipstein, Bern (Auktion 123, 14.-17.6.1967, Kat.-Nr. 879) – Steinhardt (deutscher Sammler)
Standort: unbekannt

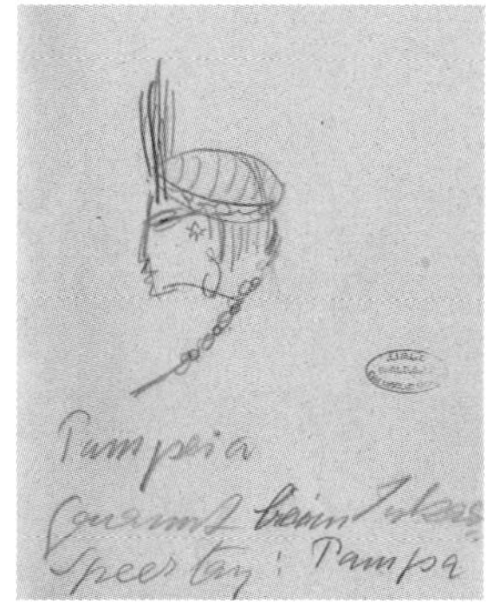

138 *Pampeia / genannt beim Inkas-Speertag: Pampa*
26.12.1933
Bleistift; Beilage zu einem Brief an Emil Raas, Zürich, 26.12.1933, 133 × 210 mm, handschriftlich bezeichnet unten, Text des Briefs: KA 9, Nr. 133
Standort: The National Library of Israel, Jerusalem, Archives Department, Emil Raas Archive [Arc. 4° 1821 / 3]

139 *Abbessinische Juden*
Um 1933
Bleistift, Kreiden; kleineres auf größeres Blatt montiert, 216 × 140 mm, handschriftlich bezeichnet unten rechts, signiert unten auf größerem Blatt: »Else Lasker-Schüler«
Datierung: Vgl. Else Lasker-Schüler an Paul Moses, 7.7.1932: »Jankel Adler fragte mich an, ob ich Ihnen ein Bild zeichnen wollte bunt und in meiner *Manie* [!] und zu dem von ihm mir genannten Preis. 100 Mk Hier ist es und ich hoffe, es gefällt Ihnen. / Man entdeckte vor einigen Jahren ein[!] kleine Gemeinde in Abbessinien von Juden, die uns Juden nach Europa einen wundervollen Hirtenbrief sandten, einen Apostelbrief in aller Herrlichkeit, Herr Doktor.« (KA 8, Nr. 580) – Vgl. auch Else Lasker-Schüler an Emil Raas, 4.11.1934: »Ich habe den ganzen Morgen bis 4 ½ Uhr gemalt. Bilderbestellungen. Lauter Araber und wilde Juden und Abessinier«.
Standort: Privatsammlung Cleveland, Ohio, USA
→ Tafel S. 111

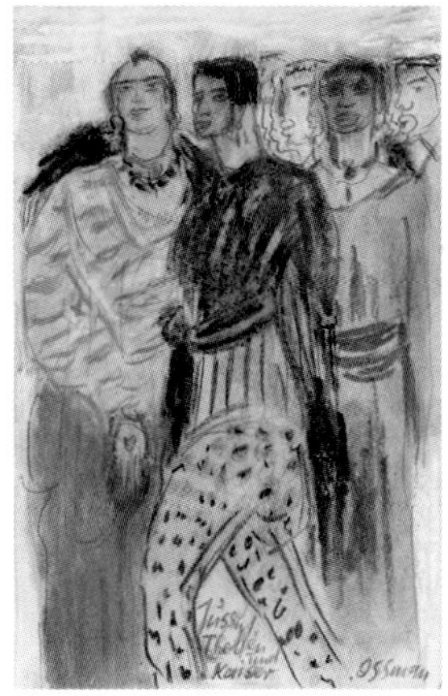

140 *Jussuf v. Theben und Kaiser Ossman*
Um 1933
Bleistift, Kreiden; gefirnißt; kleineres auf größeres Blatt montiert, 240 × 150 mm, handschriftlich bezeichnet unten und rechts unten, signiert auf größerem Blatt unten rechts: »Else Lasker-Schüler«
Datierung: Nähe zu 139
Provenienz: Galerie Koller, Zürich (Auktionen 30. 10.-15. 11. 1973, Kat.-Nr. 2217) – 1973 Privatsammlung Schweiz
Standort: Privatsammlung Schweiz

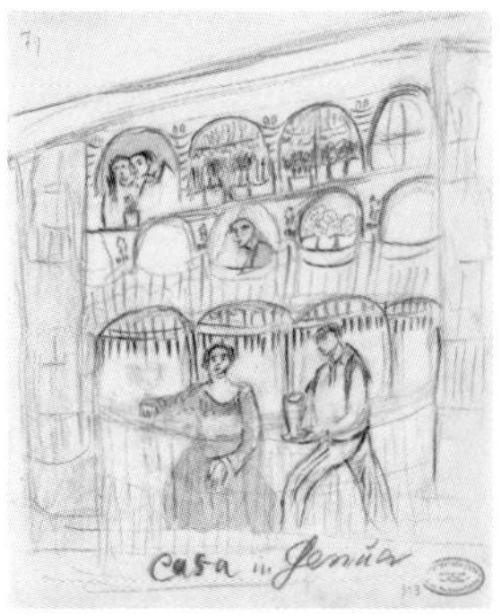

141 *Casa in Genua*
Frühestens März 1934
Bleistift, Tinte, Kreide, Aquarell, 219 × 175 mm, handschriftlich bezeichnet unten
Datierung: Möglicherweise während Else Lasker-Schülers zweitägigen Aufenthalts in Genua im März 1934 oder kurz danach entstanden
Standort: The National Library of Israel, Jerusalem, Archives Department, Else Lasker-Schüler Archive [3:3]

142 *Nach hier von Alexandrie, im Sturm u. Wetter*
9. 4. 1934
Tinte auf Postkarte an Emil Raas [Jerusalem, 9. 4. 1934 (Poststempel)], 139 × 88 mm, rückseitig lediglich Adresse und Absender (vgl. KA 9, Nr. 204)
Standort: The National Library of Israel, Jerusalem, Archives Department, Emil Raas Archive [Arc. 4° 1821 / 7]
→ Tafel S. 100

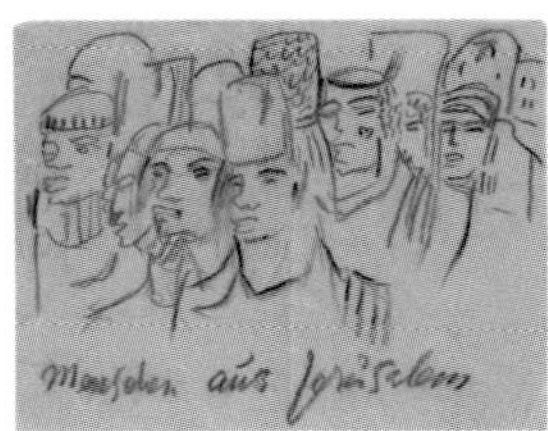

143 *Menschen aus Jerusalem*
Zweite Hälfte 1934
Bleistift, Kreiden auf Briefumschlag an Emil Raas, 113×147 mm, handschriftlich bezeichnet unten, rückseitig Zusatz: »Ich male solche Festcouverts jetzt für die Spießbürger hier.«
Datierung: Vermutlich bald nach ihrer Rückkehr von der ersten Reise nach Palästina entstanden. Am 20. September 1934 verschickte Else Lasker-Schüler zwei Postkarten mit den von ihr gezeichneten Vignetten »Menschen in Jerusalem« und »Menschen aus Palästina« an Walther Meier und Silvain Guggenheim (vgl. KA 9, Nr. 288 und 289).
Standort: Ruth Livnay-Raas, Jerusalem

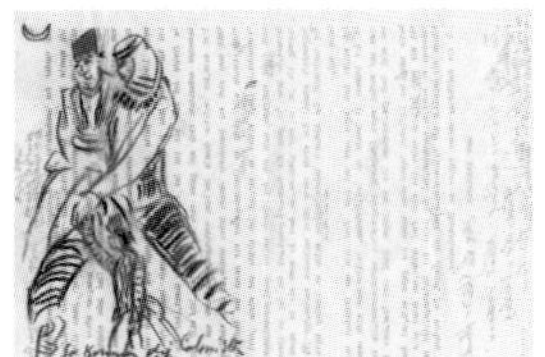

144 *So kommen die Colonisten nach Jerusalem*
18.12.1934
Kreiden auf der Rückseite eines Briefs an Fritz Strich, Zürich, 18.12.1934; siehe auch 148, Text des Briefs: KA 9, Nr. 330
Standort: Deutsches Literaturarchiv Marbach [A: Linder, 02.57.73]

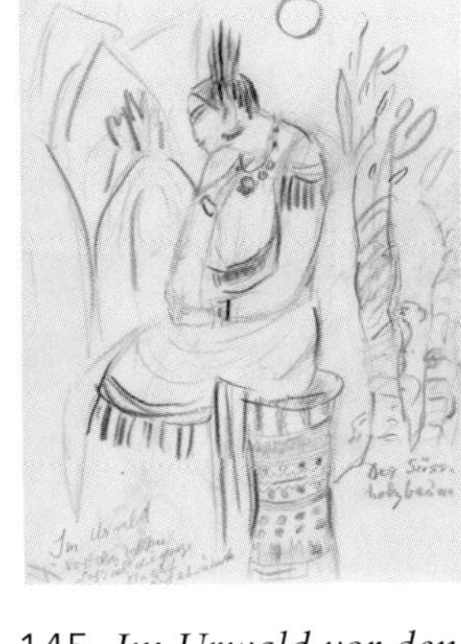

145 *Im Urwald vor den Zelten saß ich die ganze Nacht und schwärmte.*
24.5.1935
Bleistift, Kreiden auf gefaltetem Blatt eines Briefs an Emil Raas [Zürich, 24.5.1935], 208×148 mm [gefaltet], handschriftlich bezeichnet unten links, Zusatz unten rechts: »Der Süssholzbaum«, Text des Briefs: KA 9, Nr. 391
Datierung: ebd. nach Briefinhalt
Standort: Ruth Livnay-Raas, Jerusalem

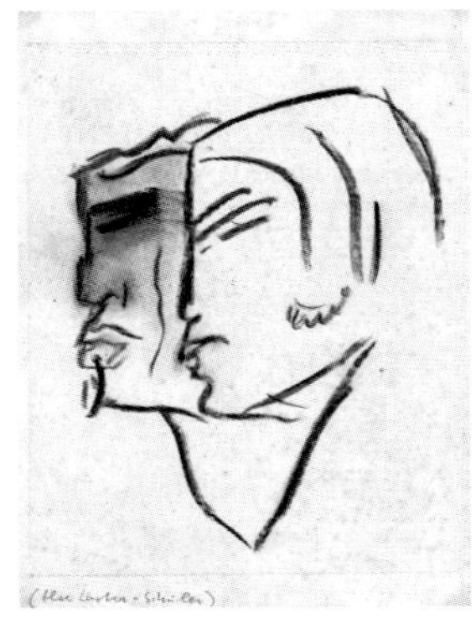

146 *o. T. [Köpfe Jussufs und seines Dieners im Linksprofil]*
Ende 1935
Kohle auf der Rückseite einer Anzeige für das Teatro San Materno, Ascona, 279×207 mm
Datierung: Die Zeichnung befindet sich auf der Rückseite einer Anzeige für einen Vortragsabend von Ingeborg Fent im Teatro San Materno am Montag, 20. 8. [1935]. Zu dieser Zeit hielt sich Else Lasker-Schüler in Ascona auf. Aus einem Brief an

Emil Raas vom 13.5.1936 geht hervor, daß sie für einen eigenen Vortrag im Teatro San Materno die Ankündigungsplakate selbst zeichnete, »– einfach so: mit Kohle: [Jussufkopf im Linksprofil mit Fez] und zehn Stück« (KA 9, Nr. 560). 146 ist vermutlich ein Entwurf eines solchen Plakats, wahrscheinlich für einen seit Dezember 1935 geplanten Vortrag von Else Lasker-Schüler am 22.2.1936 (vgl. KA 9, Nr. 513).
Standort: Legat Susanna Kulli, Zürich

147 *Die Häuptlinge schmücken den Prinzen von Theben.*
Ende 1935 / Anfang 1936
Bleistift, Buntstifte, Kreiden, Deckweiß, collagierte Metallfolie, 170 × 130 mm, handschriftlich bezeichnet unten, signiert unten rechts: »Else Lasker-Schüler«
Datierung: Am 18.5.1936 schrieb Else Lasker-Schüler von einer Zeichnung, deren ungefähren Titel sie am 7. oder 8.5.1936 mit »arabische Prinz oder Prinz Jussuf von Theben wird zur Hochzeit geschmückt« (KA 9, Nr. 555) angegeben hatte, sie habe sie vor Monaten an Fritz Loeb verkauft (vgl. KA 9, Nr. 564).
Provenienz: Fritz Loeb, Bern
Standort: Privatbesitz
→ Tafel S. 85

148-164 *Das Hebräerland*
Die Zeichnungen, die Else Lasker-Schüler zur Illustration ihres Anfang April 1937 erschienenen Hebräerlands *nach ihrer ersten Reise nach Ägypten und Palästina fertigte, sind zwischen Ende 1934 und Mitte 1936 entstanden. »Ich habe ein neues Buch geschrieben, hoffe ein frommes und illustriert«, schreibt sie am 6. Januar 1935 an Martin Buber, doch dann ringt sie noch weitere sieben Monate mit dem Text, bis er »prachtvoll« ist (KA 9, Nr. 312). In dieser und der daran anschließenden langen Zeit der Verlegersuche entstehen neue Zeichnungen, alte werden verworfen: Die Zahl der fertiggestellten Stücke variiert in ihren brieflichen Angaben zwischen fünf (vgl. KA 9, Nr. 359) und 25 (vgl. KA 9, Nr. 603). Bei den Illustrationen für* Das Hebräerland *handelt es sich um einfarbige Umrißzeichnungen. Die Kolorierungen der Vorlagen führte Else Lasker-Schüler bereits vor oder kurze Zeit nach der Drucklegung aus; vgl. an Judith Swet, 3.11.1937: »ich besitze noch von mir bunt gezeichnet alle die Illustrationen (grosse Blätter) meines Buchs« (KA 10, Nr. 158).*

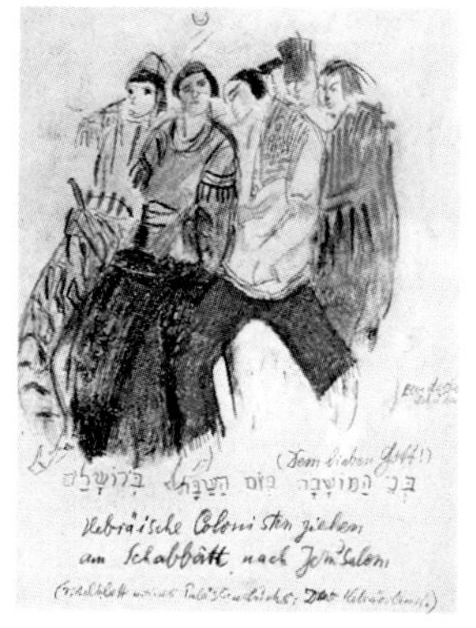

148 *Hebräische Colonisten ziehen am Schabbâtt nach Jerusalem / בני המושבה ביום השבת בירושלים (»Die Kolonisten am Sabbattag in Jerusalem«)*
Um 1935
Bleistift, Buntstifte, Kreiden, handschriftlich bezeichnet unten, Zusatz rechts: »(Dem lieben Gott!)«; Zusatz unten: »(Titelblatt meines Palästinabuchs: Das Hebräerland.)«, signiert Mitte rechts: »Else Lasker-Schüler«
Vorlage für das Frontispiz des *Hebräerlands* (→i103)
Datierung: Siehe oben zur Gruppe. Vorbeiziehende jüdische Kolonisten, Pioniere, Landarbeiter nahm Else Lasker-Schüler mehrfach zum Motiv. Vgl. an Fritz Strich, 18.12.1934: »Ausserdem verkaufe ich hier nun immer 2 Bilder im Monat die ich zeichne von Jerusalem Die Colonisten – wie sie Schabbâth – nach Jerusalem kommen; und wieder dann ein anderes Bild, – wie sie müde

heimkehren.« (KA 9, Nr. 330) – An Emil Raas, 8. 9. 1936: »Ich zeigte ihm [Jakob Goldschmidt] meine *neusten* Bilder, da hat er sich *so* verliebt *gerad wirkliche Wahrheit* in eins der Bilder: Die Colonisten Die Chaluzim, die ich Ihnen senden wollte, ich *mußte* es ihm geben, da er in Berlin monatl. 4 Bilder kaufte.« (KA 9, Nr. 628)
Nachweis: Bauschinger, S. 409, Nr. 47 (Reproduktion nach Abb. ebd., Bildteil Nr. 48)
Provenienz: Kurt Wilhelm, Jerusalem – Familie Wilhelm, Stockholm
Standort: unbekannt
Ausstellungen: Matthiesen (Cat. No. 7)

149 *Eminenz Rabbuni Prato in Palestina (der singende Zadik)*
Um 1935
Bleistift, Kreiden, 295 × 207 mm, handschriftlich bezeichnet unten, signiert unten rechts: »Else Lasker-Schüler«
Vorlage für eine Illustration des *Hebräerlands* (→i105)
Datierung: siehe oben zur Gruppe
Provenienz: Leopold Krakauer und Grete Krakauer-Wolf, Jerusalem
Standort: Dothan Family, Israel
Ausstellungen: Matthiesen (Cat. No. 3)
→ Tafel S. 84

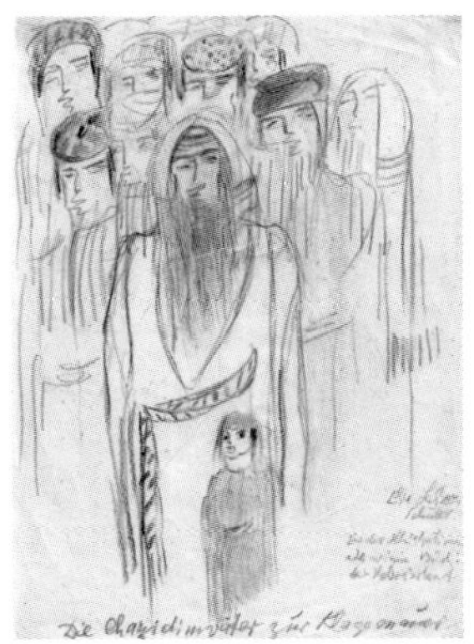

150 *Die Chazidimväter zur Klagemauer*
Um 1935
Bleistift, Kohle, Kreide, 296 × 209 mm, handschriftlich bezeichnet unten, Zusatz unten rechts: »Eine der Illustrationen aus meinem Buch: Das Hebräerland.«, signiert unten rechts: »Else Lasker-Schüler«
Vorlage für eine Illustration des *Hebräerlands* (→i107)
Datierung: siehe oben zur Gruppe
Standort: Stadtbibliothek Wuppertal, Else-Lasker-Schüler-Archiv [B 6]
Ausstellungen: Matthiesen (Cat. No 4)

151 *Prinz Jussuf liest seine Gedichte vor*
Um 1935
Bleistift, Buntstifte, Deckweiß, 208 × 171 mm, handschriftlich bezeichnet unten rechts, Zusatz unten rechts: »Meskin Rowinah Friedmann / Eine Illustration aus meinem Palestinabuch.«, signiert unten links: »Else Lasker-Schüler«
Vorlage für eine Illustration des *Hebräerlands* (→i109)
Datierung: siehe oben zur Gruppe
Provenienz: 1944 Hans und Anny Moller, Haifa – Galerie Fricke, Düsseldorf
Standort: Literatur- und Kunstinstitut Hombroich
Ausstellungen: Matthiesen (Cat. No 16)
→ Tafel S. 109

152 *Kunstreiter in Jerusalem*
Um 1935
Bleistift, Buntstifte, Kreiden, 199 (l)/196 (r) × 141 mm, handschriftlich bezeichnet unten, signiert unten rechts: »Else Lasker-Schüler«
Vorlage für eine Illustration des *Hebräerlands* (→ i110)
Datierung: siehe oben zur Gruppe
Provenienz: 1944 Hans und Anny Moller, Haifa – Galerie Fricke, Düsseldorf
Standort: Literatur- und Kunstinstitut Hombroich
Ausstellungen: Matthiesen (Cat. no. 17)
→ Tafel S. 91

153 *Der Bettler auf dem Jaffa Road in Jerusalem*
Um 1935
Bleistift, Kreiden, 205 × 130 mm
Datierung: Vorlage für eine Illustration des *Hebräerlands* (→i104)
Nachweis: Bauschinger, S. 408, Nr. 28
Provenienz: Fanny Ollendorff, Jerusalem
Standort: unbekannt
Ausstellung: Matthiesen (Cat. No. 15)

154 *Der Wunderrabbi erzählt in Jerusalem*
Um 1935
Bleistift, Kreiden, collagierte Goldfolie, 243 × 180(o) /183(u) mm, handschriftlich bezeichnet unten, Zusatz unten: »Jakob Meïr/(Pfingsten.)«, signiert unten rechts: »Else Lasker-Schüler«
Datierung: Siehe oben zur Gruppe. Die Zeichnung illustriert eine Passage aus dem *Hebräerland* (vgl. KA 5, S. 37), wurde aber dort nicht aufgenommen. Else Lasker-Schüler berichtete am 7. 6. 1939 in Jerusalem an Nehemia Cymbalist, sie habe die Zeichnung in Zürich gefertigt (vgl. KA 10, Nr. 374).
Standort: The National Library of Israel, Jerusalem, Archives Department, Else Lasker-Schüler Archive [3:5]
Ausstellung: Heatid
→ Tafel S. 94

155 *Hebräische Priester aus Abessinien und griechische Mönche in Jerusalem*
Um 1935
Bleistift, Kreiden, 260 × 170 mm, handschriftlich bezeichnet unten, signiert unten rechts: »Else Lasker-Schüler«
Datierung: Siehe oben zur Gruppe. Die Zeichnung illustriert eine Passage aus dem *Hebräerland*, wurde aber dort nicht aufgenommen (vgl. KA 5, S. 125).
Provenienz: Kurt Wilhelm, Jerusalem – Familie Wilhelm, Stockholm
Standort: Jessica Wilhelm, Jerusalem
Ausstellungen: Matthiesen (Cat. no. 2), Heatid
→ Tafel S. 86

156 *Abbesinische Judenpriester und griechische Mönche*
Um 1935
Kreiden, 242 × 182 mm, handschriftlich bezeichnet unten, signiert unten links und rechts: »Else Lasker-Schüler / Jerusalem«
Datierung: Umfeld des *Hebräerlands*; siehe oben zur Gruppe. Variante von 155, wahrscheinlich im selben Zusammenhang entstanden
Standort: Staatliche Museen zu Berlin, Kupferstichkabinett [NG 38 / 1961]
→ Tafel S. 89

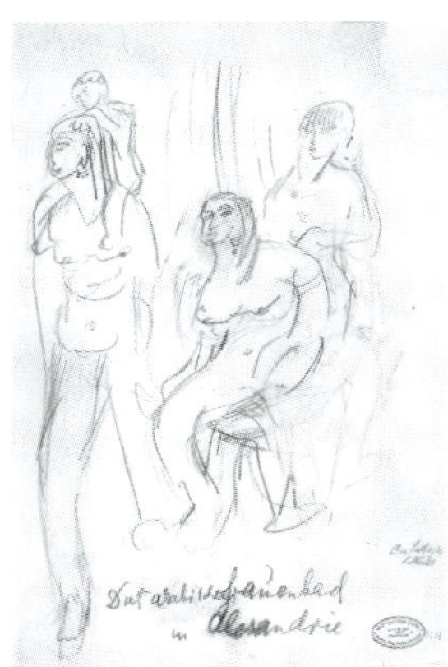

157 *Das arabische Frauenbad in Alexandrie*
Um 1935
Bleistift, 291 (l)/284 (r) × 190 mm, handschriftlich bezeichnet unten, signiert unten rechts: »Else Lasker-Schüler«
Datierung: Siehe oben zur Gruppe. Die Zeichnung illustriert eine Passage aus dem *Hebräerland* (vgl. KA 5, S. 59), wurde aber dort nicht aufgenommen.
Standort: The National Library of Israel, Jerusalem, Archives Department, Else Lasker-Schüler Archive [3:31]

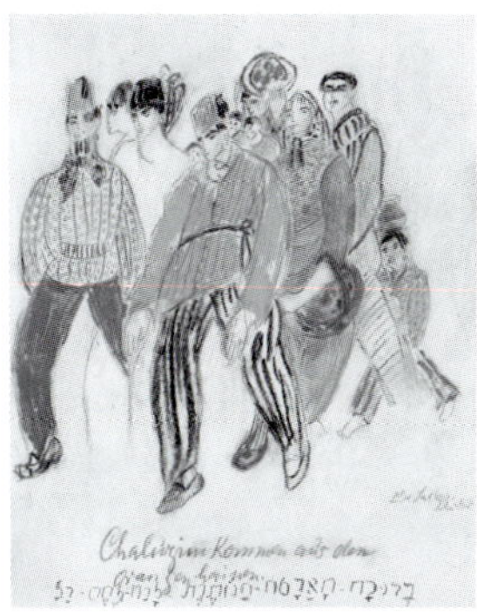

158 *Chaluzim kommen aus den Orangenhainen.*
Um 1935
Bleistift, Kreiden, 274 (l)/273 (r) × 211 mm, handschriftlich bezeichnet unten, Zusatz:
ברוכה האדמה הנותנת לנו לחם רב
(»Gesegnet ist die Erde, die uns viel Brot gibt«), signiert unten rechts: »Else Lasker-Schüler«
Datierung: Umfeld des *Hebräerlands*; siehe oben zur Gruppe und zu 148. Die Zeichnung trägt den gleichen hebräischen Titel wie i108.
Provenienz: Kleinschmidt, New York – Kornfeld & Klipstein, Bern (Auktion 173, 18.-21. 6. 1980, Kat.-Nr. 770) – Privatsammlung Bern – Galerie Kornfeld, Bern (Auktion 183, 22.-24. 6. 1983, Kat.-Nr. 425) – Hans Bolliger, Zürich – 1997 Else-Lasker-Schüler-Gesellschaft, Wuppertal
Standort: Kunstmuseum Solingen / Dauerleihgabe der Else-Lasker-Schüler-Gesellschaft

159 *Auf dem Jaffa Road*
Um 1935
Bleistift, Kreiden auf Papier, 235 × 170 mm, handschriftlich bezeichnet unten, signiert unten links: »Else Lasker-Schüler«
Datierung: Umfeld des *Hebräerlands*; siehe oben zur Gruppe
Provenienz: Gershon Swet, Jerusalem
Standort: The Israel Museum, Jerusalem (Bequest of Gershon Swet) [B70.0096]
→ Tafel S. 88

160 *Durch die Wüste Sinaï*
Um 1935
Bleistift, Kreiden, Gouache, collagierte Metallfolie, 243 × 173 mm, handschriftlich bezeichnet unten, signiert unten rechts: »Else Lasker-Schüler«
Datierung: Umfeld des *Hebräerlands*; siehe oben zur Gruppe
Provenienz: Auktionshaus Dobiaschofsky, Bern – Galerie Michael Hasenclever, München – 2006 Jüdisches Museum Berlin
Standort: Jüdisches Museum Berlin [2006/103/0]
→ Tafel S. 83

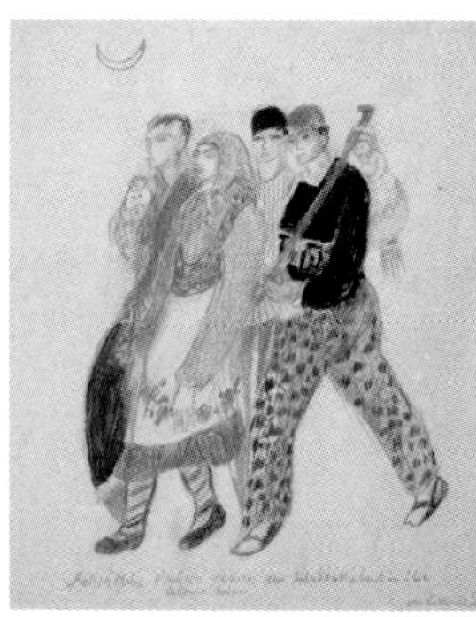

161 *Hebräische Bauern kehren am Schabbattabend in ihre Colonie heim.*
Um 1935
Bleistift, Buntstift, Kreide, collagierte Goldfolie, 213×168 mm (Maße des Passepartouts), handschriftlich bezeichnet unten, signiert unten rechts: »Else Lasker-Schüler«
Datierung: Umfeld des *Hebräerlands*; siehe oben zur Gruppe und zu 148
Provenienz: Fritz Loeb, Bern
Standort: Privatbesitz

162 *Juden aus Sarmakant. (Jerusalem)*
Um 1935
Bleistift, Kreiden, collagierte Goldfolie, 220×175 mm, handschriftlich bezeichnet unten, signiert unten links: »Else Lasker-Schüler«
Datierung: Umfeld des *Hebräerlands*; siehe oben zur Gruppe
Provenienz: 1940/41 Max Eitingon, Jerusalem
Standort: The Israel Museum, Jerusalem (Geschenk von Dr. Max Eitingon) [B46-11.5488]
Ausstellung: Matthiesen (Cat. No. 13)
→ Tafel S. 82

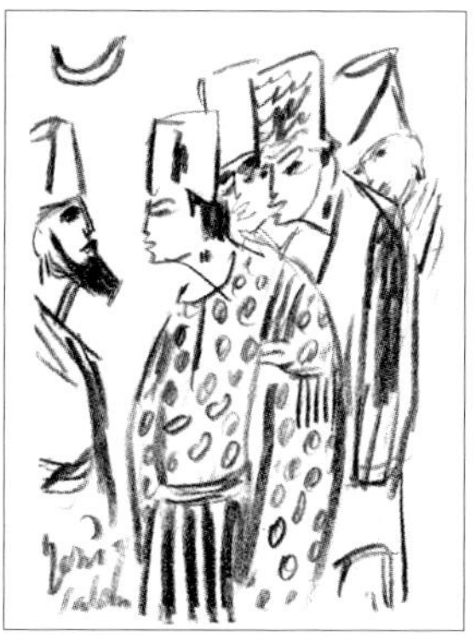

163 *Jerusalem*
Um 1935
Kreide, handschriftlich bezeichnet unten links
Datierung: Umfeld des *Hebräerlands*; siehe oben zur Gruppe. Mit Ernst Ginsberg, aus dessen Besitz die Zeichnung stammt, hatte Else Lasker-Schüler 1933-36 Kontakt.
Provenienz: Ernst Ginsberg, Zürich
Standort: unbekannt (Abb. nach: Kupper, Abb. 3)

164 *Egyptische Photographie (In einem Café aufgenommen.) Achmed Pascha, Weib, Sohn und Brüder*
Um 1935
Bleistift, Kreiden, 236×177 mm (Maße des Passepartouts), handschriftlich bezeichnet unten, signiert unten links: »Else Lasker-Schüler«
Datierung: Aus einem Brief an Emil Raas vom 14.4.1936 geht hervor, daß Else Lasker-Schüler ihm die Zeichnung geschenkt hat, die wahrscheinlich nicht lange vorher im Umfeld des *Hebräerlands* entstanden war (siehe oben zur Gruppe): »Nun versteh ich nicht, daß Sie das *beste* Bild *fast* oder von wenigen das mitbeste erst *lernen* müssen zu verstehen. Das Fixatif hat vielleicht einen Rand verursacht, der mit Warmwasser vorsichtig mit kleinem Schwamm zu entfernen ist. Das Bild ist direkt Alexandrien Caféhaus und ich hätte es gern selbst behalten denn so was macht man *einmal.*« (KA 9, Nr. 539)
Provenienz: Emil Raas, Bern
Standort: Ruth Livnay-Raas, Jerusalem
→ Tafel S. 106

165 *Bimbâh und ihre Männer*
Um 1935
Bleistift, Kreiden, 222 × 157 (o)/151 (u) mm, handschriftlich bezeichnet unten
Datierung: Nähe zu 164 und 152
Provenienz: 1944 Hans und Anny Moller, Haifa – Galerie Fricke, Düsseldorf
Standort: Literatur- und Kunstinstitut Hombroich
→ Tafel S. 90

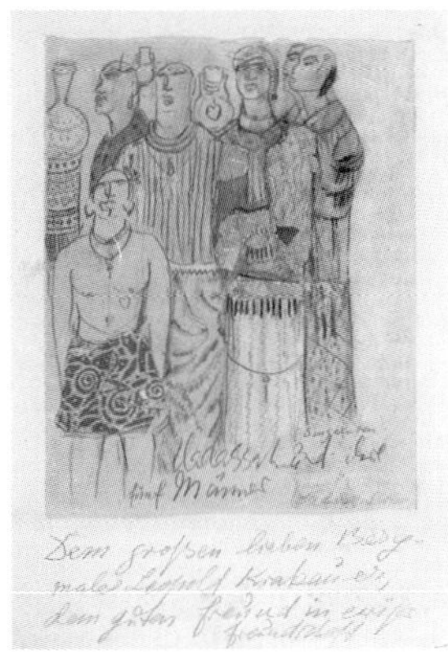

166 *Hadassah und ihre fünf Männer*
Um 1935
Bleistift, Kreiden, mit Gold- und farbiger Metallfolie collagiert; kleineres Blatt auf größeres montiert, 242 × 185 mm, handschriftlich bezeichnet unten, Zusatz unten rechts: »Singalesen«, signiert unten rechts auf kleinerem Blatt: »Else Lasker-Schüler«, auf größerem Blatt: »Dem großen lieben Bergmaler Leopold Krakauer, dem guten Freund in ewiger Freundschaft«
An Emil Stein, 18. 2. 1942: »Ich schenkte erst vor 2 Mon. ungefähr: Leopold Krakauer, da ihm das Bild: Hadassah und Schwadron Neger so gefiel das Bild.« (KA 11, Nr. 195)
Datierung: Nähe zu 165
Provenienz: Leopold Krakauer, Jerusalem
Standort: Dothan Family, Israel

167 *Rast in der Wüste nach Jerusalem*
1935 / 36
Pastellkreide, 300 × 210 mm
Datierung: Im August 1935 und dann wieder im April 1936 versprach Else Lasker-Schüler Kurt und Lilly Ittmann, »bald *alle Bilder*, die ich schulde« zu schicken (KA 9, Nr. 412; vgl. KA 9, Nr. 411 und KA 9, Nr. 532).
Nachweis: Bauschinger, S. 407, Nr. 19, ebd. Bildbeschreibung: »Elephant, umgeben von Beduinen, darüber Halbmond.«
Provenienz: Kurt Ittmann, Zürich
Standort: unbekannt

168 *Der Kaiser vom indianischen Kambotscha*
1935 / 36
Pastellkreide, 220 × 135 mm
Datierung: wie 167
Nachweis: Bauschinger, S. 407, Nr. 20, ebd. Bildbeschreibung: »Kaiser in Phantasiekostüm mit Gefolge.«
Provenienz: Kurt Ittmann, Zürich
Standort: unbekannt

169 *Häuptling: Der scheinende Mond*
1935 / 36
Pastellkreide, 210 × 130 mm
Datierung: wie 167
Nachweis: Bauschinger, S. 407, Nr. 21, ebd. Bildbeschreibung: »Indianer im Profil, im Hintergund zweite Figur.«
Provenienz: Kurt Ittmann, Zürich
Standort: unbekannt

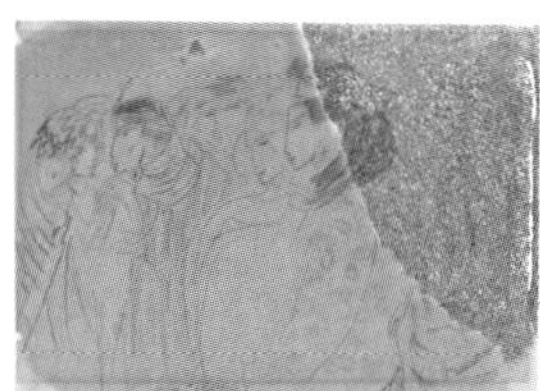

170 *Die Straße in Theben am Abend*
1935/36
Bleistift, Kreiden, 160 (l)/155 (r) × 220 (o)/219 (u) mm, handschriftlich bezeichnet unten
Datierung: Nähe zu 147 und 171
Standort: The National Library of Israel, Jerusalem, Archives Department, Else Lasker-Schüler Archive [3:78]

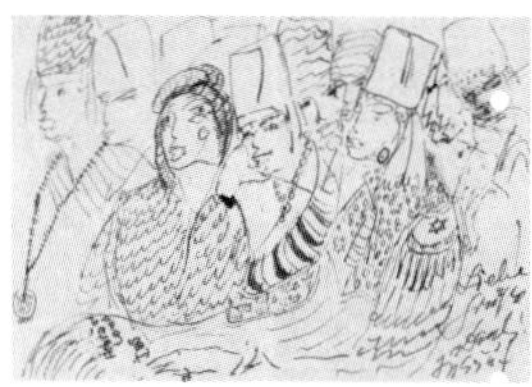

171 *o. T. [Halbbildnisgruppe mit Fezen und Kufiya]*
22.1.1936
Tinte auf einer Postkarte an Emil Raas [Ascona, 22.1.1936 (Poststempel)], unten links Zusatz: »Das Hebräerland«, Zusatz unten rechts: »Liebe Grüße Dank! Jussuf«, rückseitig neben Adresse: »Aus der Caféhaus Kneipe. Grüße u. Bild.« (KA 9, Nr. 483)
Standort: Maryse Raas

172 *o. T. [Kopfstaffelungen mit Federschmuck und Fezen]*
28.3.1936
Schwarzer Buntstift auf Briefumschlag an Emil Raas, gelaufen, Poststempel: Ascona 28.3.1936, 114 × 116 mm, Text des zugehörigen Briefs: KA 9, Nr. 525
Standort: Maryse Raas
→ Tafel S. 92

173 *Neapolitaner*
Anfang April 1936
Bleistift, Kreiden, Gold- und Silberfolie, 243 × 182 mm, handschriftlich bezeichnet unten rechts, signiert unten links: »Else Lasker-Schüler«
Datierung: Die Zeichnung entstand zwischen dem 2. und dem 8. April 1936, nachdem Else Lasker-Schüler Jakob Jobs *Neapel. Reisebilder und Skizzen* (Zürich 1928) gelesen hatte (vgl. KA 9, S. 530 f. und 535), als Geschenk für die Psychologin Franziska Baumgarten-Tramer, die im Februar 1936 einen Aufsatz über das »Supranormale Zeichnen eines Kindes« am Beispiel von Else Lasker-Schülers Sohn Paul veröffentlichte und ihr half, einige Zeichnungen zu verkaufen.
Provenienz: 1936 Franziska Baumgarten-Tramer, Bern – Kornfeld & Klipstein, Bern (Auktion 132, 11.-13.6.1969, Kat.-Nr. 761) – Georg und Josi Guggenheim, Zürich – 2004 The Israel Museum, Jerusalem
Standort: The Israel Museum, Jerusalem (Permanent loan from the Dr. Georg & Josi Guggenheim Foundation through the Swiss Friends of the Israel Museum) [L-B04.016]
→ Tafel S. 95

174 *Pampeia die Häuptlingstochter im Tanz mit liebreichen Rotkelchen und holdem Marabu*
Ende April 1936
Kreide, collagierte Metallfolie, handschriftlich bezeichnet unten rechts, signiert unten links: »Else Lasker-Schüler«
Datierung: An Emil Raas, Ende April 1936: »Heute, eben zeichnete ich indianische Tänzerin und 2 Indianer tanzen mit ihr.« (KA 9, Nr. 551; Datierung des Briefs siehe ebd.)
Nachweis: MM, Abb. 301 (Reproduktion nach Abb. ebd.)
Provenienz: Privatsammlung Stuttgart
Standort: unbekannt
Ausstellung: Matthiesen (Cat. No. 1)

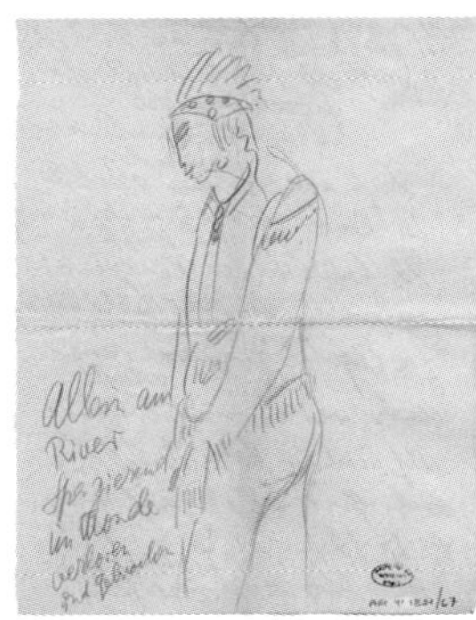

175 *Allein am River spazierend im Monde verloren und gebrochen*
Ende April 1936
Bleistift auf Briefrückseite an Emil Raas, Ende April 1936, 243 (l)/244 (r) × 183 (o)/186 (u) mm, handschriftlich bezeichnet links, Text des Briefs: KA 9, Nr. 551
Datierung: siehe ebd.
Standort: The National Library of Israel, Jerusalem, Archives Department, Emil Raas Archive [Arc. 4° 1821 / 67]

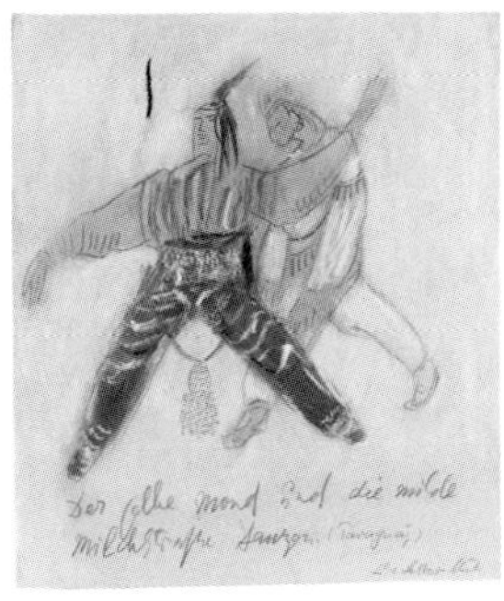

176 *Der gelbe Mond und die milde Milchstraße tanzen. (Paraguy)*
Frühjahr 1936
Bleistift, Kreiden, collagierte Goldfolie, 221 (l)/ 219 (r) × 184 mm, handschriftlich bezeichnet unten, signiert unten rechts: »Else Lasker-Schüler«
Datierung: Am 13. Mai 1936 berichtete Else Lasker-Schüler brieflich, sie habe »*schönes* Bild ganz bunt: Indianer und Indianerin: weißer Mond – weiße Milchstraße tanzen« an Georg Steinmarder gesandt (KA 9, Nr. 560; vgl. auch KA 9, Nr. 565).
Provenienz: Georg Steinmarder, Zürich – Marco Pinkus, Zürich
Standort: Salomé Pinkus, Zürich

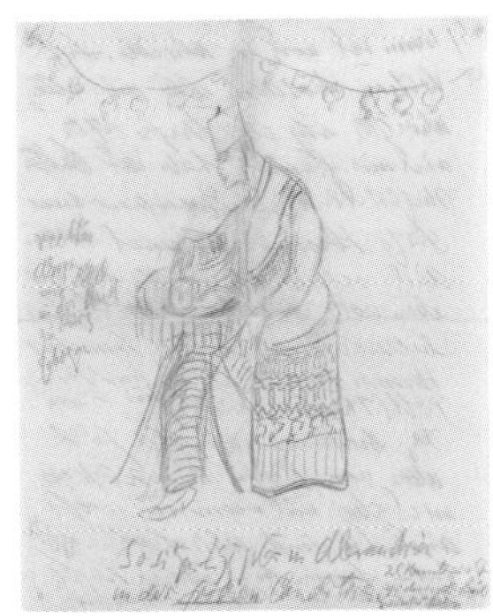

177 *So sitzen Egypter in Alexandrien in der großen Conditorei.*
4. 6. 1936
Bleistift auf der Rückseite eines Briefs an Emil Raas, [Ascona] 4. 6. 1936, 273 × 211 mm, handschriftlich bezeichnet unten, Zusätze unten rechts: »Ich konnte nicht zeichnen, da Leute reinguckten«, Mitte links: »rechter Arm mit Löffel in der Hand zu kurz gebogen«, Text des Briefs: KA 9, Nr. 576
Standort: Ruth Livnay-Raas, Jerusalem

178 *Abschied*
18. 6. 1936
Bleistift, Kohle, Kreide, 244 × 181 (u)/180 (o), handschriftlich bezeichnet unten, signiert unten rechts: »Else Lasker-Schüler«
Datierung: Es handelt sich wahrscheinlich um das Blatt, das Else Lasker-Schüler am 18. 6. 1936 zeichnete und als Geschenk an den Schweizer Nationalrat Max Gafner schickte, der sich zu einer älteren Zeichnung von ihr eine ähnliche gewünscht hatte (vgl. KA 9, Nr. 594).
Provenienz: Max Gafner, Bern – Frank Gafner, Liestal – Hans Bolliger, Zürich – 1997 Else-Lasker-Schüler-Gesellschaft, Wuppertal
Standort: Kunstmuseum Solingen / Dauerleihgabe der Else-Lasker-Schüler-Gesellschaft
→ Tafel S. 114

179 *Aquarium in Persien*
Juni 1936
Bleistift, Kreide, collagierte Silberfolie, 219 (l)/ 220 (r) × 174 (u)/173 (o), handschriftlich bezeichnet unten, signiert unten rechts: »Else Lasker-Schüler«
Datierung: Am 23.6.1936 schrieb Else Lasker-Schüler an Emil Raas, sie habe ihm ein Aquarium gezeichnet (vgl. KA 9, Nr. 595), er erhält die Zeichnung aber erst mit einem späteren Brief am 30. Juni: »Das Aquarium für Sie. Finden Sie es lieb? Mit dem Zwergaffen und kleinem Äffchen? Und Korallenbaum? Schreckliche Arbeit – aber – ungern.« (KA 9, Nr. 600) - Vgl. auch s2.
Provenienz: Emil Raas, Bern
Standort: Maryse Raas
→ Tafel S. 87

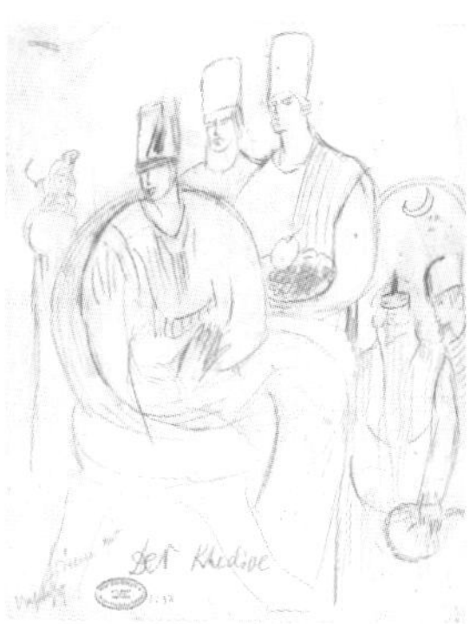

180 *Der Khedive*
1936
Bleistift, 265 × 205 mm, handschriftlich bezeichnet unten rechts, Zusätze unten links: »Grimm«/ »Bagotzky«
Datierung: Die auf der Zeichnung notierten Namen des Schweizer Nationalrats Robert Grimm und des Arztes Sergei Justinovic Bagotzky geben Aufschluß über deren Entstehungszeitraum: Im April und im Juli 1936 berichtet Else Lasker-Schüler aus Ascona, daß beide mit ihren Familien dort seien (vgl. KA 9, Nr. 539 und 607). Womöglich war die Zeichnung ursprünglich für Grimm oder Bagotzky bestimmt und sollte noch koloriert werden; zumindest Grimm war im Juni 1936 eine Zeichnung versprochen worden (vgl. KA 9, Nr. 592).
Standort: The National Library of Israel, Jerusalem, Archives Department, Else Lasker-Schüler Archive [3:38]

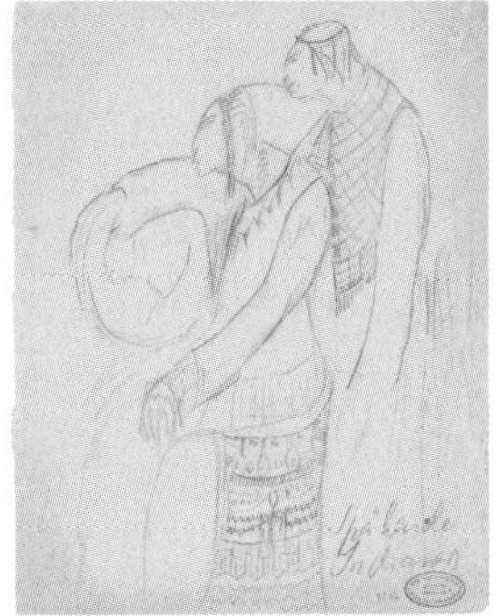

181 *Spähende Indianer*
1936
Bleistift, 244 × 183 mm, handschriftlich bezeichnet unten rechts
Datierung: Nähe zu 175 f.
Standort: The National Library of Israel, Jerusalem, Archives Department, Else Lasker-Schüler Archive [3:27]

182 *Schüchterner Edelhirsch und Weißdorn im Urwalde*
Um 1936
Bleistift, 243 × 184 mm, handschriftlich bezeichnet unten
Datierung: Nähe zu 181. Ein ähnliches Motiv einer (verschollenen) Zeichnung beschreibt Else Lasker-Schüler in einem Brief an Erich Maria Remarque vom 2.11.1935: »Der freundliche Wind – der sicherste unserer Indianer bringt Euch den Lederstrumpf – lebendig im Bild. Ich malte ihn Euch und er steht an einer bunt gefärbten Indianersäule gelehnt. Ein Äffchen tanzt oben zu seinem Haupt.« (KA 9, Nr. 438)
Standort: The National Library of Israel, Jerusalem, Archives Department, Else Lasker-Schüler Archive [3:34]
→ Tafel S. 96

183 *Café in der Altstadt Jerusalems*
Um 1936
Bleistift, Buntstifte, Kreiden, mit Silberfolie collagiert, 212×135 mm, handschriftlich bezeichnet unten rechts
Bezeichnung einer Figur unten rechts: »Der Sohn Ibn Saud s«, signiert unten links: »Else Lasker-Schüler«.
Datierung: Nähe zu 180
Provenienz: H. Münz, Tel Aviv – Galerie Fricke, Düsseldorf
Standort: Literatur- und Kunstinstitut Hombroich
→ Tafel S. 107

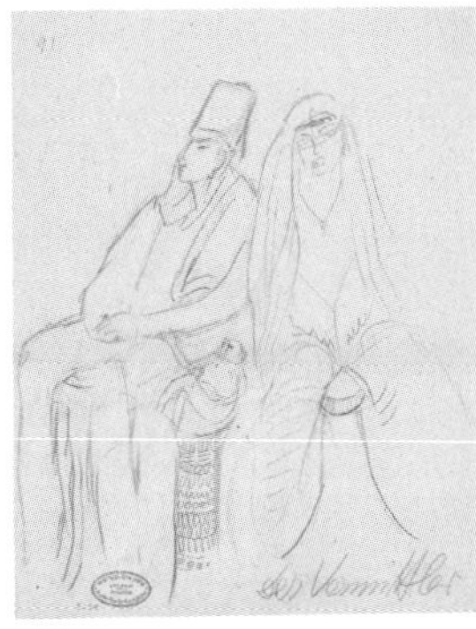

184 *Der Vermittler*
Um 1936
Bleistift, 244 (l)/243 (r) × 184(o) /185(u) mm, handschriftlich bezeichnet unten rechts
Datierung: Nähe zu 180
Standort: The National Library of Israel, Jerusalem, Archives Department, Else Lasker-Schüler Archive [3:25]

185 *Die Jemenitin*
Um 1936
Bleistift, 165×86 mm, handschriftlich bezeichnet unten
Datierung: Nähe zu 184
Standort: The National Library of Israel, Jerusalem, Archives Department, Else Lasker-Schüler Archive [3:9]
→ Tafel S. 97

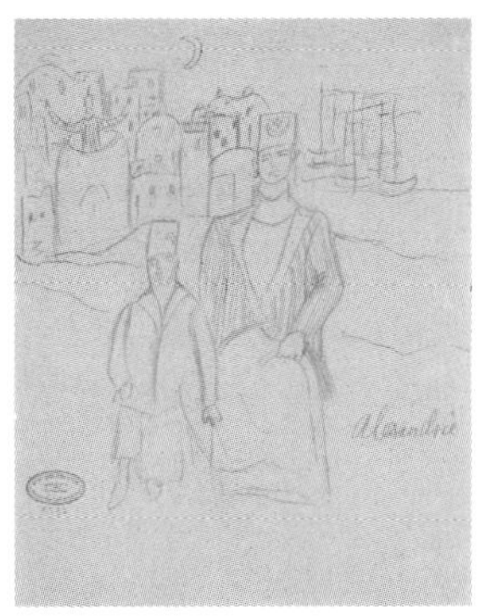

186 *Alexandrie*
Um 1936
Bleistift, 244×183 mm, handschriftlich bezeichnet rechts
Datierung: Nähe zu 181
Standort: The National Library of Israel, Jerusalem, Archives Department, Else Lasker-Schüler Archive [3:32]

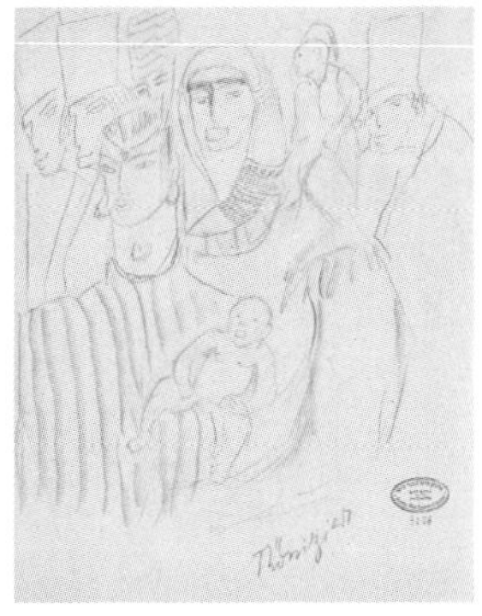

187 *Phönizier*
Um 1936
Bleistift, 244×183 mm, handschriftlich bezeichnet unten
Datierung: Nähe zu 186
Standort: The National Library of Israel, Jerusalem, Archives Department, Else Lasker-Schüler Archive [3:26]

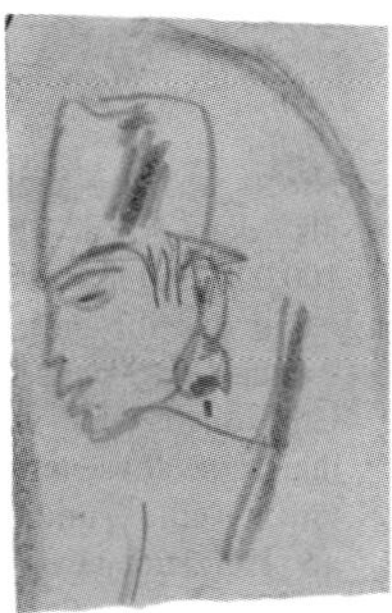

188 *o. T. [Jussuf-Kopf im Linksprofil mit Fez, Fensterbogenandeutung]*
Zwischen 1936 und 1942
Buntstifte auf Zeitungspapier, 56(l)/53(r) × 36(o)/35(u) mm
Datierung: Ein Fez ist ab 1936 häufiges Requisit des Jussuf-Profils. In ihren erhalten gebliebenen Briefen taucht die erste derartige Jussuf-Vignette in einem Brief an Emil Raas vom 13.5.1936 auf; die letzte findet sich in einem Brief an Georg Landauer vom 7.7.1943 (vgl. KA 9, Nr. 560 und KA 11, Nr. 436).
Provenienz: Emil Raas, Bern
Standort: Ruth Livnay-Raas, Jerusalem

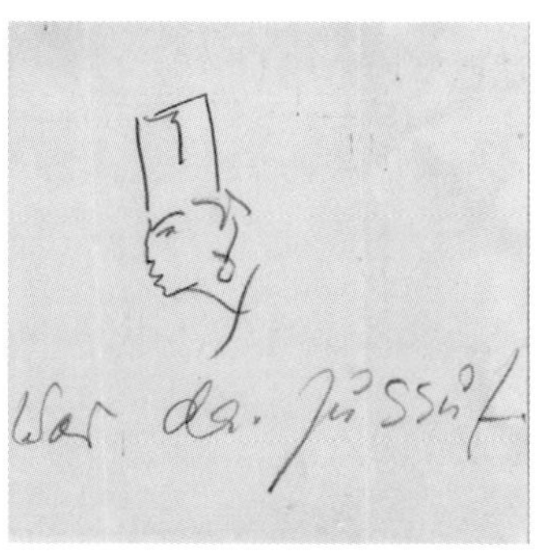

189 *War da. Jussuf.*
Zwischen 1936 und 1942
Bleistift, 138 × 133 mm (im Passepartout), handschriftlich bezeichnet unten
Datierung: wie 188
Provenienz: Erich Gottgetreu, Jerusalem
Standort: Zvi Barsky, Jerusalem

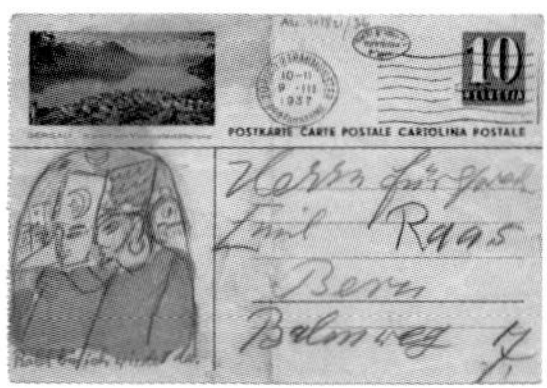

190 *Bald bin ich wieder da.*
9.3.1937
Bleistift, Aquarell auf einer Postkarte an Emil Raas [Zürich, 9.3.1937 (Poststempel)], 105 × 145 mm, handschriftlich bezeichnet unten
Standort: The National Library of Israel, Jerusalem, Archives Department, Emil Raas Archive [Arc. 4° 1821/36]

191 *So gehen die Menschen auf dem Jaffaroad*
12.10.1937
Bleistift, Kreiden auf einer Postkarte an Emil Raas, [Zürich] 12.10.1937, 146 × 104 mm, handschriftlich bezeichnet unten, Text der Postkarte: KA 10, Nr. 147
Standort: Ruth Livnay-Raas, Jerusalem
→ Tafel S. 102

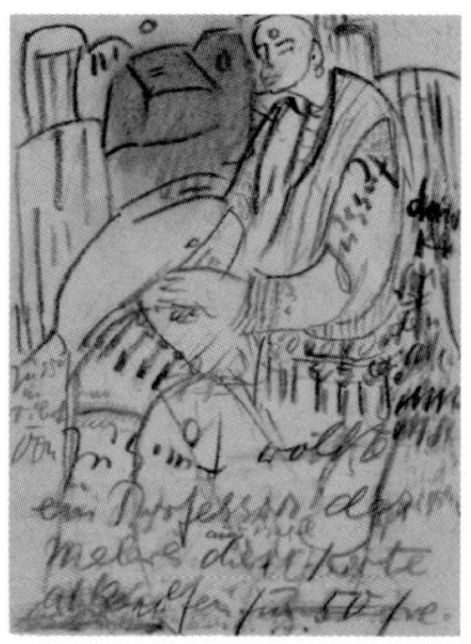

192 *Jussuf in Tibet*
31.12.1937
Bleistift, Kreiden auf einer Postkarte an Emil Raas [Zürich, 31.12.1937 (Poststempel)], 146 × 104 mm, handschriftlich bezeichnet Mitte links, auf dem Arm: »Jussuf«, Zusatz: »Von Jussuf wollte ein Pro-

fessor der Malerei aus Basel diese Karte abkaufen für 50 frc.«, Text der Postkarte: KA 10, Nr. 184
Standort: Ruth Livnay-Raas, Jerusalem

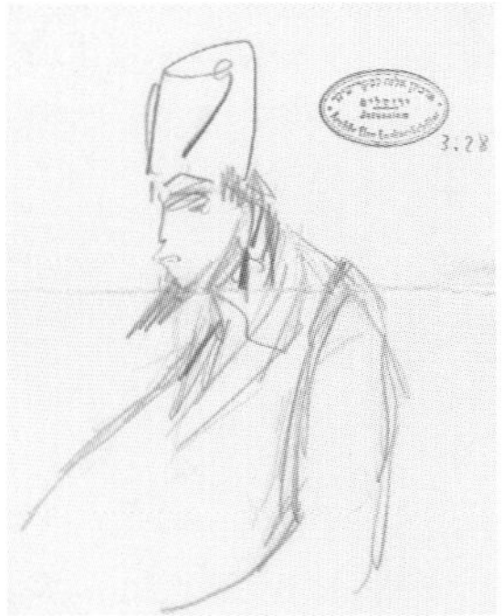

193 *o. T. [sitzende Figur im Linksprofil mit Fez und Ziegenbart]*
Um 1937
Bleistift auf der Rückseite einer Briefkarte von Ruth [?] Meir [?] an Else Lasker-Schüler, Zürich, 20. März [19??], 115 × 90 mm
Datierung: Nähe zu 190 f.
Standort: The National Library of Israel, Jerusalem, Archives Department, Else Lasker-Schüler Archive [3:28]

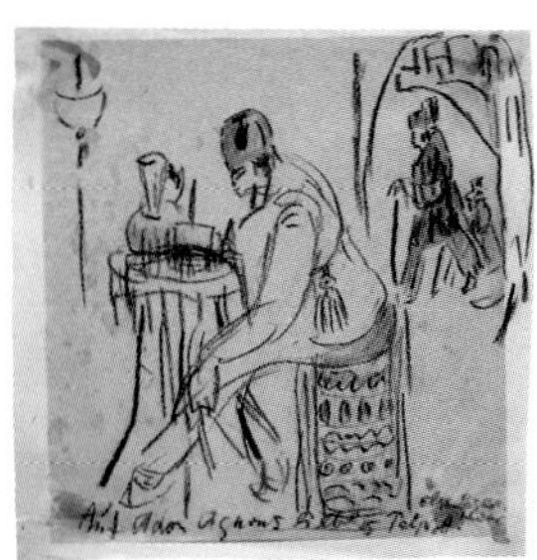

194 *Auf Adon Agnons liebes Talpiott.*
1937/38
Kreiden auf kleinerem pergamenartigem Blatt, auf größeres montiert; Zeichnung geht am rechten Rand über beide, 209 × 197 (o)/194 (u) mm, signiert unten rechts: »Else Lasker-Schüler«, auf ursprünglich als Passepartout verwendetem beiliegendem Stück Pappe: »Auf einer Serviette / Die kleine Vignette / Von Jussuf«
Datierung: Nähe zu 199
Provenienz: Samuel Josef Agnon, Jerusalem
Standort: The National Library of Israel, Jerusalem, Archives Department, S. J. Agnon Archive [Arc. 4° 1270 / 5:2207]

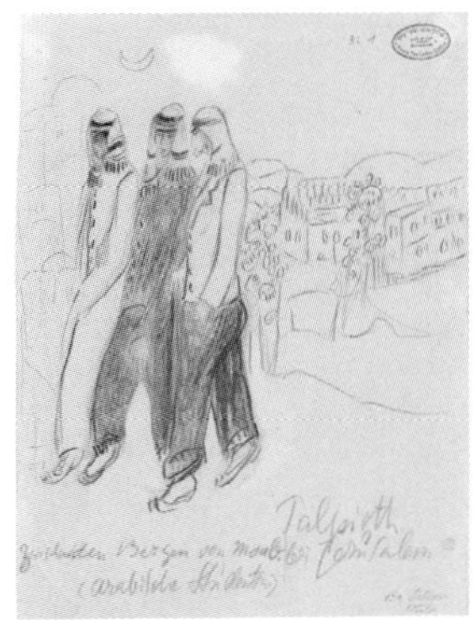

195 *Talpioth bei Jerusalem zwischen den Bergen von Moab. (arabische Studenten.)*
1937/38
283 (l) / 281 (r) × 121 (o) / 120 (u) mm; kleineres auf größeres Blatt montiert, handschriftlich bezeichnet unten, signiert unten rechts auf kleinerem Blatt: »Else Lasker-Schüler«
Datierung: Nähe zu 194; Anfang November 1938 schickte Else Lasker-Schüler achtzehn Zeichnungen, darunter auch 195, zur Ausstellung in die Matthiesen Gallery nach London; vgl. KA 10, Nr. 293 f.
Standort: The National Library of Israel, Jerusalem, Archives Department, Else Lasker-Schüler Archive [3:1]
Ausstellungen: Matthiesen (Cat. No. 10), Heatid

196 *Talpiott.*
1937/38
Bleistift, Aquarell, 243 × 184 mm, handschriftlich bezeichnet Mitte rechts, rückseitig Bleistiftskizze
Datierung: Nähe zu 195
Standort: The National Library of Israel, Jerusalem, Archives Department, Else Lasker-Schüler Archive [3:36]
→ Tafel S. 98

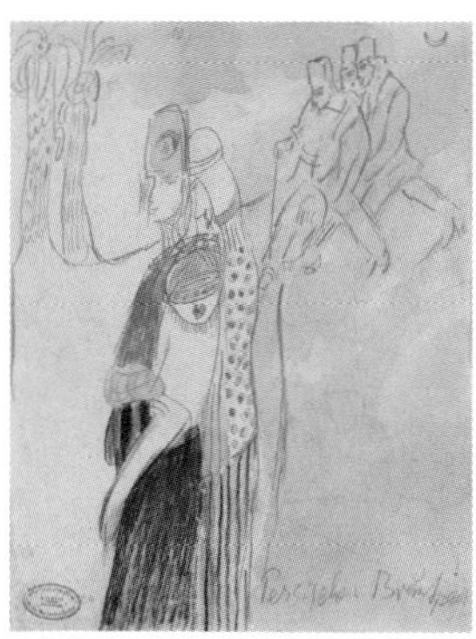

197 *Persisches Brautpaar*
1937 / 38
Bleistift, Buntstift, Kreiden, Aquarell, 242 × 183 (o) / 184 (u) mm, handschriftlich bezeichnet unten rechts
Datierung: Nähe zu 195
Standort: The National Library of Israel, Jerusalem, Archives Department, Else Lasker-Schüler Archive [3:4]

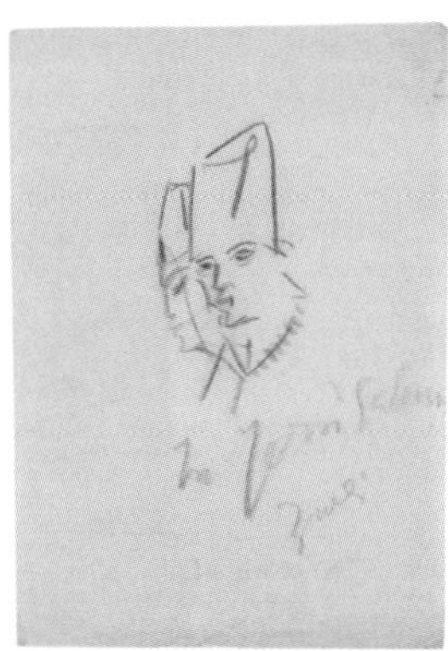

198 *In Jerusalem zwei*
Januar 1938
Buntstifte auf gefaltetem Blatt in Brief an Emil Raas, Zürich, 1. 2. 1938, 155 (l) / 156 (r) × 110 (o) / 106 (u) mm, handschriftlich bezeichnet unten, Text des Briefs: KA 10, Nr. 201
Datierung: Es handelt sich bei der Briefbeilage wohl um ein erst kurz zuvor entstandenes Blatt; Nähe zu 200
Standort: Ruth Livnay-Raas, Jerusalem

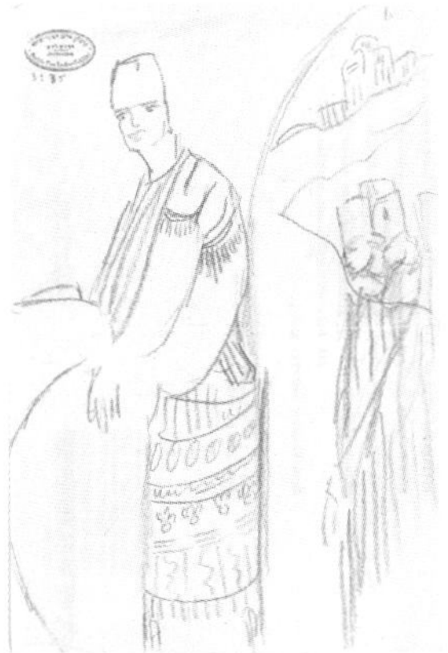

199 *o. T. [Sitzende Figur mit Fez vor Türbogen; im Hintergrund vorübergehende Gruppe mit Fezen, Gebäude auf Anhöhe]*
Anfang 1938
Blauer Buntstift auf einem halben (gefalteten) Blatt; auf Briefrückseite vom Verlag Julius Kittls Nachfolge an Else Lasker-Schüler, Mährisch-Ostrau, 31. 1. 1938, 221 × 142 mm, auf der weggefalteten Blatthälfte zwei Kopfskizzen (blauer Buntstift)
Standort: The National Library of Israel, Jerusalem, Archives Department, Else Lasker-Schüler Archive [3:35]

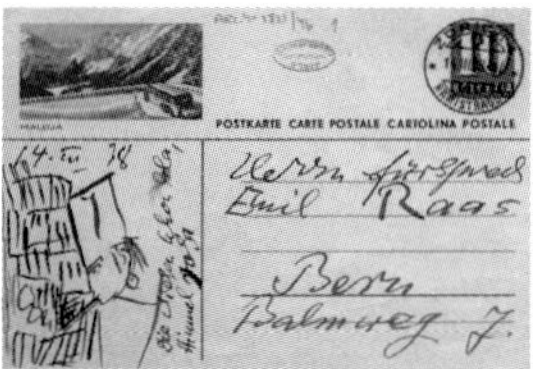

200 *o. T. [Jussuf-Profilkopf nach links mit Fez, rauchend; Gebäude]*
14. 3. 1938
Tinte auf einer Postkarte an Emil Raas, [Zürich] 14. 3. 1938, 105 × 145 mm, Zusatz längs des rechten Bildrands: »Die Wiesen schon lila, Himmel rosa«, Text der Postkarte: KA 10, Nr. 221
Standort: The National Library of Israel, Jerusalem, Archives Department, Emil Raas Archive [Arc. 4° 1821 / 46]

201-206 *Notizblockblättchen*

Die Blätter von einem kleinen Notizblock, die sicher demselben Entstehungszeitraum angehören, lassen sich ungefähr durch 201 *datieren, das Else Lasker-Schüler als Beigabe auf einen Brief an Emil Raas vom 23. 3. 1938 klebte. Es ist unwahrscheinlich, daß es sich um ein älteres Blatt handelt, durch die Nähe der Blättchen zu* 198 *und zu Briefzeichnungen aus der Zeit an Marcel Brion vom 3. 11. 1937 und vom 31. 10. 1938 (KA 10, Nr. 156 und 289).*

201 *Bergbeduinen*
März 1938
Buntstifte auf Notizblockblättchen; Blatt auf Briefseite an Emil Raas geklebt, Zürich, 23. 3. 1938, 90 × 60 mm, handschriftlich bezeichnet unten, Text des Briefs: KA 10, Nr. 225
Standort: Ruth Livnay-Raas, Jerusalem
→ Tafel S. 105

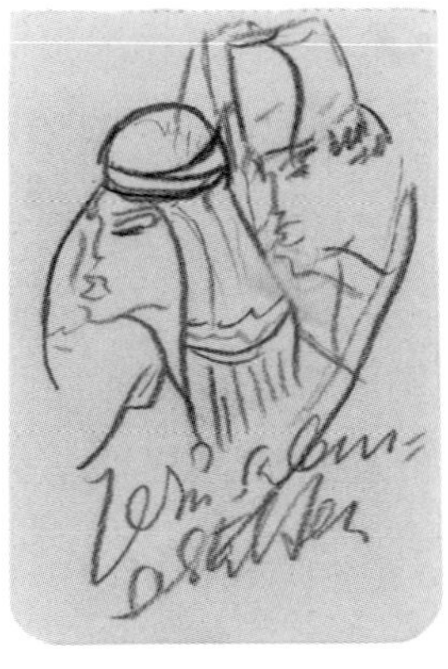

202 *Jerusalemgestalten*
Um Frühjahr 1938
Buntstifte auf Notizblockblättchen, 90 × 60 mm, handschriftlich bezeichnet unten
Datierung: siehe oben zur Gruppe
Standort: Ruth Livnay, Jerusalem

203 *Neger*
Um Frühjahr 1938
Bleistift auf Notizblockblättchen, 90 × 60 mm, handschriftlich bezeichnet unten
Datierung: siehe oben zur Gruppe
Standort: The National Library of Israel, Jerusalem, Archives Department, Else Lasker-Schüler Archive [3:22]
→ Tafel S. 93

204 *Achmed*
Um Frühjahr 1938
Bleistift auf rechts beschnittenem Notizblockblättchen, 90 × 42 mm, handschriftlich bezeichnet unten
Datierung: siehe oben zur Gruppe
Standort: The National Library of Israel, Jerusalem, Archives Department, Else Lasker-Schüler Archive [3:10]
→ Tafel S. 104

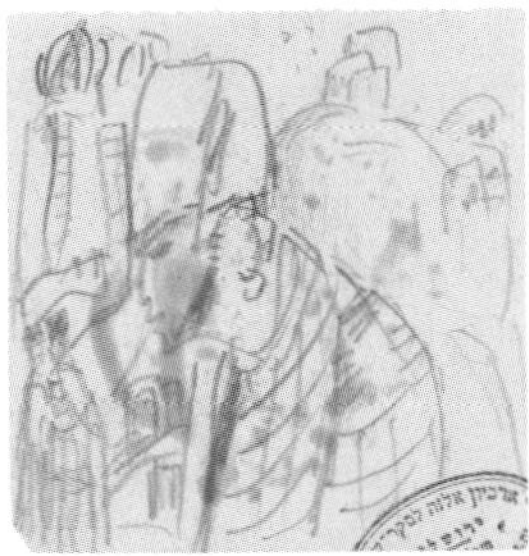

205 *o. T. [Brustbild mit Fez nach links; weitere Figuren, Palmen, Berg mit Gebäuden]*
Um Frühjahr 1938
Bleistift auf beschnittenem Notizblockblättchen, 57 × 54 mm
Datierung: siehe oben zur Gruppe
Standort: The National Library of Israel, Jerusalem, Archives Department, Else Lasker-Schüler Archive [3:17]

206 *Prinz Jussuf von Theben und sein Somali*
Um Frühjahr 1938
Bleistift, schwarzer Buntstift auf oben beschnittenem und gefaltetem Notizblockblättchen, 75 × 60 mm, handschriftlich bezeichnet unten
Datierung: siehe oben zur Gruppe
Standort: The National Library of Israel, Jerusalem, Archives Department, Else Lasker-Schüler Archive [3:11]
→ Tafel S. 101

207 *o. T. [Kopfstaffelungen]*
Um 1938
Schwarzer Buntstift, Kreiden, 123 × 154 mm, rückseitig: »Adon *Uri* Simon / c/o: Dr. Ernst Simon / *Rehavia* / Maimonstreet 35«
Datierung: Die Zeichnung war ein Geschenk an den Sohn von Ernst Simon (geboren 1929) zu seiner Bar Mizwa 1942. Der Vergleich mit Zeichnungen aus dieser Zeit und die Nähe zu 206 und 191 legen nahe, daß sie vermutlich bereits zu einem früheren Zeitpunkt entstanden ist.
Provenienz: Uriel Simon, Jerusalem
Standort: Uriel Simon, Jerusalem
→ Tafel S. 99

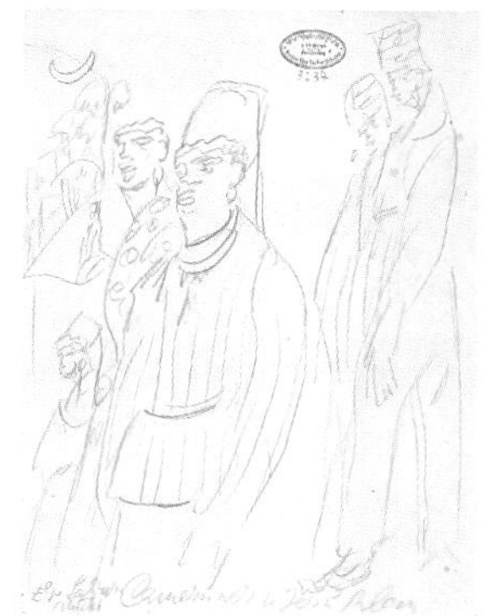

208 *Cameruner in Jerusalem*
Um 1938
Bleistift, 217 × 161 mm, handschriftlich bezeichnet unten, signiert unten links: »Else Lasker-Schüler«
Datierung: Nähe zu 197
Standort: The National Library of Israel, Jerusalem, Archives Department, Else Lasker-Schüler Archive [3:37]

209 *Prinz Jussuf von Theben und sein Somalikaiser*
Um 1938
Kreiden über Bleistift, 281 × 220 mm, handschriftlich bezeichnet unten
Datierung: Nähe zu 195
Provenienz: Galerie Koller, Zürich (Auktionen 30. 10.-15. 11. 1973, Kat.-Nr. 2224)
Standort: Privatbesitz E. L., Basel
→ Tafel S. 108

210 *Prinz Jussuf bittet um Frieden. in der Welt*

1939

Bleistift, Kohle auf Notizblockzettel, 243 × 206 mm, handschriftlich bezeichnet unten

Datierung: Wahrscheinlich kurz vor oder nach Beginn des Zweiten Weltkriegs entstanden. Nähe zu 195

Standort: The National Library of Israel, Jerusalem, Archives Department, Else Lasker-Schüler Archive [3:21]

→ Tafel S. 113

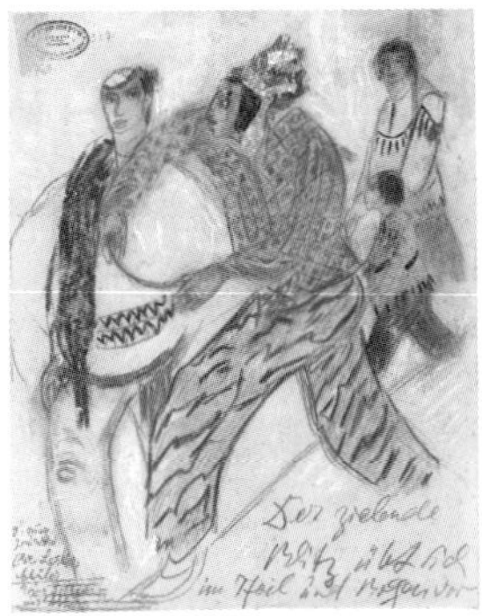

211 *Der zielende Blitz übt sich im Pfeil und Bogen vor*

8. 3. 1940

Bleistift, Kreiden, mit verschiedenen Metallfolien collagiert, 220 (l)/219 (r) × 169(o)/171 (u) mm, handschriftlich bezeichnet unten rechts, signiert unten links: »8. März / Jerusalem. / Else Lasker-Schüler / Prinz Soutzo aus Athen«

Datierung: 1940 verbrachte Else Lasker-Schüler erstmalig einen 8. März in Jerusalem, wo sie bis zu ihrem Lebensende blieb.

Standort: The National Library of Israel, Jerusalem, Archives Department, Else Lasker-Schüler Archive [3:7]

212 *Der Medizinmann aus Mexiko Weise Wachtel und der Sohn Ibn Sauds von Arabien mit Diener machen Adon Svet am Haarez ihre Aufwartung.*

1940

Bleistift, Kreiden, Aquarell auf Karton, 390 × 265 mm, handschriftlich bezeichnet rechts, signiert und datiert unten links: »1940 Else Lasker-Schüler. Jerusalem«

Else Lasker-Schüler an Emil Stein, 22. 1. 1942: »Ich malte hier auch auswendig: Adon Redakteur *Swet* vom Haaretz.« (KA 11, Nr. 177)

Provenienz: Gershon Swet, Jerusalem

Standort: The Israel Museum, Jerusalem (Bequest of Gershon Swet) [B70.0095]

Ausstellung: Heatid

→ Tafel S. 110

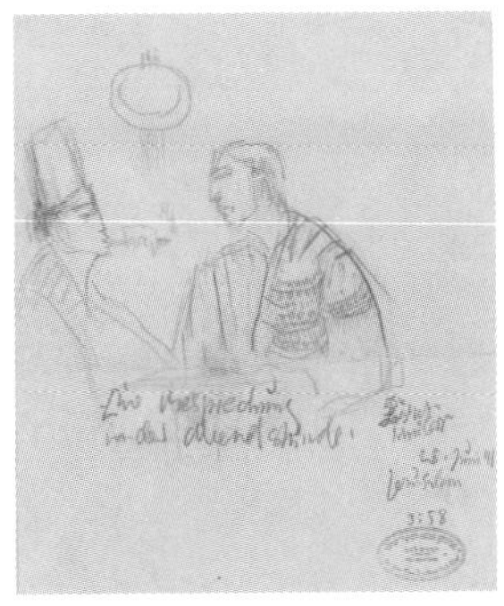

213 *Eine Besprechung in der Abendstunde*

28. 6. 1941

Bleistift auf Briefumschlag, 155 × 125 mm, handschriftlich bezeichnet unten, signiert unten rechts: »Else Lasker-Schüler / 28. Juni 41 / Jerusalem«, rückseitig Notiz: »geschenkt Mortimer Wassermann«

Provenienz: Samuel Wassermann, Jerusalem

Standort: The National Library of Israel, Jerusalem, Archives Department, Else Lasker-Schüler Archive [3:58]

214 *Im Grauen der Einsamkeit*
Um 1941
Bleistift auf kariertem Spiralbuchpapier (Perforation links), 147 × 100 mm, handschriftlich bezeichnet unten
Datierung: Nähe zu 212f.
Standort: The National Library of Israel, Jerusalem, Archives Department, Else Lasker-Schüler Archive [3:23]
→ Tafel S. 112

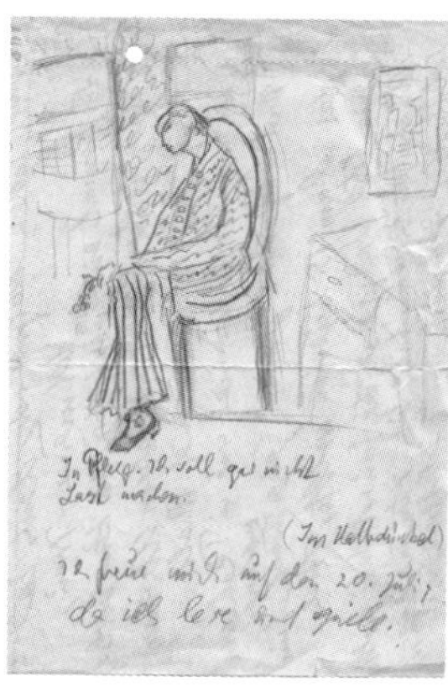

215 *In Pflege. Ich soll gar nicht Last machen.*
Mitte Juli 1941
Bleistift auf einem Brief an Ernst Simon, Jerusalem [zwischen 15. und 20. Juli 1941], Zusatz unten rechts: »(Im Halbdunkel)«, Zusatz unten: »Ich freue mich auf den 20. Juli, da ich lese und spiele.«, Text des Briefs: KA 11, Nr. 69
Datierung: ebd. nach Briefinhalt
Standort: The National Library of Israel, Jerusalem, Archives Department, Ernst Simon Archive (Arc. 4° 1751 / 633.3 / 9)

216 *Jussuf wartet auf Glück*
Um 1941
Bleistift, weiße Kreide, 163 × 82 mm
Datierung: Der Kontakt Else Lasker-Schülers zu Friedrich und Fanny Ollendorff ist für Sommer 1940 bis Ende 1942 nachweisbar.
Nachweis: Bauschinger, S. 408, Nr. 29, ebd. Bildbeschreibung: »Sitzende Figur nach links gewandt, Hände um die Knie geschlungen.«
Provenienz: Fanny Ollendorff, Jerusalem
Standort: unbekannt

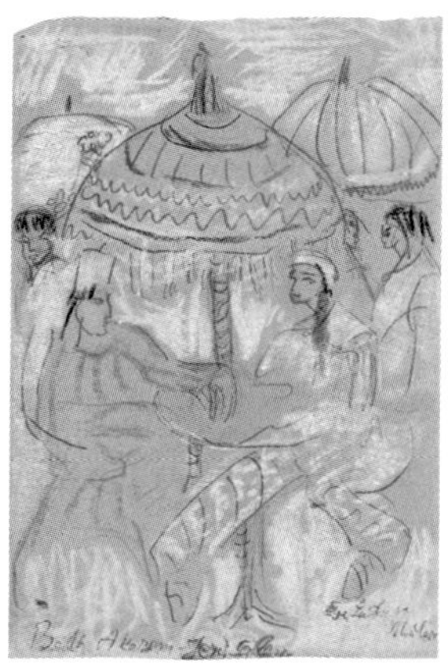

217 *Beth Akerem – Jerusalem*
März 1942
Bleistift, Kreiden, mit Silberfolie collagiert, 190 × 130 mm, handschriftlich bezeichnet unten, signiert unten rechts: »Else Lasker-Schüler«
Datierung: Else Lasker-Schüler an Samuel Wassermann, 20. 3. 1942: »Ich hab Ihnen klein Bildchen gezeichnet bunt: Beth Akerem.« (KA 11, Nr. 211)
Provenienz: Samuel Wassermann, Jerusalem
Standort: Bernhard Wassermann, Tel Aviv

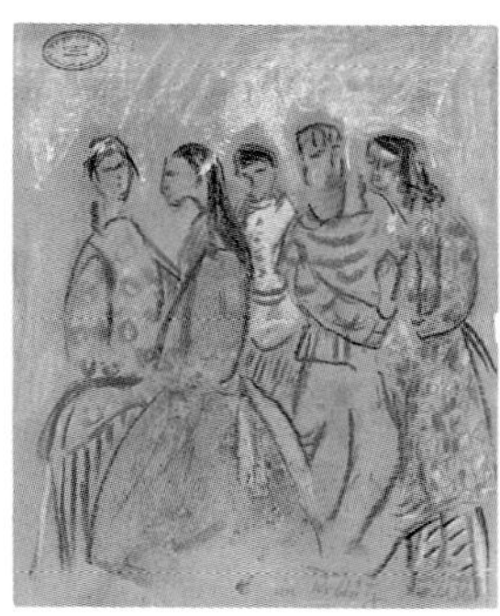

218 *Tanz im Kibutz*
September 1942
Bleistift, Kreiden auf buntem Papier, 205 × 167 mm, handschriftlich bezeichnet unten, signiert unten rechts: »Else Lasker-Schüler«
Datierung: Else Lasker-Schüler an Ernst Simon, 21.9.1942: »Ich habe schöne Bilder bunt gezeichnet. Eins kommt ins neue Buch: Tanzender Kibuz.« (KA 11, Nr. 282)
Standort: The National Library of Israel, Jerusalem, Archives Department, Else Lasker-Schüler Archive [3:6]

219 *Die verscheuchte Dichterin*
1942 vollendet, begonnen um 1935
Bleistift, Kreiden auf kleinerem, rechts entlang der Zeichnung beschnittenem Blatt, auf größeres montiert; Zeichnung geht am rechten Rand über beide Blätter, 223 (l)/225 (r) × 139 (o)/142 (u) mm, handschriftlich bezeichnet unten auf kleinerem Blatt, handschriftlich datiert oben rechts: »im Jahre 1942«, Zusatz auf größerem Blatt unten: »Wüßt ich einen Strom wie mein Leben so tief – / flösse mit seinen Wassern«, Zusatz längs des linken Bildrands: »gezeichnet im Hospital 1933 wegen Verletzungen der Naci.«, signiert und datiert auf kleinerem Blatt unten links und rechts: »Else Lasker-Schüler.« / »1933-1942«
Datierung: Die Angabe des Jahres 1933, mit der die collagierte Zeichnung jeweils gleich zweimal versehen ist, hat vermutlich mehr metaphorische als tatsächliche entstehungsgeschichtliche Relevanz. Anzunehmen ist immerhin, daß die Zeichnung auf dem kleineren Blatt zu einem früheren Zeitpunkt gefertigt worden ist als ihre Collagierung und weitere (vielleicht auch farbliche) Gestaltung; stilistisch läßt sie sich um 1935 einordnen. Die unterhalb der Zeichnung stehenden Verse aus ihrem ersten Gedichtband *Styx* von 1902 (vgl. KA 1.1, Nr. 38) gingen Else Lasker-Schüler auch Ende 1941 durch den Kopf, sie zitiert sie in einem Brief an Ernst Simon vom 21./22.12.1941 (vgl. KA 1.1, Nr. 141).
Standort: The National Library of Israel, Jerusalem, Archives Department, Else Lasker-Schüler Archive [3:56]
→ Tafel S. 103

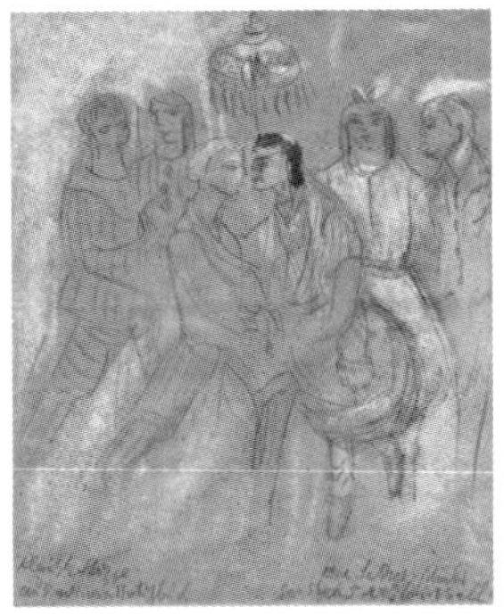

220 *Gershons erster Ball.*
1942/43
Bleistift, Buntstifte, weiß gehöht, ca. 154 × 134 mm, handschriftlich bezeichnet unten rechts, Zusatz unten links: »Kleinste Skizze aus meinem Notizbuch«, signiert unten rechts über Titel: »Else Lasker-Schüler«, rückseitig von anderer Hand: »G. Stern«
Datierung: Vom September 1942 bis zum Herbst 1943 spricht Else Lasker-Schüler brieflich wiederholt davon, daß sie »viele Tanzbilder« und Darstellungen eines »Kinderballs« gezeichnet habe (KA 11, Nr. 287, 324 und 331; vgl. auch KA 11, Nr. 282 und 336). 220 ist vermutlich Gerson Stern gewidmet, mit dem Else Lasker-Schüler ab Ende 1940 belegbar befreundet war und den sie auch »Gershon« nannte.
Nachweis: Erasmushaus (Kat. Nr. 909, 2002; ebd. Abb.)
Provenienz: ebd.
Standort: unbekannt

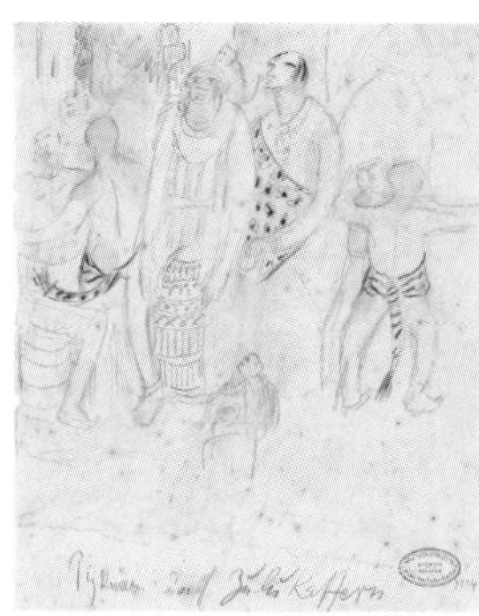

221 *Pykmäen und Zulukaffern*
1942/43
Bleistift, schwarze Kreide, 216×172 mm, handschriftlich bezeichnet unten
Datierung: wie 220
Standort: The National Library of Israel, Jerusalem, Archives Department, Else Lasker-Schüler Archive [3:24]

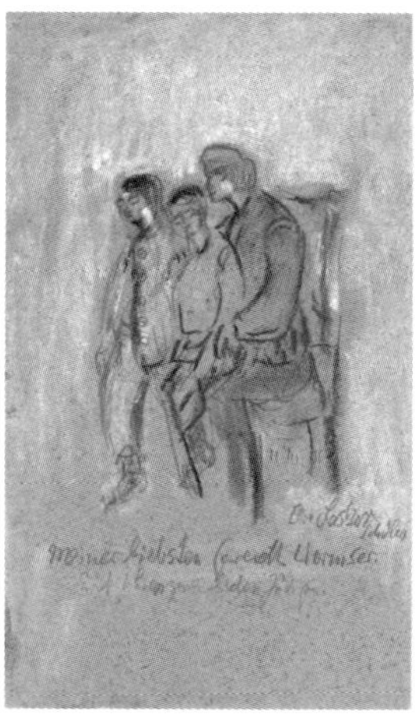

222 *Meiner liebsten Gewerett Wormser. und ihren zwei lieben Jungen.*
1942/43
Bleistift, Kreiden auf braunem Karton, 198×115 mm, handschriftlich bezeichnet unten, signiert unten rechts: »Else Lasker-Schüler«
Datierung: Nähe zu 218 und 220
Standort: The National Library of Israel, Jerusalem, Archives Department, Else Lasker-Schüler Archive [3:57]

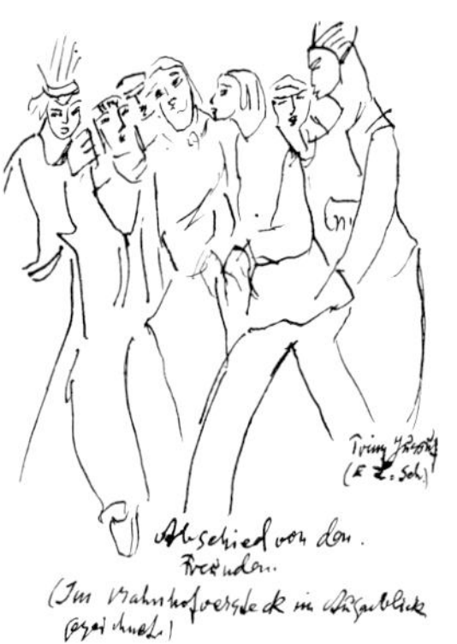

223 *Abschied von den Freunden.*
Anfang März 1943
Tinte auf Zeitungspapier, 230×165 mm, handschriftlich bezeichnet unten, Zusatz unten: »(Im Bahnhofsversteck im Augenblick gezeichnet.)«, signiert unten rechts: »Prinz Jussuf/(E L-Sch.)«
Vorlage für die Titelzeichnung von *Mein blaues Klavier*; siehe i112
Datierung: Am 11.3.1943 berichtete Else Lasker-Schüler an Ernst Simon, sie habe »fabelhaften Deckel gezeichnet auf mein neu Buch« (KA 11, Nr. 356).
Nachweis: Bauschinger, S. 407, Nr. 27; Abb. nach: *Drawings*, cat. no. 43
Provenienz: Moritz (Moshe) Spitzer, Jerusalem (gest. 1982)
Standort: unbekannt

224 *[Abschied von den Freunden]*
Um März 1943
202 (l)/197 (r) × 176 (o)/180 (u) mm, handschriftlich bezeichnet auf einem beiliegenden Zettel, signiert unten rechts: »Else Lasker-Schüler«
Datierung: Die Zeichnung stellt eine Variante zur Titelzeichnung von *Mein blaues Klavier* dar und fällt in dessen Entstehungszeit; siehe 223
Standort: The National Library of Israel, Jerusalem, Archives Department, Else Lasker-Schüler Archive [3:2]
→ Tafel S. 115

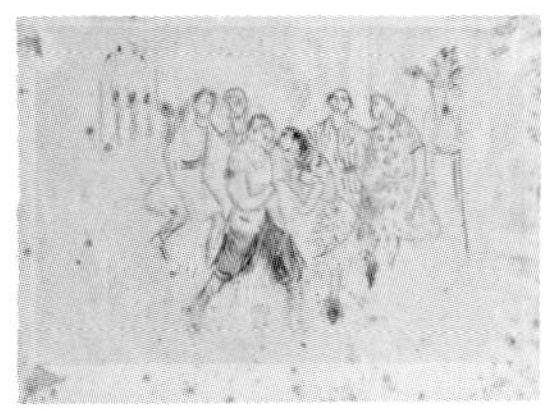

225 *o. T. [zwei Tanzpaare, zwei weitere Figuren]*

1944

Bleistift, Kreiden, 185 × 250 mm, Bezeichnung der blonden und der schwarzhaarigen weiblichen Figuren: »Eva« / »Judith«, signiert und datiert unten rechts, stark verblaßt: »Else Lasker-Schüler / Jerusalem […] 44«

Datierung: Die Zeichnung stellt die Tochter des Hauses und ihre Freundin beim Tanz dar und war ein Dank von Else Lasker-Schüler für die Freundschaft und Unterstützung der Mollers ab Mitte 1943.

Provenienz: Hans und Anny Moller, Haifa

Standort: Judith Adler, Weesen

Nicht datierbare verschollene Zeichnungen

v1 *Indianer*
Kohle, farbige Kreiden, 305 × 227 mm
Nachweis: Galerie Koller, Zürich (Auktionen 30.10.-15.11.1973, Kat.-Nr. 2216)
Provenienz: ebd.

v2 *o. T.*
Collage
Nachweis: Bauschinger, S. 406, Nr. 12
Provenienz: Erich Müller-Kamp, Bonn (gest. 1980)

v3 *Armenier in Jerusalem*
Tinte, 218 × 163 mm
Nachweis: Bauschinger, S. 415, Nr. 22, ebd. Bildbeschreibung: »Fünf verschieden große Figuren nach links. Berg mit Häusern, Palmen. Mondsichel links oben.«
Standort: zuletzt The National Library of Israel, Jerusalem, Archives Department, Else Lasker-Schüler Archive; dort verschollen

Skizzen und Entwürfe

Nur solche Skizzen und Entwürfe sind aufgeführt, die bereits früher als Zeichnungen nachgewiesen wurden.

s1 *o. T. [Sitzender Indianer im Linksprofil]*
Bleistift, 244 × 183 mm
Nachweis: Bauschinger, S. 415, Nr. 21
Standort: The National Library of Israel, Jerusalem, Archives Department, Else Lasker-Schüler Archive [3:12]

s2 *o. T. [Aquarium, Entwurf]*
Bleistift, 192 × 154 mm
Bei der unvollendeten Zeichnung handelt es sich wohl um einen Entwurf zu 179.
Nachweis: Bauschinger, S. 414, Nr. 17
Standort: The National Library of Israel, Jerusalem, Archives Department, Else Lasker-Schüler Archive [3:15]

s3 *o. T. [Kopf mit Fez im Linksprofil]*
Bleistift auf kariertem Notizblockzettel, Perforation oben, 116 × 87 mm, Zusatz: »Fragen wegen Greiners Theater«
Nachweis: Bauschinger, S. 414, Nr. 11
Standort: The National Library of Israel, Jerusalem, Archives Department, Else Lasker-Schüler Archive, 3:20

s4 *o. T. [Figur mit Kufiya en face; abgebrochene Skizze]*
Bleistift auf Seidenpapier, 165 × 86 mm
Nachweis: Bauschinger, S. 415, Nr. 30
Standort: The National Library of Israel, Jerusalem, Archives Department, Else Lasker-Schüler Archive [3:18]

s5 *o. T. [Drei Köpfe mit Fezen im Halbprofil, ein kleinerer mit Kippah en face]*
Bleistift, 244 × 183 mm
Nachweis: Bauschinger, S. 414, Nr. 14
Standort: The National Library of Israel, Jerusalem, Archives Department, Else Lasker-Schüler Archive [3:13]

s6 *o. T. [Stehende breitbeinige Figur, rechte Hand an der Schläfe, Blick nach links. Rechts unten Brustbild mit Fez]*
Schwarzer Buntstift auf halbem (gefaltetem) Blatt, 210 × 146 (o)/148 (u) mm, Zusatz: »Brusthalter / Borden«, auf den anderen drei Seiten des gefalteten Blatts Notizen zum Ändern u. Färben von Kleidung sowie Adressen
Nachweis: Bauschinger, S. 416, Nr. 35; Abb. in: *I and I*, Nr. 19
Standort: The National Library of Israel, Jerusalem, Archives Department, Else Lasker-Schüler Archive [3:33]

s7 *o. T. [vier Figuren begrüßen eine fünfte]*
Bleistift auf gefaltetem, rautiertem Papier, 220 (l)/ 218 (r) × 134(o)/135(u) mm
Nachweis: Bauschinger, S. 413, Nr. 8
Standort: The National Library of Israel, Jerusalem, Archives Department, Else Lasker-Schüler Archive [3:16]

Zweifelhafte und falsche Zuschreibungen

z1 *Jussuf*
Schwarze Kreide, 335 × 230 mm (Maße des Passepartouts), von fremder Hand bezeichnet unten
Es handelt sich um eine Nachzeichnung von 72 von fremder Hand.
Standort: Privatsammlung Israel

z2 *o. T. [Ganzfigur nach links mit Stadtmodell]*
Schwarze Kreide, 303 × 220 mm (Maße des Passepartouts), unten links von fremder Hand: »Lasker-Schüler«
Es handelt sich um eine Nachzeichnung von 4 von fremder Hand.
Standort: Privatsammlung Israel

z3 *Einzug Kaiser Karls des V. in Antwerpen*
Mischtechnik auf Seide, zu einem Buchumschlag genäht
Motiv zu einer Erzählung aus Wilhelm Schmidtbonns *Der Wunderbaum* (1913), der bemalte Seidenumschlag unbekannter Herkunft wurde irrtümlich Else Lasker-Schüler zugeschrieben (vgl. Bauschinger, S. 406, Nr. 13).
Provenienz: Wilhelm Schmidtbonn
Standort: Sammlung Röhrscheid

z4 *Ursulâh und ihre Mutter*
Tinte über Bleistift, Buntstifte, Goldauftrag, 254 × 218 mm
Da keine Autopsie möglich war und das Blatt bisher nicht nachgewiesen ist, kann die Echtheit des Stücks nicht bezeugt werden.
Standort: Privatsammlung Kiel

z5 *o. T. [Abstrahiertes Brustbild mit Mondgesicht]*
Kreiden
Die in Motiv und Ausführung ganz untypische Zeichnung liegt einem Brief Else Lasker-Schülers an Albert Steffen vom 19. (und 22.) 12. 1934 bei. Obwohl dort von einem Bild – »nur dieses gesandte erscheint mir schön genug« (KA 11, Nr.*188) – sowie von ihrem »schlimmen Arm« die Rede ist, kann die Zeichnung kaum von ihr stammen.
Standort: Albert Steffen Stiftung Dornach

Illustrationen (1911-1943)

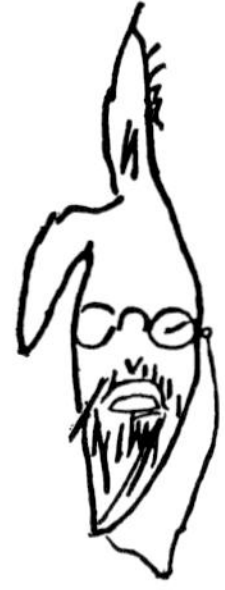

i1 *o.T. [Peter Baum]*
Textbezug: »Lieber Herwarth, ich habe den Pitter Boom gemalen für den Sturm. Seitdem er sich den ganzen Hiddenseesommer nicht um mich bekümmert hat, sieht er gar nicht mehr aus wie ein Großfürst, sondern wie ich ihn in der Katerstimmung als Langohr gemalen hab. Ich zeigte ihm sein Bild, aber er weigerte sich das Cliché zu bezahlen.« (KA 3.1, S. 204)
E: *Der Sturm*, Jg. 2, November 1911, Nr. 84, S. 671 (in: »Briefe nach Norwegen«). D: *Mein Herz* (1912), S. 49. D[1]: *Mein Herz* (1920), S. 48

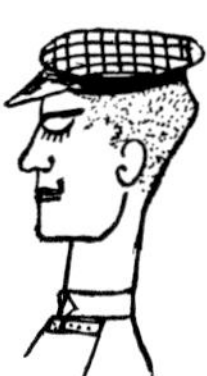

i2 *o.T. [Oskar Kokoschka]*
Textbezug: »Hört nur, Kokoschka wird steckbrieflich verfolgt in der neuen, freien Presse; er wirkte doch immer schon rührend, fing er von der Villa an zu simulieren, die er seinen Eltern schenken würde. [...] Ich schneide Euch hier sein Bild aus, es ist dilettantisch gezeichnet und gerade seine charakteristischen Verbrecherzüge sind gemildert.« (KA 3.1, S. 208)
E: *Der Sturm*, Jg. 2, November 1911, Nr. 84, S. 671 (in: »Briefe nach Norwegen«). D: *Mein Herz* (1912), S. 55. D[1]: *Mein Herz* (1920), S. 53

i3 *o.T. [Mond auf Meer]*
Textbezug: »Heute war der Bischof bei mir; wir flüstern bei jedem Zusammensein leiser. [...] Er saß an meinem Lager, (Du Herwarth, ich habe mir direkt ein Zelt eingerichtet mitten im Zimmer,) und spielte mit seinem Muschelbleistift; ich zeichnete mit dem Kohinoor den Mond auf, bis er schwebte – so:

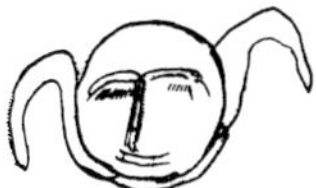

Zwischen der weißen Nacht des Papiers ganz alleine ohne Sterne und ohne Erde. Wie grausam man zeichnen kann, aber ich bat den Bischof, mit seinem rauschenden Bleistift ein Meer unter den Mond zu setzen.« (KA 3.1, S. 215)
E: *Der Sturm*, Jg. 2, Dezember 1911, Nr. 88, S. 702 (in: »Briefe nach Norwegen«). D: *Mein Herz* (1912), S. 67. D[1]: *Mein Herz* (1920), S. 65

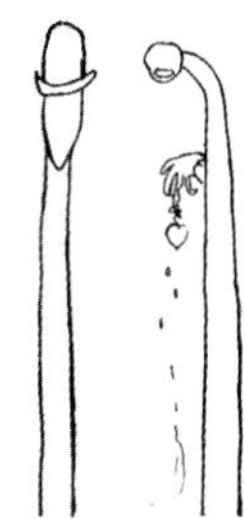

i4 *o.T. [Heinrich Mann und Max Oppenheimer]*
Textbezug: »Herwarth, du kannst folgendes im Sturm veröffentlichen: / Unter blinder Bedeckung Heinrich Manns, reichte der Abbé Max Oppenheimer den Kritikern Münchens das Blut Kokoschkas.« (KA 3.1, S. 218)
E: *Der Sturm*, Jg. 2, Dezember 1911, Nr. 89, S. 710 (in: »Briefe nach Norwegen«). D: *Mein Herz* (1912), S. 73. D[1]: *Mein Herz* (1920), S. 69

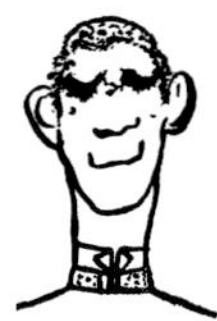

i5 *o. T. [Oskar Kokoschka]*
Textbezug: »Wer zweifelt an seiner Urwüchsigkeit? Er nimmt gern seine erste Gestalt an als bäurischer Engel.« (KA 3.1, S. 220)
E: *Der Sturm*, Jg. 2, Dezember 1911, Nr. 89, S. 710 (in: »Briefe nach Norwegen«). D: *Mein Herz* (1912), S. 77

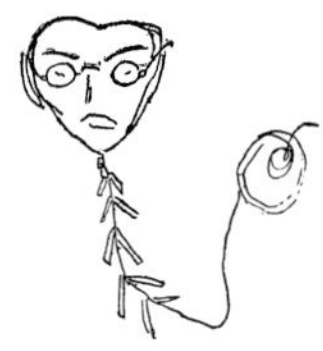

i6 *o. T. [Eduard Plietzsch]*
Textbezug: »Herwarth, Kurtchen, ich vergesse immer seinen Namen – er ist aus dem sächsischen Tirol, schrieb ein Buch über gemalte Irdenkochtöpfe, angehender Direktor der Museen hier. Mehr weiß ich nicht von ihm.« (KA 3.1, S. 222)
E: *Der Sturm*, Jg. 2, Dezember 1911, Nr. 89, S. 711 (in: »Briefe nach Norwegen«). D: *Mein Herz* (1912), S. 81. D[1]: *Mein Herz* (1920), S. 74

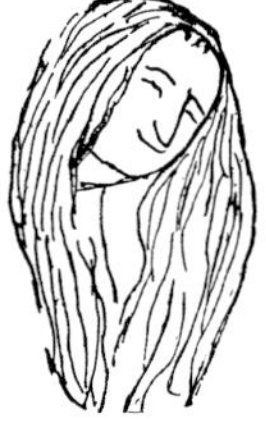

i7 *o. T. [Base der Mona Lisa]*
E: *Der Sturm*, Jg. 2, Dezember 1911, Nr. 89, S. 711 (in: »Briefe nach Norwegen«). D: *Mein Herz* (1912), S. 85. D[1]: *Mein Herz* (1920), S. 77

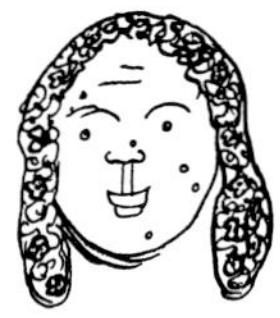

i8 *o. T. [Peter Baums Amme]*
E: *Der Sturm*, Jg. 2, Dezember 1911, Nr. 90, S. 718 (in: »Briefe nach Norwegen«). D: *Mein Herz* (1912), S. 89. D[1]: *Mein Herz* (1920), S. 80

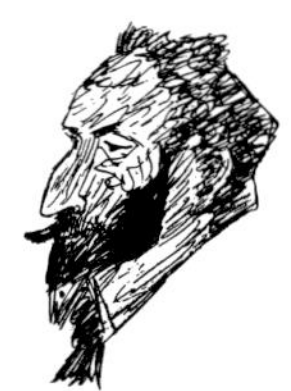

i9 *o. T. [Kurt Neimann]*
Textbezug: »Liebes Kurtchen, morgen komme ich in Dein Bureau, Potsdamerstraße 45, mit der Rechnung vom Cliché Deines Bildes – hoffentlich hast Du Dich getroffen gefühlt.« (KA 3.1, S. 237)
E: *Der Sturm*, Jg. 2, Januar 1912, Nr. 94, S. 752 (in: »Briefe nach Norwegen«). D: *Mein Herz* (1912), S. 111. D[1]: *Mein Herz* (1920), S. 99

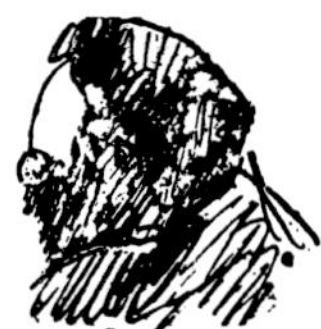

i10 *o. T. [Samuel Lublinski]*
Textbezug: »Herwarth, ich habe noch eine Zeichnung von S. Lublinski gefunden, wie ich ihn heimlich zeichnete über lauter Köpfe im Café hinweg, da wir uns vorher gehauen hatten.« (KA 3.1, S. 240)
E: *Der Sturm*, Jg. 2, Januar 1912, Nr. 94, S. 752 (in: »Briefe nach Norwegen«). D: *Mein Herz* (1912), S. 119.
Wohl schon 1906 entstanden; vgl. Else Lasker-Schüler wahrscheinlich an Rudolf Presber, frühestens etwa Mitte Juni, vor Herbst 1906: »Zum S. Lublinskis Essay […] habe ich ein Bild gezeichnet.

Es soll sehr gut getroffen sein, knollig wie er ist. (er hat es natürlich gesehn) Wollen Sie es event. dazu nehmen?« (KA 6, Nr. 127)

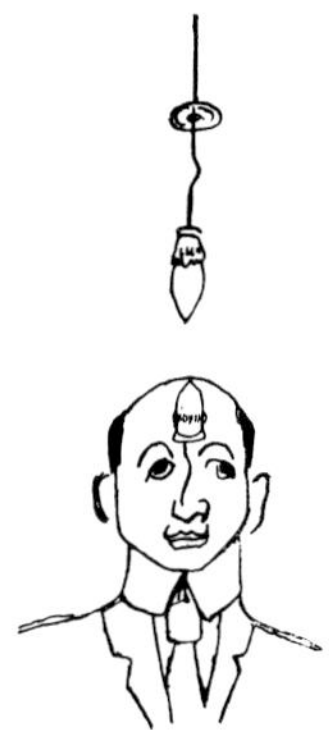

i11 *o. T. [Kurt Hiller]*
Textbezug: »Lieber Herwarth, außerdem habe ich Direktor Cajus-Majus = Dr. Hiller in seinem Gnutheater am Vortragstisch auf der Bühne sitzend gezeichnet. Er spricht vom gescheckten Mondgnukalb – in seinem Hirne – elektrisch spiegelt sich die Birne.« (KA 3.1, S. 243)
E: *Der Sturm*, Jg. 2, Januar 1912, Nr. 95, S. 760 (in: »Briefe nach Norwegen«). D: *Mein Herz* (1912), S. 125. D[1]: *Mein Herz* (1920), S. 108

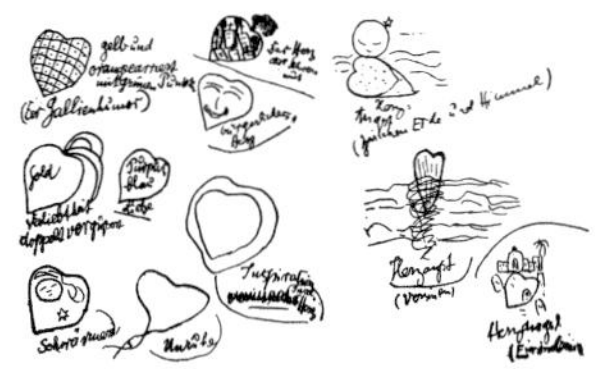

i12 *o. T. [Herzstimmungen]*
Zusätze und Inschriften: »(Der Gallienhumor) gelb und orangecarriert mit grünen Punkten«; »Das Herz der Schwermut«; »bürgerliches Herz«; »Herz-Angst (zwischen Erde und Himmel)«; »Gold / Verliebtheit doppelt vergrößert«; »Purpurblau / Liebe«; »Schwärmerei«; »Unruhe«; »Inspiration Insel-Herz«; »Herzangst (versinken)«; »Herzangst (Einsinken)«
Textbezug: »Herwarth, ich muß viel denken, ich hab auch wieder viel Angst. Und mein Herz spür ich immer so komisch, ich kann nachts nicht schlafen und träume mit offenen Augen Wirklichkeiten. Es gibt einen Menschen in Berlin, der hat dasselbe Herz, wie ich eins habe, dein Freund der Doktor. Sein Herz ist kariert: gelb und orangefarben mit grünen Punkten. Gallienhumor! Und manchmal ist es schwermütig, dann spiegelt sich der Kirchhof in seinem Puls. Das muß man erleben! Aber meins ist manchmal doppelt vergrößert, oder es ist purpurblau. Wenn er wenigstens Schwärmerei des Herzens kennen würde; aber die Unruhe fühlt er manchmal. Ich erlebe alle Arten des Herzens nur den Bürger nicht. O, die Herzangst, wenn das Herz versinkt in einen Wassertrichter oder zwischen Erde und Himmel schwebt in den Zähnen des Mondes oder es einsinkt – o, der Augenblick, wenn meine Stadt Theben-Bagdad einsinkt. Sieh Dir die Bilder an, Herwarth, wie klar alle Dinge und Undinge des Herzens gezeichnet sind. Sollte man nicht an die Wirklichkeit glauben, ist die zu verwerfen? Ist dieser kleine Abschnitt der Herzstimmungen meiner medizinischen Dichtung wertlos?« (KA 3.1, S. 251 f.)
E: *Der Sturm*, Jg. 2, Februar 1912, H. 98, S. 782 (in: »Briefe nach Norwegen«). D: *Mein Herz* (1912), S. 139 u. S. 143

i13 *Sehr verehrter Dalai-Lama / Wir grüßen Sie, Sire, ich der Prinz von Theben und mein schwarzer Diener Ossman und Tecofi der Häuptlingssohn*

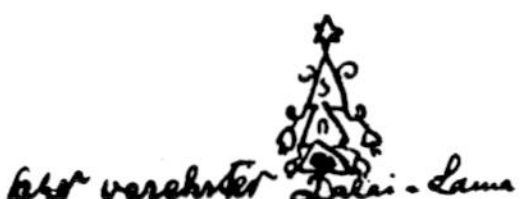

»Ich werde so lange an das rote Tor Ihrer Fackel rütteln, bis Sie mir öffnen. Ich habe ein neues Gedicht, ein neues Gedicht habe ich gedichtet. Ich habe es mir in den Kopf gesetzt, es muß in Ihre Fackel herein, es hilft mir kein Himmel, es muß in Ihrer Zeitschrift gedruckt werden. Ob Sie die jetzt alleine schreiben oder nicht, ich lasse mich darauf nicht ein, – es muß sein. Ihre Fackel ist mein roter Garten, Ihre Fackel trug ich als Rose über meinem Herzen, Ihre Fackel ist meine rosenrote Aussicht, mein roter Broterwerb. Sie haben nicht das Recht, allein die Fackel zu schreiben, wie soll ich mich weiter rot ernähren?« (KA 3.1, S. 252)

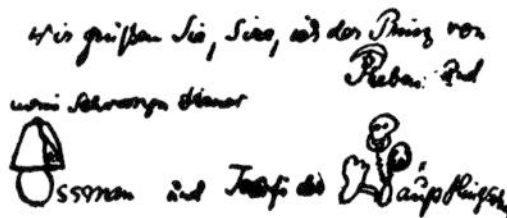

E: *Der Sturm*, Jg. 2, Februar 1912, Nr. 98, S. 782 (in: »Briefe nach Norwegen«). D: *Mein Herz* (1912), S. 145

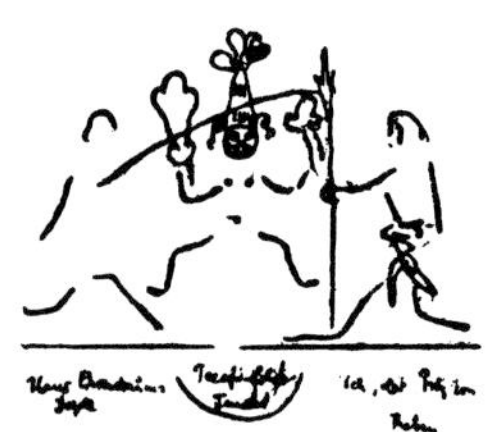

i14 *o. T. [Duell]*
Im Druck Bezeichnungen der Figuren unten: »Hans Ehrenbaum-Degele / Tecofi-folifi Temanu / ich, der Prinz von Theben«
E: *Der Sturm*, Jg. 2, Februar 1912, Nr. 99, S. 788 (in: »Briefe nach Norwegen«). D: *Mein Herz* (1912), S. 147. D[1]: *Mein Herz* (1920), S. 123

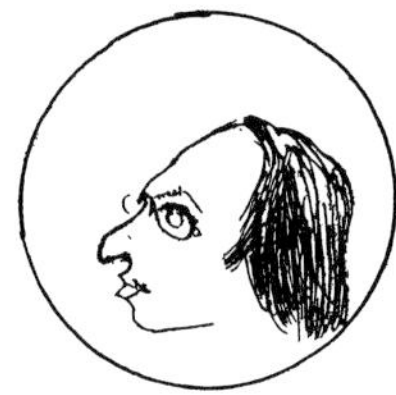

i15 *o. T. [Herwarth Walden]*
E: *Der Sturm*, Jg. 2, Februar 1912, Nr. 99, S. 788 (in: »Briefe nach Norwegen«). D: *Mein Herz* (1912), S. 151. D[1]: *Mein Herz* (1920), S. 124

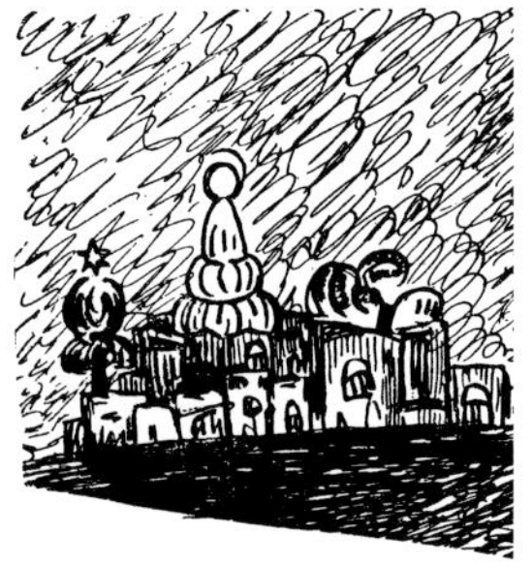

i16 *o. T. [Richard Dehmel als orientalisches Stadtbild]*
Textbezug: »Lieber Herwarth, ich habe Richard Dehmel gezeichnet, ich habe ihn blutrot gezeichnet als orientalisches Stadtbild; nicht im Bratenrock, in dem er zu verkehren pflegt mit der Außenwelt, aber im altmodischen Stadtturban. Richard Dehmels Gedichte fließen wie Blut, jedes ein Aderlaß und eine Transfusion zugleich.« (KA 3.1, S. 257)
E: *Der Sturm*, Jg. 2, Februar 1912, Nr. 99, S. 788 (in: »Briefe nach Norwegen«). D: *Mein Herz* (1912), S. 155

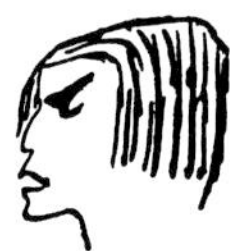

i17 *mein Selbstbildniß / (Prinz von Theben.)*
Im Druck bezeichnet unten
Textbezug: »Als ich heute Morgen Deine Reisetasche vom Schrank holte, Herwarth, lag darin ein unveröffentlichter Brief von mir eingeklemmt, den ich Dir und Kurtchen einst nach Norwegen sandte – und mein Selbstbildnis in Seidenpapier gewickelt; das ist direkt ein Diebstahl an den Kunsthistorikern. Denn ich habe keine Zeichnung von mir gemacht, auch kein Gemälde, ich habe ein Geschöpf hingesetzt. Ich will Dir schnell die verlorenen Zeilen senden und mein Selbstbildnis von ungeheurem Wert. Es kostet höch-

stens fünf bis sechs Mark zu klichieren. […] Ich suche in meinem Portrait das wechselnde Spiel von Tag und Nacht, den Schlaf und das Wachen. Stößt nicht mein Mund auf meinem Selbstbilde den Schlachtruf aus?! Eine egyptische Arabeske, ein Königshieroglyph meine Nase, wie Pfeile schnellen meine Haare und wuchtig trägt mein Hals seinen Kopf. So schenk ich mich den Leuten meiner Stadt. Oßmann und Tekofi Temanu meine schwarzen Diener werden mein Selbstbildnis auf einer Fahne durch die Straßen Thebens tragen. So feiert mich mein Volk, so feiere ich Mich.« (KA 3.1, S. 260 f.)
E: *Der Sturm*, Jg. 3, Juni 1912, Nr. 113 / 114, S. 68 (in: »Briefe nach Norwegen«). D: *Mein Herz* (1912), S. 163. D: *Die Wupper* (1919), Titelzeichnung

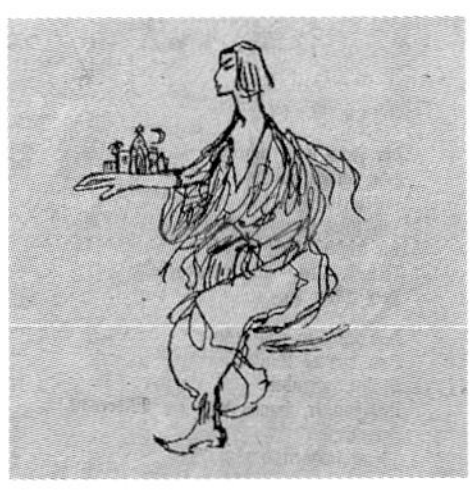

i18 *o. T. [Selbstporträt als Ganzfigur nach links, auf dem Arm Stadtmodell]*
E: *Hebräische Balladen* (1912). D: *Hebräische Balladen* [1914]. Siehe 4

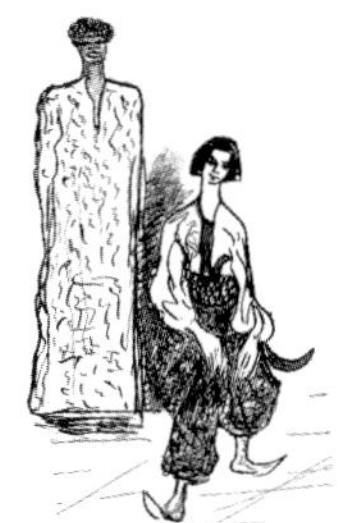

i19 *o. T. [Selbstporträt mit Diener als Ganzfiguren en face]*
E: *Mein Herz* (1912), Titelzeichnung. D: *Mein Herz* (1920), Titelzeichnung

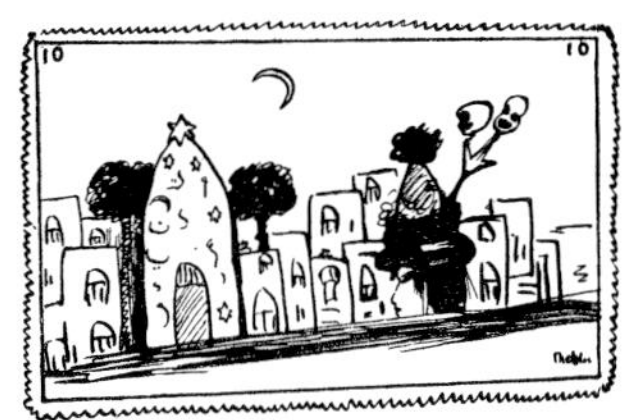

i20 *o. T. [Freimarke der Stadt Theben]*
Textbezug: »Wie findet Ihr mich getroffen auf der neuen Freimarke meiner Stadt Theben? Ich werde mein Volk lieben bis in den Tod.« (*Mein Herz* [2003], S. 104)
E: *Mein Herz* (1912), S. 131

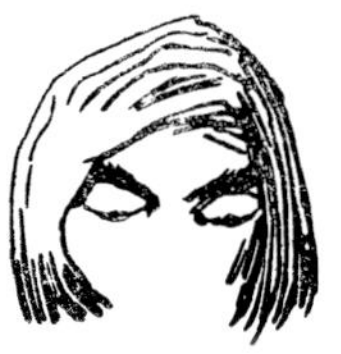

i21 *o. T. [Selbstporträt]*
E: *Mein Herz* (1912), S. 159. D: *Mein Herz* (1920), S. 129

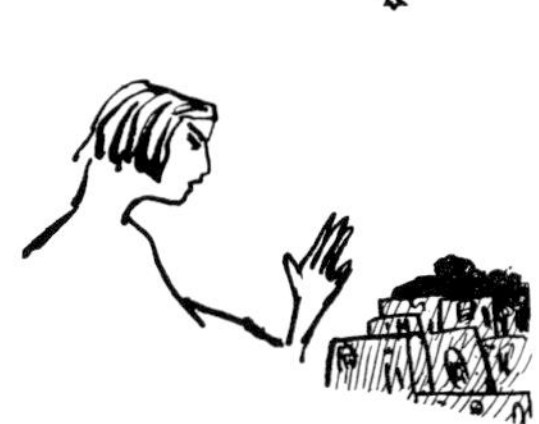

i22 *Ich halte eine fromme Rede über Theben*
E: *Mein Herz* (1912), S. 167. D: *Mein Herz* (1920), S. 133

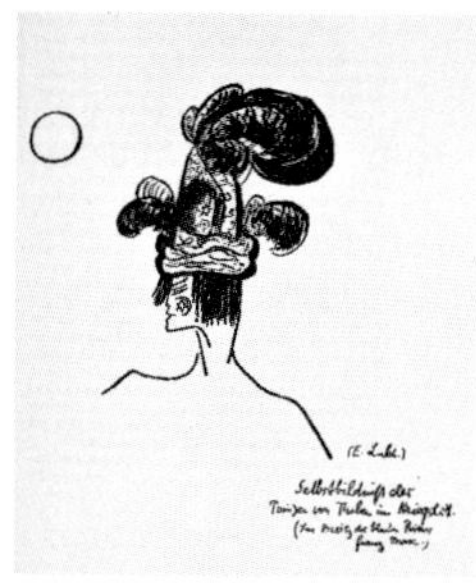

i23 *Selbstbildniß des Prinzen von Theben im Kriegshut.*
Im Druck bezeichnet unten rechts, im Druck Zusatz unten rechts: »(Im Besitz des blauen Reiters Franz Marc.)«, signiert unten rechts: »(E. L-Sch.)«
E: *Saturn*, Jg. 3, H. 4 vom April 1913, S. 113

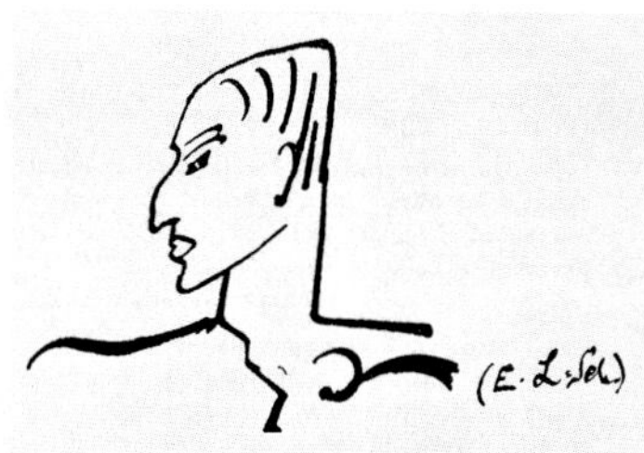

i24 *o. T. [Gottfried Benn]*
Im Druck signiert unten rechts: »(E. L-Sch)«
E: *Die Aktion*, Jg. 3, Nr. 26 vom 25. Juni 1913, Sp. 639 (zum Essay »Doktor Benn«; vgl. KA 3.1, S. 277).
D: *Der Malik* (1919), S. 56 (Bezeichnung: *Giselheer*)

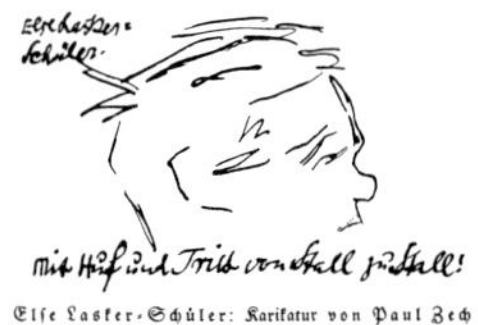

i25 *Mit Huf und Tritt von Stall zu Stall!*
Im Druck bezeichnet unten, im Druck signiert oben links: »Else Lasker-Schüler«, Zusatz unten: »*Else Lasker-Schüler*: Karikatur von *Paul Zech*«
E: *Saturn*, Jg. 3, H. 8 vom August 1913, S. 238.
D: *Der Malik* (1919), S. 66

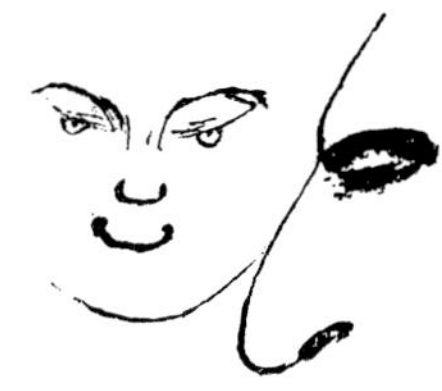

i26 *Maler Marc und seine Löwin*
Textbezug: »Aber ich habe nun auch eine Karte gezeichnet, Dich und Deine Mareia. Denk mal, Du bist ja selbst ein Pferd, ein braunes, mit langen Nüstern, ein edles Pferd mit stolzem, gelassenen Kopfnicken, und Deine Mareia ist eine goldgelbe Löwin.« (KA 3.1, S. 303)
E: *Die Aktion*, Jg. 3, Nr. 36 vom 6. September 1913, Sp. 854 (in: »Briefe und Bilder«)

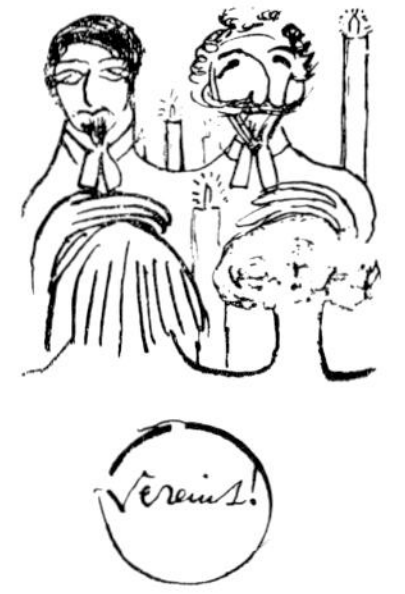

i27 *Vereint!*
Im Druck bezeichnet unten
Textbezug: »Außerdem hat die Jury der Ausstellung: Sturm dieses Porträt abgewiesen, das seine vier Vorsitzenden in einem Trauakt darstellt.« (KA 3.1, S. 303)
E: *Die Aktion*, Jg. 3, Nr. 36 vom 6. September 1913, Sp. 858 (in: »Briefe und Bilder«). D: *Der Malik* (1919), S. 13

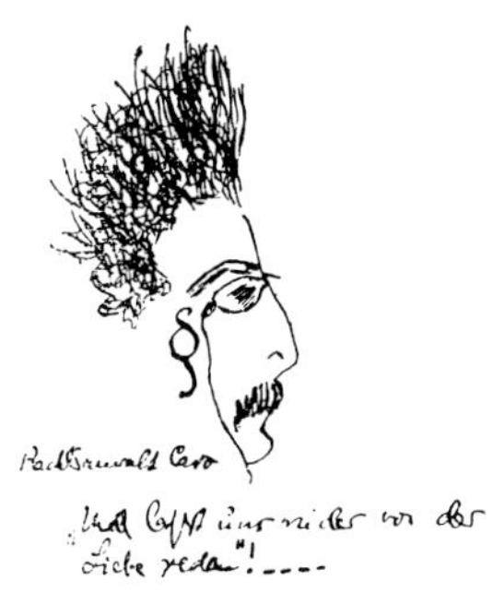

i28 *Rechtsanwalt Caro*
Im Druck bezeichnet unten links, im Druck Zusatz unten: »›Und laßt uns wieder von der Liebe reden‹! ....«
Textbezug: »Sieh nur, lieber, blauer Franz, ich hab unseren famosen Rechtsanwalt Caro gezeichnet. Den Ehescheidungsparagraphen trägt er auf der Wange und heitert uns mit seinem Maigesange. Er sitzt zwischen uns im Café und singt von der Liebe.« (KA 3.1, S. 310)
E: *Die Aktion*, Jg. 3, Nr. 42 vom 18. Oktober 1913, Sp. 993 (in: »Briefe und Bilder«). D: *Der Malik* (1919), S. 19

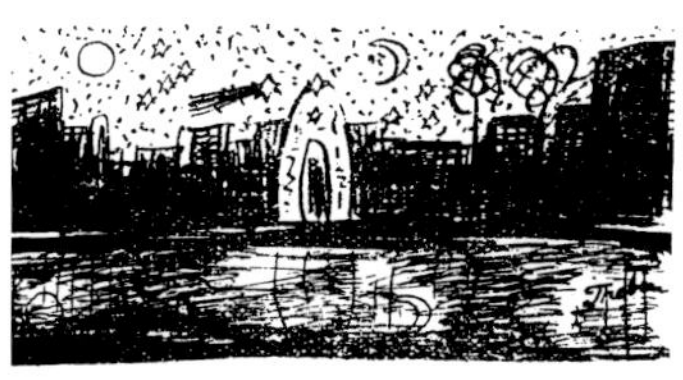

i29 *o. T. [Orientalische Stadt am Fluß]*
E: *Die Aktion*, Jg. 3, Nr. 42 vom 18. Oktober 1913, Sp. 994 (in: »Briefe und Bilder«)

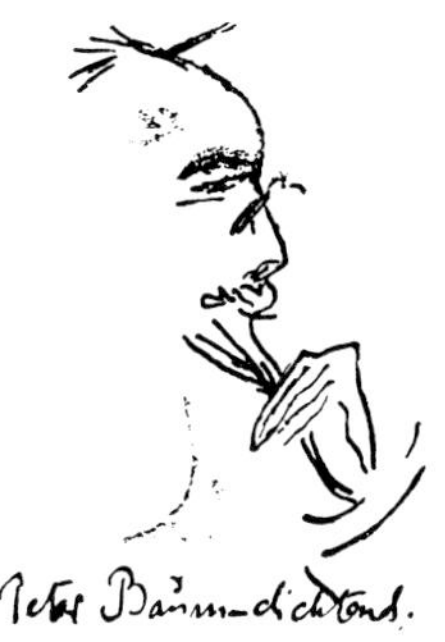

i30 *Peter Baum dichtend.*
Im Druck bezeichnet unten, im Druck signiert unten links: »E LSch.«
Textbezug: »Ich sende Dir für Dein Museum wieder zwei Dichter, einen aus Berlin, den Peter Baum, und den zweiten, den Albert Ehrenstein, der den Tubutsch schrieb.« (KA 3.1, S. 314)
E: *Die Aktion*, Jg. 3, Nr. 46 vom 15. November 1913, Sp. 1081 (in: »Briefe und Bilder«). D: *Der Malik* (1919), S. 23

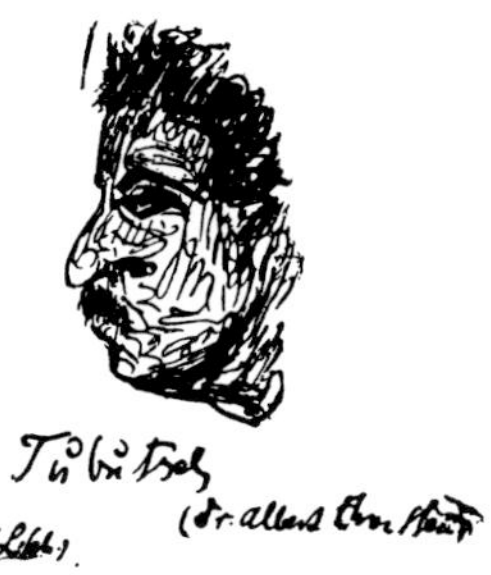

i31 *Tubutsch (Dr. Albert Ehrenstein)*
Im Druck bezeichnet unten, im Druck signiert unten links: »E L-Sch.«
Textbezug: siehe i30
E: *Die Aktion*, Jg. 3, Nr. 46 vom 15. November 1913, Sp. 1082 (in: »Briefe und Bilder«). D: *Der Malik* (1919), S. 24

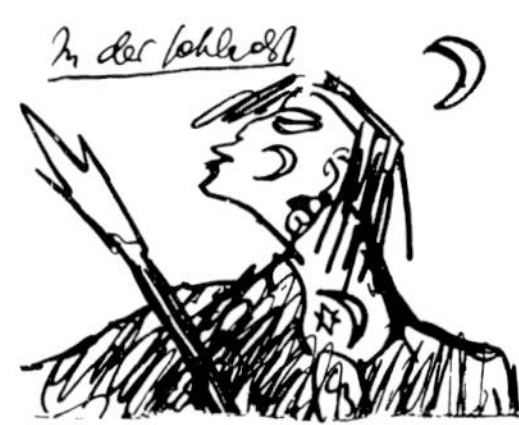

i32 *In der Schlacht*
Im Druck bezeichnet oben
E: *Die Aktion*, Jg. 3, Nr. 52 vom 27. Dezember 1913, Sp. 1207 (in: »Briefe und Bilder«)

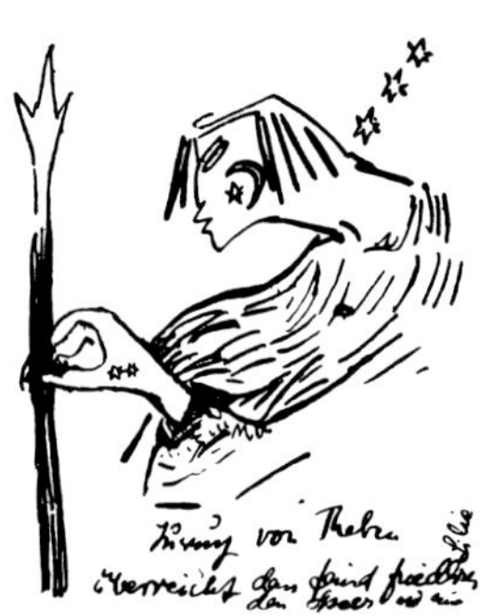

i33 *Jussuf von Theben überreicht dem Feind friedlich den Speer und eine Lilie*
Im Druck bezeichnet unten
E: *Die Aktion*, Jg. 3, Nr. 52 vom 27. Dezember 1913, Sp. 1209 (in: »Briefe und Bilder«)

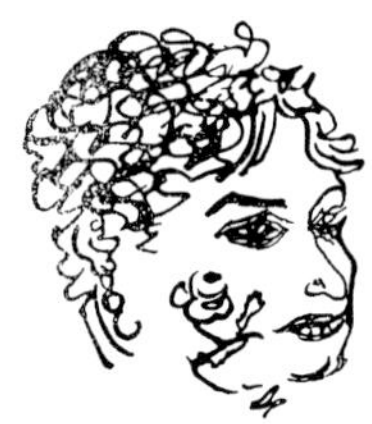

i34 *Prinz Benjamin (Franz Werfel)*
Im Druck bezeichnet unten
Textbezug: »Lieber Bruder, Ich sende Dir die Bilder der zwei abendländischen Dichter, die Mir wert sind. Den Dichter Richard Dehmel werde ich zu Meiner Krönung den Kalifenstern, den Dichter Franz Werfel, die goldene Rose überreichen lassen.« (KA 3.1, S. 323)
E: *Die Aktion*, Jg. 4, Nr. 8 vom 21. Februar 1914, Sp. 170 (in: »Briefe und Bilder«). D: *Der Malik* (1919), S. 31 (Bezeichnung: »Franz Werfel, Prinz von Prag.«)

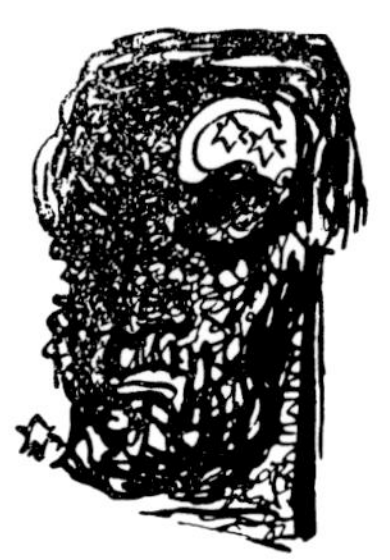

i35 *Richard Dehmel*
Im Druck bezeichnet unten
Textbezug: siehe i34
E: *Die Aktion*, Jg. 4, Nr. 8 vom 21. Februar 1914, Sp. 170 (in: »Briefe und Bilder«). D: *Der Malik* (1919), S. 32 (Bezeichnung: »Richard Dehmel, der Waldfürst.«)

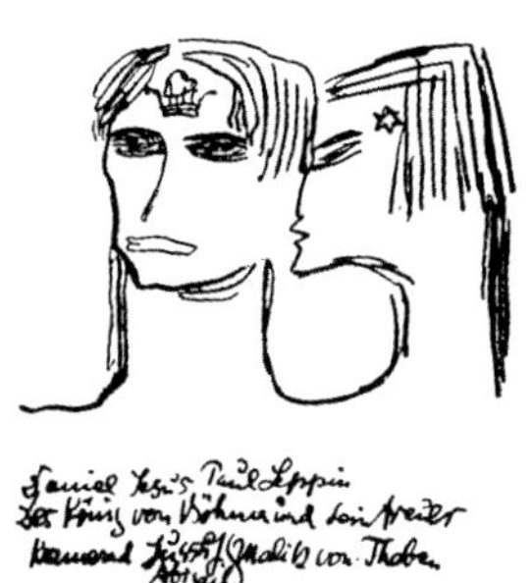

i36 *Daniel Jesus Paul Leppin / Der König von Böhmen und sein treuer Kamerad Jussuf Abigail Malik von Theben*
Im Druck bezeichnet unten
E: *Der Brenner*, Jg. 4, H. 19 vom 1. Juli 1914, S. 853 (in: »Briefe und Bilder«). D: *Der Malik* (1919), S. 35

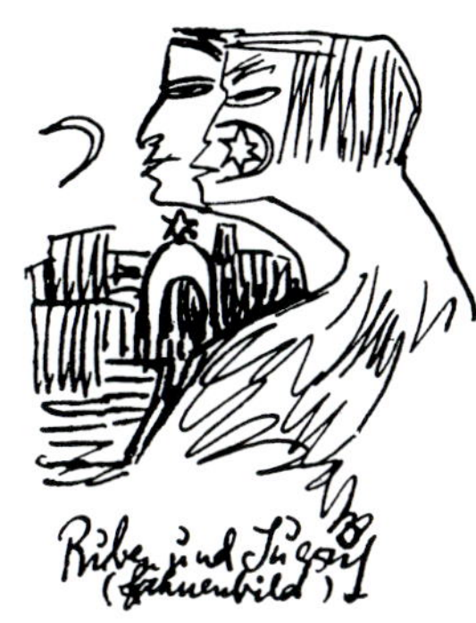

i37 *Ruben und Jussuf (Fahnenbild)*
Im Druck bezeichnet unten
Textbezug: »Ich malte Dein stolzes, feines Rubenangesicht neben dem Meinen auf die Stadtfahne. Die weht von allen Dächern zum Willkommen.« (KA 3.1, S. 327)
E: *Der Brenner*, Jg. 4, H. 19 vom 1. Juli 1914, S. 855 (in: »Briefe und Bilder«). D: *Der Malik* (1919), S. 37

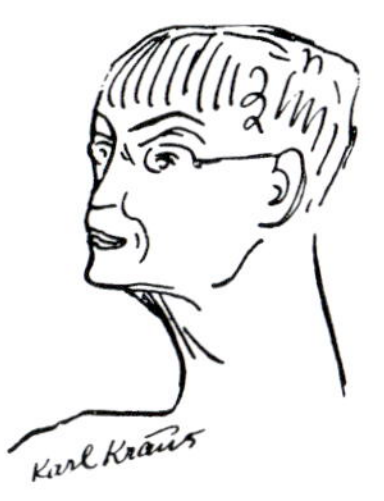

i38 *Karl Kraus*
Im Druck bezeichnet unten links
E: *Der Brenner*, Jg. 4, H. 19 vom 1. Juli 1914, S. 856 (in: »Briefe und Bilder«)

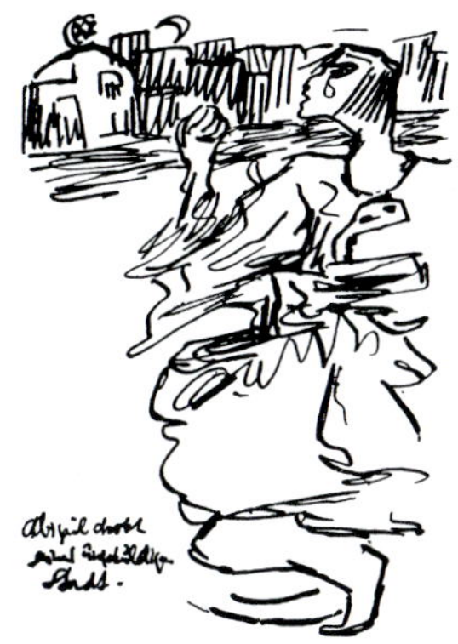

i39 *Abigail droht seiner unschuldigen Stadt.*
Im Druck bezeichnet unten links
E: *Der Brenner*, Jg. 4, H. 19 vom 1. Juli 1914, S. 857 (in: »Briefe und Bilder«). Siehe 35

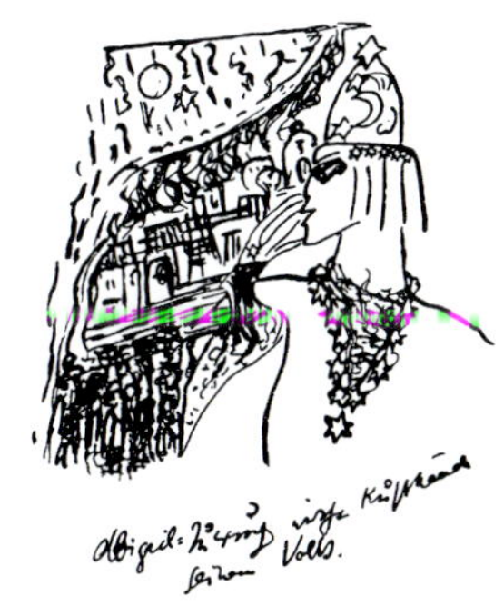

i40 *Abigail-Jussuf wirft Kußhände seinem Volk.*
Im Druck bezeichnet unten
E: *Der Brenner*, Jg. 4, H. 19 vom 1. Juli 1914, S. 858 (in: »Briefe und Bilder«). Siehe 36

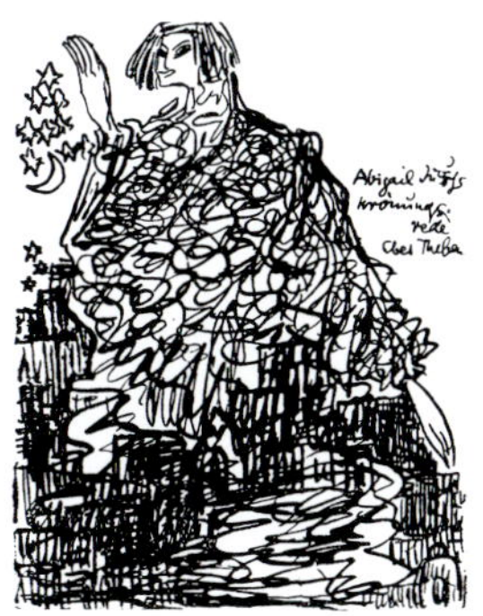

i41 *Abigail Jussufs Krönungsrede über Theben*
Im Druck bezeichnet rechts
E: *Der Brenner*, Jg. 4, H. 19 vom 1. Juli 1914, S. 861 (in: »Briefe und Bilder«). Siehe 34

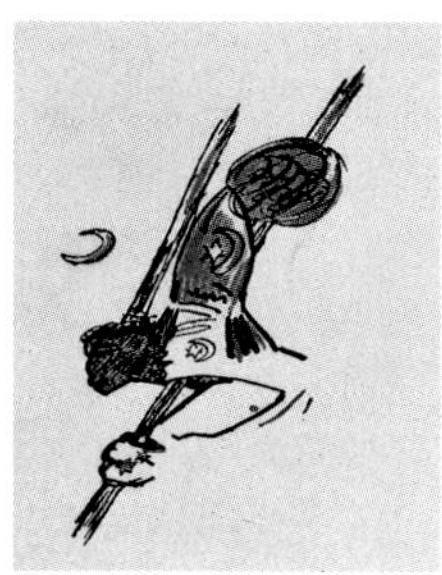

i42 *o. T. [Köpfe Jussufs und seines Dieners im Linksprofil mit Lanzen]*
E: *Der Prinz von Theben* (1914), Titelzeichnung.
D: *Der Prinz von Theben* (1920), Titelzeichnung

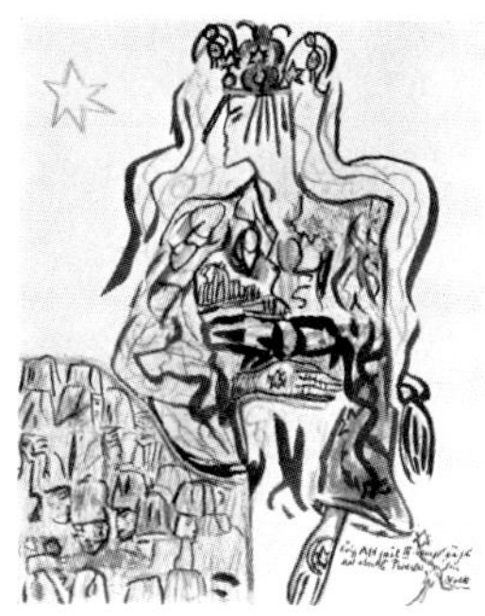

i43 *König Abigail III. der oberste Priester empfängt sein Volk*
Im Druck bezeichnet unten rechts
E: *Der Prinz von Theben* (1914) (Frontispiz)

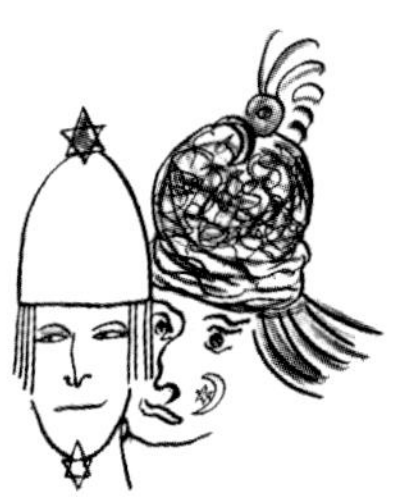

i44 *Der Scheik und sein Freund Mschattre Zimt.*
Im Druck bezeichnet unten
E: *Der Prinz von Theben* (1914), vor S. 9. D: *Der Prinz von Theben* (1920), vor S. 9. Siehe 6

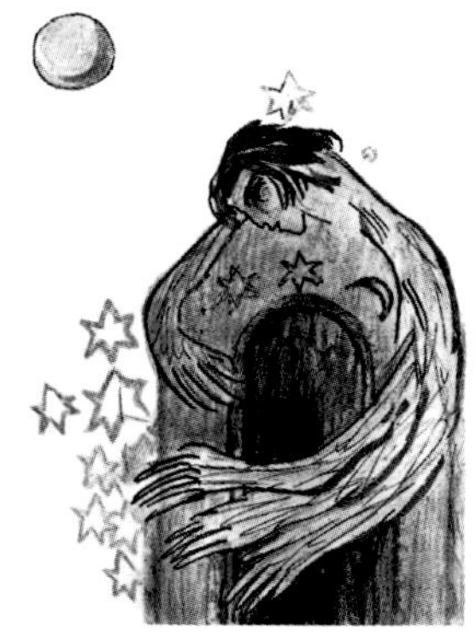

i45 *(Dschandragupta.)*
Im Druck bezeichnet unten
E: *Der Prinz von Theben* (1914), vor S. 17. D: *Der Prinz von Theben* (1920), vor S. 17. Siehe 7

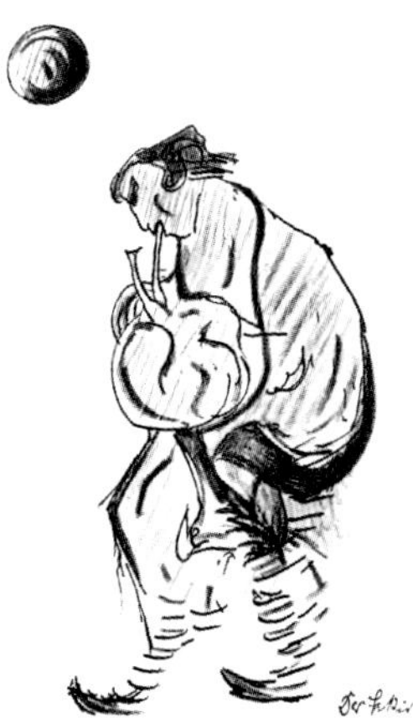

i46 *Der Fakir*
Im Druck bezeichnet unten rechts
E: *Der Prinz von Theben* (1914), vor S. 41. D: *Der Malik* (1919), nach S. 80 (dort farbig). Siehe 8

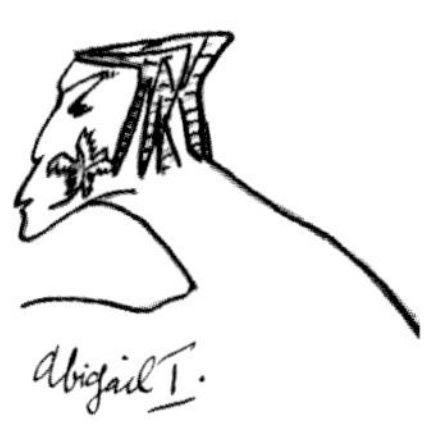

i47 *Abigail I.*
Im Druck bezeichnet unten
E: *Der Prinz von Theben* (1914), vor S. 53

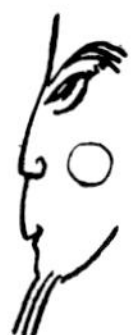

i48 *Abigail II*
Im Druck bezeichnet unten
E: *Der Prinz von Theben* (1914), vor S. 57. D: *Der Prinz von Theben* (1920), vor S. 55. Siehe 9

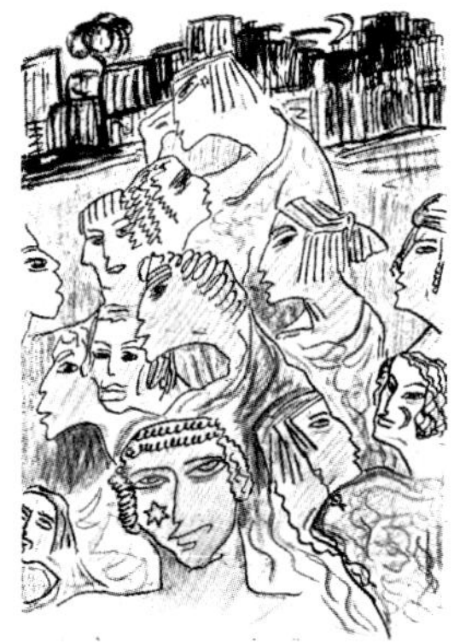

i49 *Jussuf und einige der Zebaothknaben*
Im Druck bezeichnet unten
E: *Der Prinz von Theben* (1914), vor S. 63. D: *Der Prinz von Theben* (1920), vor S. 45

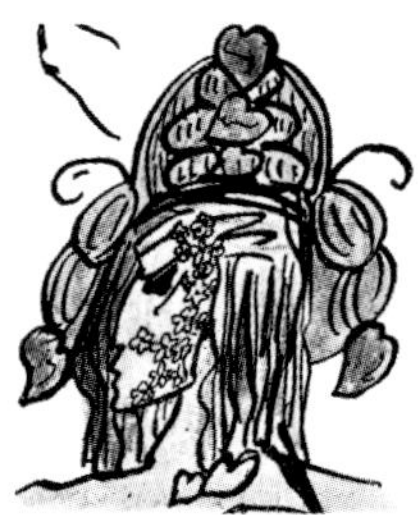

i50 *Die ehrgeizige Königin Marjam*
Im Druck bezeichnet unten
E: *Der Prinz von Theben* (1914), vor S. 65 (auf einer Seite mit i51)

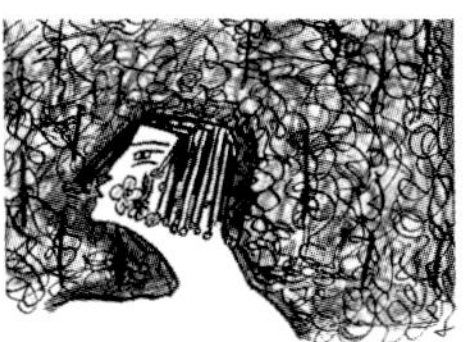

i51 *Jussuf der Zebaothknabe erwartet Marjam hinter der Liebeshecke*
Im Druck bezeichnet unten
E: *Der Prinz von Theben* (1914), vor S. 65 (auf einer Seite mit i50)

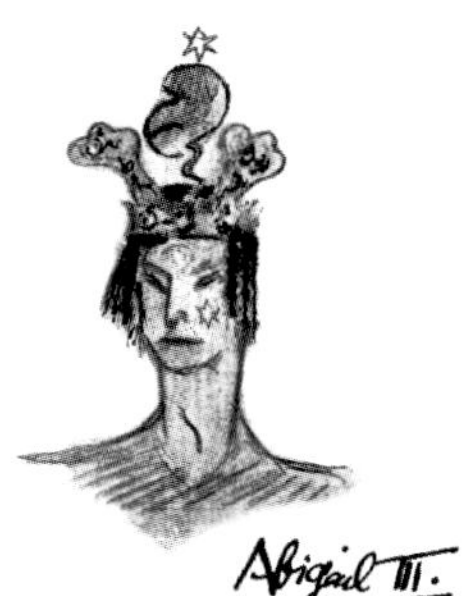

i52 *Abigail III. / ehemaliger Prinz von Theben.*
Im Druck bezeichnet unten
E: *Der Prinz von Theben* (1914), vor S. 69. D: *Der Prinz von Theben* (1920), vor S. 63. Siehe 10

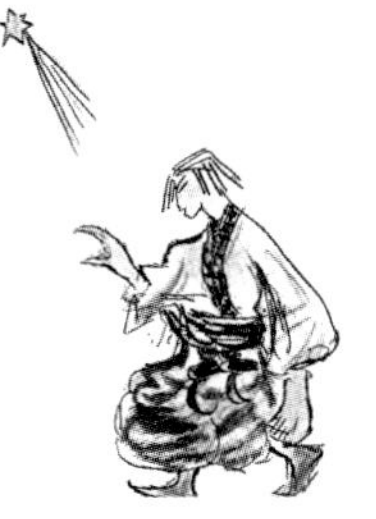

i53 *Abigail Jussuf betet auf dem Berge*
Im Druck bezeichnet unten
E: *Der Prinz von Theben* (1914), vor S. 73

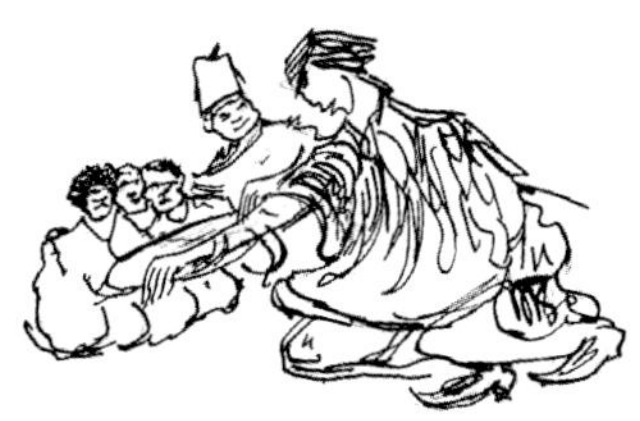

i54 *Der Prinz v. Theben läßt sich auf seinen Arm das Wappen Thebens taitowieren.*
Im Druck bezeichnet unten
E: *Der Prinz von Theben* (1914), vor S. 81

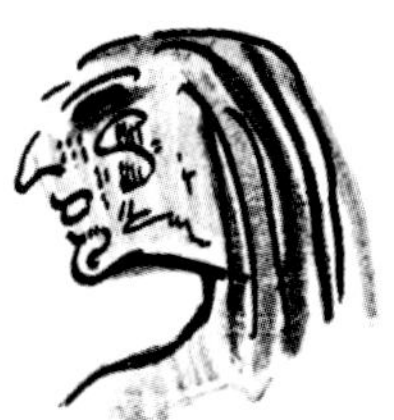

i55 *Der Siouxindianer.*
Im Druck bezeichnet unten
E: *Der Prinz von Theben* (1914), vor S. 81. D: *Der Querschnitt durch das Jahr 1921. Nachrichten der Galerie Flechtheim*, S. 4

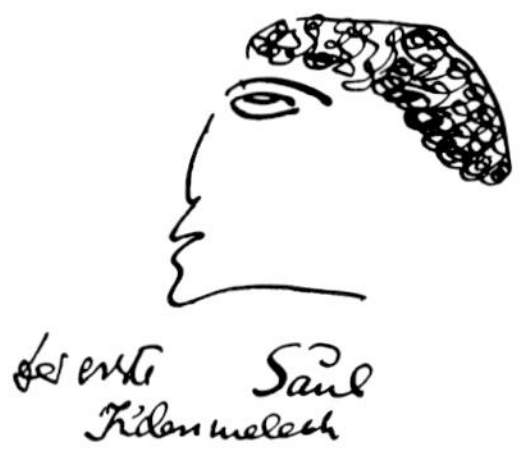

i56 *Saul / Der erste Judenmelech*
Im Druck bezeichnet unten
E: *Der Prinz von Theben* (1914), vor S. 81. Siehe 11

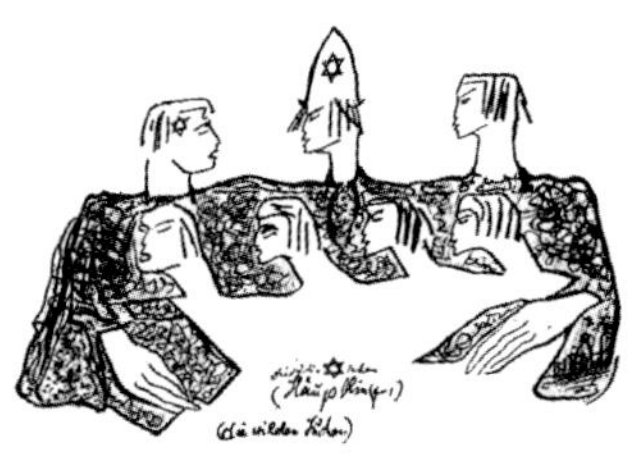

i57 *Die jüdi=✡schen (Häuptlinge) (die wilden Juden)*
Im Druck bezeichnet unten
E: *Der Prinz von Theben* (1914), vor S. 81, siehe 12

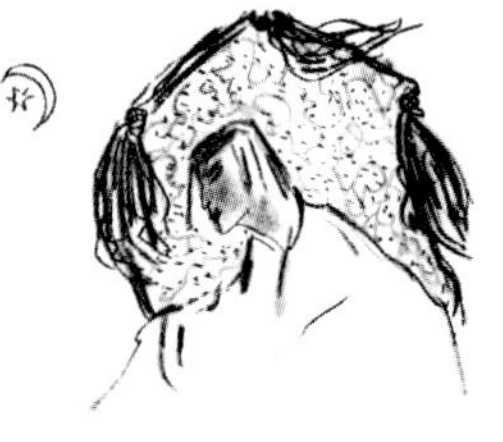

i58 *Die Zebaothknaben belauschen den Schlummer Jussufs.*
Im Druck bezeichnet unten
E: *Der Prinz von Theben* (1914), vor S. 81

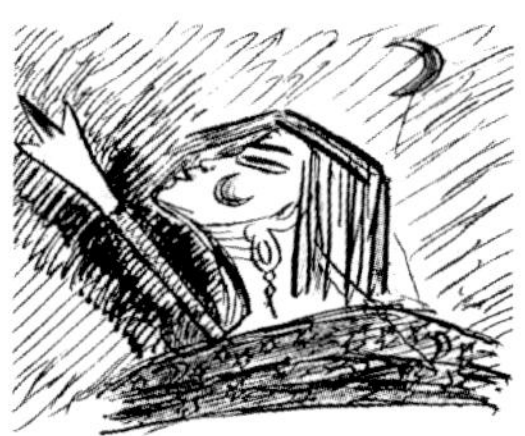

i59 *Abigail III. in der Schlacht*
Im Druck bezeichnet unten
E: *Der Prinz von Theben* (1914), vor S. 81. D: *Der Prinz von Theben* (1920), vor S. 77

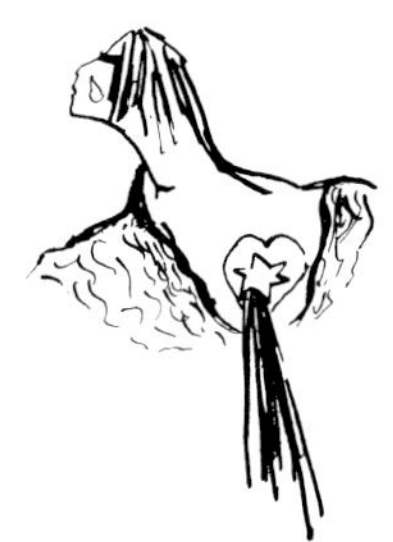

i60 *Jussufs Herz blutet für sein Volk*
Im Druck bezeichnet unten
E: *Der Prinz von Theben* (1914), vor S. 81. Siehe 13

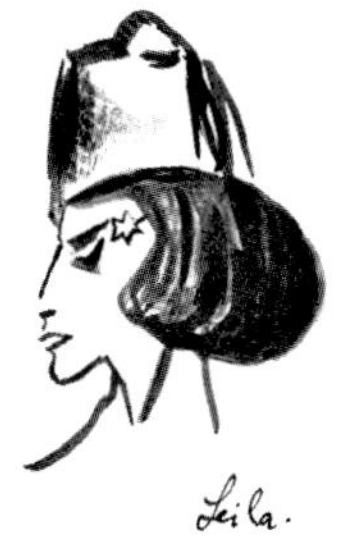

i61 *Leila.*
Im Druck bezeichnet unten
E: *Der Prinz von Theben* (1914), vor S. 81.
D: *Der Prinz von Theben* (1920), vor S. 33

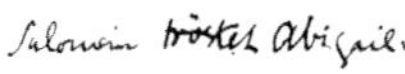

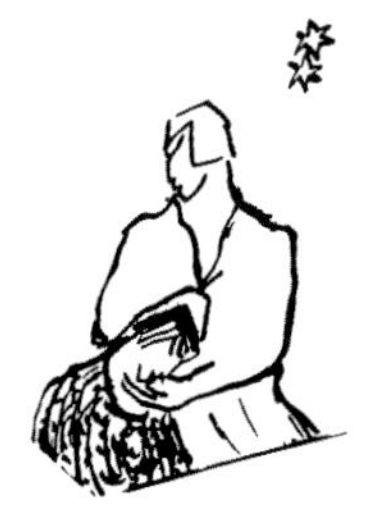

i62 *Salomein tröstet Abigail.*
Im Druck bezeichnet oben
E: *Der Prinz von Theben* (1914), vor S. 81.
D: *Der Prinz von Theben* (1920), vor S. 65

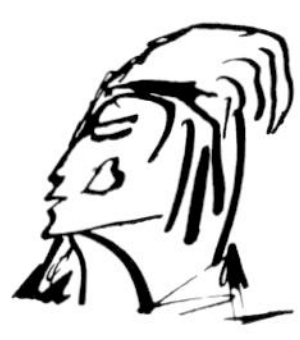

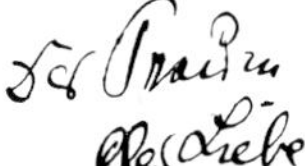

i63 *Abigail III. / Der Traum der Liebe*
Im Druck bezeichnet unten
E: *Der Prinz von Theben* (1914), vor S. 81. Siehe 14

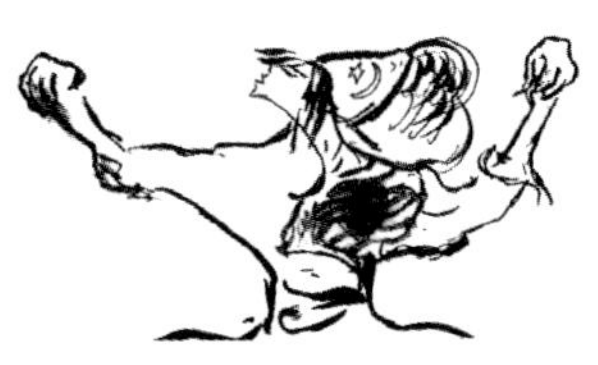

i64 *Abigail trauert um Salomein.*
Im Druck bezeichnet unten
E: *Der Prinz von Theben* (1914), vor S. 81

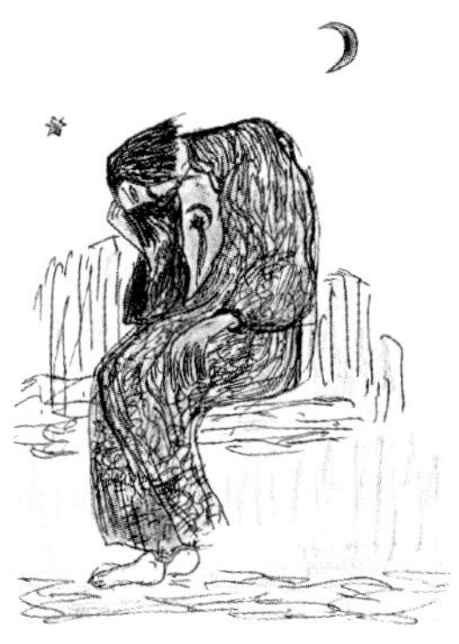

i65 *Abigails Jussufs Einsamkeit*
Im Druck bezeichnet unten
E: *Der Prinz von Theben* (1914), vor S. 81.
D: *Der Prinz von Theben* (1920), vor S. 67

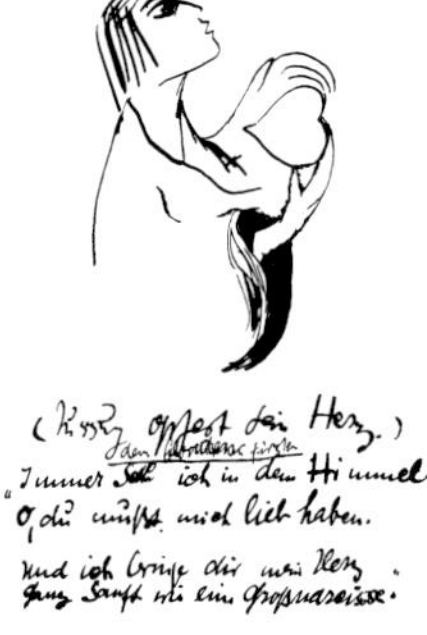

i66 *(Jussuf opfert sein Herz.)*
Im Druck bezeichnet unten
Im Druck Zusatz unten: »*dem blonden Fürsten* / ›Immer sah ich in den Himmel / O, du mußt mich lieb haben. / Und ich bringe dir mein Herz / ganz sanft wie eine Großnarzisse.‹«
E: *Der Prinz von Theben* (1914), vor S. 81. Siehe 15

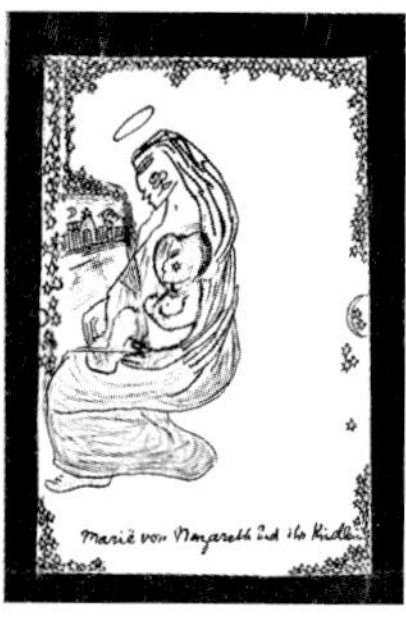

i67 *Mariё von Nazareth und ihr Kindlein*
Im Druck bezeichnet unten
E: *Der Prinz von Theben* (1914), vor S. 85. D: *Der Prinz von Theben* (1920), vor S. 73. Siehe 16

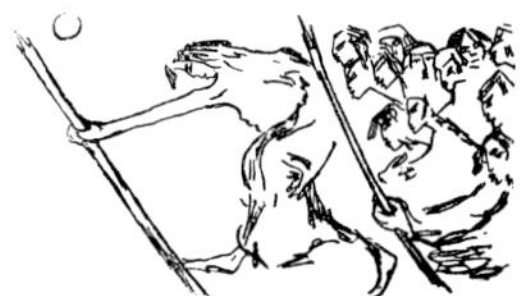

i68 *Jussuf zieht mit seinen jüdischen Häuptlingen im Morgengrauen über Moskau nach Metscherskoje*
Zusatz oben: »Senna Hoy, dem Prinzen von Moskau in Bewunderung«
E: *Die Aktion*, Jg. 5, Nr. 31 / 32 vom 7. August 1915, Sp. 396 (in: »Briefe und Bilder«)

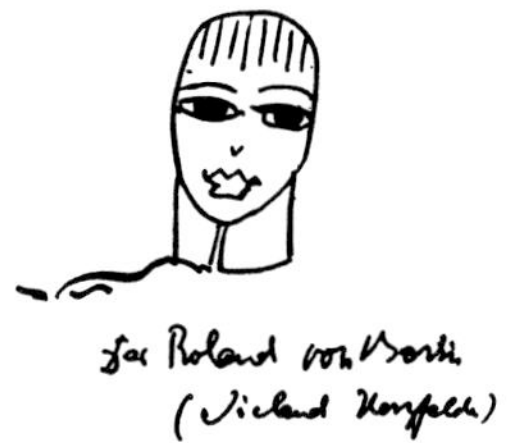

i69 *Der Roland von Berlin (Wieland Herzfelde)*
Im Druck bezeichnet unten
E: *Neue Jugend*, Jg. 1, H. 9 vom September 1916, S. 177 (in: »Briefe und Bilder«)

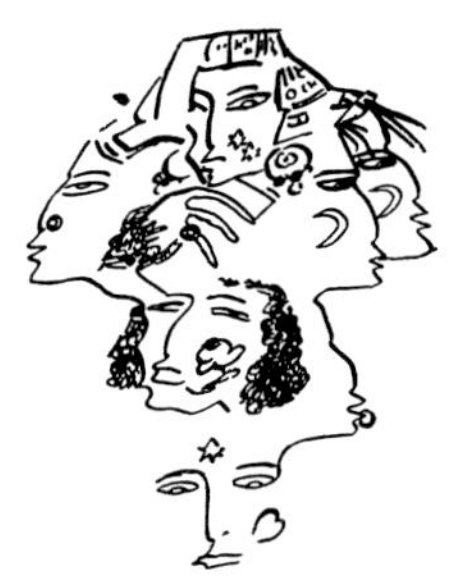

i70 *Jussufs Häuptlinge*
Im Druck bezeichnet unten
E: *Neue Jugend*, Jg. 1, H. 9 vom September 1916, S. 177 (in: »Briefe und Bilder«). D: *Der Malik* (1919), S. 61

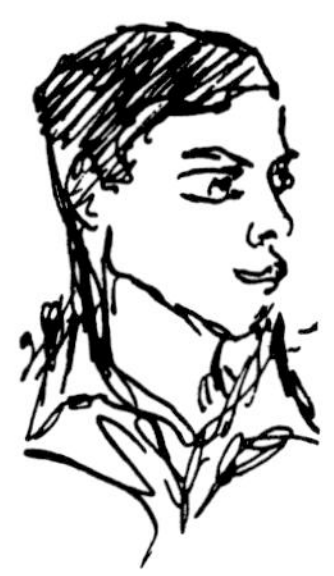

i71 *Bulus I. von Theben*
Im Druck bezeichnet unten
E: *Neue Jugend*, Jg. 1, H. 11 / 12 vom Februar / März 1917, S. 221 (in: »Briefe und Bilder«). D: *Der Malik* (1919), S. 102

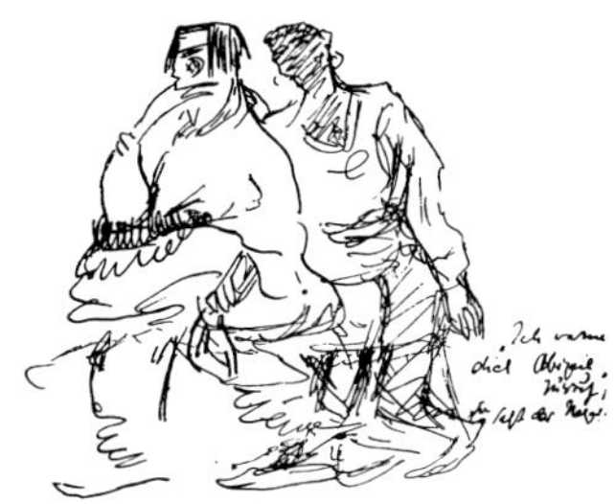

i72 *»Ich warne dich Abigail Jussuf«; so sagt der Neger.*
Im Druck bezeichnet unten rechts
E: *Neue Jugend*, Jg. 1, H. 11/12 vom Februar/März 1917, S. 223 (in: »Briefe und Bilder«). D: *Der Malik* (1919), S. 73. Siehe 37

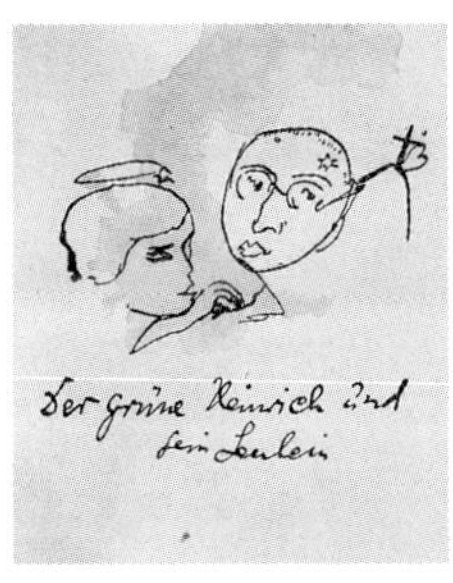

i73 *Der grüne Heinrich und sein Lenlein*
Im Druck bezeichnet unten
E: *Die Aktion*, Jg. 7, Nr. 33/34 vom 25. August 1917, Sp. 463 (zum Essay »Max Herrmann«; vgl. KA 3.1, S. 420). D: *Essays* (1920), Titelzeichnung

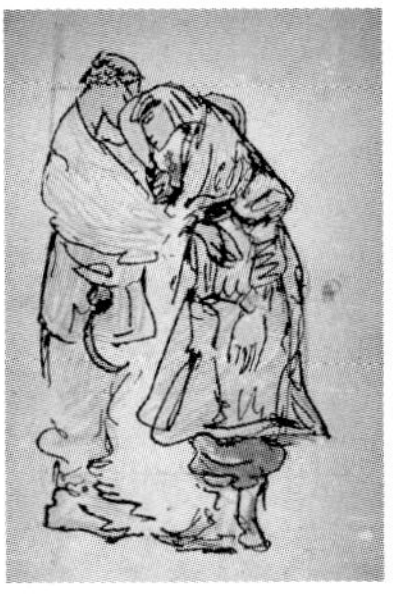

i74 *o. T. [Zwei Ganzfiguren, linke umarmt rechte]*
E: *Gesammelte Gedichte* (1917), Titelzeichnung. D^1: *Gesammelte Gedichte* [1919], Titelzeichnung. D^2: *Gesammelte Gedichte* (1920), Titelzeichnung. E, S. 5: »Das Umschlagbild, von mir gezeichnet, schenke ich / Gertrud Osthaus.« D^{1-2}, S. 5: »Das Umschlagbild, von mir gezeichnet, schenke ich / Franz Marc.«

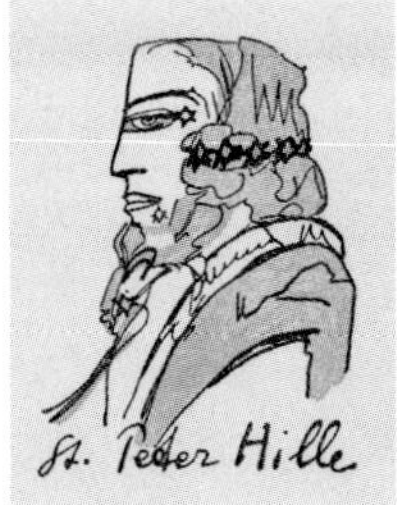

i75 *St. Peter Hille*
Im Druck bezeichnet unten
E: *Das Peter Hille-Buch* (1919), Titelzeichnung der Volksausgabe

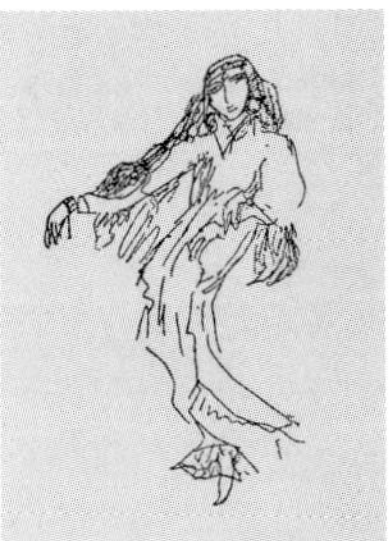

i76 *o. T. [Tänzerin]*
E: *Die Nächte der Tino von Bagdad* (1919), Titelzeichnung

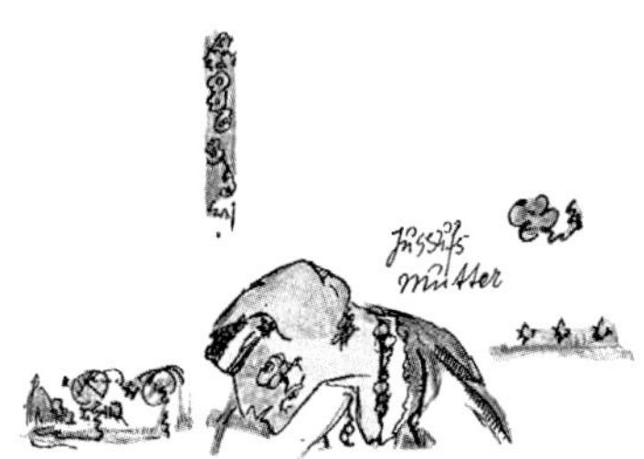

i77 *Jussufs Mutter*
Im Druck bezeichnet oben rechts
E: *Der Malik* (1919), nach S. 16

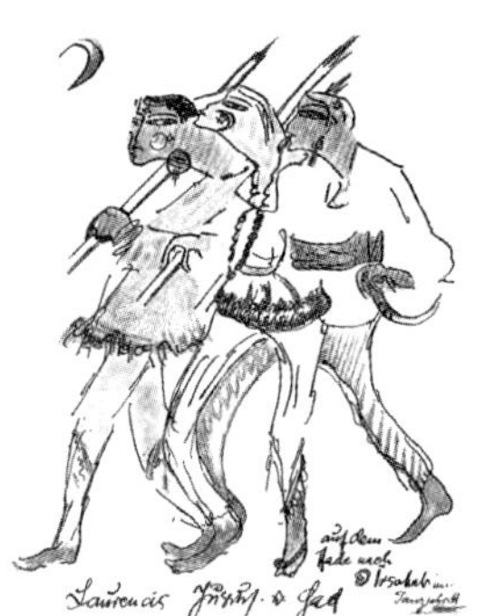

i78 *Laurencis Jussuf ☆ Gad auf dem Pfade nach ☽ Irsahab im Tanzschritt*
Im Druck bezeichnet unten
E: *Der Malik* (1919), nach S. 48. Zugleich (ohne Bezeichnung) Titelzeichnung der Volksausgabe

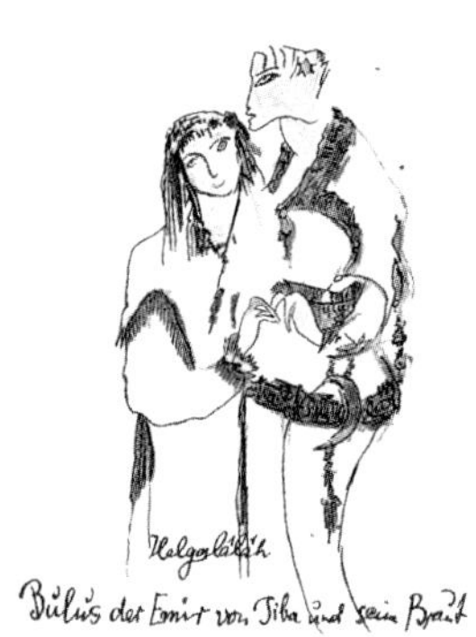

i79 *Bulus der Emir von Tiba und seine Braut*
Im Druck bezeichnet unten
Bezeichnung der linken Figur: »Helgalâlâh«
E: *Der Malik* (1919), nach S. 64

Giselheer. ג־זלהר:

אני בן־המלך מתיבן שולח לך את
המכתב הזה אשר נפקד מאתי
ונכתב בכתב־הכנורים הנעלה של
ע־ר־ העברית עיר־זהב:

והנני משיב לך את עצם הגלגלת
אשר בימים עברו כבשתה למעני
במלחמה:

אדום יפגע בך החסד כאשר נתן
לי לנשום עוד:

יבוא־נא דמי עליך:

(צבי בן יהודה)

Jussuf

i80 *o. T. [Brief in »hebräischer Harfenschrift«]*
(hebr. »Giselheer. / Ich der Königssohn von Theben schicke dir / diesen Brief der mir abhanden gekommen / und in der erhabenen Harfenschrift geschrieben / meiner hebräischen Stadt Irsahav (Goldstadt). / Und ich gebe dir den Schädelknochen zurück / den du in vergangenen Tagen für mich erobert hast / im Krieg. // Rot wird dich treffen die Gnade wie sie (es) / mich noch atmen ließ. // Möge mein Blut über dich kommen. / (Zwi Ben Jehuda)«) (KA 3.2, S. 329)
E: *Der Malik* (1919), S. 87

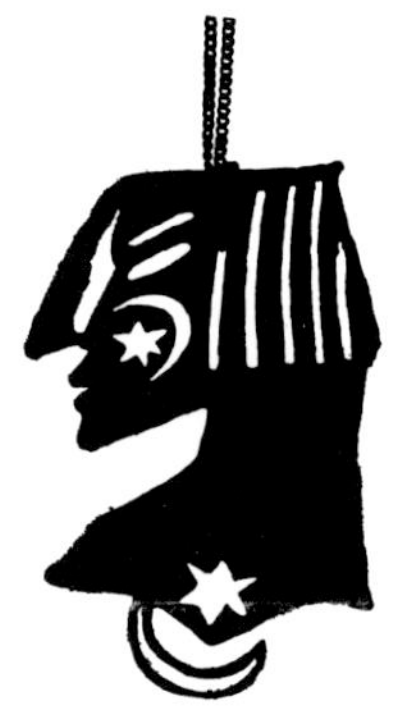

i81 *o. T. [Bildnis Jussufs als Talisman]*
E: *Der Malik* (1919), S. 92

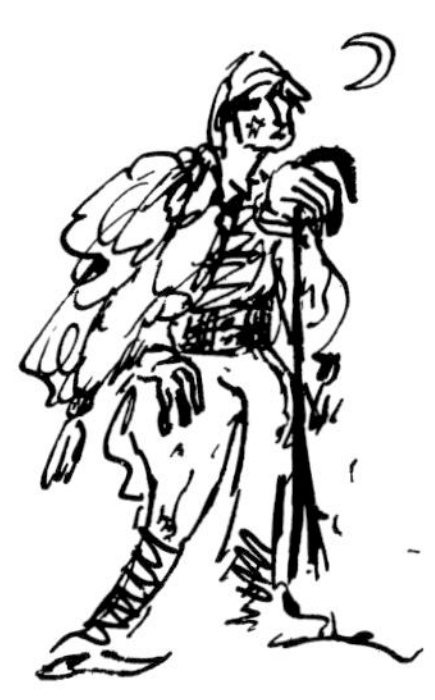

i82 *o. T. [Wandernder Jussuf mit Hirtenstab]*
E: *Der Malik* (1919), S. 99

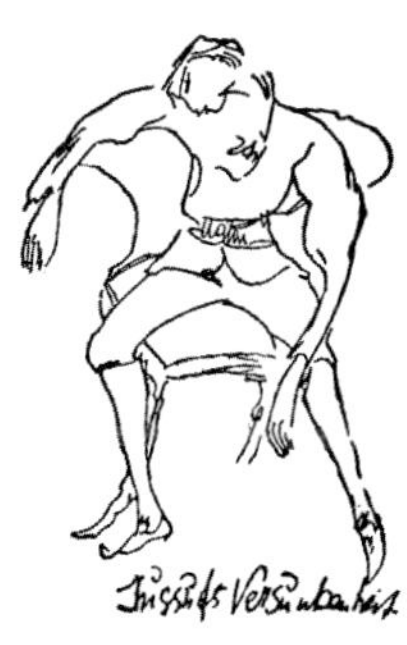

i83 *Jussufs Versunkenheit*
Im Druck bezeichnet unten
E: *Unser Weg 1920. Ein Jahrbuch* (1919), S. 23. D[1]: Werkprospekt der Cassirer-Gesamtausgabe [1920], Titelzeichnung D[2]: *Hebräische Balladen* (1920), Titelzeichnung

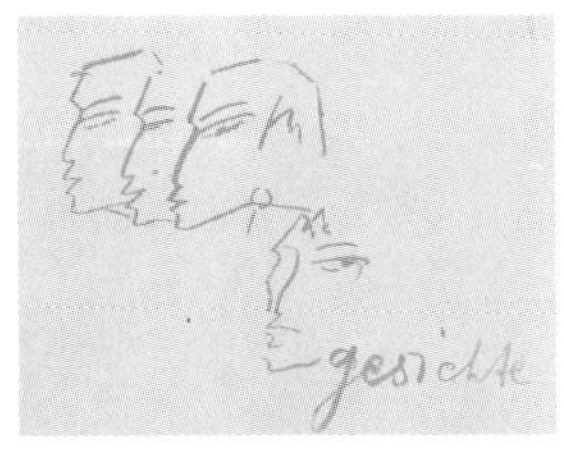

i84 *Gesichte*
Im Druck bezeichnet unten rechts
E: *Gesichte* (1920), Titelzeichnung

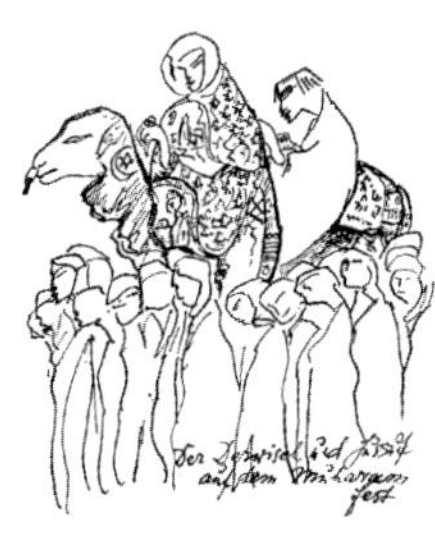

i85 *Der Derwisch und Jussuf auf dem Muharam Fest*
Im Druck bezeichnet unten
E: *Der Prinz von Theben* (1920), vor S. 25

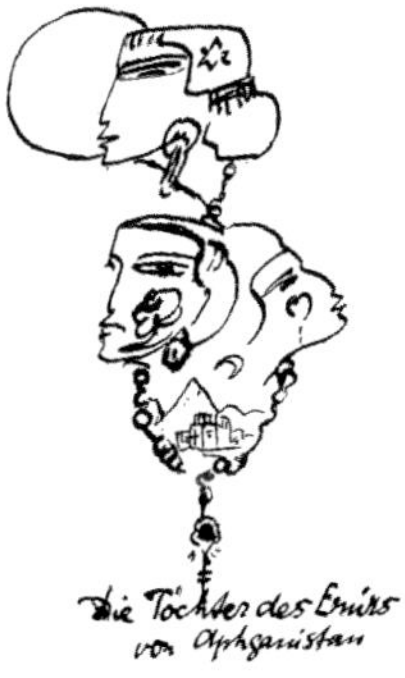

i86 *Die Töchter des Emirs von Aphganistan*
Im Druck bezeichnet unten
E: *Der Prinz von Theben* (1920), vor S. 37. D: *Der Querschnitt durch 1922. Marginalien der Galerie Flechtheim*, (1922), S. 45. Siehe 76

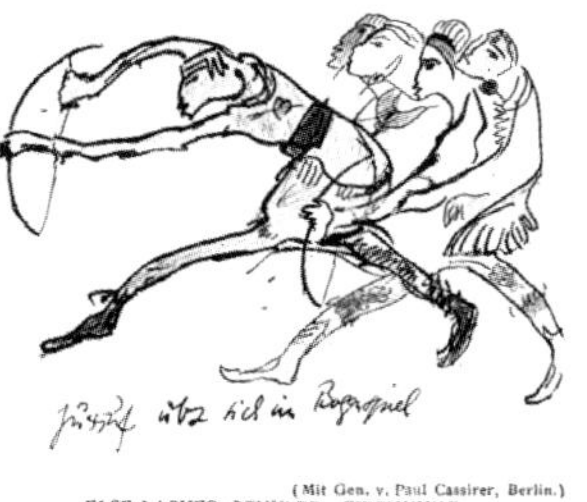

i87 *Jussuf übt sich im Bogenspiel*
Im Druck bezeichnet unten
Zusätze unten: »Else Lasker-Schüler: Zeichnung / (Mit Gen. v. Paul Cassirer, Berlin.)«
E: *Das Kunstblatt*, J. 5, H. 4 vom Mai 1921, S. 146

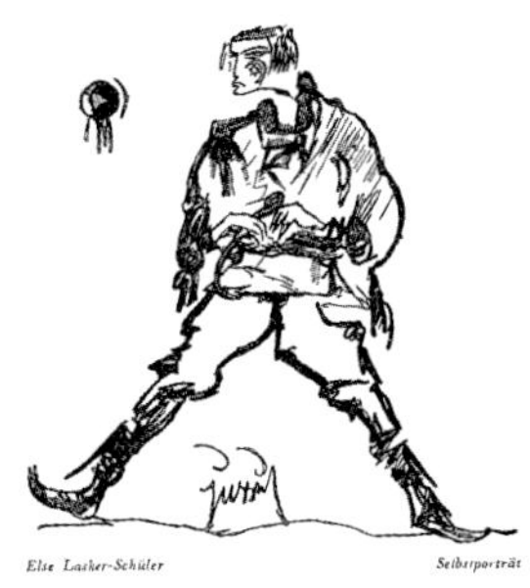

188 *Jussuf*
Im Druck bezeichnet unten
Zusätze unten: »Else Lasker-Schüler« / »Selbstporträt«
E: *Menschheitsdämmerung. Symphonie jüngster Dichtung*, hg. von Kurt Pinthus, Berlin 1920, S. 103. Siehe 72

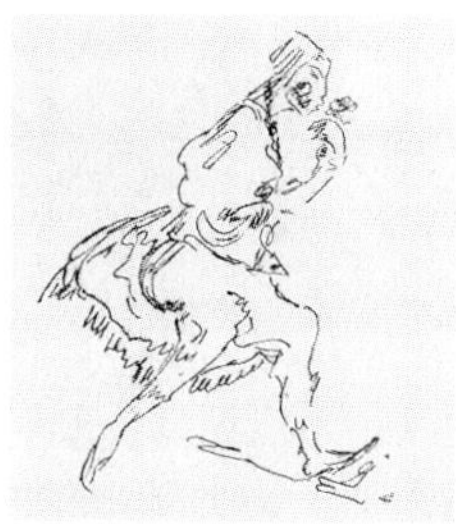

189 *o. T. [Ganzfigur nach rechts mit Rose]*
E: *Die Kuppel* (1920), Titelzeichnung

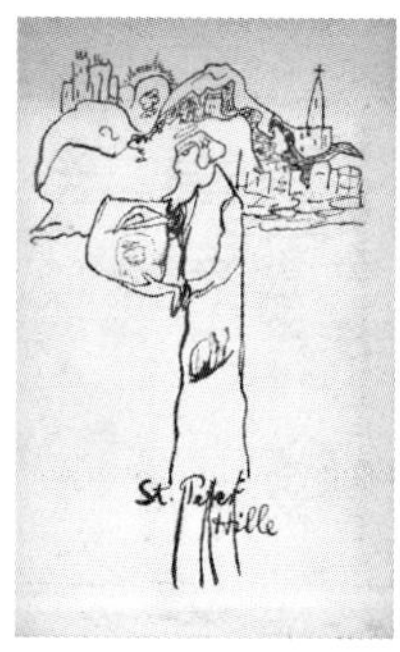

190 *St. Peter Hille*
Im Druck bezeichnet unten
E: *Briefe Peter Hilles an Else Lasker-Schüler* (1921), Titelzeichnung. Siehe 79

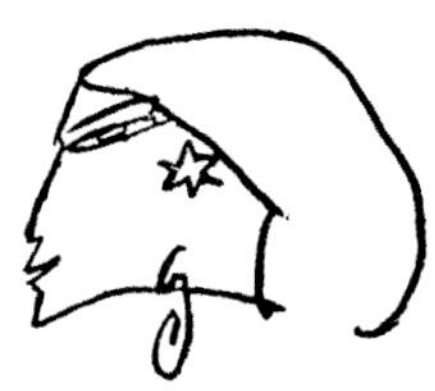

191 *Amram*
Im Druck bezeichnet unten
E: *Der Wunderrabbiner von Barcelona* (1921), Frontispiz

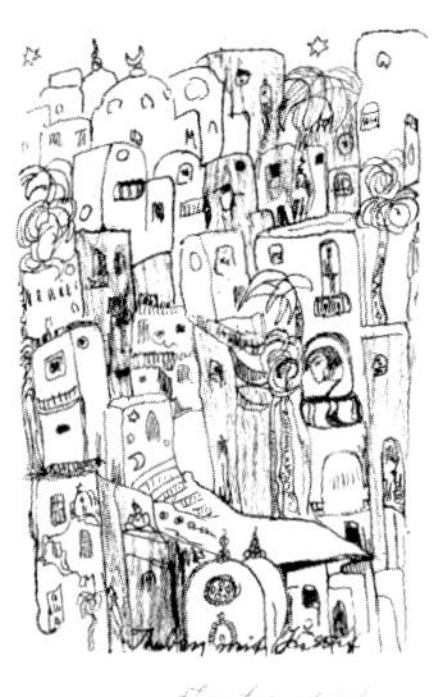

192 *Theben mit Jussuf*
Im Druck bezeichnet unten, handschriftlich signiert unten (Bleistift): »Else Lasker-Schüler«
E: *Theben* (1923) [Bl. 4 verso]. Siehe 86

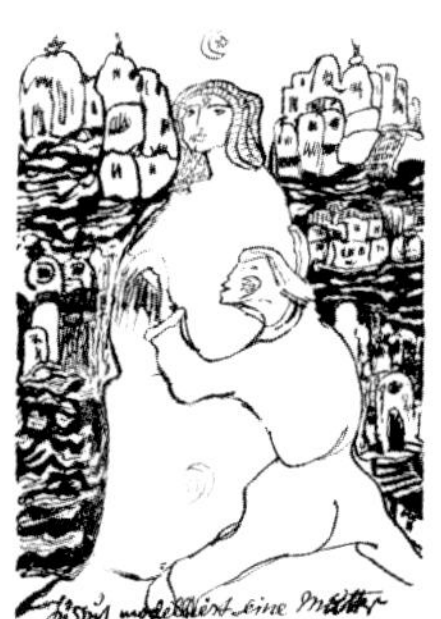

193 *Jussuf modelliert seine Mutter*
Im Druck bezeichnet unten, handschriftlich signiert unten (Bleistift): »Else Lasker-Schüler«
E: *Theben* (1923) [Bl. 6 recte]. Siehe 87

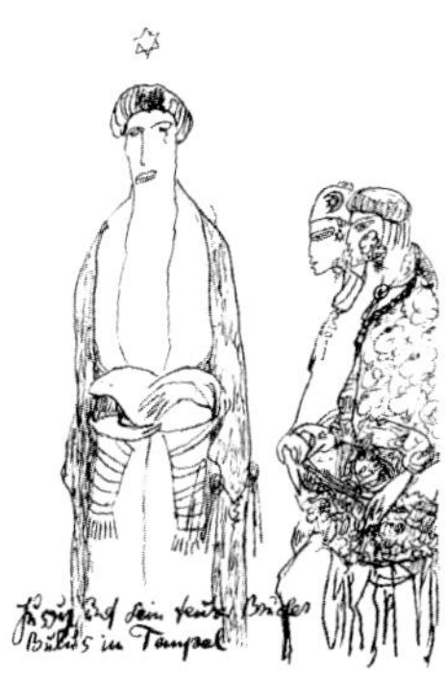

194 *Jussuf und sein teurer Bruder Bulus im Tempel*
Im Druck bezeichnet unten, handschriftlich signiert unten (Bleistift): »Else Lasker-Schüler«
E: *Theben* (1923) [Bl. 6 verso]. Siehe 90

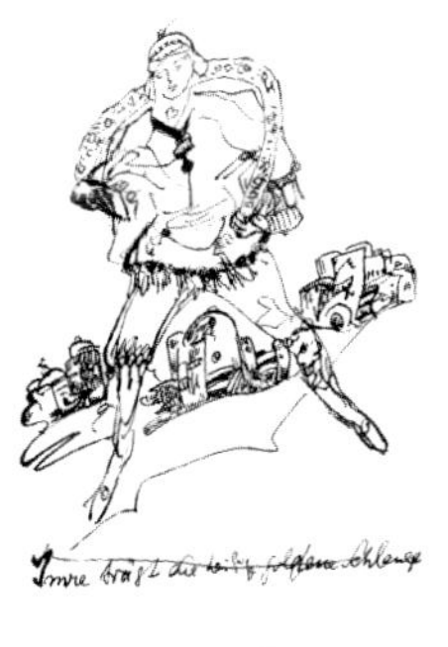

195 *Imre trägt die heilige goldene Schlange*
Im Druck bezeichnet unten, handschriftlich signiert unten (Bleistift): »Else Lasker-Schüler«
E: *Theben* (1923) [Bl. 8 recte]. Siehe 85

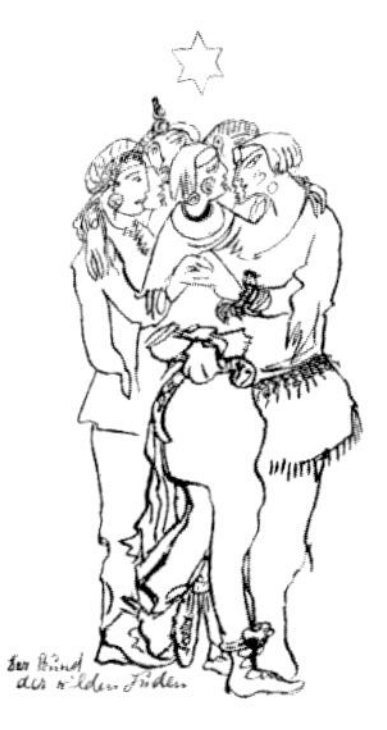

196 *Der Bund der wilden Juden*
Im Druck bezeichnet unten links, handschriftlich signiert unten (Bleistift): »Else Lasker-Schüler«, auf Jussufs Dolch: »ואהבת« (hebr. »Und du sollst deinen Nächsten lieben wie dich selbst«)
E: *Theben* (1923) [Bl. 8 verso]; zugleich Titelzeichnung. Siehe 84

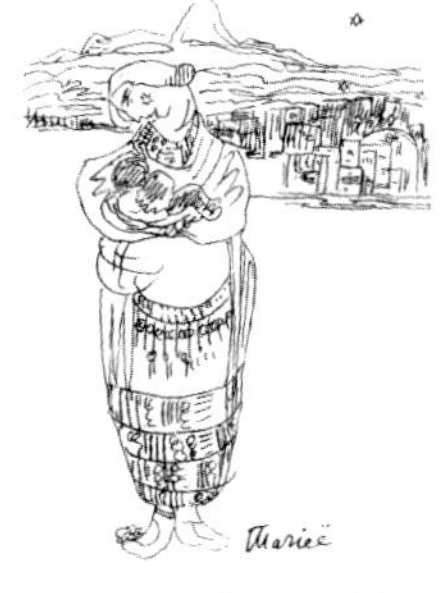

197 *Marieë*
Im Druck bezeichnet unten, handschriftlich signiert unten (Bleistift): »Else Lasker-Schüler«
E: *Theben* (1923) [Bl. 10 recte]. Siehe 91

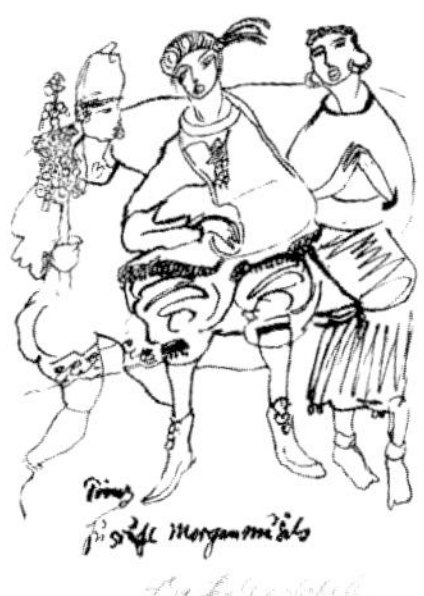

198 *Prinz Jussufs Morgenmusik*
Im Druck bezeichnet unten, handschriftlich signiert unten (Bleistift): »Else Lasker-Schüler«
E: *Theben* (1923) [Bl. 10 verso]. Siehe 88

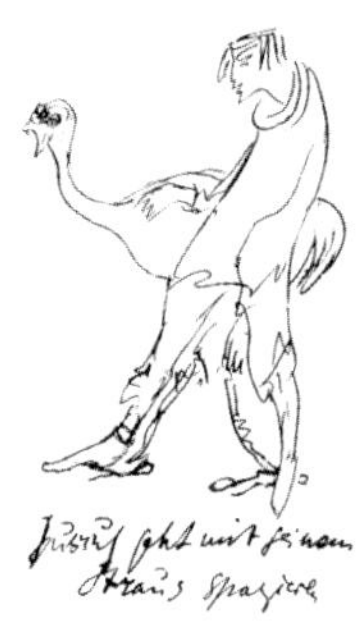

i99 *Jussuf geht mit seinem Straus spazieren*
Im Druck bezeichnet unten, handschriftlich signiert unten (Bleistift): »Else Lasker-Schüler«
E: *Theben* (1923) [Bl. 12 recte]. D: *Berliner Tageblatt*, Jg. 56, Nr. 24 (Morgen-Ausgabe) vom 15. 1. 1927, 1. Beiblatt (zum Beitrag »Wie ich zum Zeichnen kam« innerhalb des Artikels »›Maler, die keine Maler sind.‹ Zur Eröffnung der in diesen Tagen unter obigem Titel stattfindenden Ausstellung in Berlin« (vgl. KA 4.1, S. 137)

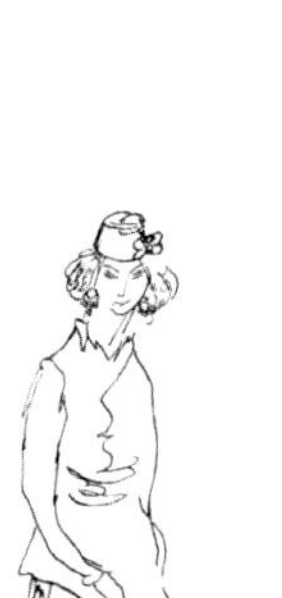

i100 *Schlôme*
Im Druck bezeichnet unten, handschriftlich signiert unten (Bleistift): »Else Lasker-Schüler«
E: *Theben* (1923) [Bl. 12 verso]

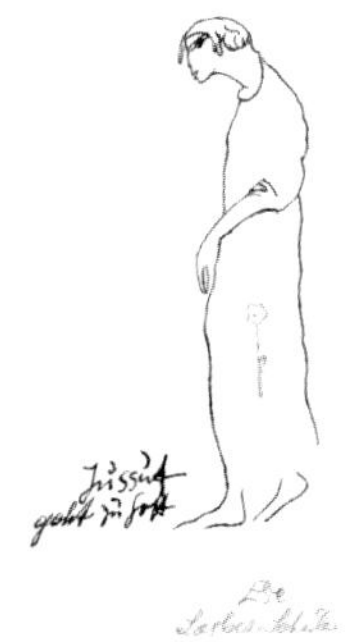

i101 *Jussuf geht zu Gott*
Im Druck bezeichnet unten links, handschriftlich signiert unten (Bleistift): »Else Lasker-Schüler«
E: *Theben* (1923) [Bl. 14 recte]. Siehe 89

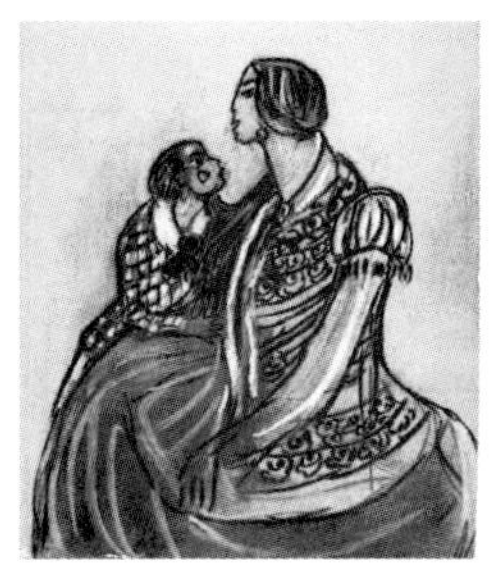

i102 *o. T. [sitzende Frau im Halbbild nach links, Kind]*
E: *Arthur Aronymus* (1932), Titelzeichnung

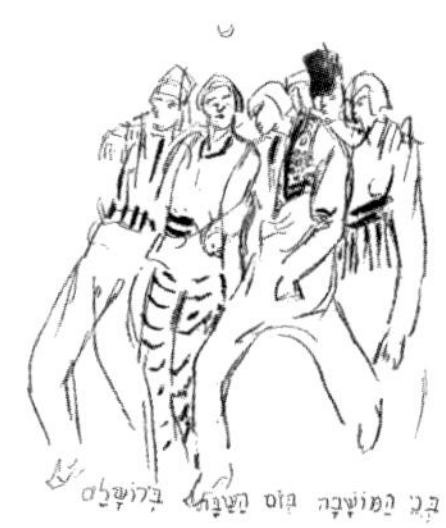

i103 *בני המושבה ביום השבת בירושלים*
(»Die Kolonisten am Sabbattag in Jerusalem«)
Im Druck bezeichnet unten
E: *Das Hebräerland* (1937), Frontispiz. Siehe 148

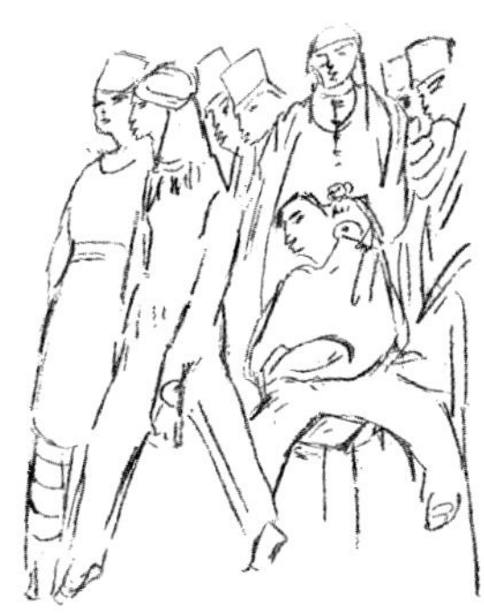

i104 *o. T. [Der Bettler auf dem Jaffa Road in Jerusalem]*
E: *Das Hebräerland* (1937), S. 45. Siehe 153

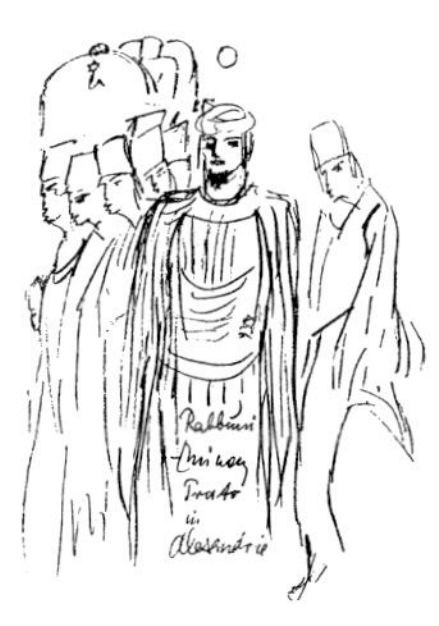

i105 *Rabbuni Eminenz Prato in Alexandrie*
Im Druck bezeichnet Bildmitte
E: *Das Hebräerland* (1937), S. 64. Siehe 149

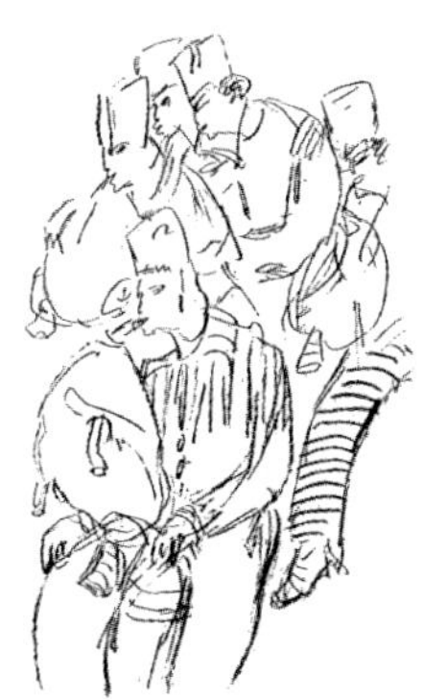

i106 *o. T. [Gruppe nach links gehender Dudelsackspieler]*
E: *Das Hebräerland* (1937), S. 83

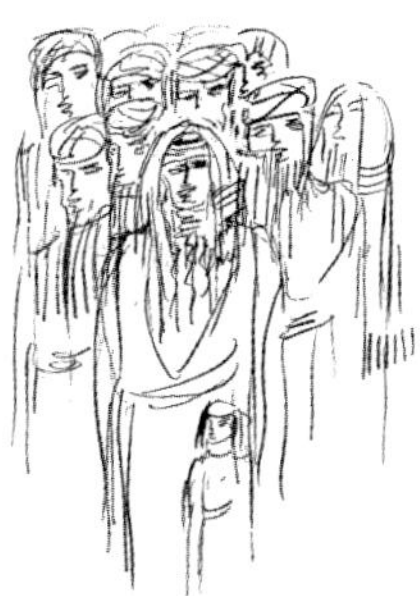

i107 *o. T. [Die Chazidimväter zur Klagemauer]*
E: *Das Hebräerland* (1937), S. 94. Siehe 150

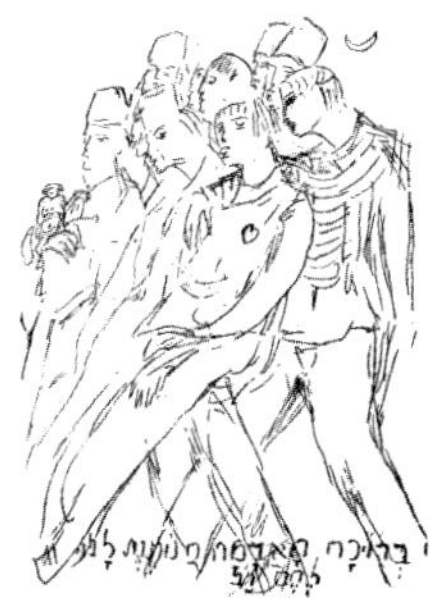

i108 *ברוכה האדמה הנותנת לנו לחם רב (hebr. »Gesegnet ist die Erde, die uns viel Brot gibt«)*
Im Druck bezeichnet unten
E: *Das Hebräerland* (1937), S. 108
Vgl. auch 158

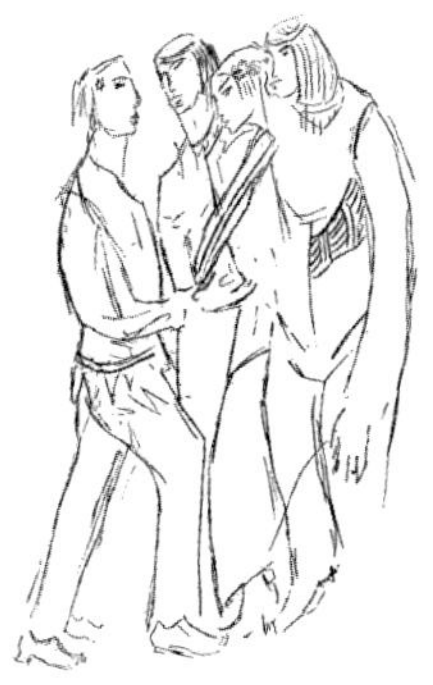

i109 *o. T. [Prinz Jussuf liest seine Gedichte vor]*
E: *Das Hebräerland* (1937), S. 139. Siehe 151

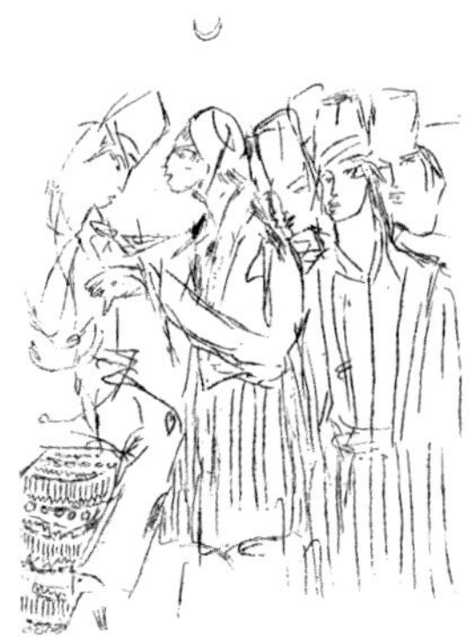

i110 *o. T. [Kunstreiter in Jerusalem]*
E: *Das Hebräerland* (1937), S. 163. Siehe 152

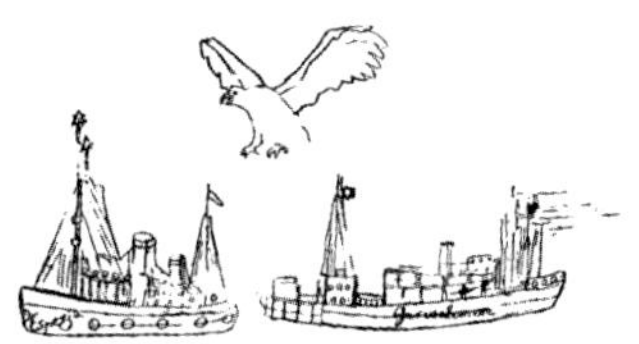

i111 *o. T. [»Riesengeier« über zwei Schiffen]*
E: *Das Hebräerland* (1937), S. 168

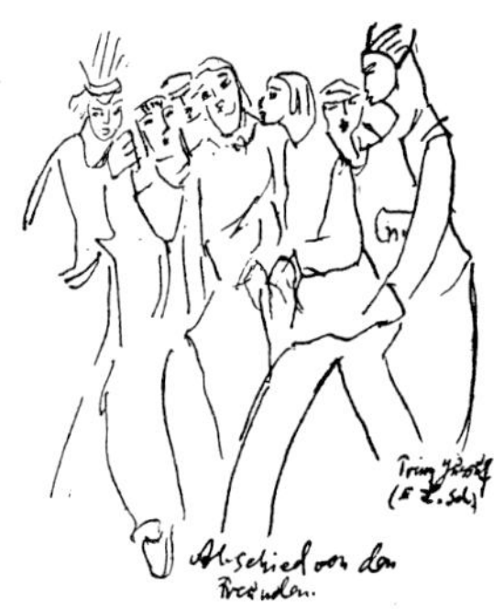

i112 *Abschied von den Freunden*
E: *Mein blaues Klavier* (1943), Titelzeichnung. Siehe 223

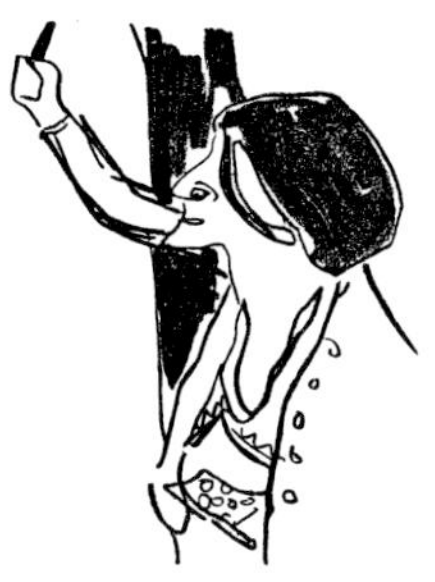

iA 1 *Karl Schmidt-Rottluff: Der Prinz von Theben*
Mein Herz (1912), S. 115

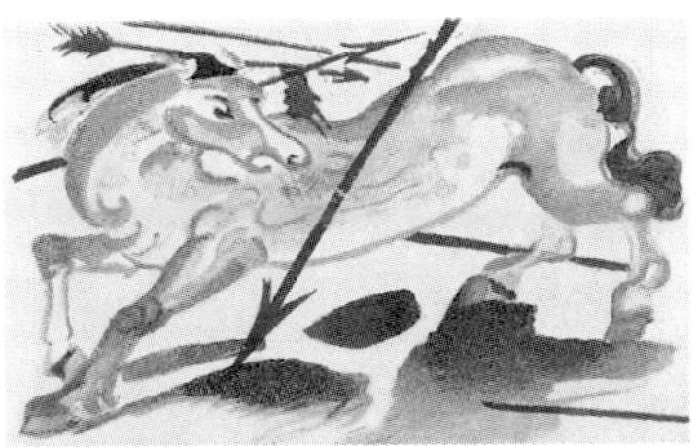

iA 2 *Franz Marc: o. T. [Das Schlachtpferd des Prinzen Jussuf]*
Der Prinz von Theben (1914), vor S. 97

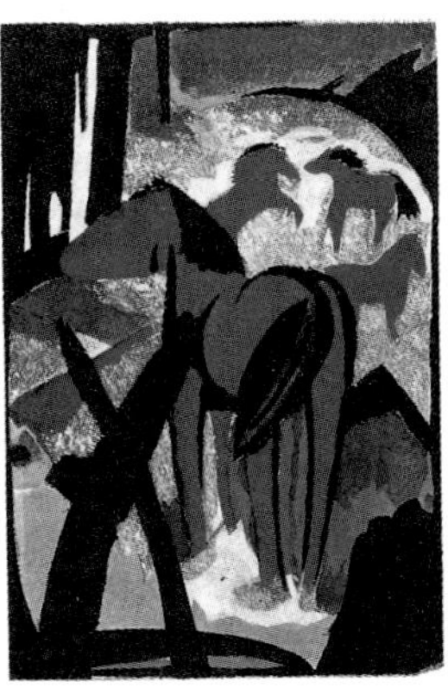

iA 3 *Franz Marc: o. T. [Die Mutterstute der blauen Pferde]*
Der Prinz von Theben (1914), vor S. 97

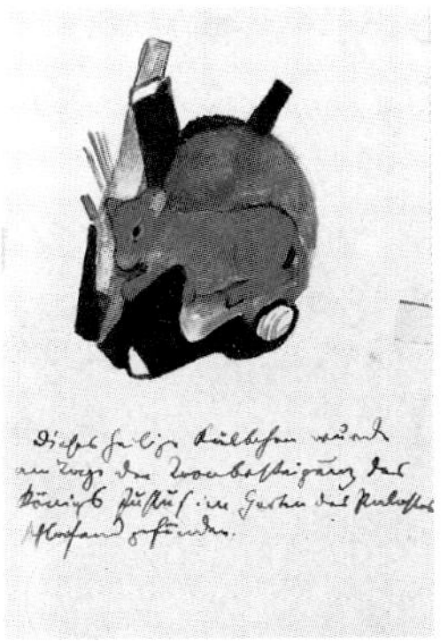

iA 4 *Franz Marc: o. T. [Das heilige Kälbchen]*
Im Druck Zusatz unten: »Dieses heilige Kälbchen wurde am Tage der Thronbesteigung des Königs Jussuf im Garten des Palastes schlafend gefunden.«
Der Prinz von Theben (1914), vor S. 97

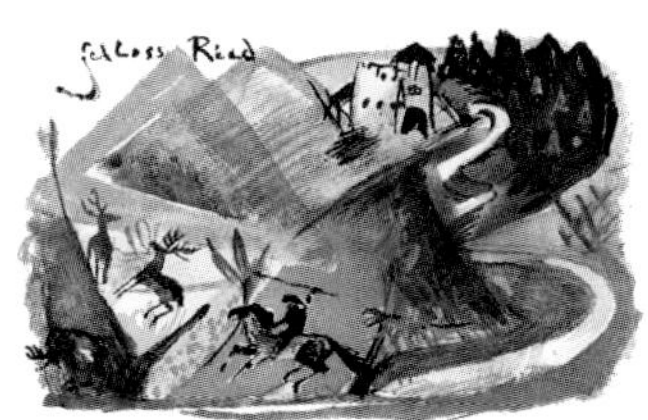

iA 5 *Franz Marc: Schloss Ried*
Im Druck bezeichnet oben links
Der Malik (1919), Frontispiz

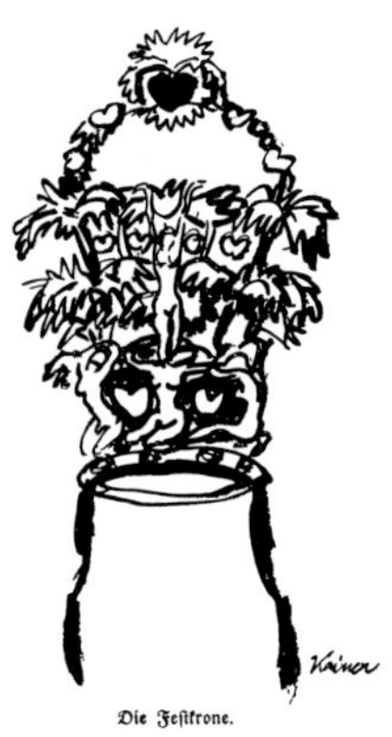

iA 6 *Ludwig Kainer: Die Festkrone.*
Im Druck signiert unten rechts: Kainer
Der Malik (1919), S. 38

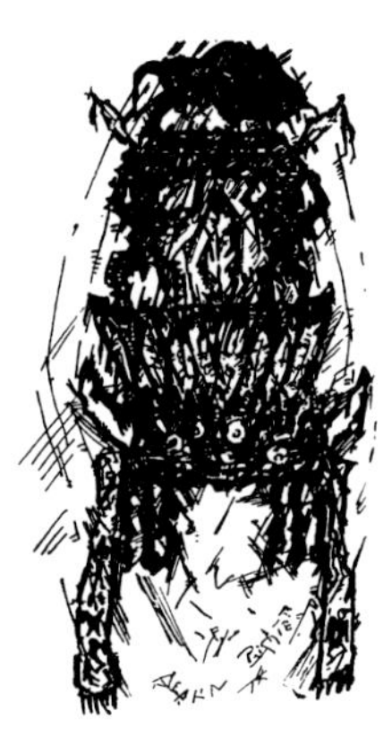

iA 7 *Heinrich Richter-Berlin: Die Indianerkrone.*
Im Druck signiert unten: Richter / Berlin
Der Malik (1919), S. 39

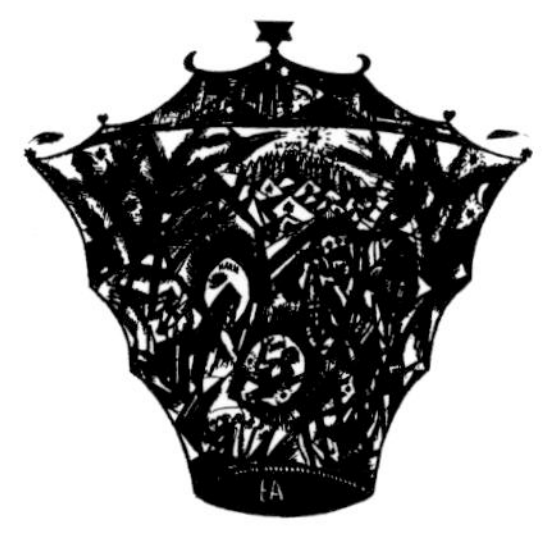

iA 8 *Egon Adler: Die Priesterkrone.*
Im Druck signiert unten: EA
Der Malik (1919), S. 40

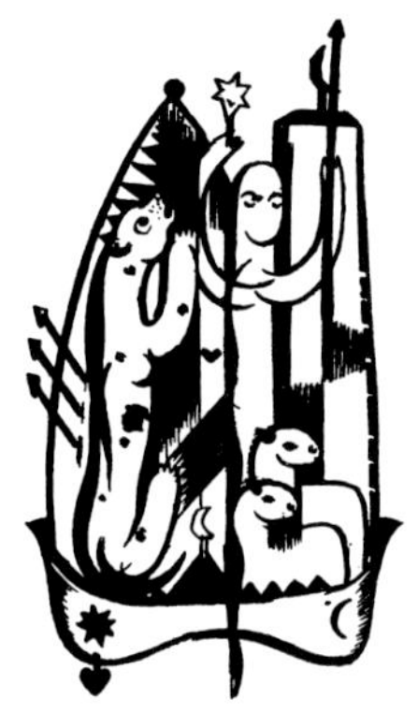

iA 9 *Heinrich Campendonk: Die Jagdkrone.*
Der Malik (1919), S. 41

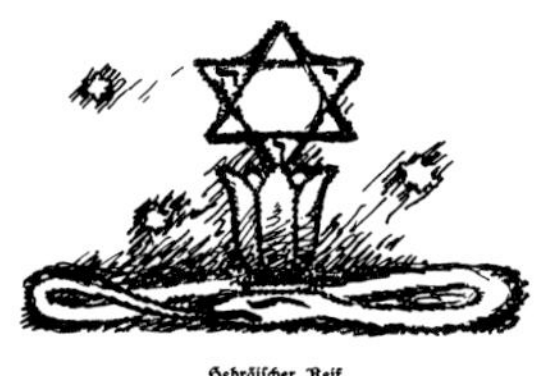

iA 10 *John Höxter: Hebräischer Reif.*
Der Malik (1919), S. 42

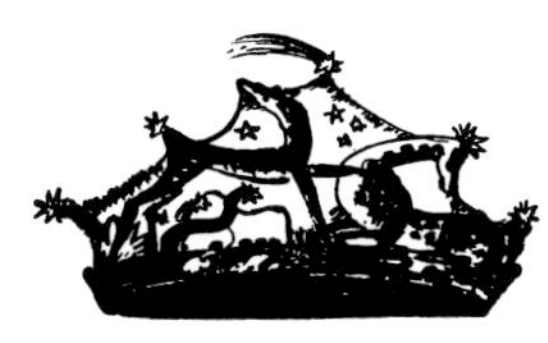

Die Spielkrone.

iA 11 *Franz Marc: Die Spielkrone.*
Der Malik (1919), S. 43

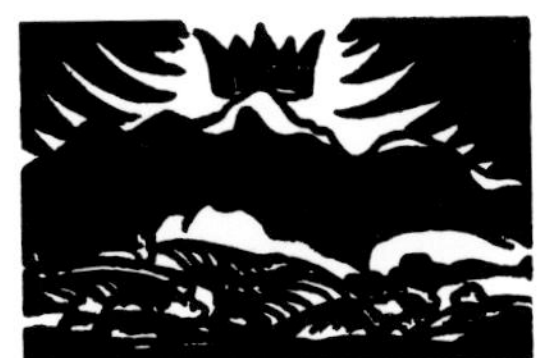

Die Krone des Riesengebirges.

iA 12 *Fritz Lederer: Die Krone des Riesengebirges.*
Der Malik (1919), S. 44

Verzeichnis der von Else Lasker-Schüler eigenhändig illustrierten Ausgaben und handkolorierten Exemplare

Mein Herz (1912)
Ein Liebesroman mit Bildern und wirklich lebenden Menschen, München und Berlin: Verlag Heinrich F. S. Bachmair 1912.
Mit eigenhändigen Illustrationen und farbiger Titelzeichnung, einem Foto von Else Lasker-Schüler als Frontispiz sowie der Wiedergabe einer Kreidezeichnung von Karl Schmidt-Rottluff (S. 115).

Mein Herz (1920)
Ein Liebesroman mit Bildern und wirklich lebenden Menschen, Berlin: Paul Cassirer Verlag 1920, zweite Auflage.
Band [X] der »Gesamtausgabe in zehn Bänden«. Mit eigenhändigen Illustrationen.

Hebräische Balladen (1912)
Berlin-Wilmersdorf: A. R. Meyer Verlag 1913.
Erschienen Ende 1912 mit der Jahreszahl 1913.
Mit eigenhändiger Titelzeichnung.

Hebräische Balladen [1914]
Zweite vermehrte Auflage. Berlin-Wilmersdorf: A. R. Meyer Verlag.
Mit eigenhändiger Titelzeichnung.

Der Prinz von Theben (1914)
Ein Geschichtenbuch. Mit 25 Abbildungen nach Zeichnungen der Verfasserin und 3 farbigen Bildern von Franz Marc, Leipzig: Verlag der weißen Bücher 1914.

Der Prinz von Theben (1920)
Ein Geschichtenbuch. Mit 13 Abbildungen nach Zeichnungen der Verfasserin, Berlin: Paul Cassirer 1920, zweite Auflage.
Band [VII] der »Gesamtausgabe in zehn Bänden«.

Gesammelte Gedichte (1917)
Leipzig: Verlag der Weißen Bücher 1917.
S. 5: »Das Umschlagbild, von mir gezeichnet, schenke ich Gertrud Osthaus.«

Gesammelte Gedichte [spätestens 1919]
Leipzig: Kurt Wolff Verlag, zweite Auflage.
S. 5: »Das Umschlagbild, von mir gezeichnet, schenke ich Franz Marc.«

Gesammelte Gedichte (1920)
München: Kurt Wolff Verlag 1920.
S. 5: »Das Umschlagbild, von mir gezeichnet, schenke ich / Franz Marc.« (3. Auflage)

Das Peter Hille-Buch (1919)
Mit einer Einbandzeichnung der Verfasserin, Berlin: Paul Cassirer Verlag 1919, zweite Auflage.
Band [I] der »Gesamtausgabe in zehn Bänden«. Für die Vorzugsausgabe wurde die Zeichnung nicht auf dem Einband, sondern als Frontispiz verwendet.

Die Nächte der Tino von Bagdad (1919)
Mit einer Einbandzeichnung der Verfasserin, Berlin: Paul Cassirer Verlag 1919, zweite Auflage.
Band [II] der »Gesamtausgabe in zehn Bänden«.

Die Wupper (1919)
Schauspiel in fünf Aufzügen, Berlin: Paul Cassirer Verlag 1919, zweite Auflage.
Band [III] der »Gesamtausgabe in zehn Bänden«. Mit eigenhändiger Titelzeichnung.

Der Malik (1920)
Eine Kaisergeschichte mit Bildern und Zeichnungen von der Else Lasker-Schüler, Berlin: Paul Cassirer 1919.
Band [IV] der »Gesamtausgabe in zehn Bänden«. Mit eigenhändiger Titelzeichnung und der farbigen Wiedergabe eines Aquarells von Franz Marc als Frontispiz.

Essays (1920)
Mit einer Einbandzeichnung der Verfasserin, Berlin: Paul Cassirer Verlag 1920, zweite Auflage.
Band [V] der »Gesamtausgabe in zehn Bänden«.

Gesichte (1920)
Mit einer Umschlagzeichnung der Verfasserin. Berlin: Paul Cassirer 1920, zweite Auflage.
Band [VI] der »Gesamtausgabe in zehn Bänden«.

Hebräische Balladen (1920)
Der Gedichte erster Teil. Mit einer Einbandzeichnung der Verfasserin. Berlin: Paul Cassirer Verlag 1920.
Band [VIII] der »Gesamtausgabe in zehn Bänden«. Der Band stellt eine eigene Sammlung und keine Neuauflage der gleichnamigen Ausgaben von 1912 und 1914 dar.

Die Kuppel (1920)
Der Gedichte zweiter Teil. Mit einer Einbandzeichnung der Verfasserin, Berlin: Paul Cassirer Verlag 1920.
Band [IX] der »Gesamtausgabe in zehn Bänden«.

Briefe Peter Hilles an Else Lasker-Schüler (1921)
Mit einer Einbandzeichnung der Verfasserin [!], Berlin: Paul Cassirer Verlag 1921.

Der Wunderrabbiner von Barcelona (1921)
Berlin: Paul Cassirer Verlag 1921.
Mit eigenhändiger Frontispizvignette.

Theben (1923)
Gedichte und Lithographieen, Frankfurt, Berlin: Querschnitt-Verlag 1923 [24. Flechtheim-Druck.].
Bl. [15] recte: »Ich schrieb die Verse dieses Buches und zeichnete die Bilder dazu auf den Stein bei A. Ruckenbrod in Berlin, der das Buch in 250 Exemplaren für die Querschnitt-Verlags Aktiengesellschaft in Frankfurt am Main druckte. Die Zeichnungen der ersten 50 Bücher colorierte ich mit der Hand. Das Buch erscheint als 24. Flechtheim Druck. / Dieses Buch trägt die Nummer / [Stempel] / Else Lasker-Schüler.« Einmalige Auflage von 250 numerierten und signierten Exemplaren. Entgegen der Angabe im Impressum wurden die Zeichnungen fotomechanisch auf den Stein gebracht und lithographiert. Die ersten 50 Exemplare (Vorzugsausgabe) sowie weitere Exemplare der Normalausgabe (Nr. 51-250) mit handkolorierten und teilweise collagierten Lithographien.

Arthur Aronymus (1923)
Die Geschichte meines Vaters, Berlin: Ernst Rowohlt Verlag 1932.
1.-3. Tausend mit eigenhändiger Umschlagzeichnung.

Das Hebräerland (1937)
Zürich: Verlag Oprecht (1937).
Mit acht Illustrationen und einem Frontispiz nach Zeichnungen von Else Lasker-Schüler. Das Frontispiz in einer größeren Zahl von Exemplaren von Else Lasker-Schüler handkoloriert. In wenigen Exemplaren der Vorzugsausgabe kolorierte Else Lasker-Schüler die Illustrationen durchgängig mit der Hand.

Mein blaues Klavier (1943)
Neue Gedichte, Jerusalem: Jerusalem Press 1943.
S. 47: »This is a limited edition of 330 numbered copies, printed by the Jerusalem Press Ltd., Jerusalem, in June 1943. Nos. 1 to 25 contain a special print of the cover design by the author, hand-painted and signed by her. This is copy number [Nummer].« Von der Titelzeichnung Else Lasker-Schülers sind keine separaten handkolorierten und numerierten Spezialdrucke bekannt.

Ermittelte handkolorierte Exemplare von »Theben«

Nr. 2 der Vorzugsausgabe. Alle zehn Lithographien mit Kreiden koloriert und unten mit Bleistift signiert. (Privatsammlung Kanada)

Nr. 3 der Vorzugsausgabe in Originalkassette. Alle zehn Lithographien mit Kreiden koloriert und unten mit Bleistift signiert. (Privatsammlung Stuttgart)

Nr. 6 der Vorzugsausgabe in Originalkassette. Alle zehn Lithographien mit Kreiden koloriert und unten mit Bleistift signiert. Exlibris im vorderen Innendeckel von Lucy Spiegl. (Literatur- und Kunstinstitut Hombroich)

Nr. 20 der Vorzugsausgabe. Alle zehn Lithographien mit Kreiden und Buntstiften koloriert und unten mit Bleistift signiert. (Bar-Ilan University, University Library, Ramat-Gan, Israel)

Nr. 31 der Vorzugsausgabe in Originalkassette. Alle zehn Lithographien mit Kreiden und Buntstiften koloriert und unten mit Bleistift signiert. (Franz Marc Museum, Kochel am See)

Nr. 33 der Vorzugsausgabe in Originalkassette. Alle zehn Lithographien mit Kreiden koloriert und unten mit Bleistift signiert. (1980–2009 Privatsammlung Winterthur, Schweiz; seit 2009 Andreas Doepfner, Männedorf, Schweiz)

Nr. 35 der Vorzugsausgabe. Alle zehn Lithographien mit Kreiden koloriert und unten mit Bleistift signiert. (2003 Auktion Reiss & Sohn, Königstein i. Ts.)

Nr. 38 der Vorzugsausgabe. Alle zehn Lithographien mit Kreiden koloriert und unten mit Bleistift signiert; teilweise mit Metallfolie collagiert. (Staatliche Graphische Sammlung München [Inv.nr. 1965: 207 B])

Nr. 42 der Vorzugsausgabe in Kassette. Alle zehn Lithographien mit Kreiden koloriert und unten mit Bleistift signiert. (Gutenberg Museum, Mainz [Inv.nr. 1923 f 12])

Nr. 46 der Vorzugsausgabe. Alle zehn Lithographien mit Kreiden koloriert und unten mit Bleistift signiert. (Antiquariat M. Pollak, Tel Aviv)

Nr. 87 der Normalausgabe. Alle zehn Lithographien mit Kreiden koloriert und unten mit Bleistift signiert; teilweise mit Metallfolie collagiert. (Wulf D. und Akka von Lucius, Stuttgart)

Nr. 88 der Normalausgabe. Alle zehn Lithographien mit Kreiden koloriert und unten mit Bleistift signiert; teilweise mit Metallfolie collagiert. Eigenhändige Widmung auf dem Vorsatz: »Kurt Horwitz / und seiner Leschka / mit thebetanischen Grüßen / Pz Jussuf von Theben / im März 26«. (Deutsches Literaturarchiv Marbach)

Nr. 98 der Normalausgabe. Alle zehn Lithographien mit Kreiden koloriert und unten mit Bleistift signiert. (Biblioteca Nazionale Centrale di Firenze, Collezione Loriano Bertini [Inv. nr. CF005 472 692 1v])

Nr. 106 der Normalausgabe. Alle zehn Lithographien mit Kreiden koloriert und unten mit Bleistift signiert; teilweise mit Metallfolie collagiert. Eigenhändige Widmung auf dem Vorsatzblatt: »Dem hochverehrten starken Bison, dem Feldherrn, der mit mir unerschrocken nach Locarno zog und die Stadt bezwang! – In ewiger Dankbarkeit! Der thebetanische Malik Prinz Jussuf von Tiba / [Mondsichel mit Stern] / 29. Dez. 26 / Im Jahr der Freude und des tiefsten Leides / Lugano / [Kopf im Linksprofil] Jussuf«. (Privatsammlung; ehemals Sammlung Hans Bolliger, Zürich)

Nr. 181 der Normalausgabe. Alle zehn Lithographien koloriert und unten mit Bleistift signiert. (Karl Books, Georgia, USA)

Nr. 194 der Normalausgabe. Alle zehn Lithographien mit Kreiden und Buntstiften koloriert und unten mit Bleistift signiert; teilweise mit Metallfolie collagiert. Die Bezeichnung der Lithographie *Schlôme* trägt den eigenhändigen Zusatz »=Kete [Parsenow]«. (Museum für Angewandte Kunst, Frankfurt a. M. [Inv.nr. L.N.B.Z. 160])

Nr. 201 der Normalausgabe. Alle zehn Lithographien mit Kreiden koloriert und unten mit Bleistift signiert; teilweise mit Metallfolie collagiert. Eigenhändige Widmung auf dem Vorsatzblatt für Edith L. Jakobsohn-Schiffer: »Träume, säume Marienmädchen«. (Von der Heydt-Museum, Wuppertal [Inv.nr. KK 1962 / 4])

Ermittelte handkolorierte Einzelblätter aus »Theben« (nach Standorten):

Lenbachhaus München: Alle zehn Blätter eines Exemplars, mit Kreiden koloriert.

Stadtbibliothek Wuppertal, Else-Lasker-Schüler-Archiv: Vier Blätter, mit Kreiden koloriert: *Theben mit Jussuf; Schlôme; Jussuf geht mit seinem Straus spazieren; Imre trägt die heilige goldene Schlange.*

Privatsammlung: *Imre trägt die heilige goldene Schlange* (Kreiden).

Kohlpharma GmbH Merzig (ehemals Sammlung Sandor Torday, Paris): *Prinz Jussufs Morgenmusik* (Kreiden). Mit eigenhändiger Widmung unten (vermutlich an Klaus Gebhard): »Meinem hochverehrten Hofbanquier: / Prinz Jussuf von Theben / 13.VIII.23«.

Standort unbekannt (ehemals Galerie Hasenclever, München): *Jussuf modelliert seine Mutter* (Buntstifte).

Ermittelte handkolorierte Exemplare von »Das Hebräerland«

Widmungsexemplar an Jakob Job. Alle Illustrationen handkoloriert (Kreiden) und teilweise mit Metallfolie collagiert. Auf dem Vorsatz unbekannte Gedichtvariante: »Mein Volk. // Mein Volk wird morsch / Dem ich entspringe / Und meine Gotteslieder singe. // Jäh stürz ich vom Weg / Und riesele ganz in mir – / – fernab, allein – über Klagegestein / Dem Meer zu.// Hab mich so abgeströmt / Von meines Blutes Mostgegorenheit, / Und immer immer noch der Wiederhall in mir // Wenn schauerlich gen Ost – / Das alte Felsgebein – *mein* Volk! / Zu Gott schreit!!« Widmung auf der ersten Seite: »Dem hochverehrten und lieben Jakob Job, dem Radioerzähler der Stadt Zürich. Von der Dichterin Else Lasker-Schüler (dem Prinzen Jussuf von Theben) / 17. Dez. 37 Zürich«; Illustrationen mit Bezeichnungen unten: »Unsere Colonisten« (i103); »Ein Bettler auf dem Jaffaroad in Jerusalem« (i104); »Die Chassidimväter auf dem Weg zur Klagemauer« (i107); »Die Chaluzim (Die frommen Judenbauern) kommen Schabbatt singend nach Gerusalemme« (i108); »Prinz Jussuf trägt den Habimâh-Schauspielern seine hebräischen Balladen vor« (i109); »Syrische Cirkusleute in Jerusalem.« (i110); »meine beiden Schiffe: Espéria und Gerusalemme« (i111). (Privatsammlung)

Widmungsexemplar an Hermann Leisinger. Alle Illustrationen handkoloriert (Kreiden) und teilweise mit Metallfolie collagiert. Widmung auf dem Vorsatz: »Dem hochverehrten Doktor und Zauberzahnarzt Dr. Leisinger und seiner schönen Frau. / Else Lasker-Schüler / Zürich Juli 38«. Illustrationen mit Bezeichnungen unten: »Die Chaluzim, Palästinas Bauern. Es sind die Fürsten des Gottlandes (i103); »Der Bettler auf der Jaffaroadstreet« (i104); »Ich feierte in seinem heiligen Hause in Alexandrien das Osterfest.« (i105); »Dudelsackpfeifer in Rehavia-Jerusalem.« (i106); »Die Chazidimväter begeben sich zur Klagemauer« (i107); »Die hebräischen Bauern kommen Schabbattmorgen singend nach Gerusalemme.« (i108); »Prinz Jussuf trägt den Schauspielern: Meskin, Rowinâh, Friedland von der Habimâh – seine hebräischen Balladen vor.« (i109); »Syrische Kunstreiter vor ihrem Circus in Jerusalem« (i110). (Privatsammlung)

Anhang: Überlieferte Ausstellungsverzeichnisse

I. Haas-Heye, Osthaus

Diplomatische Wiedergabe zweier im Karl-Ernst-Osthaus-Archiv erhaltener Aufstellungen [F2 467/3 und 5] der Zeichnungen Else Lasker-Schülers, die im Dezember 1915 bis Januar 1916 in der Berliner Niederlassung des Münchener Graphik-Verlags und im April bis Mai 1916 im Hagener Folkwang-Museum gezeigt wurden. Für die Ausstellung in Hagen könnten die als »verkauft« gekennzeichneten Posten durch die der zweiten Liste ersetzt worden sein. In der rechten Spalte angefügt wurden, soweit sie bestimmbar sind, die jeweiligen Nummern des Werkverzeichnisses oder des Verzeichnisses der Illustrationen.

1.	Der Fakir	M.	200	8
2.	~~Abigail Jussufs Einsamkeit~~ verkauft	"	200	
3.	Abigail empfängt sein Volk	"	100	
4.	~~Abigail betet d. Kometen an~~ verkauft	"	100	
5.	Abschied von Salomein (verkauft)	"	120	
6.	~~Schlummer Jussufs~~ (verkauft)	"	50	
7.	~~Sternbild Jussufs~~ verkauft	"	25	
8.	Jussuf u. einige d. Zebaothknaben	"	200	i49
9.	Jussuf lässt sich tätowieren	"	50	i54
10.	Die wilden Juden	"	200	12(?)
11.	Selbstbildnis	"	30	
13.	Der Scheik und sein Freund unverkäuflich			6
14.	~~Hinter der Liebeshecke~~ verkauft	"	25	i51(?)
15.	Jussuf reicht dem Feind den Lilienspeer	"	20	i33(?)
16.	Selbstbildnis im Sternenmantel	"	25	23
17.	Carl Kraus	"	150	
18.	Dschandragupta	"	50	7
19.	Lidd Jassu schmückt Abigail	"	100	
20.	Daniel Jesus u. Jussuf sein Kamerad unverkäuflich			i36
21.	Kaiser und Neger	"	100	
27.	Abigail I			
34.	Abigail II	"	150	9
22.	Abigail III			10
23.	In der Schlacht	"	50	i32
24.	Richard Dehmel	"	200	i35
25.	Ruben und Jussuf Privatbesitz			i37(?)
26.	Jussufs Herz blutet für sein Volk	"	30	13
29.	Abigail III i. d. Schlacht	"	50	
30.	~~Leila~~ verkauft	"	50	i61
31.	Königin Marjam	"	50	
32.	Jussuf opfert sein Herz	"	75	15
33.	Marie von Nazareth	"	300	16
35.	Abigail sieht einen abendländischen Krieger	"	75	

36.	Jussuf vor der Stadt	"	15	
37.	Portraits	"	300	
38.	Mein Herz Liebesroman	"	50	
39.	~~Jussufs Trauertanz~~ verkauft	"	100	
40.	Mechthild Lichnowsky	"	100	
41.	Abigail strickt für Ruben ein Tuch verkauft	"	150	
42.	Jussuf bittet den nordischen Fürsten sein Volk zu lieben	"	50	48
43.	~~Jonatan, Josua, Jakob~~ verkauft	"	75	
44.	Abigail auf der Tigerjagd verwundet	"	30	
45.	Asser	"	10	
46.	Der Siouxindianer	"	15	i55
47.	Abigails Verfall	"	25	25
48.	Saul	"	25	11
49.	Bullus I unverkäuflich			
50.	Abigail frisst das Herz eines Gespielen	"	25	
51.	Der Emir und seine Gattin	"	50	18
52.	Abigails tröstender Freund	"	25	
53.	Abigail besucht den Sultan	"	10	17
54.	Abigail wirft Kusshände	"	5	36
55.	Eine heidnische Stadt	"	15	5
56.	Abigail dichtet die Mondsichel an	"	50	26
57.	Prinzessin Mohamede	"	30	
58.	Der Kuckuck	"	50	
59.	~~Kain und Abel~~ verkauft	"	20	
60.	Prinz von Theben zieht in eine heilige Schlacht	"	15	19
61.	Salomein tröstet Abigail	"	30	
62.	Traum der Liebe und der Hecke	"	50	14
63.	~~Drei Prinzessinnen~~ verkauft	"	30	
64.	Adam und Eva	"	50	20
65.	Verlorene Schlacht	"	100	
66.	~~Die gesammelten Gedichte~~	"	30	
67.	~~Jussuf fordert die Liebe~~ verkauft	"	200	
68.	Ich warne dich, Abigail	"	100	37
69.	Jussuf betet für d. Krieger in der Schlacht	"	100	
70.	Abigails Vertierung	"	100	38
71.	Osman der Soldat leistet Jussuf den treuen Kriegseid	"	150	
72.	Jussuf erhängt sich	"	100	49
73.	Abigail will Heinrich v. Aachen sehn	"	100	47
77.	Die sieben Häuptlinge	"	100	
78.	Die träumerischen Häuptlinge	"	100	
79.	Die frommen Häuptlinge	"	100	
80.	Die wilden Häuptlinge	"	100	
	Drei Buchtitel			

Die Bilder, die schon im Besitz *strich* ich auf dem Papier aus.

Däubler	100	
Raubende Häuptlinge	100	51(?)
Jussufs Leib	75	
schwärmende Häuptlinge (in Gold)	50	
fromme Häuptlinge	100	
Jussufs Häuptlinge	50	
Jussuf zwischen den Rosen	100	
Kaiser Abigail betet für sein Volk	150	
es kommen noch:		
Jussuf spielt mit der Rose	50	
u. Die schlafenden Häuptlinge	75	

II. Matthiesen

Drawings by Else Lasker-Schüler. Poet and Novelist. Matthiesen Gallery, 142, New Bond St., London, W. I, January 31st to February 14th 1939. Wiedergabe des Katalogs; in der rechten Spalte wurden die Nummern des Werkverzeichnisses oder des Verzeichnisses der Illustrationen angefügt.

1	The Dance of Pampea	8 gns	174
2	Hebrew Priests from Abyssinia and Greek Monks from Jerusalem	8 gns	155
3	Rabbi Minengo Prato of Alexandria	8 gns	149
4	Chassidim Fathers Turn towards the Wall of Wailing	8 gns	150
5	Mohammedan Priests in Cairo	6 gns	
6	Chaluzim Returning Home Weary on the Sabbath	6 gns	
7	Hebrew Colonists Going to Jerusalem on the Sabbath	6 gns	148
8	»Wild Peruvians«	6 gns	
9	Aboriginal Bridal Pair from Australia	6 gns	
10	Arab Students	6 gns	195
11	Bagpipe-Players in Jerusalem	5 gns	i106
12	Cafe Vienna in Jerusalem	5 gns	
13	Jews from Samarkand in Jerusalem	5 gns	162
14	Magicians Arriving (Alexandria)	5 gns	
15	Beggars on the Jaffa Road in Jerusalem	5 gns	153
16	Jussuf Reading Hebrew Ballads to Habimah Actors during an Interval	5 gns	151
17	Circus Riders in Jerusalem	5 gns	152
18	Young Colonists Singing on their Way to Jerusalem on the Sabbath	5 gns	

III. Heatid

Für die Ausstellung in der Buchhandlung Heatid, Jerusalem (Eröffnung: 23. Januar 1940) können nur folgende Zeichnungen nachgewiesen werden (Quelle: *The Palestine Post*, Jg. 16, Nr. 4167, 26. 1. 1940, S. 8: F. M., Fairy Lands. Shows at Salingre and Marein):

Der Medizinmann aus Mexiko Weise Wachtel und der Sohn Ibn Sauds von Arabien mit Diener machen Adon Svet am Haarez ihre Aufwartung.	212
Der Wunderrabbi erzählt in Jerusalem	154
Hebräische Priester aus Abbesinien und griechische Mönche in Jerusalem	155
Talpioth bei Jerusalem. Zwischen den Bergen von Moab. (arabische Studenten.)	195
Vorlagen für die Illustrationen zum *Hebräerland*	148-153

Editorische Notiz

Das Werkverzeichnis gliedert sich in zwei Teile: »Zeichnungen und Collagen (1900-1944)« und »Illustrationen (1911-1934)«.

Zeichnungen und Collagen (1900-1944)

In diesem ersten Teil des Werkverzeichnisses werden sämtliche bekannten selbständigen Zeichnungen von Else Lasker-Schüler aufgeführt, von der frühesten erhaltenen aus dem Jahr 1900 bis zur vermutlich spätesten aus dem Jahr 1944. Aufgenommen wurden auch Zeichnungen auf Briefen und Postkarten, sofern sie weitgehend selbständig auf dem Blatt stehen und nicht als einem Text bei- oder untergeordnet zu betrachten sind. Die Zeichnungen aus dem farbigen Bildteil werden nicht noch einmal im Werkverzeichnis abgebildet. Mit dem Verweis »→ Tafel S. …« wird jeweils auf die ganzseitige Abbildung verwiesen.
Sechs Kapitel strukturieren das Verzeichnis:
I. bis 1900 (Berlin): die Zeit, in der sich Else Lasker-Schüler vorübergehend vor allem als bildende Künstlerin betätigte, repräsentiert nur durch ein einzelnes erhaltenes Blatt.
II. 1911-1915 (Berlin): die Phase ihres bildkünstlerischen Neuansatzes kurz vor und während der Freundschaft mit Franz Marc.
III. 1916-1921 (Berlin): die Zeit künstlerischer Weiterentwicklung bis zu dem Höhepunkt des Text, Schrift und Bild in Einheit darbietenden »Flechtheim-Drucks« *Theben* (erschienen 1923).
IV. 1922-1933 (Berlin): die Schaffenszeit der Künstlerin bis zu ihrer Flucht aus dem nationalsozialistischen Deutschland.
V. 1934-1938 (Zürich, Locarno, Ascona): die Zeit im Schweizer Exil, wo Else Lasker-Schüler auch ihre Reiseeindrücke aus Palästina und Ägypten verarbeitete.
VI. ab 1939 (Jerusalem): die letzten Lebens- und Schaffensjahre im Jerusalemer Exil nach dem Beginn des Zweiten Weltkriegs.
Einige kleinere Komplexe wurden darüber hinaus in Werkgruppen zusammengefaßt, um ihre engere oder weitere entstehungsgeschichtliche Zusammengehörigkeit kenntlich zu machen und Redundanzen in den Datierungen zu vermeiden. Diese Gruppen tragen Überschriften und die Angabe der Positionen des Werkverzeichnisses, die sie umfassen (etwa »28-32: Aus dem Nachlaß von Franz Marc«); als Gruppen reihen sie sich in die chronologische Abfolge des Werkverzeichnisses ein.
Jede Position verzeichnet Titel, Datum oder Datierung, Technik, Maße, Bezeichnungen, Zusätze und Signaturen, wo gegeben Angaben zur Provenienz und zum Standort sowie gegebenenfalls über Ausstellungen des Stücks zu Else Lasker-Schülers Lebzeiten.
Die Maße wurden möglichst und weit überwiegend am Original gemessen; wo nicht, wurden sie vom Besitzer mitgeteilt oder anderen Quellen entnommen; bei Briefen und Karten wird weitgehend auf die Mitteilung der Maße verzichtet. Da sehr viele der Lasker-Schülerschen Blätter von ihr unregelmäßig beschnitten wurden, ergibt sich häufig eine Differenz zwischen linkem und rechtem, oberem und unterem Bildrand, die nach Möglichkeit mitgeteilt wird. Falls die Rückseite einsehbar war und relevante Informationen enthält, werden diese mitgeteilt.
Die Datierung der in den allermeisten Fällen von der Künstlerin nicht datierten Zeichnungen kann keine letzte Verbindlichkeit beanspruchen. Sie ist das Ergebnis vorsichtigen Herantastens unter vergleichender Befragung aller Zeichnungen und Illustrationen, vor allem auch der Briefzeichnungen, unter Berücksichtigung von Bezügen in ihrem literarischen Werk sowie von entstehungsgeschichtlichen Hinweisen, wie sie sich zuvorderst in den seit dem Abschluß der Kritischen Ausgabe ihrer Werke und Briefe komplett vorliegenden über 4000 erhaltenen Karten und Briefe Else Lasker-Schülers finden. Lassen sich manche Zeichnungen auf den Tag genau datieren (meist, wenn es sich um solche auf Briefen und Karten handelt), so konnte bei anderen der Entstehungszeitraum nur auf mehrere Jahre eingegrenzt wer-

den. Größere Zeiträume werden mit der Formel »zwischen … und …« angegeben; etwa drei Jahre umfaßt die Angabe »um …«. Auf weitere einschränkende Zusätze wie »vermutlich«, »wohl« und »etwa« wurde weitgehend verzichtet: Über die Genauigkeit jeder Datierung gibt die jeweils beigefügte knappe Erklärung Rechenschaft; hinsichtlich ihrer Zuverlässigkeit und Konsistenz muß es dem Nutzer auferlegt werden, sich selbst ein Urteil zu bilden.

Auf die Aufnahme der nur in zeitgenössischen Ausstellungsverzeichnissen überlieferten verlorenen Zeichnungen wurde verzichtet: Ihre Titel sind oft ungenau wiedergegeben und nicht immer eindeutig identifizierbar. Sämtliche erhaltenen Verzeichnisse werden aber in einem Anhang wiedergegeben (S. 288-291). Von weiteren achtzehn zum jetzigen Zeitpunkt verlorenen oder verschollenen Zeichnungen ließen sich fünfzehn chronologisch einordnen und in das Werkverzeichnis integrieren; die drei übrigen (v1-3, S. 256) wurden an den Schluß des Verzeichnisses gestellt.

Skizzen und Entwürfe wurden generell nicht aufgenommen; eine Ausnahme stellen sieben in einem früheren Verzeichnis als Zeichnungen aufgeführte Skizzen dar (s1-7, S. 256 f.), um den Nachweis über sie erbringen zu können. Den Abschluß des ersten Teils bilden fünf »Zweifelhafte oder unechte Zuschreibungen« (z1-5, S. 257 f.), die ohne Abbildungen aufgeführt werden.

Illustrationen (1911-1943)

Der zweite Teil des Werkverzeichnisses führt in der Chronologie ihrer Erstveröffentlichung (E) sämtliche zu Lebzeiten von Else Lasker-Schüler in Zeitschriften und Büchern abgebildeten Illustrationen auf.

Ordnungskriterium ist also, anders als im ersten Teil, das verläßliche Datum der Veröffentlichung jeder einzelnen Illustration, nicht ihrer Entstehung, das sich in den meisten Fällen nur aus der Erstveröffentlichung rückerschließen ließe. Überwiegend kann man zwar davon ausgehen, daß Entstehung und Veröffentlichung der Illustrationen zeitlich nah beieinanderliegen, es gibt aber auch andere Fälle, wie die sich über Jahre hinziehende Entstehungs- und Veröffentlichungsgeschichte der »Briefe und Bilder«, bei der einzelne Illustrationen lange vor ihrer Veröffentlichung entstanden sein können. Aus diesem Grund und weil nahezu alle Illustrationen ohnehin in Werkzusammenhängen stehen, auf die jeweils verwiesen wird, wurde auf Unterteilungen in zeitliche Phasen verzichtet. Spätere Wiederabdrucke (D, D^1, D^2) werden nachgewiesen, aber nicht im Bild wiedergegeben: Varianten beschränken sich hier auf das Format und in wenigen Fällen auf Abweichungen in der Bezeichnung, die im einzelnen angegeben werden. Textzusammenhang wird zitiert, wenn er ausdrücklich auf die Illustration Bezug nimmt. Ist die Originalzeichnung zu einer Illustration erhalten, wird auf ihre Position im Werkverzeichnis verwiesen. Den größten Anteil der nachgewiesenen Grafiken stellen Illustrationen zu den selbständigen Prosawerken *Mein Herz* (und seiner ersten Fassung, den in Zeitschriften veröffentlichten »Briefen nach Norwegen«), *Der Malik* (und seiner ersten Fassung, den in Zeitschriften erschienenen »Briefen und Bildern«), *Der Prinz von Theben* und *Das Hebräerland* dar. Zehn Lithographien illustrieren zehn lithographierte Gedichthandschriften von *Theben*; weitere zehn Zeichnungen wurden zur Gestaltung von Bucheinbänden und -umschlägen verwendet.

In drei ihrer Bücher nahm Else Lasker-Schüler Beigaben befreundeter Künstler auf; diese werden unter den »Bildbeigaben anderer Künstler in Büchern Else Lasker-Schülers« (S. 281-283) aufgeführt und abgebildet.

Bibliographische Angaben zu allen im Verzeichnis verkürzt ausgewiesenen Veröffentlichungen finden sich im abschließenden »Verzeichnis der von Else Lasker-Schüler eigenhändig illustrierten Ausgaben und handkolorierten Exemplare« (S. 284-287).

Ricarda Dick

Siglen und abgekürzt zitierte Literatur

E	Erstveröffentlichung
D (D[1], D[2])	späterer Druck zu Lebzeiten von Else Lasker-Schüler
v1, v2	nicht datierbare verschollene Zeichnungen
s1, s2	Skizzen und Entwürfe
z1, z2	zweifelhafte und falsche Zuschreibungen
i1, i2	Illustrationen

Primärliteratur

[KA] Else Lasker-Schüler, *Werke und Briefe. Kritische Ausgabe*, im Auftrag des Franz Rosenzweig-Zentrums der Hebräischen Universität Jerusalem, der Bergischen Universität Wuppertal und des Deutschen Literaturarchivs Marbach am Neckar hg. von Andreas B. Kilcher (ab Bd. 9), Norbert Oellers, Heinz Rölleke und Itta Shedletzky. Bd. 1: *Gedichte*, bearbeitet von Karl Jürgen Skrodzki unter Mitarbeit von Norbert Oellers, Frankfurt am Main 1996. Bd. 2: *Dramen*, bearbeitet von Georg-Michael Schulz, Frankfurt am Main 1997. Bd. 3: *Prosa. 1903-1920*, bearbeitet von Ricarda Dick, Frankfurt am Main 1998. Bd. 4: *Prosa. 1921-1945. Nachgelassene Schriften*, bearbeitet von Karl Jürgen Skrodzki und Itta Shedletzky, Frankfurt am Main 2001. Bd. 5: *Prosa. Das Hebräerland*, bearbeitet von Karl Jürgen Skrodzki und Itta Shedletzky, Frankfurt am Main 2002. Bd. 6: *Briefe. 1893-1913*, bearbeitet von Ulrike Marquardt, Frankfurt am Main 2003. Bd. 7: *Briefe. 1914-1924*, bearbeitet von Karl Jürgen Skrodzki, Frankfurt am Main 2004. Bd. 8: *Briefe. 1925-1933*, bearbeitet von Sigrid Bauschinger, Frankfurt am Main 2005. Bd. 9: *Briefe. 1933-1936*, bearbeitet von Karl Jürgen Skrodzki, Frankfurt am Main 2008. Bd. 10: *Briefe. 1937-1940*, bearbeitet von Karl Jürgen Skrodzki und Andreas B. Kilcher, Frankfurt am Main 2009. Bd. 11: *Briefe. 1941-1945*, bearbeitet von Karl Jürgen Skrodzki und Andreas B. Kilcher, Berlin 2010.

Briefausgaben

[*Briefe an Karl Kraus*] Else Lasker-Schüler, Briefe an Karl Kraus, hg. von Astrid Gehlhoff-Claes, Köln und Berlin 1959.

[Else Lasker-Schüler / Franz Marc] Else Lasker-Schüler / Franz Marc, *Mein lieber, wundervoller blauer Reiter. Privater Briefwechsel*, hg. von Ulrike Marquardt und Heinz Rölleke. Düsseldorf und Zürich 1998.

[Kupper] *Wo ist unser buntes Theben*. Briefe von Else Lasker-Schüler, hg. von Margarete Kupper, Bd. 2. München 1969.

Kataloge

[*Drawings*] Else Lasker-Schüler, *Drawings*, The Israel Museum, Jerusalem, December 1975, Cat. No. 141.

[*I and I*] *I and I. Drawings by Else Lasker-Schüler*. The Israel Museum, Jerusalem 1997. (Catalogue no. 385.)

[Janda / Grabowski] *Kunst in Deutschland 1905-1937. Die verlorene Sammlung der Nationalgalerie im ehemaligen Kronprinzen-Palais*. Dokumentation, ausgewählt und zusammengestellt von Annegret Janda und Jörn Grabowski, Berlin 1992. (Bilderheft der Staatlichen Museen zu Berlin, H. 70 / 72.)

[Klingsöhr-Leroy] Franz Marc Museum. *Kunst im 20. Jahrhundert*, hg. von Cathrin Klingsöhr-Leroy, Kochel am See 2008.

[*MM*] *Marbacher Magazin 71 / 1995. Else Lasker-Schüler 1869-1945*. Bearbeitet von Erika Klüsener und Friedrich Pfäfflin. Mit einer Auswahl aus den Tagebüchern von Werner Kraft von Volker Kahmen. Zweite, durchgesehene und ergänzte Auflage. Marbach am Neckar 1995.

[Methlagl / Sauermann] *Georg Trakl 1887-1914. Eine Ausstellung des Forschungsinstituts »Brenner-Archiv« der Universität Innsbruck*, gestaltet von Walter Methlagl und Eberhard Sauermann, Innsbruck 1995.

[Schulz-Hoffmann] *Sammlung Etta und Otto Stangl. Von Klee bis Poliakoff*, hg. von Carla Schulz-Hoffmann, München, Münster 1993 / 94.

[Schuster] *Der Blaue Reiter präsentiert Eurer Hoheit sein Blaues Pferd. Karten und Briefe.* Hg. und kommentiert von Peter-Klaus Schuster. München 1987. (Enthält Abbildungen von Text- und Bildseiten sowie Transkriptionen aller Briefe und Postkarten Franz Marcs an Else Lasker-Schüler.)

Sekundärliteratur

[Bauschinger] Sigrid Bauschinger, *Else Lasker-Schüler. Ihr Werk und ihre Zeit*, Heidelberg 1980. (Poesie und Wissenschaft VII.)

1869	Elisabeth Schüler wird am 11. Februar in Elberfeld als jüngstes von sechs Kindern geboren.
1882	Tod des Bruders Paul Schüler (21. 2.).
1890	Tod der Mutter Jeanette Kissing (27. 7.).
1894	Heirat mit dem Arzt Dr. Berthold Lasker (15. 1.).
	Umzug nach Berlin.
um 1896	Else Lasker-Schüler nimmt Zeichenunterricht bei Simson Goldberg und arbeitet im eigenen Atelier.
1897	Tod des Vaters Aron Schüler (3. 3.).
1899	Erste Gedichtveröffentlichungen in der Zeitschrift *Die Gesellschaft.*
	Geburt des Sohnes Paul (24. 8.).
1900	Entstehung der einzigen erhaltenen Zeichnung der Frühzeit, der Collage *Die lÿrische Mißgeburt* (27. 4.).
1901	Ende Oktober / Anfang November: *Styx. Gedichte*, Axel Juncker Verlag, Berlin (mit der Jahreszahl 1902). Mit einer Titelzeichnung von Fidus.
1903	Scheidung von Berthold Lasker.
	Heirat mit Georg Levin (Herwarth Walden) (30. 11.).
1904	April: Herwarth Walden gründet den *Verein für Kunst.*
	Ende Oktober/ Anfang November: *Der siebente Tag. Gedichte,* Verlag des Vereins für Kunst (Amelangsche Buchhandlung), Berlin (mit der Jahreszahl 1905).
1905	Ernst Ludwig Kirchner, Erich Heckel, Karl Schmidt(-Rottluff) und Fritz Bleyl gründen die Künstlergemeinschaft *Brücke* in Dresden (7. 6.).
1906	Ende Mai / Anfang Juni: *Das Peter Hille-Buch,* Axel Juncker Verlag, Stuttgart / Berlin. Mit einer Umschlagradierung von Franz Stassen.
1907	Tod des Bruders Moritz Schüler (13. 1.)
	Die Nächte Tino von Bagdads, Axel Juncker Verlag, Berlin / Stuttgart / Leipzig mit einem Holzschnitt von Max Fröhlich (Juli).
1909	*Die Wupper. Schauspiel in 5 Aufzügen*, Oesterheld Verlag, Berlin (Juni).
1910	Herwarth Walden gründet die Zeitschrift *Der Sturm* (Februar).
	Arbeit an einem Varietéprojekt, das nicht zur Aufführung gelangt.
	Erste Kokoschka-Ausstellung in Deutschland im Berliner Salon Cassirer (21. 6.-11. 7.). Else Lasker-Schüler schreibt im *Sturm* darüber.
1911	*Meine Wunder. Gedichte*, Dreililien-Verlag, Karlsruhe und Leipzig (März).
	Die »Briefe nach Norwegen« erscheinen bis Juni 1912 im Sturm, ab der 8. Folge mit in den Text montierten Zeichnungen (September).
	Franz Marc und Wassily Kandinsky gründen die redaktionelle Vereinigung *Der Blaue Reiter* in München.
1912	Karl Schmidt-Rottluff porträtiert Else Lasker-Schüler in Kreide (reproduziert im *Sturm* als ganzseitige Reproduktion) und Öl (Januar).
	Tod der Schwester Anna Lindwurm-Lindner (Schüler) (27. 1.).
	Herwarth Walden eröffnet die Sturm-Galerie in Berlin mit der ersten Ausstellung des *Blauen Reiters* (12. 3.).
	Futurismus-Ausstellung in der Sturm-Galerie Berlin (12. 4.-31. 5.).
	Der Almanach *Der Blaue Reiter* erscheint (11. 5.).

Auf der Titelseite des *Sturm* ist Franz Marcs Holzschnitt Versöhnung zu einem Gedicht von Else Lasker-Schüler zu sehen (September).

Hebräische Balladen, A. R. Meyer Verlag, Berlin (mit der Jahreszahl 1913). Mit einer Titelzeichnung von Else Lasker-Schüler (Herbst).

Scheidung von Herwarth Walden (1. 11.).

Beginn der Freundschaft und des Briefwechsels mit Franz Marc (November).

Else Lasker-Schüler soll über das Russische Ballett von Diagilew schreiben, Ludwig Kainer dazu illustrieren; der Auftrag wird nicht realisiert (November).

Mein Herz. Ein Liebesroman mit Bildern und wirklich lebenden Menschen, Verlag Heinrich F. S. Bachmair, München und Berlin (November).

1913 Karl Kraus ruft in der *Fackel* zur Spende für Else Lasker-Schüler auf (11. 1.).

Von Franz Marc organisierte Wohltätigkeitsauktion zugunsten Else Lasker-Schülers, an der sich u.a. Ernst Ludwig Kirchner, Erich Heckel, Emil Nolde, Karl Schmidt-Rottluff, Oskar Kokoschka, Paul Klee, August Macke, Alexej von Jawlensky, Marianne von Werefkin, Alfred Kubin beteiligen (17. 2.).

Ausstellung im Klub deutscher Künstlerinnen Prag (5. 4.).

Gesichte, Essays und andere Geschichten, Kurt Wolff Verlag, Leipzig (Mai).

Die »Briefe und Bilder« erscheinen mit großen Unterbrechungen bis März 1917 in der *Aktion*, dem *Brenner* und der *Neuen Jugend* (6. 9.).

Herwarth Walden organisiert den *Ersten Deutschen Herbstsalon* in den Räumen der Sturm-Galerie (20. 9.-1. 12.).

Eröffnung der Sonderausstellung jüngster Funde aus Tell el-Amarna im Neuen Museum Berlin (5. 11.).

1914 *Der Prinz von Theben. Ein Geschichtenbuch mit 25 Abbildungen nach Zeichnungen der Verfasserin und 3 farbigen Bildern von Franz Marc*, Verlag der Weißen Bücher, Leipzig (Sommer).

1915 Ausstellung in den Räumen des von Otto Haas-Heye geleiteten Graphik-Verlags, Berlin (Dezember bis Januar).

1916 Hugo Ball und Emmy Hennings gründen das dadaistische *Cabaret Voltaire* in Zürich (5. 2.).

Tod von Franz Marc im Krieg (4. 3.).

Gemeinschaftsausstellung mit Jacoba van Heemskerck im Folkwang-Museum, Hagen (April/Mai).

Ausstellung im Salon für Neue Kunst Hans Goltz, München (Ende September).

1917 *Die Gesammelten Gedichte*, Verlag der Weißen Bücher, Leipzig. Titelzeichnung von Else Lasker-Schüler (Juli).

Tod der Schwester Martha Wormser (Schüler) in Chicago (12. 6.).

1918 Richard Huelsenbeck, George Grosz, Helmut Herzfeld (John Heartfield) u.a. gründen Dada Berlin und den *Club Dada* (Januar).

Die Funde der Grabungen in Tell el-Amarna werden erneut zugänglich gemacht, bis zur Einrichtung der Dauerausstellung 1920 in der neueingerichteten ägyptischen Abteilung des Neuen Museums Berlin in improvisierter Präsentation (Herbst).

1919 Uraufführung der *Wupper* im Deutschen Theater, Berlin (27. 4.).

Aus Geldnot verkauft Else Lasker-Schüler 29 Karten und Briefe von Franz Marc an die Berliner Nationalgalerie; eine Auswahl wird dort in der neuen Abteilung im ehemaligen Kronprinzenpalais ausgestellt.

Im Rahmen der »Gesamtausgabe in zehn Bänden mit selbstgezeichneten Bildern und Titelblättern« im Paul Cassirer Verlag, Berlin, erscheint *Der Malik. Eine Kaisergeschichte mit Bildern und Zeichnungen* mit einem Aquarell von Franz Marc und Zeichnungen von Ludwig Kainer, Heinrich Richter-Berlin, Egon Adler, Heinrich Campendonk, John Höxter, Franz Marc und Fritz Lederer; außerdem erscheinen in diesem Jahr *Das Peter Hille-Buch*, *Die Nächte der Tino von Bagdad* und *Die Wupper*.

Ausstellung im Salon Cassirer, Berlin (Dezember).

1920 Ausstellung in der Modernen Galerie Heinrich Thannhauser, München (25. 2.-11. 3.).

George Grosz, Raoul Hausmann und John Heartfield organisieren die *Erste Internationale Dada-Messe* in der Kunsthandlung Dr. Otto Burchard, Berlin. Ausgestellt sind laut Katalog auch zwei heute nicht mehr identifizierbare Werke von »Otto Lasker-Dix« (Nr. 80) und »Otto Else Lasker-Dix« (Nr. 136), was auf Gemeinschaftsarbeiten von Otto Dix und Else Lasker-Schüler hinzuweisen scheint (Frühjahr).

Die Berliner Nationalgalerie erhält 104 Zeichnungen von Else Lasker-Schüler als Geschenk von Freunden der Künstlerin, darunter Paul Cassirer (Mai).

Weitere Bände der »Gesamtausgabe in zehn Bänden mit selbstgezeichneten Bildern und Titelblättern« erscheinen im Paul Cassirer Verlag, Berlin: *Essays*; *Gesichte*; *Der Prinz von Theben. Ein Geschichtenbuch*; *Hebräische Balladen. Der Gedichte erster Teil*; *Die Kuppel. Der Gedichte zweiter Teil*; *Mein Herz. Ein Liebesroman mit Bildern und wirklich lebenden Menschen*.

1921 *Der Wunderrabbiner von Barcelona*, Paul Cassirer Verlag, Berlin (April).

Die Berliner Nationalgalerie lehnt den Rückkauf der Karten und Briefe von Franz Marc durch Else Lasker-Schüler ab.

Beginn der Freundschaft mit dem Elberfelder Kunstsammler Claus Gebhard.

1922 Ausstellung in der Commeter'schen Kunsthandlung, Hamburg (Januar).

Else Lasker-Schüler wird zur Teilnahme an der Ausstellung *Neue Christliche Kunst* im Kunstverein Köln aufgefordert, ist aber im Katalog nicht vertreten (Juni).

Wahl zum Ehrenmitglied des *Ersten Internationalen Kongresses Fortschrittlicher Künstler* in Düsseldorf, bei dem sich Vertreter des Konstruktivismus und Dada treffen (29.-31. 5.).

Auf dem *Kongreß der Dadaisten und Konstruktivisten* in Weimar wird die *Gründungserklärung der Union internationaler fortschrittlicher Künstler* unterzeichnet, u. a. von Else Lasker-Schüler (25. 9.).

1923 *Theben. Gedichte und Lithographieen*, Querschnitt-Verlag von Alfred Flechtheim, Frankfurt am Main. Die 50 Exemplare der Vorzugsausgabe sowie weitere Exemplare der Normalausgabe handkoloriert (Frühsommer).

1925 *Ich räume auf! Meine Anklage gegen meine Verleger*, Lago-Verlag, Zürich (Selbstverlag) (Januar).

Beginn der Unterstützung durch den Kunstsammler und Bankier Jakob Goldschmidt, der jahrelang regelmäßig Zeichnungen kauft; 1936 besitzt er laut Else Lasker-Schüler 104 Blätter von ihr.

1926 Bei Paul Lasker-Schüler wird Tuberkulose diagnostiziert (Februar).

1927 Beteiligung an der Ausstellung *Maler, die keine Maler sind* im Buchladen am Kurfürstendamm, Berlin (Januar).

Else Lasker-Schüler organisiert den Verkauf ihrer Zeichnungen als Lebensunterhalt für sich und ihren Sohn, indem sie monatliche Abonnenten wirbt, darunter die Sammler Hugo Simon und Fritz Hess.

Tod des Sohns Paul Lasker-Schüler (14. 12.).

1930 Erfolgreicher Einsatz für ihren ältesten Bruder, den in Hamburg lebenden verarmten Maler Alfred Schüler, bei der Stadt Hamburg.

1931 Im Studiensaal der Berliner Nationalgalerie liegt eine Mappe von Zeichnungen von Else Lasker-Schüler aus (Dezember).

1932 *Konzert*, Rowohlt Verlag, Berlin (Ende Mai / Anfang Juni).

Arthur Aronymus. Die Geschichte meines Vaters, Rowohlt Verlag, Berlin, und *Arthur Aronymus und seine Väter. Aus meines geliebten Vaters Kinderjahren*, Theaterverlag S. Fischer A.G., Berlin (Herbst).

Verleihung des Kleistpreises zusammen mit Richard Billinger (November).

1933 Flucht in die Schweiz. Sie erhält dort weder eine Arbeitserlaubnis noch ein dauerhaftes Bleiberecht (19. 4.).

1934 Reise nach Ägypten (Alexandria) und Palästina (Ende März bis Mitte Juni).

1936 Uraufführung von *Arthur Aronymus und seine Väter* im Schauspielhaus Zürich unter der Regie von Leopold Lindtberg (19. 12.).

1937 Die Nationalsozialisten beschlagnahmen Bilder und Zeichnungen der Berliner Nationalgalerie, u. a. von Else Lasker-Schüler und Franz Marc.

Das Hebräerland. Mit acht Zeichnungen und einem Frontispiz, Oprecht Verlag, Zürich. Die 80 Exemplare der Vorzugsausgabe mit handkoloriertem Frontispiz (März).

Zweite Palästina-Reise (Anfang Juni bis Ende August).

Arbeit an einem weiteren selbstillustrierten Buch über Palästina mit dem Titel »Tiberias« (später »Die heilige Stadt«). Die Arbeit bleibt unabgeschlossen (Herbst).

1938 Die Nationalsozialisten bürgern Else Lasker-Schüler aus (August).

Ausstellung von etwa 150 Zeichnungen von Paul Lasker-Schüler im Künstlerhaus am Hirschengraben Zürich (September).

1939 Ausstellung in der Matthiesen Gallery, London (31. 1.-14. 2.).

Aufbruch zur dritten Palästina-Reise, die aufgrund der Verweigerung einer Wiedereinreisegenehmigung seitens der Schweizer Fremdenpolizei zum Daueraufenthalt in Jerusalem wird (Ende März).

1940 Eröffnung einer Ausstellung im Heatid Bookshop, Jerusalem (23. 1.).

1941 Ausstellung im Alfred Berger Club, Jerusalem (Ende April).

Erste Lesung aus dem Schauspiel *IchundIch* im Alfred Berger Club, Jerusalem (20. 7.)

Else Lasker-Schüler gründet die Vortragsvereinigung *Der Kraal* (November).

1943 *Mein blaues Klavier. Gedichte*, Moritz Spitzer, Jerusalem. Die 25 Exemplare einer vorgesehenen Vorzugsausgabe mit eingebundenem handkoloriertem Druck der Titelzeichnung sind nicht nachweisbar (August).

1945 Else Lasker-Schüler stirbt nach einem schweren Herzanfall am 22. Januar in Jerusalem. Sie wird einen Tag darauf auf dem Ölberg beigesetzt.

Astrid Schmetterling
Ricarda Dick

Fotonachweise

Avshalom Avital, Jerusalem: Werkverzeichnis 78, 92, 143, 145, 149, 155, 164, 166, 177, 188, 189, 191, 192, 198, 201, 202, 207

Bildmanufaktur München: Werkverzeichnis 105, 128

Blacktip Productions, Amsterdam (Elmer de Haas): Werkverzeichnis 103, 104

Deutsches Literaturarchiv Marbach (Tanja Fengler-Veit): Werkverzeichnis 1, 4, 11, 13, 45, 52, 60, 80, 94, 97, 98, 106, 115, 144

Serge Hasenböhler, Basel: Werkverzeichnis 171, 172, 179, 209

Thomas Hendrich, Wuppertal: Werkverzeichnis 12, 14, 17, 25, 76, 84, 85, 86, 87, 90, 96, 110, 112, 116, 158, 178

Jüdisches Museum Frankfurt am Main (Ursula Seitz-Gray): Werkverzeichnis 120, 121, 122, 123, 126

Achim Kukulies, Düsseldorf: Werkverzeichnis 28, 29, 30, 31, 32, 119

Kupferstichkabinett Dresden (Herbert Boswank): Werkverzeichnis 65, 66, 67, 95

Wolfgang Morell, Bonn: S. 53 (Expl. Nr. 6), Werkverzeichnis 81, 151, 152, 165, 183

Dr. Michael Reichelt, Bad Krozingen-Hausen: Werkverzeichnis 63

Peter Schälchli, Zürich: S. 53 (Expl. Nr. 33), Werkverzeichnis 99, 100, 140, 176, 225

Bernhard Schaub, Berlin: Werkverzeichnis 114

Milena Schlösser, Berlin: Werkverzeichnis 117

Sebastian Seibel, Pforzheim: Werkverzeichnis 79

Uwe H. Seyl, Stuttgart: S. 53 (Expl. Nr. 3), Werkverzeichnis 10

Urs Siegenthaler, Zürich: Werkverzeichnis 147, 161

University of California Library, Los Angeles (Simon Elliott): Werkverzeichnis 135

Jens Ziehe, Berlin: Werkverzeichnis 59

Die Vorlagen zu allen übrigen Abbildungen wurden freundlicherweise von den ausgewiesenen Sammlungen und Privatbesitzern zur Verfügung gestellt.

Abbildungsnachweise / Copyrights

Altonaer Museum, Hamburg: *Abb. 37*

Bayerische Staatsgemäldesammlungen, München, Schenkung Fohn: *Abb. 19, 20, 21*

Berlinische Galerie: *Abb. 32*

Brücke-Museum, Berlin: *Abb. 29, 35*

Deutsches Literaturarchiv Marbach: *Abb. 1, 15, 16, 17, 34*

Franz Marc Museum, Kochel am See: *Abb. 22*

Gemeentemuseum Den Haag: *Abb. 36*

Herzog Anton Ulrich-Museum, Kunstmuseum des Landes Niedersachsen, Braunschweig (Foto: Bernd Peter Keiser): *Abb. 33*

Leeds University Library: *Abb. 4, 8, 9, 10*

Museum Baden, Solingen: *Abb. 25*

Museum Ludwig, Köln (Foto: Rheinisches Bildarchiv Köln): *Abb. 11*

National Library of Israel, Jerusalem: *Abb. 27*

Staatliche Museen zu Berlin: *Abb. 13, 14*

Staatliche Museen zu Berlin (Foto: bpk): *Abb. 7*

Staats- und Universitätsbibliothek Hamburg, Dehmel-Archiv: *Abb. 2*

The Israel Museum, Jerusalem: *Abb. 38*

ullstein bild, Berlin (Foto: Ricarcardo Fiorilli): *Abb. 31*

Von der Heydt-Museum Wuppertal: *Abb. 26*

Wiener Stadt- und Landesbibliothek: *Abb. 3, 5, 12*

Der Verlag hat sich bemüht, sämtliche Bildrechte und ihre Inhaber zu ermitteln. Sollte ihm dies nicht in allen Fällen gelungen sein, bittet er um Mitteilung.

Unser Dank gilt folgenden Institutionen und privaten Leihgebern der Ausstellung:
Deutsches Literaturarchiv Marbach; Else Lasker-Schüler-Gesellschaft Wuppertal; Franz Marc Museum, Kochel am See; Houghton Library, Harvard University Cambridge, Mass.; Jüdisches Museum Berlin; Kunstmuseum Basel; Kunstmuseum Solingen; Literatur- und Kunstinstitut Hombroich; Museum für Angewandte Kunst Frankfurt; Museum Ludwig, Köln; National Library of Israel, Jerusalem; Nolde Stiftung, Seebüll; Staatliche Graphische Sammlung München; Staatliche Kunstsammlungen Dresden, Kupferstich-Kabinett; Staatliche Museen zu Berlin, Kupferstichkabinett; Stadtbibliothek Wuppertal, Else-Lasker-Schüler-Archiv; The Israel Museum, Jerusalem; Universitäts- und Stadtbibliothek Köln; Von der Heydt-Museum Wuppertal; Wien Museum; Wienbibliothek am Rathaus; Wilhelm Lehmbruck Museum, Duisburg; ahlers collection; The collection of Helaine and Yorick Blumenfeld, Cambridge, GB; Walter Feilchenfeldt, Zürich; Privatsammlung Marion Grčić-Ziersch, München; Thomas Ittmann, Stans; Sammlung Kahmen (Insel Hombroich); Susanna Kulli, Zürich; Ruth Livnay-Raas, Jerusalem; Wulf D. und Akka von Lucius, Stuttgart; Maryse Raas; Sammlung Röhrscheid; Privatbesitz Rolf Salchow; Heinz Schneider, Wuppertal; Sammlung Skulima, Berlin; Galerie Michael Werner, Berlin, Köln und New York, sowie weiteren privaten Leihgebern, die nicht genannt werden möchten.

Neben den Leihgebern danken wir folgenden Personen und Institutionen, die Bildmaterial ihrer Zeichnungen von Else Lasker-Schüler zur Verfügung gestellt haben:
Bar David Museum, Kibbutz Baram; Stiftung Martin-Opitz-Bibliothek, Herne; Universität Innsbruck, Brenner-Archiv; University of California Library, Los Angeles, Department of Special Collections; Yale University Library, New Haven CT, Beinecke Rare Book & Manuscript Library, Kurt Wolff Archive; Judith Adler, Weesen; Zwi Barsky, Jerusalem; E. L., Basel; Andreas Doepfner, Männedorf, Schweiz; Familie Dothan, Israel; Prof. Hermann Gerlinger, Würzburg; Antiquariat Halkyone, Hamburg; Galerie Kornfeld, Bern; Salomé Pinkus, Zürich; Uriel Simon, Jerusalem; Birute Stern, Jerusalem; Bernhard Wassermann, Tel Aviv; Jessica Wilhelm, Jerusalem, sowie zahlreichen weiteren Privatbesitzern, die nicht genannt werden möchten.

Ricarda Dick und Astrid Schmetterling danken folgenden Personen und Institutionen, die ihre Recherchen unterstützt haben:
Jorella Andrews, Sigrid Bauschinger, Shulamith Behr, Berlinische Galerie, Monica Bohm-Duchen, Deutsches Literaturarchiv, Marbach, Rainer Diederichs, Martin Dreyfus, Rahel und Konrad Feilchenfeldt, Galerie Michael Hasenclever (München), Ralph Jentsch, Galerie Kornfeld (Bern), Volker Kahmen, Kunst- und Museumsbibliothek Köln, Kunsthaus Lempertz (Köln), Nadine Meyer, National Library of Israel / Else Lasker-Schüler Archive (Jerusalem), Brendan Prendeville, Nitsa Priluk, Thomas Quehl, Paul Raabe, Uta Ruge, Andrea Schatz, Hermann A. Schlögl, Miriam Schmetterling, Viktoria Schmidt-Linsenhoff, Heinz Schneider, Itta Shedletzky, Karl Jürgen Skrodzki, Irit Storch, Gaby Wallenstein, Jürgen P. Wallmann †, Rafael Weiser, Kunsthandel Wolfgang Werner (Bremen), Christian Wiese, Zentrum Paul Klee (Bern), Thomas Zolleis.
Astrid Schmetterling dankt auch dem britischen Arts and Humanities Research Council (AHRC) für die Förderung ihrer Forschung und der deutschen Gerda Henkel Stiftung für die Unterstützung ihrer Archivbesuche.
Ein besonderer Dank der Herausgeberin gilt der Gerda Henkel Stiftung, welche ihre Forschungsarbeiten erneut mit einem Stipendium unterstützt hat.

Ausstellungsimpressum

Else Lasker-Schüler. Die Bilder
Eine Ausstellung des Jüdischen Museums Frankfurt

Ausstellungsorte:
Jüdisches Museum Frankfurt, 8. September 2010 bis 9. Januar 2011
Nationalgalerie im Hamburger Bahnhof – Museum für Gegenwart, Berlin, 21. Januar bis 1. Mai 2011

Ausstellung Jüdisches Museum Frankfurt
Direktor:
Raphael Gross
Programmkoordination:
Fritz Backhaus
Konzeption und Texte:
Ricarda Dick
Projektleitung und Realisation:
Eva Atlan
Restauratorin:
Martina Noehles, Atelier Carta
Ausstellungsarchitektur:
Wandel Hoefer Lorch + Hirsch
mit KatzKaiser
Grafik:
Formfellows Kommunikations-Design
Regina Schauerte und Thomas Klöß
Lichttechnik:
Stephan Zimmermann Lightsolutions
Audiotour:
Linon Medien
Sprecherin: Hannelore Hoger

Die Ausstellung wird im Rahmen von *Phänomen Expressionismus*, einem Kooperationsprojekt des Kulturfonds FrankfurtRheinMain, präsentiert und von diesem als Hauptförderer ermöglicht.

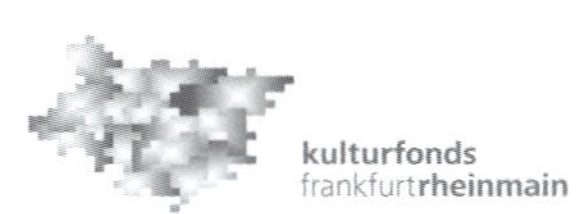

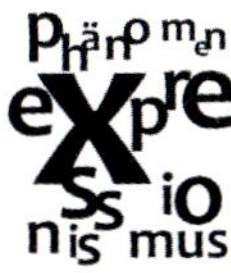
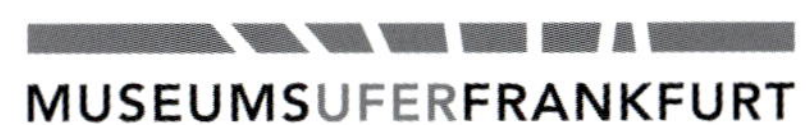

Georg und Franziska Speyer'sche Hochschulstiftung

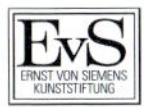

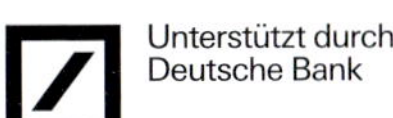

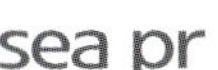

GERDA HENKEL STIFTUNG

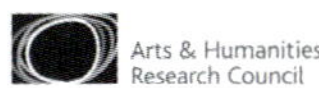

Medienpartner Frankfurter Allgemeine Zeitung für Deutschland

Ausstellung Nationalgalerie Berlin
Direktor:
Udo Kittelmann
Kuratoren:
Dieter Scholz, Eva Atlan
Konzeption und Texte:
Ricarda Dick
Projektleitung:
André Odier, Katharina von Chlebowski
Assistenz der Projektleitung:
Lutz Driever, Theresa Lucius
Mitarbeit:
Lala Moebius
Registrar:
Johanna Lemke
Konservatorische Betreuung:
Carolin Bohlmann
Grafik:
Formfellows Kommunikations-Design
Regina Schauerte und Thomas Klöß
Museumspädagogik:
Daniela Bystron
Führungsdienst:
Daniel Fritsch

Eine Ausstellung des Jüdischen Museums Frankfurt am Main in Kooperation mit der Nationalgalerie, Staatliche Museen zu Berlin – Stiftung Preußischer Kulturbesitz, ermöglicht durch den Verein der Freunde der Nationalgalerie

Verein der Freunde der Nationalgalerie
www.freunde-der-nationalgalerie.de

Staatliche Museen zu Berlin
www.smb.museum